开原市政协文史资料

开原丛书
KAIYUANCONGSHU

纳兰性德家世

高峥　张冠　主编

辽宁人民出版社

ⓒ 高峥　张冠　2020

图书在版编目（ＣＩＰ）数据

纳兰性德家世 ／ 高峥，张冠编著 . —— 沈阳：辽宁
人民出版社，2020.4
ISBN 978-7-205-09825-4

Ⅰ．①纳… Ⅱ．①高… ②张… Ⅲ．①纳兰性德
（1654-1685）—家族—研究 Ⅳ．①K820.9

中国版本图书馆CIP数据核字（2020）第010617号

出版发行：辽宁人民出版社
　　　　地址：沈阳市和平区十一纬路25号　邮编：110003
　　　　电话：024-23284321（邮　购）　024-23284324（发行部）
　　　　传真：024-23284191（发行部）　024-23284304（办公室）
　　　　http：//www.lnpph.com.cn
印　　刷：辽宁新华印务有限公司
幅面尺寸：170mm×250mm
印　　张：20
字　　数：260千字
出版时间：2020年4月第1版
印刷时间：2020年4月第1次印刷
责任编辑：李翘楚
封面设计：丁末末
版式设计：辽宁新华印务有限公司
责任校对：吴艳杰
书　　号：ISBN 978-7-205-09825-4

定　　价：60.00元

纳兰性德官服画像

纳兰性德官服画像（局部）

纳兰性德便装画像

纳兰容若先生二十小影

纳兰性德青年时代画像

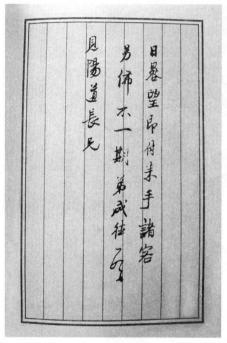

纳兰性德手迹 1

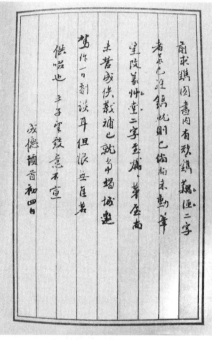

纳兰性德手迹 2

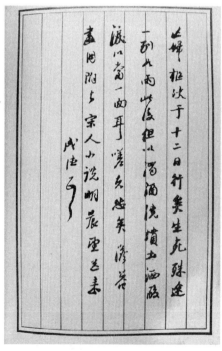

纳兰性德手迹 3

纳兰性德手迹 4

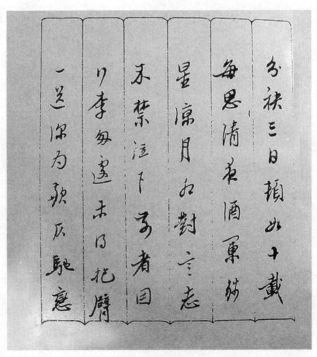

纳兰性德手迹 5

纳兰性德手迹 6

纳兰性德手迹7

明代辽海卫古碑

纳兰君墓志铭

叶赫河畔

叶赫古城遗址

叶赫那拉城

后金军攻克开原

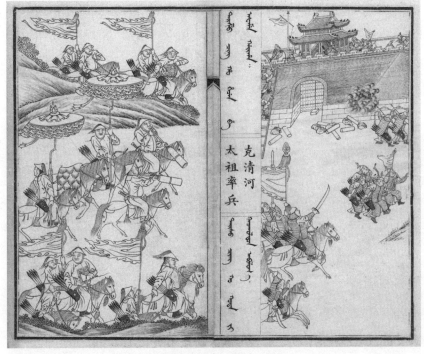

后金军兵进清河

后金军攻克铁岭 1

后金军攻克铁岭 2

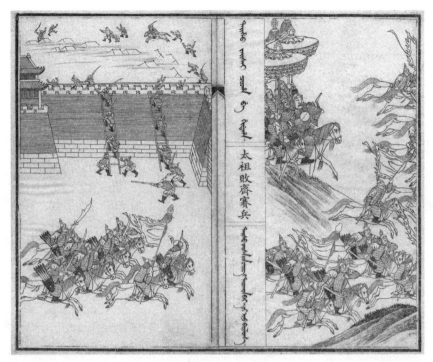

后金军攻克铁岭 3

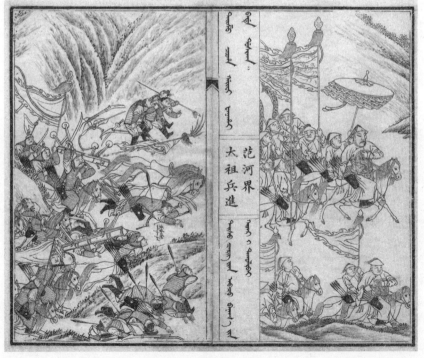

后金军兵进范河

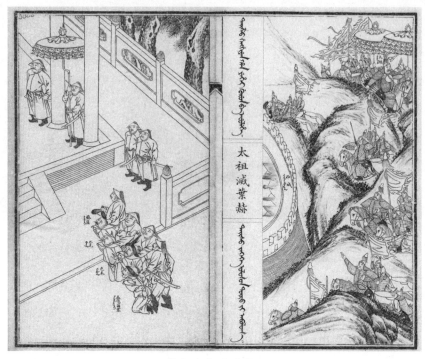

努尔哈赤灭叶赫 1

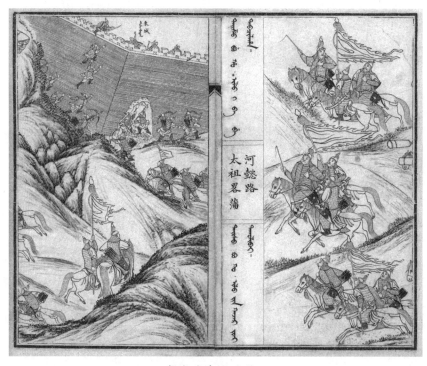

努尔哈赤灭叶赫 2

《开原丛书》编委会

主　任：徐宝玉　市政协主席
副主任：尚玉梅　市政协副主席
　　　　王　烽　市政协秘书长、办公室主任
成　员：戴为众　市政协文化和文史资料委员会主任
　　　　张　鹏　市文联主席
　　　　苑学伟　市文化体育广播电视局局长
　　　　白文志　市政协经济和资源环境委员会主任
　　　　刘国臣　市教育局副局长
　　　　高一鹏　市档案和党史文献中心主任
　　　　于允杰　市政协文化和文史资料委员会科员
　　　　刘世业　市文化旅游和广播电视局副局长
　　　　荣玉书　市档案和党史文献中心办公室副主任
　　　　刘兴晔　市供销合作社联合社理事会工作人员

《开原丛书》总序

　　一方水土养一方人。开原是我们的最初的福地、人生的摇篮、共同的故乡。无论我们是远航还是归来，开原的山山水水、一草一木，都是我们心中最美的风景、梦里永远的牵挂、历久弥新的乡愁。

　　溯源而下。近1万年来，无数勤劳智慧、自强不息的开原人，在北纬42° 32″这片神奇的黑土地上繁衍生息，创造了丰饶的文明，留下了厚重的历史、珍贵的记忆。开原，是关东大地最富饶的地区。这里民族众多，不同的文明体系，在发展蔓延过程中，不可避免地出现碰撞、交汇和融合，使开原身处经久不息的变迁之中，并在变迁中不断优化和成长。当我们放大自己的视域，我们就会与女真、乌桓、鲜卑、契丹，当然还有汉族等族群留下的历史痕迹不期而遇。可以说，走进开原就走进了烽火硝烟的古战场，郝里、完颜阿骨打、金兀术、徽钦二帝、耶律留哥、蒲鲜万奴、王浍、努尔哈赤、郝裕等，一个个熟悉而又陌生的名字呼啸而至，五光十色地映现在开原的历史舞台上。

　　开原是辽金文化的发祥地。位于老城街道的咸州古城，曾为夫余、大金、东辽、东夏四国都城，辽金元明清五朝重镇，是一座历史悠久、文化厚重的千年古城。历史进入有明一代，据说"元"字犯了朱元璋的名讳，开元悄然转身为开原。连同名字，还发生四大变化：一是城池升格。周12里20步，高3丈5尺，东移后的新城，城垣由青砖包砌。这样的规制，在广袤的大东北，除了辽阳，就是它了。二是重兵布防。先将三万卫移置开原，后迁入辽海卫，设开原兵备道和北路参将府，常备马步军1.3万。三是封王镇边。朱元璋把自己的第二十个皇子朱松封到开原，封号为韩王，以开原为藩国。尽管英年早逝的朱松没能到任，但他的儿子来了。二世韩王一住15年，直到后来改封平凉。四是兴建长城。在明朝与蒙古人之间，划出一条长达60公里的军事分界线，以增加安全系数。凡此种种，将开原推向辽东防御版图的最前沿。孤悬东北，三面濒夷，冯瑷用一部《开原图说》释读了边防形势之紧迫。而置马市200年，辟驿道5条，又使开原成为东北的交通和物流枢纽。那是开原历史不折不扣的黄金时代！

悠久厚重的历史为开原储备了灿烂的文化遗产。丝关文化、流人文化、小令之王纳兰性德、子弟书大家韩小窗、民国书法团队、小品王赵本山、萨满舞、二人转，已经成为誉满华夏的文化名片。文脉绵亘，薪火相传。历经千百年的锤炼和洗礼，开原文化枝繁叶茂、硕果累累，在东北乃至全国占有一席之地。

继往开来。在新的历史机遇期，开原市委、市政府高瞻远瞩，站在萃取精华、丰富内涵、提升品位、凝聚精神的高度，创新发展理念，以实施全域旅游文化战略建设"文旅强市"为路径，举全市之力，共谋家乡崛起。市政协秉持谋长远、谋根本、谋全局、干实事的工作理念，在积极履职尽责的同时，从品牌打造、历史挖掘、资源活化入手，助力开原文化建设，彰显文化开原魅力，加快提升开原文化软实力，为打造"文旅强市"奠定重要基石。《开原丛书》便是其中浓墨重彩的一笔。

"爱国主义，就是千百年来巩固起来的对自己的祖国的一种极其深厚的感情。"（列宁）爱国与爱家乡，一脉相承，互为依托。"为什么我的眼里常含着泪水？因为我对这土地爱得深沉。"艾青的名句，历经几十年，至今读来仍然散发着浓浓的人文气息，有着震撼人心的力量。放置于开原这个视角考量，推进"文旅强市"建设毋庸置疑应从爱我家乡开始，从"知我开原、爱我开原"开始。而《开原丛书》的推出，在夯实开原历史文化名城的基础上，也为全体开原人热爱家乡、情系乡愁提供范本，以此为窗口，让更多的人了解开原、认识开原、亲近开原。政协人所肩负起的这份使命和文化担当，名垂后世，功载史册。

典藏开原，滴水藏海。这是一把打开开原文化之门的钥匙，一张走入开原精神内涵的地图。对于新一轮经济大潮中全面振兴的开原来说，其文化表情和文化符号的意义和价值尤为重要。我们相信，有生生不息的文化滋养，全市干部群众的携手奋进，一定能在岁月的长河里不断积淀厚重，为无限幸福美好的新开原建设描绘出更为瑰丽的画卷！

开原，正走向充满希望的未来！

中共开原市委书记

2018 年 11 月 20 日

《开原丛书》序言

  素闻开原，乃东北古都，关东名城，历史悠久，文化浩荡，系文明富庶之邦。讵料今临危受命，来宰是邑，幸何如哉！

  古语有云，为官一任，造福一方，亦吾初衷。下车伊始，即率斯民，调查研究，擘画筹措，攻坚克险，共渡难关，发展经济，保障民生。时逾半载，成效初显。

  创造历史，系建设物质形态之开原；书写历史，为建设文化形态之开原。二者若鸟之双翼，车之两轮，不可偏废，须协调发展。全市编纂《开原丛书》，历时数载，凡二十余册，集开原文化之大成。似此亘古浩繁之工程，记录历史，传承文化，振作精神，弘扬正气，功在当代，德在千秋。

  新时代，新使命，新征程。开原即将迎来咸州古城千禧之庆，深冀全市上下，齐心协力，共建幸福美满家园，同创开原生态文明，重现昔日辉煌，再造明日辉煌。

  开原发展，百废待举。值此千帆竞发之际，政协宝玉主席诚邀，为丛书作序。为开原美好明天计，为万千百姓福祉计，勉为其难，是为序。

开原市人民政府市长

2018 年 11 月 7 日

《开原丛书》序

做学问，做点文化工作，是我一直以来的夙愿。到政协工作，给了我梦想成真的机会。

53岁，不老不少。在人生，正值中年；在体制内，当为晚年。然而，距退休尚有7年，在岗时间不可谓短。做官还是做事，是两个迥异的选择。为做官而做事和为做事而做官有本质的区别。虚度光阴，心有不甘；冲锋陷阵，力不从心。以政协文史资料为载体，组织整理汇集开原的历史文化成果，出版《开原丛书》，牵头开展创建"中国书法之乡"工作，是我选择做事的结果。

文化是似软实硬之物。有时有它不多，无它不少，似乎可有可无；有时无它无根，缺它不行，必不可少。上下五千年，纵横十万里，它无时不有，无处不在，充斥着所有的时间和空间，浸入每个人的灵魂和躯体。一个国家、一个民族、一个城市、一个时代、一个人，本质的区别是文化的差异。文化决定成败，文化决定存亡，文化决定未来。市场经济大潮中追求经济指标，追逐金钱名利，成为一些地方、一些人的主导思想和唯一目标，文化被淡化、被异化、被边缘化、被无视的现象相当普遍。浮躁、急功近利、无视道德伦理、践踏公德法律，林林总总，不一而足。全面加强文化建设迫在眉睫。好在重构新时期文化格局，大力开展文化建设，已经逐步成为国人的共识，纳入国家的战略架构，并付诸实施。

开原，山川秀美，物产丰富，历史悠久，文化深厚；开原人眼界开阔，胸襟豁达，勤劳勇敢，气质独特。史上开原，地处中原政权与北方少数民族交汇处，政治、军事地位突出，民族、文化高度融合，注定其驰名千载，成为东北名城、辽东重镇。改革开放，激活了开原人民的文化基因，开原经济社会实现了跨越式发展。未来开原，必定再攀高峰，持续远行，文化的支撑和润泽，不可或缺。实施文化兴市战略，开发文化资源，开创文化建设新时期，增强文化软实力，正当其时，势在必行。也是功在当代、利在千秋之举，必然功德无量。

出版《开原丛书》意向一出，便得到市委书记、市长的全力支持，似乎这是他们酝酿已久而一直被搁置的计划，只待其人。他们也感到开原的发展需要从战略上审视，需要文化提供持久动力保障。同时，也得到全市有志之士的广泛赞同和参与。开原地方文化研究者、开原地方文化研究者、开原地方史研究爱好者及丛书编委会成员，为本书的出版呕心沥血。

感谢苍天，感谢命运，让我有机会与这些优秀的开原人相处和共事，有机会组织出版《开原丛书》，有机会感受开原的博大和分量。《开原丛书》是其组织编撰者的心血和荣誉，是开原这片沃土的硕果和荣耀，是当代开原人留给未来的礼物。

当浩瀚的《开原丛书》呈现给世人，开原的千年文明光芒必将照耀开原，照耀人心，照耀未来。

开原市政协主席 徐宝玉

2013 年 12 月 25 日于开原

前　言

　　铁岭历史悠久，源远流长；山清水秀，四季分明；物华天宝，人杰地灵。铁岭地区历史文化名人群星灿烂，祖籍铁岭的清代著名满族文学家、词人纳兰性德就是其中之一，是铁岭人民的自豪。纳兰性德的祖籍为号称"开原北关"的明代海西女真叶赫部，世居开原东北的叶赫河畔。

　　关于纳兰性德文学作品的研究，特别是纳兰词的研究与注释，学术成果琳琅满目；但是论述纳兰性德家世的学术成果则鲜有所见，或者语焉不详。因此，纳兰性德祖居地的开原市政协组织筹划出版了开原历史文化丛书，《纳兰性德家世》就是其中之一，这是一部论述纳兰性德祖籍和家世的学术著作。

　　纳兰性德（1655—1685），原名成德，字容若，号楞伽山人，满洲正黄旗叶赫纳兰氏人。生于清顺治十一年十二月十二日（1655 年 1 月 19 日），卒于康熙二十四年五月三十日（1685 年 7 月 1 日）。曾任康熙朝御前一等侍卫，文武双全，精工诗词书法，被誉为"中国第一位满族汉族文化融合的代表人物"。生前著有《侧帽集》《饮水词》《渌水亭杂识》，主持编纂了 1800 卷的儒学汇编《通志堂经解》，后人编有《纳兰词》。据晚清词学家况周颐《蕙风词话·续编卷二》记载："襄阅某词话云：'本朝铁岭词人，男中成容若（即纳兰性德），女中太清春（即顾太清），直窥北宋堂奥。'"国学大师王国维评价纳兰性德词作说："北宋以来，一人而已。"纳兰性德被国学大师梁启超誉为"清初学人第一"，并有"清朝第一词人"之美誉。古文献学家王謇诗曰："铁岭名贤冠一代，纳兰小令伯希文。"（王謇著：《续补藏书纪事诗》，书目文献出版社 1987 年 1 月第 1 版，第 9 页）卢新野《词学概论》中称纳兰性德为"小令之王"。

纳兰性德家族的先世可以上溯至清兵入关前的明代海西女真叶赫部，史称"开原北关"。据王鸿绪《明珠墓志铭》记载：纳兰性德的父亲明珠的祖先"出于海西（女真），……为业（叶）赫国王。……居开原北关"。据纳兰性德的老师徐乾学《通议大夫一等侍卫进士纳兰君神道碑文》记载：纳兰性德先人"据有叶赫之地二百余年，中国所谓北关者也"。另外，据姜宸英《通议大夫一等侍卫进士纳兰君墓表》记载：纳兰性德"其先据有叶赫之地，所谓北关者也"。明代，海西女真叶赫部以开原城北部的叶赫城为中心，管辖四周分布的 15 个小部落，俗称"开原北关"，或简称"北关"。

叶赫纳兰氏，亦称叶赫纳喇氏或叶赫那拉氏，是明代海西女真叶赫部的"王族"，也是清代满族的重要组成部分之一，是清初最显赫的满族八大部族之一；曾先被后金国天聪汗努尔哈赤收降，隶属满洲正黄旗；后随清兵入关进北京，成为清王朝的开国元勋、皇亲国戚、贵族统治阶层。

叶赫纳兰氏在历史上与铁岭（即开原）有着千丝万缕的密切联系。

"叶赫"一词，早在一千年前的辽代辽圣宗耶律隆绪时期就已经出现，系女真语（即满族语）音译，女真语称野鸭子为"聂赫"。辽圣宗耶律隆绪时期就有地名称"耶悔"。据清代杨宾《柳边纪略》载："也赫，一作也合，又作叶赫，又作野黑。"叶赫部的名称起源于叶赫河，因经常有野鸭子出没河边，故名"聂赫勒河"，汉语可以译为一条有"水鸭子"的河。叶赫河系铁岭市境内寇河的主要支流，是明代海西女真叶赫部落的发源地，寇河汇入清河后入辽河。

"纳兰"或者"纳喇"，系女真语的音译，汉语"太阳"的意思。叶赫部始祖星根达尔汉（又译作星垦达尔汉、胜根打喇汉），原姓土默特氏，本是蒙古人。后来，星根达尔汉家族灭掉了扈伦国所属的纳喇部，遂占据了纳喇部地盘，并改姓纳喇氏（即那拉氏）；明宣德二年（1427）其部众移居叶赫河一带，故以叶赫为号。"叶赫纳兰"汉语的意思就是"叶赫河边的太阳"。

据额腾额《叶赫纳兰氏八旗族谱》记载："（叶赫部）明宣德二年

（1427）迁于叶赫利河涯建城，故号曰叶赫国。"据《海西女真史》记载："（叶赫部酋长）祝孔革率众南迁到开原北的叶赫河，即明所谓北关。"据当代文史专家徐光荣先生考证："纳兰性德的始祖姓土默特，是蒙古人。后来，土默特灭了纳兰部，因而改姓纳兰；举族迁至威远堡附近的叶赫河畔（即今辽宁开原市附近），所以纳兰性德祖籍为辽宁铁岭。"

明代海西女真叶赫部靠近明王朝辽东都指挥使司的北境重镇开原城，自古以来，开原城一直是管辖叶赫部的行政机构。据《清通鉴》记载："元朝于开原设开元万户府、开元路（治所在今开原老城），兼置兀者野人乞列迷女直军民府。明初改开元为开原，并在开原设三万卫、辽海卫、安乐州。……有镇北关（今开原威远堡）在东北……迤北则是海西叶赫部……开原失，明辽东边防岌岌可危。"

明代海西女真叶赫部靠近的开原城，当时是明代东北地区的第二大城市，管辖被明王朝敕封的号称"塔鲁木卫"的海西女真叶赫部。今天的开原莲花镇与四平市叶赫镇都是历史上明代海西女真叶赫纳兰部落的发源地，当时对周边地区人民的生产、生活有着巨大的影响。

从史料记载上看，从辽金时期开始至明清时期，叶赫部活动的地域范围一直在开原的管辖之下。在辽金时期属韩州（今辽宁省昌图县八面城镇），元代属开元路咸平府（今辽宁省开原市老城镇）。据《伊通县志》记载：叶赫部从黑龙江的呼兰河流域南迁之后到达的第一个祖居地——璋地在"金时属东京咸平路，元时属咸平府开原路"。叶赫部在明初"属三万卫（治所开原老城），明洪武二十三年（1390）析三万卫北部置辽海卫（治所今昌图老城），其地属辽海卫"。在清代"光绪四年（1878）始设奉化县，隶属图厅"，清末民初时期管辖过叶赫的梨树县境在明代"属辽海卫"。所以，开原莲花镇和叶赫镇（今属吉林省四平市铁东区叶赫镇）都是叶赫纳兰部落的发源地。

纳兰性德的高祖为叶赫部贝勒杨吉努（亦称养汲弩）；杨吉努幼女孟古格格嫁建州女真首领努尔哈赤，是清太宗皇太极的生母。努尔哈赤后来成为后金国天聪汗，叶赫部依靠明廷的支持、笼络西部的蒙古部落，抑制后金国天聪汗努尔哈赤的崛起，对抗努尔哈赤后金军的征伐。天命四年（1619），纳兰性德的曾祖父、叶赫部末代贝勒金台石，因不屈妹夫努尔哈赤的征服而被缢杀。金台石的次子、纳兰性德的祖父尼雅哈（一作尼迓韩、倪迓汉）归降后金国天聪汗努尔哈赤，被授以满洲正黄旗佐领之职。金台石死后三十多年，金台石的孙子、尼雅哈的儿子纳兰明珠就娶了努尔哈赤的孙女、英亲王阿济格之女为妻，生下来的长子就是纳兰性德。金台石的孙子明珠官至武英殿大学士，一度总揽康熙朝朝政，声势煊赫。

祖籍铁岭（即开原）的纳兰性德才华出众、文武双全，特别是诗词成就前无古人、后无来者，成为清代满族著名文学家，是铁岭家乡人民的骄傲。其家族更是文脉绵长，文学事业后继有人。2016 年 3 月 21 日，由香港凤凰卫视和凤凰网联合海内外十余家知名华文媒体和机构共同主办的"世界因你而美丽——影响世界华人盛典"评选揭晓。因在中国古典诗词研究取得的巅峰造诣以及对中国古典诗词教育的卓越贡献，当代纳兰氏的后人叶嘉莹教授获得 2015—2016 年度"影响世界华人大奖"终身成就奖。我们有理由这样认为，这也是铁岭家乡人民的荣耀。

研究纳兰性德的家世、祖籍，编写《纳兰性德家世》一书，对于梳理铁岭历史文化脉络、深入挖掘历史文化名人资源、推动铁岭市文化兴市战略实施、扩大铁岭市的知名度与影响力，促进铁岭市的振兴发展进程，助推铁岭市经济社会的全面发展，无疑有着深刻的现实意义与深远的历史意义。

2015 年 11 月 16 日第一稿
2016 年 12 月 08 日第二稿
2017 年 10 月 28 日第三稿

目 录

第一章
清代满族第一
词人纳兰性德

一、纳兰性德生平

　　纳兰性德（1655—1685），乳名冬郎，原名成德，避太子保成讳改性德，字容若，号楞伽山人。满洲正黄旗叶赫纳兰氏人，祖籍为号称"开原北关"的明代海西女真叶赫部，世居开原东北叶赫河畔。清代著名满族文学家、词人。在手简和所藏书画印文中又有"长白山人""松华（花）江渔"等，以示自己为明代海西女真叶赫纳兰氏旧族。生于清顺治十一年十二月十二日（1655年1月19日），[①]卒于康熙二十四年五月三十日（1685年7月1日）。纳兰性德出身于清初最显赫的八大部族之一满洲正黄旗叶赫纳兰（又作叶赫那拉）氏，他的家庭也是北京一个门第显赫的满洲贵族官宦家庭。纳兰性德的曾祖父，是明代海西女真叶赫部首领金台石；金台石的妹妹孟古，嫁努尔哈赤为妃，生皇子皇太极。其父纳兰明珠是康熙年间"兼通汉满语言文字"而又权倾一时的武英殿大学士、一代权臣，机敏睿智、聪慧过人，深得顺治、康熙二帝赏识，仕途亦平步青云，屡任要职；康熙三年被提升为内务府总管，后又调任弘文院学士，历任刑部尚书、都察院左督御史、兵部尚书、吏部尚书等要职，累迁至武英殿大学士、太子太师。其母亲爱新觉罗氏，为一品夫人，清朝开国君主努尔哈赤的嫡孙女，努尔哈赤第十二子、和硕英亲王阿济格正妃的第五女。可见纳兰性德的家族也是所谓"簪缨世族"，声威显赫，和《红楼梦》所写的贾家荣、宁二府一样，处在"烈火烹油，鲜花着锦之盛"。但是，有着地地道道满洲贵族血统的纳兰性德生性聪明，淡泊名利，对汉字、诗词感兴趣，最擅写词，词写得清新自然。擅长骑马射箭，亦好读书，文武双全；经史百家无所不窥，谙悉传统学术文化，

---

　　① 聂小晴等：《纳兰容若词传》，中国华侨出版社2011年版，第5页。

诗词书法，样样精工；性情豪迈，十分好客。纳兰性德从小在父辈的教导下学习骑射，练就了一身功夫，并善于搏击。顺治十六年（1659）五岁入塾，开始接受严格的教育。五六岁时，读书敏异，"过目不忘"。十岁时，写有七绝《上元月蚀》《上元即事》两首诗、《一斛珠·元夜月蚀》一词，又"善骑射"。十三四岁时，就已是位"才舞象勺，已通六艺"的才子。康熙十年（1671）年满十六岁入国子监就读，是年十一月，经国子监祭酒徐元文的介绍，拜汉族名士徐乾学为其业师。康熙十一年（1672）参加乡试中举人。在名师的指导下，纳兰性德在两年中，主持编纂了一部1792卷的儒学汇编《通志堂经解》，受到皇帝的赏识。他又把搜读经史过程中的见闻和学友传述记录整理成文，用三四年时间，编成四卷《渌水亭杂识》，其中包含历史、地理、天文、历算、佛学、音乐、文学、考证等方面知识，表现出他相当广博的学识基础和各方面的意趣爱好。康熙十五年（1676）即二十一岁时，中进士，康熙皇帝授他御前三等侍卫的官职，以后升为二等，再升为一等。他的一生不但在政治上受到康熙皇帝的任用，多次随同扈跸出巡，乃至单独完成一些重要使命，同时更在词作等文学艺术门类里取得了很高的成就，成为中国古代文学史上的杰出文学家之一。[①]纳兰性德是第一个满汉文化融合的代表人物。纳兰性德不仅是一位杰出的文学家，而且还是一位爱国的、团结各族人民的政治家，是一位向往建功立业的志士仁人。作为诗文艺术的奇才，他在内心深处也有厌倦庸俗官场和侍从生活的一面，无心追逐功名利禄。虽"身在高门广厦，常有山泽鱼鸟之思"。诗文均很出色，尤以词作杰出，著称于世。词以小令见长，多感伤情调，间有雄浑之作；亦能诗。二十四岁时，纳兰性德把自己的词作编选成集，名为《侧帽集》，后更名为《饮水词》，再后有人将两部词集增遗补缺，共342首，编辑一处，名为《纳兰词》。《纳兰词》在当时社会上就享有盛誉，得到文人、学士的高度评价，成为那个时代词坛的杰出代表。据徐乾学《通议大夫一等侍卫进士纳兰君墓志铭》记载：纳兰性德"卒

[①] 石昌渝：《中国文学通史·清代文学》第6卷，江苏文艺出版社2013年版，第35页。

于康熙二十四年五月己丑"（1685 年 7 月 1 日），①年仅三十一岁。

（一）名字释义

清顺治十一年十二月十二日（1655 年 1 月 19 日），纳兰性德出生于京城什刹后海之滨的明珠府邸中，起名成德。

纳兰成德的名字颇有来历。满人承袭其先世女真人的风俗，给新生子命名，早期一般是孩子落草后，家长所看到第一个实物即是孩子的名字，因此出现了很多以动物或其局部命名的人名。如清太祖努尔哈赤之名意为"野猪皮"，其弟雅尔哈齐之名意为"豹皮"，舒尔哈齐子阿敏之名意为"后鞍桥"，阿敏子固尔玛珲之名意为"兔子"，等等，表明当时以渔猎生产为主，动物在社会经济生活中占据重要地位的情况。清军入关后，满人渐染汉俗，在汉族传统文化的影响下，为孩子取名以满语译义求取相近之汉字，即将满语之含义译为汉语，而后取相应的汉字为名。纳兰性德的父亲明珠是当时满洲贵族中公认的开明派人物，与汉族士大夫关系密切，为其长子命名，也采取了满汉文化融合的方式。

纳兰成德的乳名是"冬郎"。②乳名俗称"小名"。"冬郎"是以其出生的季节为首字命名的，郎为男性青少年之通称，既符合满族风俗，又和唐代著名诗人韩偓的小名相同。韩偓（字致尧）是著名的神童，不仅以词藻绮丽的律诗、绝句为世所重，而且以名进士历官兵部侍郎、翰林承旨等职，为皇帝所倚重。明珠为其子取了个与韩致尧相同的小名，显然希望他的儿子和韩致尧一样文采飞扬，为官作宦，而又为皇帝所倚重，成为国家栋梁之材。

"成德"，当是纳兰成德入学时所用的正式名字，当为明珠邀请的宾朋或老师所起，以满语译义而求相近汉字或取谐音的汉字书写。满语何意今已不知，汉语则意为盛德、全德或成年人应有的品德。《尚书·伊训》："伊尹乃明言烈祖之成德，以训于王。"《易经》："君子以成德为行，日可见之行也。"《仪礼·士冠礼》："弃尔幼志，顺尔成德。"都符合满人寄托以期望、祝愿的命名习惯，即期望纳兰成德成为具有盛

---

① 康熙刻本《通志堂集·附录》。
② 聂小晴等：《纳兰容若词传》，中国华侨出版社2011年版，第6页。

德、全德之人。

"性德"，则是因为"避（皇太子）东宫嫌名"，改成德为性德。康熙十四年（1675）六月，吴三桂等反清气焰甚张，清朝的统治出现危机时，康熙帝为安定十分重视继统的汉人官员以至百姓之心，显示清廷后继有人，决定学习汉族传统的皇位继承法，预立储君。但当时的皇长子保清（后改名为胤禔、允禔）为庶出，难以继承皇位，便决定立只有13个月的皇二子为皇太子。这个皇太子为康熙帝皇后赫舍里氏（权臣索额图之侄女）所生，康熙帝为祈上天保佑他长大成人，继承帝业，取名保成。[①] 保成被册立为皇太子并建立东宫后，要求臣民避讳，"保成"两字臣民的名字不能使用，于是纳兰性德自改"成德"为"性德"。有的学者认为改"成"为"性"，典出《礼记》和《易经》。根据是《礼记·中庸》有"诚者，非自成己而已也，所以成物也。成己，仁也；成物，智也；性之德也"之话语；《易·系辞》有"一阴一阳之为道，继之者善也，成之者性也"之言辞。也有学者认为"性德"二字，不是出于儒家经典，而是佛教术语，与"修德"相对。佛教认为修成之德为"修德"，万物本性之上具有的善恶迷悟之性能为"性德"，也就是说，"性德"是本性所具有之德。后来，因为康熙帝为求上天赐福，不久将皇太子保成改名为胤礽[②]，纳兰也就成德、性德两个名字同时交叉行用。

纳兰性德字容若，"容若"何义？有学者认为和性德一样，典出佛教经书，是佛教术语"容有释"和"般若"的合义。"容有释"又作"容有之说"，意为于正义之外容认之旁义。"般若"亦作"波若"，意为智慧、超世俗的认识。表明纳兰性德向往于儒家正统之外，认可他从旁学习佛学，发挥他超世俗的智慧的愿望。名与字，其实都含有纳兰性德追求的目标。[③] 纳兰性德自号"楞伽山人"，学者们大都认为系取自佛教经典。楞伽，山名，亦译作馟伽、骏伽，是印度梵文"宝石""难入"

---

① （清）唐邦治：《清皇室四谱》第3卷。

② 后胤禛即位为雍正帝，依宗人府奏，为别于皇帝名讳，命兄弟同辈的"胤"字均改为"允"字。

③ 刘德鸿：《清初学人第一：纳兰性德研究》，中国社会科学出版社1997年版，第188页。

之意。因狮子国（即僧伽罗国，原锡兰岛）东南隅有山产宝石，又因此山险峻，常人难以进入其中，故名。玄奘《大唐西域记》卷十一《师子国》中说："国东南隅有馀伽山，岩谷幽峻，神鬼游舍。"相传，释迦牟尼曾入此山宣讲大乘经，名为《楞伽阿跋多罗宝经》，"阿跋多罗"是梵文"入"的意思，此书名即意为"佛（释迦牟尼）入楞伽山所说的宝经"，简称《楞伽经》。为佛教中法相宗所依之"六经"之一，也是禅宗、法性宗的理论依据。中心内容是宣说世界万有由心所造，认识的对象不在外界而在内心，否认客观世界的真实性，归结到建立一个不生不灭的涅槃境界。纳兰性德自号楞伽山人，当属以号寄志。表明纳兰性德有厌倦仕宦生活，想摆脱人世间烦恼的念头。

（二）学习经历

叶赫纳兰氏是满洲贵族之家，既为世禄之家，又系书香门第。父亲明珠历任銮仪卫治仪正、内务府总管、内阁侍读学士、弘文院学士、刑部尚书、都察院左都御史、吏部尚书、武英殿大学士等要职，备受重用。纳兰明珠人如其名，才能如同一颗明珠般熠熠发光。明珠颇有辩才，又精通满汉文，在平定"三藩"叛乱时因赞襄军务之功被康熙皇帝赏识，史载明珠"好书画，凡其居处，无不锦卷牙签，充满庭宇。时人有比以邺架者，亦一时之盛也"[1]。明珠的一举一动无不对其子纳兰性德的生活和以后的诗词创作产生重大影响。

纳兰性德自幼生活极优渥，但是生性不喜好荣华尊贵，偏爱博览群书。在父亲明珠的影响下，汉家典籍成为纳兰性德儿时学习的重要内容。作为满洲贵族的世家子弟，纳兰性德从小就按照传统的方式从文武两条途径从事他的课业。在这两方面，纳兰性德都显示了杰出的才能。纳兰性德接受教育很早，五六岁时就开始受到严格而良好的骑射技艺和包括满语、满文在内的文化教育，体现了满族"以骑射为本""文事不妨武备"的民族特色。但清承明制，并无教育儿童的初级学校，而是官家富户自行延请教师在家教授子弟，或设私塾兼收亲友孩童就学。明珠为满洲贵族，纳兰性德自然是在家就读。但儿童时代，主要是从洒扫、应对、

---

[1]（清）昭梿：《啸亭杂录》第10卷。

进退上对他进行伦常礼教的教导，教学内容除识字、习字外，主要是诵读《百家姓》《千字文》《三字经》《龙文鞭影》《童蒙须知》《程氏家塾读书分年日程》等宣扬儒家学说，特别是程朱理学观点，反映当时统治阶级思想的读物。等他有一定理解能力后，才讲解诗书礼乐。据史料记载，先后到明珠家做西宾任教的有丁腹松、查慎行、唐孙华、吴兆骞等人，查、唐、吴入明府较晚，其时纳兰性德已步入仕途，主要是教育其弟揆叙、揆方，对纳兰性德幼年影响最大的家庭教师是汉族文士丁腹松。

　　明珠是一个受汉文化濡染很深，兼通满汉语言文字而又有远见的满洲贵族，一向注重团结汉族文士，重视吸收汉族传统文化，一向教导纳兰性德尊师亲友，在师友的教导影响下充实自己，健康成长。丁腹松，北京通州人，是纳兰性德的一位启蒙老师。他满腹经纶、博学能文，但性格乖僻，不善变通，屡试不中，只能赋闲在家。爱才的纳兰明珠就请他为纳兰性德讲课。丁腹松明知道自己教的是贵族公子，但仍对学生严格要求，时时督促训责，为纳兰性德打下了扎扎实实的文化底子。明珠要求纳兰性德尊敬老师，听从教导，以便将来成为国家、民族的栋梁之材。纳兰性德后来曾说"古人重在三之谊，（师）并之于君亲。言亲生之，师成之，君用而行之"①。

　　纳兰性德恪遵父训，尊师睦友，据徐乾学在《通议大夫一等侍卫进士纳兰君墓志铭》中记叙：纳兰性德"自幼聪敏，读书一再，过即不忘；善为诗，在童子已句出惊人，久之益工"，"尤善为词"，"十岁成吟"；并且善于领会老师的讲解，显示出少有的才华。他跟丁腹松学的是"四书""五经"等以程朱的阐释为准则的儒家经典，并在丁腹松的指导下练习写作八股文章。丁腹松考中进士而辞馆时（后隐居），纳兰性德已有相当高的儒家文化修养了，"才舞象勺，已通六艺"②。生活道路的坎坷，使丁腹松由谨守儒家经典的儒生，变成脑子里也有佛、道出世思想的文士。在丁腹松的影响下，纳兰性德除学习儒家经典和八股文章外，也杂

---

① 《通志堂集》第13卷，《上座主徐健庵先生书》。
② 《通志堂集》第19卷，附录徐乾学所写祭文。

学旁收，涉猎佛家和道家的著作。

（三）科举道路

在科举的道路上，纳兰性德完全依靠自己的才华，而无须父亲的援手与庇荫。康熙十年（1671），17岁的纳兰性德又"补诸生，贡入太学"①。所谓"补诸生"，就是补选入顺天府学汉生员额数内。顺治八年（1651）三月，吏部奏准："旗下子弟，率多英才，可备循良之选。但学校未兴，制科未行耳。先帝在盛京，爱养人才，开科已有成例，今日正当举行。"满洲、蒙古、汉军八旗子弟"有通文艺者，经提学御史考试，取入顺天府学"②。康熙六年又题准"八旗下有愿作汉文考试者，各都统开送礼部，移送顺天学院"，经过考试，"文优者即入顺天府汉生员额数内"。③纳兰性德"补诸生"，即以满洲生童选补顺天府学汉生员额数内，和汉族生员一同学习。其间手续繁复，考试严格，颇为不易。纳兰性德在顺天府学，学习的内容是"四书""五经"和八股文及有关律令。有月课和季考，试卷须送学政查核。学政"按临"时，则举行岁试和科试，根据成绩好坏，分为六等进行奖惩。

纳兰性德成绩优秀，在顺天府学学习的时间很短，便在康熙十年（1671）进入了当时培养人才的最高学府国子监。当时，北京国子监是全国唯一的朝廷专设的高等学府，因此又称为国学或太学。又因西周天子所设大学称"辟雍"，因而也有人将国子监称作辟雍，将皇帝亲自视察国子监称为"临雍视学"。纳兰性德前往就学，学的是以孔孟之道治理国家、稳定社会秩序的道理。

在国子监学习的人员有贡生和监生之分。贡生又分以年资晋升的岁贡、因国家庆典恩赐的恩贡、从各省生员中选拔的拔贡、从生员中挑出文行皆优者的优贡、选拔乡试未中举人而文理优长者的副贡、以例输银捐纳进入太学的例贡等六种。史料记载，康熙十年（1671）朝廷议准："八旗新旧生员内，通行选拔文行皆优者。满洲、蒙古起送二名，汉军起送

---

① （清）徐乾学：《纳兰君墓志铭》。
② 《清世祖实录》第55卷。
③ 《八旗通志》初集，第48卷。

二名，入监肄业。"①纳兰性德"贡入太学"，正是这一年，显然是在八旗满洲、蒙古新旧生员内通行选拔后"起送"的两名文行皆优者之一，入国子监肄业即为优贡。清初遴选官学生的标准是"无论官兵子弟，不许瞻徇情面，择其资性颖秀，可以读书上进者"②，由佐领、参领保送，都统等验看，非常严格。在满洲、蒙古十六旗之中仅仅选拔和"起送"两名优贡，就更是千里挑一，相当严格，为世人所重视。纳兰性德能被选中，即表明他确实品行出类拔萃，文才超凡脱俗，非同一般。但八旗官员"起送"后，还需经过国子监官员的各种考试后才能入学。

　　八旗满洲、蒙古都统等官员简拔纳兰性德等二生员，并将他们"起送"到国子监肄业，称为"补班"。正式"补班"前，还必须接受国子监司业的考试，称为"考到"。"考到"列一、二等的，还要由管理监事大臣和国子监祭酒进行复试，叫作"考验"。"考验"列一、二等的，才准予入监，补班肄业。纳兰性德能够"贡入太学"，即说明他是以优异成绩顺利地通过了"考到""考验"，才成为国子监的"补班"太学生，接受当时的高等教育的。

　　国子监分率性、修道、诚心、正义、崇志、广业六堂。六堂的学生又分内班和外班，内班住在国子监里，外班散居监外各处，按时赴监上课。由于国子监宿舍有限，当时规定八旗及家住北京城内的贡、监肄业生一概不准补内班，全都住家学习，即为外班太学生，如同现在的走读生，纳兰性德也不能例外。纳兰性德在国子监学习的主要内容依然是"四书"、"五经"、《性理》、《通鉴》等书，只是层次比顺天府学更高一些罢了。二十一史等著作，则由学生根据爱好自行选修。此外还需每天临摹晋唐大家书法数百字。纳兰性德进入国子监后继续进修习练，不仅学业大有长进，书法技艺也日趋精湛，"摹褚河南、临本禊帖，间出入于黄庭内景经"③。并善于化解，别出心裁，"妙得拨灯法（指执笔

---

①《八旗通志》初集，第64卷。

②《八旗通志》初集，第47卷。

③（清）徐乾学：《纳兰君墓志铭》。其中，褚河南，指东晋王羲之的行书法帖《兰亭序》；本禊帖，指《黄庭内景经》，即著名小楷法帖《黄庭经》。

运指犹如拈拨灯芯的写字方法），临摹飞动"①，笔致圆润遒丽，刚柔相济，英俊豪迈，雄健多变，都是长期习练的结果。

值得一提的还有纳兰性德在国子监学习时，祭酒为徐元文。当时，纳兰性德深受国子监祭酒徐元文的器重。徐元文，字公肃，号立斋，江南昆山（今属江苏）人，顺治十六年（1659）状元，曾任翰林院修撰、秘书院侍读学士、经筵讲官等职。康熙九年（1670）出任国子监祭酒后，不仅遴选学员非常严格，反对出资捐买例贡、例监，而且整饬太学条规，在"端士习，起惰窳，严考试，慎咨送，肃礼仪，重专师，勤讲肄，饬书役"诸方面卓有成效，史称其时"课文皆崇雅黜浮，足为海内矜式"②。纳兰性德在国子监就读之时，正是徐元文督导太学之日，各学官在徐的带领下督责甚严，因此性德对"四书"、"五经"、《性理》、《通鉴》等功课也下了很大功夫。当时是国子监博士、助教、学正、学录每月各讲一次课，学员都须有"日课册"（作业本），每隔十天送助教批阅评判一次，每月初一、十五送司业、祭酒查验。纳兰性德"笃意经史，且欲窥寻性命之学"③，不仅日课册列为优等，就是每月初一博士主持的测验，初三助教掌管的考试，十八学正、学录主管的月考（都考经文、经解、"四书"文——取"四书"语命题的八股文、诗、策、论）以及每月十五日祭酒、司业轮流执掌的"大课"（考"四书"文、诗），每月司业主持的"月课"，每季祭酒主持的"季考"（都考"四书"文、"五经"文——取"五经"语命题的八股文及诏、诰、表、策、论、判），也都成绩优异。

纳兰性德的优异成绩，源于他熟读"四书"，兼通"五经"，精熟全史，再加上优美流畅的文笔和遒劲飘逸的书法，博得国子监官员的一致好评，并引起祭酒徐元文的高度重视。徐乾学后来回忆说："舍弟立斋为祭酒，深器重之。谓余曰：'司马公贤子，非常人也。'"④ 明

---

① （清）韩菼：《纳兰君神道碑铭》。
② （清）张玉书：《徐公（元文）神道碑》。
③ （清）韩菼：《纳兰君神道碑铭》。
④ （清）徐乾学：《纳兰君墓志铭》。

珠当时官兵部尚书，就是徐元文所说的"司马"，在朝中地位还算不上显赫而引人注目。徐元文之所以对纳兰性德"深器重之"，说他是"非常人也"，并将他介绍给时任翰林院编修的兄长徐乾学，并不是拍明珠之马屁欲求升迁，而确确实实是由于纳兰性德在国子监中是出类拔萃、头角峥嵘的人物。而当时衡量人才的尺度，是从儒家思想的视角出发并以儒家的人才观为基准的。

由于纳兰性德对"四书""五经"下过很大功夫，对朱熹等人的传注也烂熟于胸，对八股文章的习练勤奋不懈，能将经义、策论、诗赋融合在一起，有高超的文字表达能力，因此于康熙十一年（1672）十八岁时应顺天乡试时，不仅按照清朝规定的"八旗以骑射为本，右武左文""文事不妨武备"的方针，在试前弓马娴熟，骑则驰骋便捷，射则发无不中，顺利地通过了骑射考试关，体现了满族的民族特色，而且在文场也得心应手，游刃有余，顺利地通过了三场考试，轻取举人头衔。他的座师就是经学家兼史学家徐乾学。徐乾学，字原一，号健庵，时人尊称东海先生，是与蔡启僔同科的探花，学富五车，名噪一时。徐乾学洞悉人情世故，纳兰性德这样的好学青年及其显贵的家庭，都使徐乾学兴趣极浓，乐于结交。

参加顺天乡试，是满、蒙、汉同试、同榜，获取功名颇为不易。在众多读书人纷纷落榜、困顿场屋的情况下，纳兰性德能够脱颖而出，高中巍科，更说明他是难得的杰出人才。康熙时名士高咏，应乡试15次都没有考中；著名文学家蒲松龄，也屡试不第，怀才而困于诸生；纳兰性德后来结识的朋友、雄文硕学的一代名士姜宸英，亦屡应顺天乡试才考取举人，等到成进士时，已年逾七旬；偃塞不第，遗憾终身而名不闻于后世者，自然为数更多。纳兰性德十八岁即考中举人，也坚定了他学习汉文化的信念，也为他此后的发展铺平了道路。对纳兰性德个人来说，读"四书""五经"和程朱理学家的阐释及练习写作八股文章，接受孔孟之道和程朱理学，是他学习汉族传统文化的必由之路和重要组成部分，而科举考试的成功，也正是他自己奋斗的目标，也是其父明珠等人之所以督责与期待的目的。纳兰性德是满洲贵族家庭中的公子哥儿，有着优越的政治和经济条件，养尊处优，不必为生活问题而担忧，但就个人来说，也有显贵尊荣与困顿偃蹇的问题。他既善骑射，又科场得意，兼有满汉两族当时被认为是有为之人的特长，是付出了巨大努力的。

康熙十二年（1673），纳兰性德怀着欣喜的心情参加了礼部主持的全国性举人会考，即会试，试卷顺利地通过了阅卷的各个环节，被同考官加圈加点，作为优秀试卷推荐给内阁保和殿大学士杜立德、礼部尚书龚鼎孳、刑部侍郎姚文然、翰林院掌院学士熊赐履等主考官，被录取为贡士。但在他正积极准备参加由皇帝主持的最高一级科举考试——殿试的时候，却发生了不幸的事情，身患"寒疾"，不能参加"廷对"（即殿试，又称廷试）。[①]而和他同为贡士的朋友韩菼廷试考取状元，王鸿绪（原名度心）为榜眼，徐秉义为探花，徐元梦、徐倬、顾汧等人则为进士，这对他是个不小的打击。纳兰性德因"寒疾"病"告殿"未能参加会试后的廷对，更加严格自律，刻苦地学习汉族传统文化，钻研经学和史学。徐乾学说："容若以豪迈挺特之才，勤勤学问；生长华阀，淡于荣利。自癸丑（康熙十二年）五月始，逢三、六、九日，黎明骑马过余邸舍，讲论书史，日暮乃去。"[②]又说纳兰性德"益肆力经济之学，熟读《通鉴》及古人文辞，三年而学大成"[③]。

纳兰性德在康熙十五年（1676）二十二岁时补行了殿试。殿试考试的内容按照惯例是经史时务策一道，每道策题又对三五件国家大政进行策问，贡士答卷称为"对策"或"条对"。纳兰性德"丙辰应殿试，条对剀切，书法遒劲，执事各官咸叹异焉"[④]。其试卷是获得好评的佳卷，康熙十五年（1676）博得主试官员吴当世、李霨、宋德宜等人的一致赞许，列二甲第七名，赐进士出身。殿试录取者分为三甲，第一甲"赐进士及第"，只有状元、榜眼、探花三人。第二甲"赐进士出身"，第三甲"赐同进士出身"，名额无定数。纳兰性德被录取为二甲第七名，实际上是这一科所录取的 195 名进士中的第 10 名。根据清朝规定，举行

① （清）徐乾学：《纳兰君墓志铭》。
② （清）徐乾学：《通志堂集序》。
③ （清）徐乾学：《纳兰君墓志铭》。
④ （清）徐乾学：《纳兰君墓志铭》。

完传胪典礼后，第一甲的状元即授翰林院修撰，榜眼、探花授翰林院编修，其余新进士还须赴保和殿参加朝考，按照朝考成绩，结合殿试名次和年龄、阅历等情况，由皇帝决定分别授予官职。一般是成绩优秀而年轻者授为翰林院庶吉士，其余的根据需要用为主事、中书、知州、知县等职。纳兰性德廷对时"劲直切劘，累累数千言"①，"敷事析理谙熟，出老宿儒上。结字端劲，合古法"，读卷"诸公嗟叹"，是难得的优秀试卷，却因"天子用嘉"，②授为三等侍卫，随侍皇帝左右。纳兰性德的前程似乎一帆风顺，但事实上摆在纳兰性德面前的却不是鹏程万里的坦途，而是布满荆棘的艰难世路。

（四）日常交往

尽管纳兰性德有对康熙皇帝的忠忱、有建功立业的渴望、有推动满汉文化融合的意愿，但是他除了出于职守的服役之外，却从不刻意奉承，也不接受世俗献媚，尤其是他具有一种仗义疏财、扶危济困的奉献精神，更是值得称道。纳兰性德所结交的好友，大多是确有才能而际遇坎坷、年长于己的汉族文人，如顾贞观、严绳孙、姜宸英、朱彝尊、陈维崧、秦松龄等。这些人在年龄上一般都比纳兰性德大十几岁，他们中的许多人的飞黄腾达，都是在与纳兰性德订交以后的事，而纳兰性德对这些尚属布衣的忘年交极其尊重，彼此推心置腹、真诚地交流对文学的看法，诗词唱和酬答，并且慷慨地从经济上帮助他们解决困难，挥金如土、毫无吝啬。纳兰性德在与汉族文坛上的著名人物顾贞观、吴兆骞、姜宸英、翁叔元等人的交往过程中，留下了许多文坛佳话。

康熙十五年（1676），纳兰性德的文友顾贞观写下了回忆好友吴兆骞的词《金缕曲》二首，以书信形式，赠送给了纳兰性德，纳兰性德看后大为感动。吴兆骞是江南吴江人，顺治十四年（1657）乡试举人，顺治十五年（1658）"以科场蜚语逮系，遣宿宁古塔"，居塞上20年，与纳兰性德从未谋面。纳兰性德应顾贞观之请，代为纳锾（出钱），应允以五年为期，营救吴兆骞入关。当时吴兆骞因为所谓的作弊"科场案"

---

① （清）徐乾学：《纳兰君墓志铭》。
② （清）徐乾学：《纳兰君神道碑文》。

已蒙冤多年，被发配到黑龙江宁古塔戍边，营救之难可想而知。纳兰性德求助于他的父亲纳兰明珠。康熙十七年（1678），清廷派遣使臣视察宁古塔，纳兰性德借机让吴兆骞写下一展才华、词藻极为华丽的《长白山赋》，带回归献康熙皇帝，想请求对吴兆骞的赦免。此《长白山赋》虽到了康熙皇帝手中，康熙皇帝读后也被打动并主动询问作者吴兆骞的情况，然而因为有人从中作梗，营救最终还是未成。三年后，纳兰性德又想方设法与诸多友人凑金两千两，以吴兆骞认修内务府工程的名义，请求"赎罪放还"吴兆骞，终获成功，遂于康熙二十年（1681）赎还，至此正好是五年之久。吴兆骞回京后，纳兰性德延至北京的家中客住，吴兆骞为报恩设馆于纳兰家中，为纳兰性德的弟弟纳兰揆叙教授学业。康熙二十三年（1684）十月，吴兆骞在北京病故，此时纳兰性德人在江南，他得信后立即回京，为吴兆骞操办丧事，并出资护送灵柩回到吴兆骞的家乡吴江。这就是清代文坛传颂的纳兰性德对吴兆骞的"生馆死殡"。

康熙十九年（1680），姜宸英的母亲去世，纳兰性德除赋《金缕曲》慰问以外，又遣专人"厚致赙礼"。康熙十二年（1673）参加会试落第的翁叔元得到纳兰性德的亲切慰问和帮助，后来纳兰性德还资助落第、滞留北京的翁叔元返回了离开15年的故乡，并且帮助翁叔元修造几间房屋安顿家小。纳兰性德的同情心和义举，在社会上受到热烈的赞扬，也为他自己赢得了读书人的信任和友谊。

（五）康熙侍卫

纳兰性德从二十二岁进入清王朝宫廷，到三十一岁猝然去世，职务和地位在前后9年之中没有多大变化，只是从三等侍卫依次晋升为二等、一等侍卫，终生充任武装侍从，未任他职。除被委派执行"觇梭龙"等特殊任务外，一直在康熙帝身边宿卫扈从，执事当差。康熙帝全然不顾"人各有志，不可相强"的个性特点，仅凭自己"天子用嘉"的兴致，就轻意地改变了纳兰性德的生活道路。纳兰性德的座师徐乾学说，纳兰性德"入对殿廷，数千言立就，点画落纸，无一笔非古人者。荐绅以不得上第入词馆，为容若叹息"[①]。曾官翰林院掌院学士、任文华殿大学

---

① （清）徐乾学：《纳兰君墓志铭》。

士二十年之久的张玉书说，康熙帝改变纳兰性德生活道路的原因是："天子雅重君才，不欲烦以庶职，特擢宿卫，给事禁中。"①科考中进士的纳兰性德的朋友和同年徐倬亦谓："因豹尾之须才，特留禁御，为虎贲之得士，竟夺花砖。"②纳兰性德的另一个朋友，历官吏部侍郎和刑、兵、礼等部尚书的杜臻也说，纳兰性德"壬子举于乡，癸丑捷南宫，丙辰廷对高第，方且陟清华，领著作矣。天子以君勋戚之贤，简任心膂，欲君常在左右，遂复补珥貂贵秩，率环卫侍禁近焉"③。所以，纳兰性德在《金缕曲·赠梁汾》中说自己"偶然间，缁尘京国，乌衣门第"，把自己出生和成长的贵族之家称为"缁尘京国"，以污染素衣的黑色灰尘来比喻自己生活在充满世俗污垢的环境之中，并且认为这是自己的不幸，断送他"陟清华，领著作"的理想前途而充任侍卫的原因是他为"勋戚之贤"。"勋戚"的出身使他理想成空，他不能不恨这个断送自己理想前程的"乌衣门第"，激愤地称之为"缁尘京国"，说它污染连累了自己，使他充当了自己极不愿意担任的侍卫，使自己湮没在钩陈豹尾之中。因此他在出任侍卫之初，即悲愤填膺地高呼："有酒唯浇赵州土，谁会成生此意？""青眼高歌俱未老，向尊前，拭尽英雄泪。"表露出无法施展才华和实现理想的悲哀与痛苦，无可奈何地感叹说："身世悠悠何足问，冷笑置之而已。"④他又把自己比喻为渴望自由安居、自由选择生活环境而被捕获关在笼子里，失去自由的野鹤，只能"矫首盼青云"，却无法冲出樊笼，也不能自由歌唱，更不可能直薄云霄、搏击长空。

侍卫，满语称为"虾""辖""下""恰"。在努尔哈赤崛起之初，侍卫由其家丁或奴仆充任，负责护卫保安等事务；后来虽然增加了归附部落首领和宗室、勋戚子弟担任此职，但家丁及奴仆的痕迹未除，职责繁杂而无权做主，时时供皇帝驱使而没有自由。清军入关后设侍卫衙门（后改称领侍卫府、侍卫处），侍卫成为掌宫廷宿卫和随扈皇帝的武装

① 《通志堂集》第19卷附录，张玉书所写哀词。
② 《通志堂集》第19卷附录，徐倬所写哀词。
③ 《通志堂集》第19卷附录，杜臻所写哀词。
④ 《金缕曲·赠梁汾》。

侍从官员，除保卫皇帝安全外，还有传谕宣旨、必要时参战、临时受命执行一些特殊任务等职责，必须时时围着皇帝转，如同奴仆。

　　侍卫衙门的长官称领侍卫内大臣，下设内大臣、散秩大臣等职。朝廷规定一等侍卫 60 名（正三品），二等侍卫 150 名（正四品），三等侍卫 270 名（正五品），蓝翎侍卫 90 名（正六品），都从镶黄、正黄、正白上三旗在京三品以上、在外总兵官以上的官员的子弟中选拔，名额三旗均分。另有宗室侍卫一等 9 人，二等 18 人，三等 63 人。还有从武进士中挑选的汉侍卫，无定额。侍卫每年的俸禄是：一等银 130 两，米 65 石；二等银 105 两，米 52 石；三等银 80 两，米 40 石；蓝翎侍卫银 60 两，米 30 石。后来又有加"恩俸银""养廉银""饭食银"等规定。侍卫在旗地内分得田地的数额是：一等 42 亩，二等 30 亩，三等 24 亩，由庄头组织生产或由汉人佃种。到康熙年间，伴随着皇权的强化，又将侍卫分为御前侍卫、乾清门侍卫和大门侍卫。御前侍卫和乾清门侍卫都由皇帝亲自选授，没有名额和等级限制。纳兰性德因"天子用嘉"而充当侍卫，就属于皇帝亲自选授，其职责依然带有皇帝仆隶随从的意味。作为侍卫，皇帝在京时"随侍宿卫"，随时听从差遣；皇帝出巡则随扈保驾，"给事起居"；皇帝驻跸行宫也要守卫戒备，以防不测；皇帝行围狩猎，更需持弓执矢左冲右突，既要射击猎物，又要保护皇帝不受野兽侵害；遇有皇帝检阅八旗官兵操练，还需上场表演示范，与各营将领比武演射，以激发官兵习武热情；皇帝举行祭祀、谒陵等活动时，也要奉差执事，甚至代劳。有时还担任"特使"，被委派执行一些特殊任务，如奉使军前探询敌情、视察军中状况等，但因侍卫众多，"特使"任务不常有，日常工作依然是宿卫扈从，在皇帝周围执事当差，任凭皇帝役使。侍卫的经济收入优于其他同级官员，但因是"近御人员"，使命是为皇帝服务，不仅活动的范围和时间受到严格限制，而且一言一行必须唯皇帝意旨是从而不能让皇帝事事明言，一意逢迎仍难免疏误，稍有瑕疵闪失即遭降黜，甚至流放充军、头颅委地，实际上如同没有自由、没有自身价值的奴仆，只不过主子是皇帝罢了。

　　纳兰性德的职责主要是扈驾出巡，陪奉狩猎、避暑和祭祀，曾北出山海关，抵盛京（今辽宁沈阳）、长白山、松花江；西上五台山；东登泰山，谒曲阜阙里；南下扬州、金陵（今江苏南京）、无锡，苏州等地。凡康熙皇帝出行，无论远近，"未尝不从先后"，"出入扈从，服劳惟谨"。纳兰性德出身满洲贵族，家资巨万，视金钱如鸿毛、财帛似草芥，对物质利益看得十分淡然，侍卫的优厚俸禄对他毫无吸引力，旗地内分得的田地房屋对他来说，更如附赘悬疣，而侍卫处处体察皇帝意图行事，宛若奴仆家丁的职责和对皇帝在政治上、经济上乃至人身上的依附性，则无异于给他套上了金枷玉锁，是他无法摆脱而又难以忍受的。他给挚友张纯修写信说，自己"鄙性爱闲，近苦鹿鹿。东华软红尘，只应埋没慧男子锦心秀肠。仆本疏庸，那能堪此"①，就是这种心态的明显表露。被世俗之人视为接近皇帝既有实惠，又很荣耀，且可以在最高统治者面前胁肩谄笑、阿谀逢迎，以之作为乔迁晋升、飞黄腾达跳板的侍卫生涯，却因用非其志，给纳兰性德带来了无穷的烦恼。

纳兰性德侍奉的康熙皇帝虽然是中国历史上著名的有作为的君主，但也摆脱不了封建专制政体的沉痼宿疾，拥有至高无上的地位，喜欢主宰一切，不允许臣子有丝毫的怠慢，处理问题又有凭喜怒办事的随意性和多变性。纳兰性德以进士被选授侍卫，就是康熙皇帝办事用人随意性的表现。在清军入关后的历史上，满洲侍卫一般是从荫生中挑选，让纳兰性德以文才出众的名进士充当武装侍从，在清王朝历史上是个特例，而这显然是学非所用、用非所长，高功名而就低位，自然会引起纳兰性德心态的失衡。

康熙二十一年（1682）秋，纳兰性德奉命去梭龙等少数民族地区，考察边疆形势并调查厄鲁特蒙古准噶尔部首领葛尔丹与沙俄勾结的军事活动，了解当地蒙古部落的世系及隶属关系，为康熙皇帝平定葛尔丹提供情报，这是纳兰性德一生的政治活动中比较重要的一件事。有人认为"觇梭龙诸羌"是以纳兰性德为主帅出使内蒙古东部的科尔沁诸旗，目的是为了彻底切断科尔沁与准噶尔之间的联系，孤立准噶尔，为接下来对付准噶尔分裂势力做准备。②也有人认为"梭龙"即索伦，"觇梭龙诸羌"

---

① 上海图书馆：《词人纳兰容若手简》，1961年12月影印。
② 任嘉禾：《纳兰性德与蒙古》，载《内蒙古大学学报》（哲社版）1986年第2期。

是去东北黑龙江流域考察索伦部落的情况，为驱逐沙皇俄国侵略者做准备。还有人认为"觇梭龙诸羌"是北赴梭龙，完成打击沙俄侵略者的侦察敌情任务。

在"觇梭龙诸羌"这项使命完成和次年赋《乾清门应制诗》、译御制《松赋》受到康熙皇帝的嘉奖之后，近臣中盛传性德不久就将摆脱侍卫的职务获得升迁重用，但结果却因他的突然去世戛然而止。康熙二十三年（1684），纳兰性德曾再次奉命出使塞外考察。康熙二十四年（1685）五月二十四日，纳兰性德与友人举行了一次文酒诗会，以合欢花为题写词唱和。第二天，纳兰性德就染上寒症，一病不起，在 7 天后的五月三十日卒，年仅三十一岁。[①]

后来，康熙皇帝为了保持皇权的至高无上，开始抑制明珠的势力膨胀，叶赫纳兰氏家族开始走下坡路。在纳兰性德死后三年，其父明珠被郭琇弹劾削官。雍正帝即位后，纳兰性德弟弟揆叙又因拥立皇太子事被夺谥，标志着纳兰性德家族呼风唤雨、显赫一时的时代已经过去了。及至乾隆后期和珅当政时，又被和珅借故籍没了家产，纳兰性德家族从此在清王朝中央政权的政坛上销声匿迹。

二、纳兰性德祖籍

纳兰性德家族的先世入关前可上溯至明代海西女真叶赫部。纳兰性德的家族与清王朝皇室爱新觉罗氏，既是姻眷，又是世仇，与努尔哈赤的建州女真爱新觉罗氏也素有通婚。

纳兰性德家族的祖籍是明代海西女真叶赫部（今属吉林省四平市铁东区叶赫镇），史称"开原北关"。据王鸿绪《明珠墓志铭》记载，纳兰性德的父亲明珠的祖先"出于海西，……为业（叶）赫国王。……自星根达尔汉至金太石，世为国王，居开原北关"。叶赫纳兰氏"迁至叶赫河沿岸，号叶赫国，……叶赫地处开原威远堡东北……与辽宁省昌图

县、西丰县接界"。①据徐乾学《通议大夫一等侍卫进士纳兰君神道碑文》记载，纳兰性德先人"据有叶赫之地二百余年，中国所谓北关者也"（见康熙刻本《通志堂集·附录》）。另外，据姜宸英《通议大夫一等侍卫进士纳兰君墓表》记载，纳兰性德"君姓纳腊氏。其先据有叶赫之地，所谓北关者也"②。叶赫部"地处威远堡东北，逼近铁岭开元，明时谓之北关"③。有明一代，明在开原北关开设的马市是女真人进行商品贸易的重要关口。据史料记载，到开原北关交易的女真人，一天多达480名，换得铧子1134件、铁锅91口。嘉靖二十八年（1549）至二十九年（1550），海西女真在开原广顺关和镇北关购入锅37口、铧275件；万历十一年（1583）下半年，海西女真在北关购入锅280口、铧4848件。④据叶嘉莹考证："据《东华录》及《清史稿》之记载，纳兰之先世本为蒙古人，原姓土默特，其后土默特占领了纳兰部之土地，遂以纳兰为姓氏，又因居近叶赫河岸（今辽宁省开原附近），遂建国称叶赫。"⑤另外，据徐光荣先生考证："纳兰性德的始祖姓土默特，是蒙古人。后来，土默特灭了纳兰部，因而改姓纳兰，举族迁至威远堡附近的叶赫河畔（即今辽宁开原市附近），所以纳兰性德祖籍为辽宁铁岭。"⑥土默特氏灭了纳兰部，占了纳兰部的领地，遂以纳兰为姓。不久，他们举族迁至威远堡东北的叶赫河岸（今辽宁省开原附近），号"叶赫国"。⑦楚庄先生认为，纳兰性德"先世是女真叶赫部（居今辽宁省开原一带），后随清兵入关，隶满洲正黄旗"⑧。

　　从史料记载上看，叶赫部在辽金时期属韩州（今昌图县八面城镇），

---

　　① 孟庆文等：《十大才子——中华奇杰志之五》，南海出版公司1996年版，第185页。

　　② 载光绪勿自欺斋刊《姜先生全集》卷十八。

　　③ 汪龙麟：《20世纪中国文学研究论文选（清代卷）》，社会科学文献出版社2010年版，第101页。

　　④ 孙进己等：《中国考古集成·东北卷》，北京出版社1997年版，第744页。

　　⑤ 叶嘉莹：《迦陵文集（第6卷）》，河北教育出版社1997年版，第164页。

　　⑥ 徐光荣：《沈水歌吟》，沈阳出版社2008年版，第57页。

　　⑦ 黄天骥：《纳兰性德和他的词》，广东人民出版社1983年版，第8页。

　　⑧ 董平：《纳兰性德词选》，花山文艺出版社1986年版，第257页。

元属开元路咸平府。[①] 叶赫部南迁之后的祖居地璋地在"金时属东京咸平路。元时属咸平府开原路"[②]，叶赫部活动的地域范围就一直在开原的管辖之下。据《金史》一百二十一卷《纳兰绰亦传》记载："纳兰绰亦，咸平路（今辽宁省开原市老城镇）伊改河（即今叶赫河）猛安人。"叶赫部在明代靠近开原东北，叶赫在明初"属三万卫（治所在开原老城），明洪武二十三年（1390）析三万卫北部置辽海卫，其地属辽海卫"[③]。从民国时期就管辖叶赫的梨树县境在明代"属辽海卫（治所在今昌图老城）"[④]。另外，据徐乾学《叶赫那拉氏家乘》记载："君（纳兰性德）之先世有叶赫之地，自明初内附中国。"其所说"明初内附中国"的具体地点也当指开原无疑。明代冯瑗《开原图说》云："（镇北关）关外即夷人境。（镇北关）东北三十里曰夜黑（叶赫）寨。"叶赫部所管辖的落罗寨为今开原市莲花镇。[⑤]据《东北边防辑要》载："叶赫，在吉林（市）西北四百几十里，即今叶赫驿。康熙时，原任内阁侍读图理琛著《异域录》，自叙始祖在叶赫国时，行高望重，其国主待以宾礼即此。又有叶赫山城，在叶赫城西北二三里内，有子城，明于其地置镇北关，为互市处，亦称北关。"[⑥]据《全辽备考》记载："在开原威远堡边门东北几十里，即所谓北关也。明正统间（1436—1449），置塔山前卫，设指挥等职。"[⑦]王謇诗曰："铁岭名贤冠一代，纳兰小令伯希文。"[⑧]管辖过叶赫的梨树县境在"光绪四年（1878）始设奉化县，隶昌图厅"[⑨]，

① 苏景春：《趣闻轶事·古叶赫探秘》，吉林文史出版社2001年版，第3页。
② 《中国民族博物馆·伊通满族分馆讲解词》，"古今伊通"部分。伊通县档案馆藏。
③ 苏景春：《趣闻轶事·古叶赫探秘》，吉林文史出版社2001年版，第3页。
④ 苏占河：《梨树文史（上册）》，梨树县政协2011年版，第9页。梨树县档案馆藏。
⑤ 苏占河：《梨树文史（上册）》，梨树县政协2011年版，第22页。梨树县档案馆藏。
⑥ 曹廷杰：《东北边防辑要》卷上，《辽海丛书》第4册，辽沈书社1984年版，第2296页。
⑦ 林佶：《全辽备考》，传钞本。
⑧ 王謇：《续补藏书纪事诗》，书目文献出版社1987年版，第9页。
⑨ 苏占河：《梨树文史（上册）》，梨树县政协2011年版，第9页。梨树县档案馆藏。

也是同样属于今辽北地区。明代，叶赫部以叶赫城为中心，其周围分布有 15 个小部落，而北关是明廷与女真贸易之地，俗称北关叶赫，或简称北关。[①] 从地图上看，今天的吉林省四平市铁东区叶赫镇就像一个楔子插入今辽宁省铁岭市北部一带。至今，叶赫镇的东、西、南三面仍然是铁岭市的辖区，东面是西丰县，西面是昌图县，南面是开原市。

"叶赫"一词，因系满语音译，所以写法不一，一作"也合"，又作"野黑""业赫"，其满语含义也是众说不一。追溯"叶赫"一词，早在一千年前的辽圣宗耶律隆绪时期就已经出现，当时叶赫其地为女真人居地，称"耶悔"。到了金元之际，其地名叫"益海"，又叫"益改"或书写成"伊改"。到了明朝，其地名叫"夜黑""野黑""也合""业赫"或"夜河"。据清代《柳边纪略》载："也赫，一作也合，又作叶赫，又作野黑。"叶赫之名，来源于满语，目前叶赫的汉语意思说法不一。有的译为"练麻"，有的译为"皇帝赐给有功之臣头上戴的盔缨顶甲的库筒"，也有的译为"水鸭子"。[②] 我们认为，译为"水鸭子"比较符合历史的实际情况。

叶赫部的名称起源于叶赫河。叶赫河系寇河的上游，主源出今英额堡北山。叶赫河是明代海西女真叶赫部落的发源地。叶赫河水滋润着两岸的土地，养育着这里的人民。女真语（即满族语）称野鸭子为"聂赫"。由于叶赫河一带为野鸭子的"领地"，便将河名叫作"聂赫勒河"。根据女真语，叶赫河可以译为一条有"水鸭子"的河。女真人一向以所在山川河流名命其部，……改塔鲁木卫为"叶赫部"。[③]

叶赫河，是铁岭市境内寇河的主要支流，古称那木川。[④] 叶赫河源出今吉林省四平市石岭乡附近山丘，在今辽宁、吉林两省边界。叶赫河全长约 60 公里，其中吉林省境长约 35 公里，开原市莲花镇境长约 17.5 公里。西北流经明代女真人叶赫部叶赫城（今吉林省四平市铁东

---

① 滕绍箴：《努尔哈赤评传》，辽宁人民出版社1985年版，第40页。

② 张云樵：《叶赫古城考察纪略》，载《满族研究文集》，吉林文史出版社1990年版，第63页。

③ 苏景春：《趣闻轶事·叶赫的由来》，吉林文史出版社2001年版，第2页。

④ 高墨林、高清林：《莲花地方志》，辽宁人民出版社2008年版，第10页。

区叶赫镇）进入辽宁省开原县（今为辽宁省开原市）境内，在松树乡与威远堡镇之间注入寇河干流，而后汇入辽河。流域面积约850平方公里。河道顺直，支流发育，水量丰沛。年结冰期约3个月。①叶赫河在开原市威远镇的南城子附近与寇河汇合，寇河系辽河的一条支流。在叶赫河与寇河两河交汇处不远，两侧的大山使河道变得很窄，最窄处只有1000多米。叶赫河下游开原县境建有南城子综合性大型水利工程。1960年，人们在南城子附近两山之间筑起了一座大坝，建成了铁岭南城子水库。水库水位的提高，淹没了周边很多的农田和村庄。以前曾经繁荣一时的莲花街（即叶赫部落罗寨），被淹没在水下。那时候，莲花街已经成为开原县莲花人民公社的驻地，南城子水库建成后，莲花人民公社的机关不得不迁到了几公里以外的孤榆树村，原来的莲花街向水库东南侧的淹没线以上迁移，保留大队建制，称莲花大队即如今的莲花村。

"纳兰"或"纳喇""那拉"为女真语亦为满语，是汉语"太阳"的意思，金初即有此姓。"纳喇"，原是金代贵族姓氏。《金史·列传五八》记载："金之徒单、孛懒、唐括、蒲察、裴满、纥石烈、仆散，皆贵族也。天子娶后必于是，公主下嫁必于是。"金太祖阿骨打的母亲翼简皇后就是孛懒氏。②《金史》卷一百零三《纳兰胡鲁喇传》："纳兰胡鲁喇，大名路，怕鲁欢猛安人。"还有《金史》卷一百二十一《纳兰绰赤传》。金代所说的"孛懒"，明时改译为"纳喇（纳兰）"。降至明末，纳兰一姓成为海西女真扈伦四部的望族。有乌拉纳喇氏、辉发纳喇氏、哈达纳喇氏和叶赫纳兰氏，其中支繁户众尤数叶赫纳兰氏。③"叶赫纳兰"的意思就是"河边的太阳"。

叶赫纳兰氏，亦称叶赫纳喇氏或叶赫那拉氏，为清代满族"八大姓"之一，是满族的重要组成部分之一，原系明末海西女真即"扈伦四部"之一叶赫部的王族。"纳兰氏，满洲正黄旗人，先世有叶赫之地，自明

① 朱道清：《中国水系大辞典》，青岛出版社1993年版，第58页。
② 刘德鸿：《清初学人第一：纳兰性德研究》，中国社会科学出版社1997年版，第2页。
③ 赵履坤：《介绍三部〈叶赫纳兰氏族谱〉及其它》，载金基浩、葛荫山主编《满族研究文集》，吉林文史出版社1990年版，第90页。

初内附中国。……金代三十一姓之一，属扈伦国（一作呼伦）。后灭扈伦所居张地之纳喇部，因姓纳喇（一作纳兰）。后迁叶赫河崖建国，遂号叶赫，所属有十五部落，地处威远堡东北，逼近铁岭、开元（原），明时谓之北关。始祖名星恳达尔汉……凡传八代，嗣贝勒十一辈，在叶赫一百九十年。"①

纳兰性德高祖为叶赫部贝勒杨吉努，建州女真首领努尔哈赤曾娶杨吉努幼女孟古格格，也就是孝慈高皇后、清太宗皇太极的生母。努尔哈赤及皇太极在关外建立了自己的基业之后，姻眷之间却由于争夺疆土而变成了水火不容的仇敌。叶赫部依靠明廷的支持，笼络西部的蒙古部落，来对抗努尔哈赤后金军的征伐。叶赫部"自明初内附中国，……太祖高皇帝（即努尔哈赤）举大事而叶赫为明外捍，数遣使谕，不听，（后金军）因加兵克叶赫，金台什（金台石）死焉"②。后金天命四年（1619），努尔哈赤率兵攻打已经衰败的叶赫，纳兰性德的曾祖父、叶赫部末代贝勒金台石，因不屈妹夫努尔哈赤的征服而自焚未遂，结果被努尔哈赤缢杀。叶赫部历经八代灭亡，金台石的儿子尼雅哈（一作尼迓韩、倪迓汉）束手归降，努尔哈赤赦免了尼雅哈，"卒以旧恩存其世祀"③。金台石死后三十多年，他的孙子纳兰明珠就娶了努尔哈赤的孙女、英亲王阿济格之女为妻，生下来的长子就是纳兰性德。金台石次子尼雅哈，被划归满洲的正黄旗，授以佐领之职，以功官至骑都尉。据王鸿绪《明珠墓志铭》记载："公考倪迓汉（尼雅哈），金太石（金台石）中子也，以佐领累赠光禄大夫；妣墨尔齐氏，累赠一品夫人。子男四人：伯郑奎，官至资政大夫，仲、季俱夭，公其叔也，幼而颖异。"尼雅哈的儿子明珠官至武英殿大学士，总揽朝政，声势煊赫，直到康熙二十七年（1688）因御史郭琇上疏弹劾而罢相。

明代海西女真叶赫部靠近的开原城，为明辽东都指挥使司北境重镇，是明代东北地区第二大城市。元朝于当地设开元万户府、开元路（治所

---

① （清）额腾额：《叶赫那兰氏·八旗族谱》，道光三年修。
② （清）徐乾学：《叶赫那拉氏家乘》。
③ （清）徐乾学：《叶赫那拉氏家乘》。

在今开原老城），兼置兀者野人乞列迷女直军民府。明初改开元为开原，并设三万卫、辽海卫、安乐州于此。城西北有金山，东、北皆岭。西有大清河、东有小清河，两河汇流下入于辽河。又北有上河，东北有艾河，合流后谓之辽海，即辽河上源。又北有金水河，北流入边外之松花江。又有镇北关（今开原威远堡）在东北，广顺关（亦称镇南关，在今开原清河）在东，又西有新安关（今开原庆云堡西双楼台），西南有清河关，南有山头关。城东邻后金国，西接蒙古内喀尔喀炒花、宰赛等部，迤北则海西叶赫部，地位重要。开原失，明辽东边防岌岌可危。[①]

开原莲花镇和叶赫镇都是满族叶赫纳兰部落的发源地，对周边地区人民的生产、生活有着巨大的影响。从开原老城往东北方向走，有一条宽阔的大沟，直通吉林市，沟里面有一条河叫叶赫河。在这条沟的南端是蒙古和罗沟，两侧是长白山的余脉吉林老爷岭，高低起伏的群山连绵不断地向北延伸。蒙古和罗沟地处明代开原镇北关外，明代海西女真叶赫部在这里设置了落罗寨，俗称"棉花街"；清代在这里设置了驿站蒙古和罗站，从北京、盛京通往船厂（吉林市的古称）的交通要道就从这里通过。据林佶《全辽备考》记载，威远堡"东去四十里至棉花街（原开原莲花街），五十里至也合（叶赫）"，说明蒙古和罗站在清代康熙年间成为主要交通要道。由于在这里居住的人比较多，逐渐形成了一个集镇，有粮栈、店铺、钱庄、当铺、铁匠炉等。每逢集日，四面八方的乡民们都要来这里购买生活用品和生产工具。从莲花街一带现在的地名中，如"糖坊""画匠铺""烧锅屯""茶棚"等，仍然可以看到当年商贸繁荣的影子。"棉花街"在1930年改称莲花街，据说是因为街的后面有个莲花泡而得名。

三、诗词作品评价

宋代之后，中国古代文学中的诗词文赋等类创作，经过了元明两个相对低迷的朝代，在清代又进入了一个复兴时期。在创作实践和理论总

---

① 戴逸、李文海：《清通鉴·明万历十一年起——太宗天聪四年止》前编卷八，山西人民出版社2005年版，第166页。

结上，取得了很高的成就。最引人瞩目的应是清初期和前期，出现了很多杰出的文学家。在诗词方面兼学唐宋，创新之作独具风貌，展示了一个格外耀眼的艺术世界；文赋创作也有所发展，为我们留下了宝贵的精神财富。其中，著名满族文学家、词人纳兰性德，在诗词等领域的创作成就非常突出，是满汉文化融合的代表人物，丰富和发展了中华文化。

纳兰性德一生好学不倦，著作十分丰厚。除在诗词上锐意进取之外，也留心经史，博览群书，很快便窥悉了文学的堂奥，成为文坛上崭露头角的新人。纳兰性德和当时汉族文坛上许多年长于己的著名人物，如朱彝尊、顾贞观、陈维崧、梁佩兰、严绳孙、姜宸英、吴兆骞、马翀、韩菼等，结为至友，从而接受中原传统文化的深度濡染，在文学艺术创作道路上迅速成长。纳兰性德二十岁之前，即在汉族名士徐乾学的指导和协助下，主持编纂出版了多达 1792 卷的《通志堂经解》，其中共辑入140 余种宋元以后解释儒学经典的书籍。后来，又陆续创作、刊印了《通志堂集》共 20 卷，包括诗、词、文和《渌水亭杂识》各 4 卷，赋 1 卷，杂文 1 卷，附录 2 卷。另有《侧帽词》《饮水词》传世。后人还编辑出版了《纳兰词》。就纳兰性德的总体文学成就而言，不仅表现在诗词创作方面，也表现在文、赋、诗论、经、史、书法、鉴赏等诸多方面；既有自己的理论，又有自己的创作实践活动。

（一）文学成就

通志堂，为纳兰性德家中的藏书室和写作处所。"通志"意思为意趣志向相通。纳兰性德是在师友们的通力相助下添置图书的，也是在与师友们的通力合作下汇编刊刻经解的，取名通志堂，不仅表达了他不忘师友恩惠之意，也含有与汉族文士意趣志向相通，共同为积累和繁荣祖国多民族文化事业而努力奋斗之意。

1.1 经解文集

纳兰性德生前参与编校刻印的大型儒家经解丛书名曰《通志堂经解》。康熙帝亲政伊始恢复八股文取士制度，在康熙九年（1670）颁布贯穿朱熹学说的"圣谕十六条"作为治国纲领，把程朱理学作为官方的学术思想，实行把程朱理学作为国家治安的政策后，重开经筵日讲，进一步学习儒家经典，强调："治天下以人心风俗为本，欲正人心，厚风俗，必崇尚经学。"①《通志堂经解》的编校刻印，是在这一背景下进行的，有着朝廷的官方背景，反映清朝统治者的意愿，从学术的角度宣传康熙帝思想的旨趣，目的是阐扬程朱理学，以经学济理学之不逮，表彰忠节。《通志堂经解》是一部阐释儒家经义的丛书，汇集了唐、宋、元、明典籍137种，另有先秦1种，纳兰性德自撰2种。由于是关于《易》、《书》、《诗》、《春秋》、"三礼"、《孝经》、《论语》、《孟子》等经典的注释，因此又称《九经解》。计《易》类39种330卷，《书》类19种229卷，《诗》类11种140卷，《春秋》类35种459卷，"三礼"类12种384卷，《孝经》类4种4卷，《论语》类2种20卷，《孟子》类3种23卷，"四书"类8种135卷，总经解7种64卷，共计140种1788卷。可谓规模宏大，卷帙繁富，且多传世所罕见者，为研究经学难得的重要资料。纳兰性德不仅是《通志堂经解》编校刻印的积极倡议和热心赞助者，而且也亲自参加了校勘，并撰写了71种经解的64篇序跋。他的文、赋内容丰富，既有对诗词创作理论的探讨，也有描摹景物、抒写知己之情和怀古幽思的作品。

康熙三十年（1691），纳兰性德逝世后，他的老师徐乾学将他的著作汇辑刻印，亦曰《通志堂集》，共20卷，其中收录了《渌水亭杂识》。另编有《通志堂经解》《今词初集》《名家绝句钞》等。

《渌水亭杂识》是纳兰性德的札记结集名。渌水亭在何处？"渌"意为清澈，"渌水"即清池。《南史·庾杲之传》载萧缅与王俭书："盛府元僚，实难其选。庾景行（庾杲之）泛渌水，依芙蓉，何其丽也。"纳兰性德将其会友、写作处所取名渌水亭，即本此意。关于渌水亭的位置，纳兰性德说："我家凤城北，林塘似田野。蘧庐四五楹，花竹颇闲雅。"②"凤城"谓帝王所居之城，因而用为京都的美称，唐朝诗人沈佺期《奉和立春游苑迎春》诗："歌吹衔恩归路晚，栖乌半下凤城来。"杜甫《夜》诗："步檐倚杖看斗牛，银汉遥应接凤城。"仇兆鳌注引赵次公曰："其后言京城曰凤城。"可见纳兰性德家住在北京城内。他又更具体地说："予家，象近魁三，天临尺五。墙依绣堞，云影周遭；门

---

① 《清圣祖实录》第3、4卷。
② 《通志堂集》第5卷，《茅斋》之2。

俯银塘，烟波混漾。蛟潭雾尽，晴分太液池光；鹤渚秋清，翠写景山峰色。云兴霞蔚，芙蓉映碧叶田田；雁宿凫栖，秔稻动香风冉冉。"① 由此可见渌水亭即在他家庭院。北斗七星中的前四星为"魁"，"象近魁三"指其家在京都的北部。古时帝王所居之地谓"天咫"，"天临尺五"即是说自家所在之地距天子宫廷很近，并且挨靠城墙，面临湖潭等，即北京城什刹后海之滨。昭梿、崇彝、震均等人都说乾隆帝十一子成亲王永瑆的府邸在后海北沿，"本为明珠之第"。成亲王府后改为光绪帝载湉生父醇亲王奕譞的府邸，今为宋庆龄纪念馆。纳兰性德的家在北京城什刹后海之滨，渌水亭是"野色湖光两不分，碧云万顷变黄云。分明一幅江村画，着个闲亭挂夕曛"②，描写的也完全是后海之滨的风景。渌水亭是纳兰性德的会客室，也是他与客人们雅集、经常举行文酒诗会的场所。渌水亭文人雅集，具有沟通汉族知识分子和朝廷的关系，招纳汉族文人出仕任职，减弱汉人的民族情绪，消除反抗力量的作用，适应了清朝当时的政治需要。

《渌水亭杂识》是纳兰性德向汉人学习的历史记录，是凝结着满汉两族文人才士心血和汗水的力作。纳兰性德与徐乾学见面之初，即"谈论经史源委"③，病重时又邀徐乾学诀别说："性德承先生之教，思钻研古人文字以有成就，……辱先生不弃，执经左右十有四年。先生语以读书之要及经史诸子百家源流，如行者之得路。"④ 纳兰性德"晚乃笃意经史"⑤，"暇则扫地读书，执友四五人，考订经史，谈说古今"⑥，不是偶然的。纳兰性德逢三、六、九日黎明即到徐乾学邸舍与其讲论书史，日暮乃去。纳兰性德自己在《渌水亭杂识》卷首的小序中说："癸丑病起，披读经史，偶有管见，书之别简。或良朋莅止，传达异闻，客去辄录而藏焉。逾三四年，遂成卷，曰《渌水亭杂识》，以备说家之浏览云尔。"

① 《通志堂集》第13卷，《渌水亭宴集诗序》。
② 《通志堂集》第5卷，《渌水亭》。
③ （清）徐乾学：《纳兰君墓志铭》。
④ （清）徐乾学：《通志堂集序》。
⑤ （清）韩菼：《纳兰君神道碑铭》。
⑥ （清）徐乾学：《纳兰君神道碑文》。

癸丑为康熙十二年（1673）。是年二月，纳兰性德参加会试，因患"寒疾"未赴殿试，功败垂成。病起之后，即开始《渌水亭杂识》的写作。"逾三四年"，即至康熙十五年（1676）考中进士、出任三等侍卫后，才搁笔结集。其素材来源一是披览经史时的心得体会，属于读汉文书籍的杂感笔录，相当于顾炎武的"愚自少读书，有所得辄记之"；二是与朋友交谈部分内容的追述，属于耳闻汉人文士口述情节的杂记拾零，相当于顾炎武所说的"博闻"。纳兰性德在《渌水亭杂识》中主张博览群书，不囿于一家，认为"三教中皆有义理"；对往古治乱得失进行品评，提醒当权者注意罗致人才，称道"周公吐哺"，赞誉周公"一沐而三握发，一食而三起，以礼有道之士"[①]；倡导忠君尽节，维护国家的完整统一和社会秩序的安定；吸取历史上的经验教训，调整政策；并且介绍外国科学技术，走在时代的前列，说日本鸟铳比中国的优越、命中目标准确。

1.2 扬名词坛

纳兰性德的创作中最引人瞩目的是他的词。梁启超感叹："清代大词家的头把交椅被容若占去。"现代著名学者郑振铎在《文学大纲》中认为："性德以才情胜，其词缠绵清婉，为当代冠。"他的词学习五代、北宋，在情感的深挚自然和对生命的悲剧性体验上，与南唐后主李煜非常接近，同时又具有自己的特点。他对爱情的追忆和对亡妻的追悼，曾经感动过无数的读者；他对塞外雄浑悲凉的自然之境的描写，被国学大师王国维誉为"千古壮观"；纳兰性德对历史兴亡和自身命运的沉思，包含了沟通古今的大悲慨。清新自然，不假雕饰，充分体现了其创作"天分绝高"和"纯任性灵"（清·况周颐《蕙风词话》）的基本特点。

纳兰性德的文学创作以词为最具特色。其题材涉猎非常广泛，包括爱情、悼亡、边塞、咏物、咏史及赠答等诸多方面，兼具长调、小令不同体式，且长于小令。卢新野《词学概论》中称纳兰性德为"小令之王"。由于词这种题材具有"其词微，其旨远"的特性，一些意旨婉曲深远的作品往往都会有题序作解，纳兰性德的词作中有题的占117首，词题字数多为八字以内。内容涉及爱情友谊、边塞江南、咏物咏史及杂感等方

---

① 《渌水亭杂识》第3卷。

面，写景状物关于水、荷尤多，尽管以作者的身份经历，他的词作数量不多，眼界也并不算开阔，但是由于诗缘情而旖旎，而纳兰性德极为性情中人，因而他的词作尽出佳品。纳兰的词作中既有忧思情恋与伤逝悼亡，也有羁旅炎凉与离愁别绪；既有自然景致与塞外风光，也有吊古与酬赠。他的词作，可以说是艺术地反映了他自身阅历的各个方面的生活内容。因此，纳兰性德的词作风格，也就不仅仅是婉约或凄婉，而是清新之外，尚有绵密、雄浑之气，兼及豪放和悲凉等多种风格。至于他的词作风格形成的原因，其满族的民族气质及汉文学遗产对他的影响都起了重要作用。他的词作的高度审美价值，在于他的词作感情的纯真充沛，以及思想内容方面的历史进步性、表达上的独特性和新颖性。含蓄委婉的艺术特征和情景交融的艺术境界，特定艺术情境中词人感情内容的一定模糊性，构成了纳兰词作的艺术魅力，达到了极高的水平，在清词中占有重要地位，况周颐在《蕙风词话》中誉其为"国初第一词手"。

《侧帽词》是纳兰性德早期的词集刻本。张任政先生在《纳兰性德年谱》后记中说："'侧帽风前花满路'，晏小山《清平乐》句也。容若平生服膺晏词，其弱冠时所作曰《侧帽词》，有承平乌衣少年，樽前马上之概。"[1] 但是，陈师道《后山词·南乡子》亦有"侧帽独行斜照里"之句，不能确知纳兰性德独取晏几道之句。而刘德鸿则认为，"侧帽"典出独孤信。[2]《周书·独孤信传》谓："信在秦州，尝因猎日暮，驰马入城，其帽微侧。诘旦，而吏民有戴帽者，咸慕信而侧帽焉。其为邻境及士庶所重如此。"独孤信（502—557），本名如愿，云中（今山西大同）人，北周将领，先世为匈奴人，仪表俊美，善骑射，多谋略，屡任要职，任陇右十一州大都督、秦州刺史时，"在州示礼教，劝农桑，民赖以安，流人附者数万家"。宇文泰以其"信著远近，故赐名信"，授柱国大将军、尚书令、卫国公等官爵，荣耀之全。纳兰性德为其词集取名"侧帽"，表明他仰慕独孤信，决心学习独孤信以北方少数民族人

---

[1] 北京大学《国学季刊》第2卷第4期。

[2] 刘德鸿：《清初学人第一：纳兰性德研究》，中国社会科学出版社1997年版，第190页。

士的身份，为中原人民办实事，维护民族团结和社会安定，使"民赖以安"，流人归附，经济发展，社会繁荣的心志。因此，纳兰性德的"侧帽"，比晏小山、陈师道所说的"侧帽"有更为崇高博大的内涵。

《饮水词》是《侧帽词》的更名，曾与顾贞观的《弹指词》合刊。杨芳灿在《纳兰词序》中说："先生所著《饮水词》，仅百余阕耳。然花间逸格，原以少许胜人多许，握兰一卷，阳春数章，散翠零玑，均可宝也。"大概是更名时，纳兰性德对《侧帽词》进行了删削订正，并加进了少数新近之作，以求精益求精，故而收词不多，篇幅不大。

"饮水"一词，典出唐代道明禅师语。道明为唐代比丘，南北朝时的陈朝帝裔，据说目具重瞳，背列七星，伟岸威猛，睿敏绝群，以年齿和受戒时间俱长，被称为"陈尊宿"。因曾受教于著名僧人断际禅师，得知佛学之底蕴，成为佛学大家。禅侣闻名，叩询者日众，徒侣逾百指。后迁睦州（今浙江建德县），为开元寺住持。据唐代裴休集《黄檗山断际禅师传心法要》载："（道）明言于下，忽然默契，便礼拜云：'如人饮水，冷暖自知。'"[1]道原《景德传灯录》则谓："今蒙指授入处，如人饮水，冷暖自知。"《袁州蒙山道明禅师》亦谓："如人饮水，冷暖自知。"

纳兰性德的爱情词是纳兰词的主要构成部分，约占全数的三分之一。纳兰的爱情词有以男性为中心出发，也有托女子口吻赋成，大多轻灵凄婉、才情隽秀。纳兰的悼亡词，"不仅拓开了容量，更主要的是赤诚淳厚，情真意挚，将一颗哀坳追悼、无限依恋的心活泼泼地吐露到纸上……是继苏轼之后在词的领域内这一题材最称卓的一家"[2]。性德亦好交结当时名士，如顾贞观等，多为赠答词。他又以侍卫身份几度扈从，奉命出使塞上。在其"戎马生涯"中，不乏豪迈气度与悲凉意绪，交杂于塞上词作当中。除此之外，还有诸如咏物、咏史等词作。纳兰词在艺术技巧的使用上也有自己的特色，如纳兰性德论词主真性情，他的词作即是其词论的体现。性德善用白描及口语，常以自然真切的语言，直抒胸臆

---

[1]（宋）李遵勖：《天圣广灯录》。

[2] 刘德鸿：《清初学人第一：纳兰性德研究》，中国社会科学出版社1997年版，第192页。

捕捉心中的情意，大量的词作都是用字浅显，平白如话。如"作个鸳鸯消得么"，使纳兰词平易近人。他还善用双声叠韵、对偶，化用前人诗句、词句，运用灵活自然。

纵观纳兰性德的词风，清新隽秀、哀感顽艳，颇近南唐后主。纳兰性德的作品，学习南唐李后主的"根乎情"，以婉约的风格抒发自己的幽怨之情。他也博采各家之长，有豪迈慷慨的言志之作，又有深沉苍劲的咏史之作。他以"自然之眼观物，以自然之舌言情"，不拘泥于时风俗气，独创自己清新秀美、自然真切的风格，在清初文坛上独树一帜，成为卓有成就的大诗人。

纳兰性德的《填词》诗，是他论词的重要诗篇：

诗亡词乃盛，比兴此焉托。往往欢娱工，不如忧患作。冬郎一生极憔悴，判与三闾共醒醉。美人香草可怜春，凤蜡红巾无限泪。芒鞋心事杜陵知，只今惟赏杜陵诗。古人且失风人旨，何怪俗眼轻填词。词源远过诗律近，拟古乐府特加润。不见句读参差三百篇，已自换头兼转韵。

纳兰性德批评了人们重诗而轻词的错误看法，并就"欢娱"与"忧患"两种风格的作用及优劣发表了自己的见解。

纳兰性德首先强调"比兴"在文学创作中的重要作用。比兴本是《诗经》以来中国古典诗词的主要表现手法。当诗的繁荣阶段过去以后，比兴成为词的主要表现手法，词开始走向繁荣。人们在评论诗歌（包括词）的优劣时，往往以写"欢愉"还是写"忧患"来评判，认为诗长于写"忧患"而词长于写"欢愉"。如朱彝尊的《紫云词序》："昌黎子曰：'欢愉之辞难工，愁苦之言易好。'斯亦善言诗矣。至于词，或不然。大都欢愉之词，工者十九，而言愁苦者，十一焉耳。"[①]朱彝尊的意思是赞成诗长于写忧患，词长于写欢愉这种说法。纳兰性德认为，轻词者以此为据，说词只写欢愉，故不如诗写忧患，因而重诗而轻词。这种看法是错误的。然后，他以事实为据，批评这种看法。冬郎是晚唐诗人兼词人韩偓的小字，其被人们看作"艳体之祖"。人们不是说他"丽而无骨"，就是认为他"淫靡特甚"。纳兰性德则认为韩偓在秾艳诗词中寄有无限

---

① （清）纳兰性德：《纳兰性德集》，三晋出版社2008年版，第9—10页。

深情，正是比兴的传统，他的一生坎坷憔悴，与屈原同；他的忠君爱国之心，也可同屈原共美。再举杜甫为例，杜甫曾"麻鞋见天子，衣袖露两肘"，他的诗篇蕴藏着忧国忧民的内心痛苦，只有杜甫自己知道。可杜甫的诗篇流传至今，人们只是欣赏他的忧患之作，却完全不去顾及诗作中比兴寄托的无限深情。《文心雕龙·辨骚》讲得很清楚："国风好色而不淫，小雅怨诽而不乱，若《离骚》者，可谓兼之矣。"人们全然忘记了风骚的比兴寄托的赋诗传统，一味片面追求是不是"忧患"之作，造成轻填词的错误看法。最后，纳兰性德从词的源流的角度，批评轻词的错误看法。他认为，词源远流长，比格律诗更早。词是在古乐府拟古的基础上发展变化而来的，甚至可以追溯至《诗经》，因为《诗经》中早已有长短不齐的诗句了，早已有换头、转韵的形式了。纳兰性德在自己的创作实践中，既重视词，也重视诗。特别是在词的创作中，既有怀古之情、忠君爱国之情，也有尊师重友之情，更有男女之爱情。他的情，既激昂慷慨，也悲凉凄怆，更多哀怨缠绵。他抒情重在自然真切，重在真情实感。抒情的方法重比兴，写情中景，抒景中情，是实践了自己词的创作理论的。

1.3 诗歌创作

纳兰性德的诗歌创作也很有水准，尤其能够在诗歌理论方面独树一帜，提出自己的诗学主张，在生前和身后同样获得了人们的广泛赞誉。纳兰性德的诗共计三百六十余首，数量超过词作，成就并不逊于词，可谓诗词俱佳，在清代文学中颇引世人瞩目。其诗歌成就主要反映在他的《咏史》二十首、《拟古》四十首和边塞诗中。《清史稿·性德传》说他"善诗"，徐乾学《纳兰君墓志铭》说他"善为诗，在童子已句出惊人，久之益工，得开元、大历间风格"；但因被其词的光芒所掩，没有得到应有的重视，其潜在的意义和价值还有待于深入的探讨和研究。纳兰性德的诗作，从形式上看，对古典诗歌的各种形式都有所运用，可以说是一位创作全面的诗歌大家；从思想内容上看，诗比词更明确深刻，反映了他的理想抱负、道德情操、对历史和现实问题的真知灼见等，有在《饮水词》中没有或反映很少的内容；从诗作的艺术风格看，他的诗词、诗论等都有很高的审美价值。

纳兰性德的诗并不逊于他的词。他的诗作，反映了他的理想抱负、道德情操、对历史与现实的真知灼见、出世与入世的思想矛盾。他的词作表现的是哀婉、朦胧、沉郁的美，而诗中却表现了高昂、坦荡、奔放的美。他的词的成就并不能取代他的诗的成就，这两者只能是相互补充、相互结合的，唯其如此，才是一个完整的、全面的纳兰性德。

纳兰性德有《咏史》二十首。他的座师徐乾学在《纳兰君墓志铭》中说："间尝与之言往圣昔贤修身立行，及于民物之大端，前代兴亡理乱所在，未尝不慨然以思。读书至古今家国之故，忧危明盛，持盈守谦，格人先正之遗戒，有动于衷，未尝不形于色也。"《咏史》二十首，纵论春秋战国直至宋辽金历史1680年，涉及的历史人物达100余人，主要论述的历史人物有50余人，正是他以史为鉴，潜心研究"前代兴亡理乱""忧危明盛"的心得结晶。

《咏史》之一："千秋名分绝君臣，司马编年继获麟。莫倚区区周鼎在，已教俱酒作家人。"在封建社会中，君臣之分被看作千古不变的准则。孔子著《春秋》，微言大义，阐发的就是君臣名分的大道理。司马迁撰《史记》，继承了孔子著《春秋》的这一基本规则。"周鼎"是王权之象征，夏禹铸九鼎，周时作为传国之鼎。但保有周鼎就一定能保有王权吗？西汉惠帝刘盈孱弱，召齐王入朝，与之宴饮，齐王"亢礼如家人"，根本不理什么君臣之分。[1] 纳兰性德认为，在王位而不一定有王权，"莫倚"二字已透露出王位之不可靠。康熙皇帝虽早已即皇帝位，亲政之初也无皇权，他用计除去权臣鳌拜，才真正掌握了政权。如惠帝刘盈这样的懦弱之君，失去皇权是必然的。

《咏史》之三："章武谁修季汉书，建兴名号亦模糊。笑他典午标凡例，不遣青龙混赤乌。"修史，是封建王朝的大事。康熙皇帝不仅注意修本朝史，还要修明史，以笼络汉族地主阶级，并以示正统。但三国时蜀汉的修史，就很不郑重。纳兰性德批评蜀汉政权只顾一时一地的得失，而不知修史，实在平庸可怜。名为正统，却没有自己的史书，缺乏远大的政治历史眼光，这正是蜀汉政权悲剧之所在。

---

① （清）纳兰性德：《纳兰性德集》，三晋出版社2008年版，第3页。

《咏史》之四："诸葛垂名各古今,三分鼎足势浸淫。蜀龙吴虎真无愧,谁解公休事魏心?""诸葛"指三国时的诸葛瑾、诸葛亮及其族弟诸葛诞。诸葛亮在《隆中对》中为刘备分析天下大势,已定三分之策。以后辅佐刘备,实行联吴抗曹的战略,取荆州,定益州、汉中之地,与魏吴鼎足而立。刘备死后,又辅佐后主刘禅,建有不世之功业。诸葛瑾事吴,诸葛诞事魏,均为名臣,各有建树。兄弟三人各事其主,各为其国。对诸葛亮和诸葛瑾的评价,纳兰性德是同意的,但是,对诸葛诞的评价,纳兰性德就不同意了。诸葛诞作为曹魏元老重臣,为司马氏所忌,被逼降吴。他的降吴并非叛魏,而是坚决反对司马氏篡魏的行动。"公休事魏心",纳兰性德得之,从中可以看出他对历史深刻细微的体察。

《咏史》之八:"劳苦西南事可哀,也知刘禅本庸才。永安遗命分明在,谁禁先生自取来?"诸葛亮在刘备死后,辅佐后主刘禅,鞠躬尽瘁,死而后已。其尽忠报恩之心,令人感慨。后世论者或颂其功绩,或赞其忠诚,或对其终未完成北伐大业深表遗憾。纳兰性德则独辟蹊径,既对诸葛亮"劳苦西南"表示同情和叹惋,更对其墨守封建愚忠思想,不能对庸才刘禅取而代之,给予善意的责备和批评,显示了他对历史人物评价的独到之处。

纳兰性德的咏史之作,论及君臣大义、英雄事业、选贤任能、动荡纷争、民族关系、世家传统等方方面面,尤重败亡教训。可以说,他的《咏史》诗就是他以诗歌的形式书写的一部《资治通鉴》,在史实的叙写中,寄寓着丰富的感情与卓越的识见,又具有含蓄、精练的特色,是我国古代咏史诗中的一朵奇葩。[①]

纳兰性德的《拟古》四十首,代表了封建社会活动在政治舞台上具有卓越才华和抱负的知识分子们在人生道路上的思想和感情冲突。由于封建政治的独裁和专制,身陷仕途中的士子常怀临履之忧,他们在仕与隐、进与退、功与罪、是与非、洁与浊的交替抉择下度过一生。这种矛盾心理耗去了他们为国为民奋斗的心志,这是封建政治黑暗的必然结果。《拟古》四十首反映的正是纳兰性德这种隐秘的内心世界,可以说是纳

① (清)纳兰性德:《纳兰性德集》,三晋出版社2008年版,第4页。

兰性德思想情操的浓缩，又是封建社会知识分子心灵的绝妙袒露。

《拟古》之一："煌煌古京洛，昭代盛文治。日予餐霞人，簪绂忽如寄。微尚竟莫宣，修名期自致。荣华及三春，常恐秋节至。学仙既蹉跎，风雅亦吾事。"

这首诗开宗明义，首先揭示自己的人生观、理想和志愿。生在政治清明，大兴文治时代的京城，当是才子文士大展宏图的好时候，而诗人的志向却偏偏要做"餐霞人"，想学仙修道，但因官职缠身，遂成蹉跎。他又不甘心为这"忽如寄"的官职而浪费生命，而这种隐秘的心情又不便向外人道。于是诗人要抓紧青春大好时光，吟诗作赋，把从事文学创作当成自己的事业。这和《金缕曲·赠梁汾》中"德也狂生耳。偶然间、缁尘京国，乌衣门第"，是同样的感情，都是对官宦之家、仕禄之途的不满。"风雅亦吾事"，就是他决心从事文学事业的誓言。

《拟古》之五："天门诀荡荡，翕赩罗星躔。白日瞩微躬，假翼令飞鶱。平生紫霞心，翻然向凌烟。双吹凤笙歇，宛转辞群仙。越影篇浮云，横出天驷前。玉绳耿中夜，斗杓何时旋？"

这是一首言志的诗歌。在清明的时代，诗人的本意是欲修道学仙，现在走上了建功立业之途。"白日"的垂爱虽然让他振翅飞鶱，成为斗柄的尾星，却又不让他飞旋起来，起到指四时、明上下、安四塞的作用。纳兰性德中进士后，不久即擢为侍卫，朝夕护驾于帝侧，却一直未能被委以重任。从这首诗可以窥知，纳兰性德之志大矣哉！他的心中，不只限于"风雅亦吾事"，他渴望"横出天驷"，回旋斗柄，在"诀（dié）荡荡"的中天，"翕（xī）赩"发光，干一番顶天立地、图上凌烟的丰功伟绩。

《拟古》之四十："吾怜赵松雪，身是帝王裔。神采照殿廷，至尊叹昳丽。少年疏远臣，侃侃持正议。才高兴转逸，敏妙擅一切。旁通佛老言，穷探音律细。鉴古定谁作，真伪不容谛。亦有同心人，闺中金兰契。书画掩文章，文章掩经济。得此良已足，风流渺谁继？"

赵孟𫖯全能全才，"敏妙擅一切"，是纳兰性德心目中的理想人物。他才识胆略过人，身为宋室之后，却能受到元世祖直至英宗五朝的赏识和重用，而赵孟𫖯本身又能为元初五朝做出积极贡献，献出了自己的全部智慧和才华。元帝既不以赵孟頫为仇敌之后而以才取用，赵孟頫也不以元朝为仇敌而隐退不仕。君得其臣，臣得其君，真可谓君臣相得，如鱼得水。

纳兰性德十分羡慕赵孟頫的际遇。纳兰性德与赵孟頫身世极相近，赵孟頫是宋太祖后裔，纳兰性德亦生于皇亲国戚之家；赵孟頫尚受到元帝赏识重用，纳兰性德又何尝不希望康熙皇帝也能重用自己呢？但纳兰性德却只能"惭愧频叨侍从班"，不能一展雄才大略。既不能在廷议中显示政治才干，更没机会把自己的文学艺术才华全部施展出来，做出应有的贡献，建树自己的功业。纳兰性德还对赵孟頫有一个"同心"的妻子十分羡慕。赵孟頫的夫人管道升不只和丈夫同心相爱，有理想，而且擅长诗文书画。而纳兰性德虽有"同心人"，却不得结为"闺中金兰契"，只有遗恨绵绵。后来与卢氏的婚配，虽然感情甚笃，怎奈她又早逝，哪能像赵孟頫与管氏夫人那般幸福美满？至于论到身后之名，赵孟頫名满天下，以书画为最，文章次之，经济更次之。而自己身为侍卫，书画文才毫无用武之地，如此下去，后世谁知道一介侍卫算得什么？思想至此，一种怀才不遇的委屈不能不使纳兰性德吐露哀音，流泄凄婉之情。这首诗是《拟古》诗的殿尾之作，乃四十首之点题笔、主题歌，是纳兰性德的理想借赵孟頫形象的具体化。

在纳兰性德纪行的边塞诗中，描绘了塞外风光，抒发了对祖国的热爱之情，可贵的是不仅只字未见伤害边疆少数民族尊严和感情的文字，也没有类似情绪的流露。这与古人的边塞诗，与同时代一些著名诗人、词家有关边塞的作品相比，都高出一等。

通过对纳兰诗的研究，可以更好地理解他词作的思想内容，从而更好地理解他的全部思想及其变化。纳兰性德的诗华丽清隽，情感真挚，一些诗中，他采用比兴的手法，委婉曲折地抒发怀才不遇的痛苦和不满现实的真实情感；有些诗善于描绘自然景物，江南的秀丽、塞北的荒凉，深山古寺、斜月高楼，在他笔下无不形成景象鲜明的画面，对象不同，氛围、格调各异。他以雄浑的笔触写关山的峻伟，如《盛京》《山海关》等，又以细腻缠绵的情致表现梅开的春讯、冰下的潜流，孤舟泊岸、枫叶芦花之类，如《中元前一夕枕上偶成》《绿荫》等，都以生动的笔触把描绘的对象呈现在读者眼前，说明他观察的细致。康熙时辑刻的纳兰性德的《通志堂集》和《饮水诗词集》，收录了他的许多诗作，几乎与词相埒，可见他的诗词在当时还是并举的。但后世学者对他的诗关注较少，究其原因，一是由于上述两本书坊间极难寻觅，致使许多人读不到他的诗。另外，自咸丰后清代重倚声之学，尤爱南唐及《花间集》中的词，认为纳兰性德的词属此类，因而人们争读，忽视了对纳兰性德诗的研究。

纳兰性德的诗论，集中于《原诗》《填词》《名家绝句钞序》和《渌水亭宴集诗序》四篇论文，还散见于《渌水亭杂识》之中。在《渌水亭杂识》中，还有数十条诗词创作和欣赏的短论。在《原诗》一文中，他主要阐述在诗歌的创作中，对前人经验的继承与充分发挥诗人自己个性风格的关系问题。他的诗论内容丰富，颇有独到的见解，其中最主要的主张是诗要有自家面目，诗人只有在各自生活的情境中抒写各自的性情，才能形成自己的诗风，这些是纳兰性德研究诗词创作经验的结晶，其中不乏真知灼见。

纳兰性德继承了我国诗歌"言志"的基本理论，提出"诗乃心声，性情中事也。发乎情，止乎礼义，故谓之性"的基本观点。[1] 这个观点，是从《诗大序》《文心雕龙》发展而来的。

《诗大序》说："诗者，志之所之也。在心为志，发言为诗……故变风发乎情，止乎礼义。发乎情，民之性也；止乎礼义，先王之泽也。"《文心雕龙》在《诗大序》的基础上又有发展："夫情动而言形，理发而文见，盖沿隐以至显，因内而符外者也。然才有庸俊，气有刚柔，学有浅深，习有雅郑，并情性所铄，陶染所凝，是以笔区云谲，文苑波诡者矣。"

南宋理学，提倡"存天理，灭人欲"。只承认礼义，而否定"情"。明代把这种思想发挥到了极致，成为一种社会风气，严重阻碍了文学艺术的发展。纳兰性德认为，人不仅要"止乎礼义"，即遵循封建道德，安于社会秩序，更重要的是"发乎情"，因为"情"是"心声"。

---

① （清）纳兰性德：《纳兰性德集》，三晋出版社2008年版，第11页。

　　既承认"情"，就要重视作家作为诗词创作主体的重要作用。纳兰性德对于诗人、词人的自身素质修养也有自己的看法："亦须有才，乃能挥拓；有学，乃不虚薄杜撰。才学之用于诗者，如是而已。昌黎逞才，子瞻逞学，便与性情隔绝。"

　　他提出诗人必须"有才""有学"。"才"是指人的思想、气质、性格等内在的素质修养，"有才，乃能挥拓"，诗人才能挥洒自如，才能触景生情，才能想象丰富、联想翩翩而"不逾矩"。"学"是指人的学识、品德、作风等外在修养素质，"有学"才懂得真善美的真谛，才会有高远之志，才不胡编乱造，虚伪浅薄。诗的大家，应当才学并重，才能诗如其人。纳兰性德的创作实践正是这样，写自己的真性情，写自己独特的生活感受，给人带来一种新鲜的艺术享受，在中国诗史上自成一家。

　　（二）时代特征

　　纳兰性德所处的时代，正是一般满族人在社会生活中热衷追求功名利禄的时代，以纳兰性德显赫的家庭背景、父亲明珠的权势、个人超群的禀赋，纳兰性德从政或习文均能应对裕如，本来是足以大有作为的。纳兰性德生长在钟鸣鼎食之家，有位居宰辅的父亲明珠做靠山；自己又是"进士出身"，身为皇帝近侍的一等侍卫，"密迩天子左右，人以为贵近臣无如容若者"[1]。纳兰性德自己也说"日睹龙颜之近，时亲天语之温，臣子光荣，于斯至矣"[2]。过的完全是前程似锦、衣食无忧的贵族生活。但是，在纳兰性德的词中，却是另一番情景。身为才华横溢的满族叶赫纳兰氏贵公子，又是皇宫禁苑中威风凛凛的御前侍卫，纳兰性德却自诩"不是人间富贵花"。

　　纳兰性德视功名权势如敝屣，视相府长子、御前侍卫的地位为束缚，对于人生万象的极度敏感，使纳兰性德经常陷入很微妙的矛盾心绪之中。在纳兰性德的词中，内含悲凄苦涩之音和无法摆脱的沉重压力及难以排遣的忧伤哀愁之情，抑郁寡欢、满怀愁绪、思想备感压抑，情调凄凉哀

---

　　① 《通志堂集》第19卷，附录严绳孙所作哀词。
　　② 《通志堂集》第13卷，《与顾梁汾书》。

婉，气氛悲郁怆恻，仿佛有说不完的忧伤焦虑，诉不尽的烦恼酸辛，愁肠百结之情溢于言表，字里行间充满怨恨幽愤和徒唤奈何之情态。据统计，在纳兰性德现存的 348 阕（一说 342 阕）词作中，用"愁"字多达90 次，"泪"字多达 65 次，"恨"字多达 39 次，至于其他如"断肠""伤心""惆怅""憔悴""凄凉"等字句，也是触目皆是。[①]

在纳兰性德的《纳兰词》中，身世、地位与其作品内容、风格的反差，不能不使人疑窦丛生。使纳兰性德的作品"而独颦颔辁臆，缠绵抒情，沉幽骚屑之思，婉丽凄体，工愁善怨"[②]的原因何在？有人企图从宿命论的视角加以阐释，说："先生貂珥朱轮，生长华阮。其词则哀怨骚屑，类憔悴失职者之所为。盖其三生慧业，不耐浮尘，寄思无端，抑郁不释，韵淡疑仙，思幽近鬼。年之不永，即兆于斯。"[③]也有人说，纳兰性德"姿本神仙，虽无妨于富贵，而身游廊庙，恒自托于江湖"，"才由骨俊，疑前身或是青莲；思自胎深，想竟体俱成红豆也"。[④]更有人干脆说："纳兰容若，李重光（即李煜）后身也。"[⑤]其实，纳兰性德的诗词作品的内容与风格是与他所处的时代密切不可分的。纳兰性德的愁，是源于家世、身世、仕途、爱情、社会诸方面，所以不堪重负，以致英年早逝。

首先，从明末清初的历史上看，纳兰性德作品的忧伤惆怅是有着深刻的历史原因的。纳兰性德的先祖本是蒙古土默特氏人，因除灭了纳兰部并占据该部落渔猎游牧之地，便以纳兰为姓，后来移居开原东北的叶赫河畔，成为"海西女真"的叶赫部首领。在当年努尔哈赤统一女真各部的战争中，纳兰性德的高祖、叶赫部贝勒金台石率叶赫部与努尔哈赤的建州女真部抗争失败，终至自焚不遂被努尔哈赤绞杀而死。这一历史事件，在清朝最高统治者爱新觉罗家族与满洲贵族叶赫纳兰家族之间，都长期留有心理芥蒂。所以，纳兰性德作为满族，他是汉族的征服者；但是作为海西女真叶赫部，纳兰性德与汉族一样是建州女真爱新觉罗氏

---

① 黄天骥：《纳兰性德和他的词》，广东人民出版社1983年版，32页。

② （清）张预：《重刻纳兰词序》。

③ （清）杨芳灿：《纳兰词序》。

④ （清）吴绮：《纳兰词原序》。

⑤ 《饮水词·金梁外史识》。

的被征服者。另外，纳兰性德外祖父家的荣辱，特别是其外祖父阿济格被削爵幽禁，责令自尽，以及其子即纳兰性德的舅舅们被赐自尽或夺去爵位，削除宗籍，黜为庶人的惨痛家世，纳兰性德也一定会从母亲那里有所闻知。因此在他幼小的心灵里，必然留下官场如战场，到处埋伏杀机的阴影，使他"轩冕曾无意，逢人说马曹。太行知势险，北斗按心高"①。一再表白自己"仆亦本狂士，富贵轻鸿毛"，"动止类循墙，戢身避高名"②，"生得谢罗虞，光彩非所希"③。担心的是"西风乍起峭寒生"④，即使做康熙皇帝的亲近侍卫，也"惴惴有临履之忧"⑤。在纳兰性德的诗词作品中，经常表现出兴亡之感。

其次，是纳兰性德父亲明珠所处的地位及环境决定的。纳兰性德之父明珠，不仅是康熙朝的权臣，而且还树敌较多，卖官鬻爵、搜刮钱财，劣迹累现。以纳兰性德之聪颖，必然对历史上的家族恩怨、政局的变幻莫测、满汉之间的民族矛盾、满汉之间的文化冲突、父亲明珠的结党营私等设起心理防范，时常萌生不如出世的念头。由于其父明珠的显赫地位以及官场的引绳排根、党同伐异，使纳兰性德无法置身于纷杂的斗争之外，即使他像惊弓之雁一样地随时"避移营"，也逃不脱政敌掀起的"西风乍起峭寒生"，只能"是蛾眉，便自供人嫉妒"⑥。纳兰性德熟读经史，知道历代权臣都没有一个好下场，时常担心父亲明珠有朝一日会失势；但是纳兰性德又是一个孝子，在父子思想观念对立和父子亲情之间勉力求全，必然造成心灵上的痛苦，这在他的作品中俯拾即是。"须知今古事，棋枰胜负，翻复如斯"⑦"荣华及三春，常恐秋节至"⑧等著名诗句，就是这种心境的反映。在封建专制政体统治下，皇帝视臣下为棋枰上任

---

① 《通志堂集》第20卷，附录梁佩兰所写挽诗。
② 《野鹤吟赠友》。
③ 《拟古四十首》二十三。
④ 《太常引·自题小照》。
⑤ （清）严绳孙：《通志堂遗稿序》。
⑥ 《瑞合仙·丙辰生日自寿，起用弹语句，并呈见阳》。
⑦ 《满庭芳》。
⑧ 《拟古四十首》之一。

意去取的棋子,群臣之间为私利而借皇帝之手除掉政敌的事例层出不穷,使无数攀龙附凤之人从龙鳞凤翼上掉下来摔得粉身碎骨。纳兰性德"性至孝","其志尤在于守身不辱,保家亢宗"。[①]他深知其父的处境险象环生,害怕其父从龙鳞凤翼上掉下来惨遭厄运。"回顾何茫茫,凝思失昏晓"[②],在作品中表现出忧心如焚、焦虑不安的情绪就是自然而然的事情了。

第三,是纳兰性德自己所处的地位及环境所决定的。纳兰性德的生存环境和个人际遇,使他的诗词作品表现出低沉感伤、愁肠百转的情调。纳兰性德追求的是继续攻读经史,著书立说,积累多民族的文化财富,为促进满汉文化的交流与融合做出贡献。但现实的侍卫职责是宿卫站岗和执事当差,这些简单乏味而循环反复的工作占去了他大部分时间和精力,影响了他创造性和积极性的发挥。如同他自己所说:将超凡脱俗的宛马置于"凡材"之中,"但受伏枥恩,何以异驽骀"[③],"还将妙写簪花手,却向雕鞍试臂鹰"[④]。这对于不愿默默无闻、枉活一世而又抱负宏远、以清高自许的才子来说,极易从心理上产生压抑感甚至屈辱感,那种身不由己,理想成空,处处依附于人,如同奴仆,身心没有自由,受到无形却很严酷的拘禁,感到没有自身价值可言,不能不使他的作品充斥愁云惨雾,字里行间散发出悲凉凄迷之气,使读者听到的是其声哀哀,体味到的是他熬心的愤懑失望之情。纳兰性德聪颖而敏感,在索额图兄弟及其党羽手下做事,使他感到有一种莫名的恐惧和不祥的预兆,觉得他们的眼睛时时盯着自己,他的一言一行都在他们的监督之下,如芒在背,痛苦难耐。他既要挡明枪,还需防暗箭,而耿直方正的性格又使他缺乏应变能力,甚至缺乏对世事的深入了解,实际的处事经验也深感不足,只能被动地谨言慎行,"不敢乞休沐自逸"[⑤],"性周防,不与外庭一事",甚至于连读书所得的往古治乱、政治兴坏、民情

---

①（清）韩菼:《纳兰君神道碑铭》。

②《拟古四十首》之二。

③《拟古四十首》之二十六。

④《塞垣却寄》。

⑤（清）徐乾学:《纳兰君墓志铭》。

苦乐、吏治清浊、人才风俗等历史问题，也因怕有影射之嫌而"亦不敢易言之"①。谈到当世事，更是顾左右而言他，"或问以世事，则不答，间杂以他语"②。时刻注意"进止有常度，不失尺寸"③。这种言必三思，行必三省，如临深渊，如履薄冰，时时小心，处处提防的心态，正是他所处环境充满敌意、险象环生造成的。从《拟古四十首》之十二中可以看到，纳兰性德自认为有"卿才"，友人问为什么对宦游失去兴趣，"予笑但饮酒"，回答说："日暮风沙恶。"主要是指政治气候和仕宦环境，既包括官场的明争暗斗，尔虞我诈，也包括康熙帝的喜怒无常，一时晴一时雨。伴君如伴虎，康熙帝不仅用人完全从自己的兴致出发，丝毫不注意性德的个性和兴趣爱好及特长所在，是他施展才华的障碍，而且控制着他的命运。纳兰性德在康熙帝身边做事不仅毫无乐趣，不思受赏晋升，反而提心吊胆，忧惧颓丧，"身在高门广厦，常有山泽鱼鸟之想"④。这就使纳兰性德和严绳孙等契友叙谈时还"语有所及，怆然伤怀。久之别去"，在送行的路上"亦终无所复语。然观其意，若有所甚不释者"⑤。

值得一提的是，纳兰性德虽然是满洲贵族，却和当时很多优秀的汉族知识分子相知相契，如朱彝尊、陈维崧、顾贞观、姜宸英、严绳孙等。他和他们之间在相互理解和尊重的基础上，建立了深厚的感情，在他的诗词文章创作中，随处可见他对知己朋友的高情厚谊。尤其是他竭尽心智，营救受"丁酉科举案"牵连而被流放到黑龙江宁古塔的著名文人吴兆骞的行为，其意义已经远远超出了朋友之情，而具有鲜明的维护道义的成分。

（三）词作特点

纳兰性德在文学上有着较高的造诣，尤以词作闻名。在纳兰性德现存的348阕（一说342阕）词作中，内容涉及爱情友谊、边塞江南、咏物咏史及杂感等方面。纳兰性德是一个感情丰富而真挚的词人，纳兰性

① （清）韩菼：《纳兰君神道碑铭》。
② （清）徐乾学：《纳兰君墓志铭》。
③ （清）韩菼：《纳兰君神道碑铭》。
④ （清）韩菼：《纳兰君神道碑铭》。
⑤ 《通志堂经解》第19卷，附录严绳孙所写哀词。

德的爱情词尤其感人。对青年男女重逢时羞涩神态的描写，对逝去的爱情的思念和回忆，都是纳兰性德感情的真挚流露，如《如梦令》《采桑子》。《木兰花·拟古决绝词》模仿古代的决绝词，用汉成帝女官班婕妤和唐玄宗妃子杨玉环的典故，写女子恨男方薄情，断绝关系的坚决表态。虽然意在"决绝词"，但还是一腔怨情，显得更加深婉动人。词曰："人生若只如初见，何事秋风悲画扇！等闲变却故人心，却道故人心易变！骊山语罢清宵半，泪雨零铃终不怨。何如薄幸锦衣郎，比翼连枝当日愿！"如果人生如同刚刚相识那样情意浓厚，就不会有班婕妤的"妾身似秋扇"的《怨歌行》了，旧情人的心轻易之间就变了，却反而说对方的心容易变。唐玄宗与杨贵妃在长安城骊山的华清宫是那样的恩爱，在"安史之乱"后逃往蜀地的时候，唐玄宗被迫处死杨贵妃，《太真外传》记载杨贵妃临死也没有怨恨唐玄宗，后来唐玄宗听到车马的铃声写出了怀念杨贵妃的《雨霖铃》曲。薄情的锦衣郎唐玄宗也保护不了杨贵妃，比翼连枝不过是七月初七那天的愿望而已。[1]从纳兰性德生平的诗词中可看出他情感的丰富，正是由于他情场的失意，才使得他的感情更加细腻，因为深受汉族文化的熏陶，所以他厌苦鞍马扈从，鄙视宦海倾轧，转而"甚慕魏公子之饮醇酒近妇人"的轻狂脱俗生涯。史载纳兰性德有妻卢氏，妾颜氏，继妻官氏；此外，还有与纳兰性德有婚恋关系的一位扑朔迷离的早期恋人和一位婚外恋人沈宛。她们与纳兰性德的关系影影绰绰，若明若暗，但很明显，她们对纳兰性德创作的影响不可小觑。

纳兰性德二十岁时，娶两广总督、兵部尚书、都察院右都御使卢兴祖之女卢氏为妻。时年十八岁的卢氏美丽动人，温婉贤良，一下子就俘获了纳兰性德的心。夫妻之间情深款款，十分恩爱。家世相当、郎才女貌的纳兰性德夫妇成了世人眼中的一对神仙眷侣。这在《蝶恋花》词里有生动的描绘。只可惜成婚三年，卢氏因难产亡故，使纳兰性德深感生命之无常。卢氏的死对纳兰性德的打击是沉痛的。在为亡妻守灵的日子里，他在寺庙佛堂里拈香诵经，听梵音钟声，看僧敲木鱼，虔诚得如同一位出家人。他写下悼念亡妻的词章，"但是有情皆满愿，更从何处著

---

[1] 于在春：《清词百首》，人民文学出版社1984年版，第82—83页。

思量，篆烟残烛并回肠"，希望妻子能重生。他的词风也从此开始大变，所谓"悼亡之吟不少，知己之恨尤深"，字字惊心，句句血泪。即使在续弦多年之后，纳兰性德也仍然久久不能忘怀卢氏，直到自己的生命结束，始终未能振作起来。纳兰性德在康熙二十四年（1685）五月三十日病逝，当天正是夫人卢氏的忌日。[1]卢氏死后，纳兰性德继取官氏，为光禄大夫、少保、一等公官尔佳颇尔喷之女，因为其岳父颇尔喷系索额图的亲信，素与明珠不和，自然也影响到了纳兰性德夫妻关系的和睦。后来，纳兰性德结识了江南歌伎沈宛，并时有诗词唱和之作。沈宛是汉族，江南才女，著有《选梦词》。[2]也有史料说，纳兰性德曾纳沈宛为妾，但是歌伎出身的沈宛，不为纳兰家族所容。沈宛飘逸如梦，聪颖灵透，抚琴习律，诗词皆通，让纳兰性德的生活重新五彩缤纷起来，"枕函香，花径漏。依约相逢，絮语黄昏后"。二人相约黄昏，小园徘徊，赏花论诗，惬意闲适。可惜花红无百日，沈宛卑微的歌伎身份，加之满汉不得通婚的规矩，两人被迫分离。"谁翻乐府凄凉曲？风也萧萧，雨也萧萧，瘦尽灯花又一宵。　不知何事萦怀抱，醒也无聊，醉也无聊，梦也何曾到谢桥。"二人伴着孤灯，和着雨声，借酒浇愁。凄美的恋情终不能花好月圆。这段情感使得容若倍感歉疚，直到生命垂危，他说"近来怕说当年事，结遍兰襟，月浅灯深，梦里云归何处"，"我是人间惆怅客，知君何事泪纵横"。可以说，这是纳兰性德的一段刻骨铭心的不幸交往，后来在沈宛的自动离去或者失去联系后画上句号。纳兰性德所拥有的，只剩下深深的苦痛，因此纳兰词中常有"而今才道当时错""何如薄幸锦衣郎""薄情转是多情累""多情自古是无情"之类的词句。纳兰性德犹如苍穹中划过的流星，短暂而震撼，与身边最亲近的女子共同谱写了至性至情的恋曲，哀婉动人，成为千古绝唱。

思乡、思亲、思友的主题，在词集里多有所见；但感人至深、最足

---

① 《环球人物》杂志社：《丰饶的苦难——中国古代文人传奇》，商务印书馆2013年版，第325页。

② 《环球人物》杂志社：《丰饶的苦难——中国古代文人传奇》，商务印书馆2013年版，第324页。

以代表他的思想和风格的，是纳兰性德的悼亡词，如《浣溪沙》等。胡云翼认为，纳兰性德的"悼亡词，更是抚今缅昔，回环往返，真可通元稹的悼亡诗，堪称我国文学史上悼亡的双绝"①。纳兰性德写了许多悼亡词，《蝶恋花·辛苦最怜天上月》是悼亡词里最动人、感人的。词曰："辛苦最怜天上月，一夕如环，夕夕都成玦。若似月轮终皎洁，不辞冰雪为卿热！　无奈尘缘容易绝，燕子依然，软踏帘钩说。唱罢秋坟愁未歇，春丛认取双栖蝶。"说月儿圆圆缺缺够辛苦的，而且是圆的时候少，缺的时候多。如果我们的生活能够始终像皎洁的明月那样圆满，自己愿意无论什么环境都要给爱人温暖。无奈人世间的缘分容易断绝，不像去年秋天的燕子，如今依旧轻轻地踏上帘子钩儿在喃喃细语。今天唱罢秋坟、哀悼过亡灵，但是愁绪没有间断，只好在春天的花丛里去注视那双双停歇在一起的蝴蝶。②

　　纳兰性德的边塞诗词有 80 余首，约占他诗词总数的十分之一。他的边塞诗词，在思想内容和诗词风格方面，给人留下与前人边塞诗词迥然不同的感受。纳兰性德曾奉使塞外，被诗友们赞为"功高过贰师"。他在"奉使塞外，有所宣抚"的过程中，创作边塞诗词 50 余首，占其边塞诗词总数的近三分之二。《长相思·山一程》词中描写的边塞风光，可以与唐诗《从军行》媲美。写将士在外对故乡的思念，抒露着情思深苦的绵长心境。全词纯用自然真切、简朴清爽的白描语句，写得天然浑成，毫无雕琢之处，却格外真切感人。词曰："山一程，水一程，身向榆关那畔行，夜深千帐灯。　风一更，雪一更，聒碎乡心梦不成，故园无此声。"跋山涉水走在山海关一侧的官道上，夜深宿营的时候有千帐灯光在闪烁着。风雪交加的声音吵闹得人无法入睡，家乡是没有这样的情形的。③《好事近·马首望青山》是写纳兰性德在北京郊区昌平一带秋天打猎中的感受，描绘出一幅情景交融的秋天郊外行猎画卷，也体现出纳兰性德是一位骑马射猎的好手。词曰："马首望青山，零落

---

① 胡云翼：《纳兰性德及其词》，中央书店1935年版。
② 于在春：《清词百首》，人民文学出版社1984年版，第81页。
③ 于在春：《清词百首》，人民文学出版社1984年版，第87页。

繁华如此。再向断烟衰草，认薜碑题字。　　休寻折戟话当年，只洒悲秋泪。斜日十三陵下，过新丰猎骑。"在马背上看到的是秋天的一片荒凉，古碑上生满了苔藓类隐花植物不好辨认文字，折戟沉沙的历史往事不堪回首，光是秋色的荒凉就已经让人愁得落泪了。在明王朝十三陵下，如今过来的是在北京居住的骑马打猎的满洲贵族。[①]

纳兰性德在边塞诗词中不仅抒发了吊古情、忧时情、民族情、士卒情，也抒发了思乡情、爱情、爱国情等。这些情如秋一般成熟深沉，既有秋风般的狂欢，又有秋叶般的殷红；既有天高云淡般的襟怀，又有水清鱼现般的境界。在纳兰性德的边塞诗词中，雄浑苍莽的边塞风光和历史陈迹，往往使他触景生情，诱发了他对民族关系的一些思考和遐想。例如，关于长城，人们向来认为，它对北方少数民族统治集团南侵中原起到了阻止作用。但纳兰几次出塞，数见长城残垣，还有山海关、姜女庙，他不禁发出了"山海几经翻覆，女墙斜矗。看来费尽祖龙心，毕竟为、谁家筑"的感慨。秦汉以来，有多少北方民族和中原汉族统治者越过长城，在长城内外叱咤风云。长城阻止了他们的交往吗？没有。那么，长城阻断了各族人民的交往吗？既不能，也没有。所以纳兰性德说，像"祖龙"——秦始皇式的一些统治者，想设置一些如长城之类的障碍，阻挡各族人民的交往，是枉费心机。纳兰在另一首奉使塞外时所作的词中，甚至说："今古河山无定据，画角声中，牧马频来去。"这里告诉人们，中华大好河山，不属一家一姓、一朝一帝，所以在各民族的统治阶级多少次争夺江山的军乐声中，各族人民仍然频来频往，不受时空的阻隔。

纳兰性德是清王朝统治阶级的成员，而且是贵族，受这种社会地位和历史的局限，他当然还不可能明确提出民族平等、民族团结的思想和主张。但是，他在表述自己对边疆地区、少数民族的认识和思想感情的边塞诗词中，一扫以往边塞诗中歧视、侮辱边疆少数民族，夸耀征战、杀戮边疆少数民族人民的"武功"的思想和陋习，进而通过长城"毕竟为谁家筑"的发问，以及"今古河山无定据"的论断，抒发他对民族往来的见解，诅咒了设置人为障碍、隔绝民族交往的行为，这些都是难能可贵的。

---

① 于在春：《清词百首》，人民文学出版社1984年版，第84页。

《浪淘沙·望海》是写纳兰性德面对大海，望着大海的汹涌澎湃、气象万千、一望无际，联想到海上仙山的美丽神话，豪情迸发、浮想联翩。词曰："蜃阙半模糊，踏浪惊呼。任将蠡测笑江湖。沐日光华还浴月，我欲乘桴。钓得六鳌么？竿拂珊瑚。桑田清浅问麻姑。水气浮天天接水，那是蓬壶？"面对若隐若现的海市蜃楼，纳兰性德在海边惊呼，江河湖泊都显得太渺小了，日月都在大海里洗浴，使纳兰性德想乘木排去到海上看个究竟。驮着海上仙山的六个大鳌可以钓吗？抚摸着用红色的珊瑚做的钓竿问道。沧海桑田的三次变化情况可以问麻姑，海天一色，无法分辨海与天，不知道哪儿是蓬莱仙境、方壶。①

纳兰性德被誉为"中国第一位满族汉族文化融合的代表人物"②。清初，满、汉两族间的旧有文化隔膜还未真正化解，纳兰性德个人愈是单兵突进、热衷于学习汉族文化经典，领民族文化交流风气之先，便愈难排解某种心理失衡。这样，一种说不出的落寞和淡淡的忧伤始终绕在纳兰性德的笔尖，这种心绪给他的作品涂上了一层浓重的哀愁，不到三十岁竟"忧愁居其半，心事如落花"，产生了"海鸥无事，闲飞闲宿"的出世之想。纳兰性德在政治及文化上皆无法摆脱人生选择的两难课题，加上爱妻早亡带来的感情创伤，使他的抑郁心态又平添压力。这繁复的生活砥砺和精神印记一齐作用于纳兰性德的文学创作之中，便形成了他的作品在艺术风格上以婉丽清凄为主、天然浑朴为辅的多角度的魅力。③纳兰性德词中那种对人生容易失落的敏感和哀伤，同他广泛结交汉族文人，明末清初的社会氛围，满洲贵族、北方汉官与南方汉官的矛盾，汉族地主阶级官员与满洲贵族守旧势力官员的矛盾，汉族地主阶级文人与满洲贵族文人的矛盾，等等，不无密切的关系。连纳兰性德的父亲纳兰明珠看了儿子的词作之后，也不禁老泪纵横，叹息道："这孩子什么都有了，为什么还会这样不快活？"④

---

① 于在春：《清词百首》，人民文学出版社1984年版，第85—86页。
② 《英年进士——纳兰性德》，载《铁岭广播电视报》2009年6月25日第5版。
③ 石昌渝：《中国文学通史·清代文学》第6卷，江苏文艺出版社2013年版，第36页。
④ 《环球人物》杂志社：《丰饶的苦难——中国古代文人传奇》，商务印书馆2013年版，第321页。

纳兰性德生性淡泊，在涉猎汉文学作品时，对于南唐李煜的词非常推崇，将李白、陶潜奉为楷模。纳兰性德曾说："花间之词，如古玉器，贵重而不适用；宋词适用而少贵重。李后主兼有其美，更饶烟水迷离之致。"陈维崧更是将纳兰性德与南唐李煜相提并论，说："饮水词哀感顽艳，得南唐二主之遗。"①《饮水词》最突出的特点是善于抒情，以情感人。

纳兰性德的词以"真"取胜，写情真挚浓烈，写景逼真传神。词风"清丽婉约，哀感顽艳，格高韵远，独具特色，直指本心"。纳兰性德的词作成就，不让同时代的陈维崧和朱彝尊两大家，甚至被清末民初的国学大师王国维称道为"北宋以来，一人而已"②。二十多岁时，纳兰性德的词已经名满天下，其文风清新隽秀，越到后来，越哀婉动人。纳兰性德的词集《侧帽集》于康熙十七年（1678）问世，纳兰性德时年二十四岁。不久，纳兰性德另一词集《饮水词》在吴中刊行，当时的文坛名儒都给予了很高的评价。顾贞观长叹说："容若词一种凄婉处，令人不忍卒读。"聂先的评价是："（纳兰性德）少工填词，香艳中更觉清新，婉丽处又极俊逸。真所谓笔花四照，一字动移不得者也。"纳兰性德的好友曹寅则用"家家争唱饮水词"来形容纳兰性德词在当时的火爆场面。

《饮水词》是清代词坛及中国词坛上一颗光辉璀璨的明珠。这不仅因其词作思想的深沉、风格的清新，抒情描物善用白描而不落窠臼、别开生面也是一个重要原因。娴熟地运用白描的写作方法来写词，是纳兰性德词作品的最突出的艺术特色。郑振铎说，纳兰性德词"缠绵清婉，为当代冠"。王国维论及纳兰性德时说："纳兰容若以自然之眼观物，以自然之舌言情。此初入中原，未染汉人风气，故能真切如此。北宋以来，一人而已。"充分肯定了纳兰性德在中国词坛上的历史地位，而且概括了纳兰性德的个人风格。

---

① 《环球人物》杂志社：《丰饶的苦难——中国古代文人传奇》，商务印书馆2013年版，第321页。
② 王国维：《人间词话》。

（四）诗文内涵

纳兰性德的诗文在思想上奉行儒家道德规范，坚持忠、孝、节、义。忠主要指忠于君主，孝指善事父母，节指气节操守，义指合理而应当做的善良之事。纳兰性德于此四者兼备并具，对儒家宣扬的伦理道德身体力行。

纳兰性德在诗词中明确宣称："千秋名分绝君臣，司马编年继获麟。"（《咏史》）认为君臣名分是千秋不变的定理，司马迁编著《史记》是继承孔子编写《春秋》的精神，重视君臣名分是天经地义的。他希望的是得到包括皇帝在内的上司的赏识重用，"清尊侍华灯，谈宴不知疲。一言合壮志，磨盾记其词"①，更期望"功名垂钟鼎，丹青图麟阁"②。虽然康熙帝让他做了将近十年的侍卫，他仍然是尽心竭力，忠贞不贰。纳兰性德旗帜鲜明地反对三藩之乱，为自己身任侍卫不能亲临前线作战而遗憾不平："平生纵有英雄血，无由一溅荆江水！"（《送荪友》）以"逆节"为吴三桂等的行为定性，对叛乱者是切齿痛恨，对为国捐躯者刘钦邻的精神赞誉为"浩气凌斗牛"。当我们读到"野哭声啾啾"时，自然会感到纳兰性德的爱国忧民情怀，是与杜甫一脉相通的。联系纳兰性德"负霜怜戍卒，乘月望乡关"③等关注和同情士卒的诗句，其爱国忧民思想就更加明显。关于纳兰性德的"义"，突出地表现在与汉族朋友的关系上。史料记载"坎坷失职之士走京师"，他"生馆死殡，于资财无所计惜"④，"于道谊也甚真"⑤。"特以风雅为性命，朋友为肺腑"⑥，以贵公子而所交"皆一时俊异，与世所称落落寡合者"⑦，乐于和仕途蹭蹬或困踬之人结交，并予以周济，即是"义"的表现。

从他的诗文中也可以看出，他的社会和政治理想，是以先儒教导为依准的，行为准则是以儒家伦理道德为依据的，即使后来受到佛道思想

---

① 《杂诗七首》之五。
② 《王仲宣从军》。
③ 《塞外示同行者》。
④ （清）徐乾学：《纳兰君墓志铭》。
⑤ 《通志堂集》第19卷，附录顾贞观所写祭文。
⑥ 《通志堂集》第19卷，附录顾贞观所写祭文。
⑦ （清）徐乾学：《纳兰君墓志铭》。

的浸染，也始终没有超越儒家所允许的范围，没有改变儒生本色。在中国漫长的封建社会里，儒、释、道三家虽有相互斗争、相互制约的一面，但也有相互影响、相互渗透的一面，多数文人的思想是驳杂的，并不单纯属于哪一家，而是这三家思想不同比例的结合，但主导思想还是儒家学说，纳兰性德正是如此。

纳兰性德著名的《金缕曲·赠梁汾》中所说的"信道痴儿多厚福，谁遣偏生明慧！莫更著、浮名相累？仕宦何妨如断梗，只那将、声影供群吠。天欲问，且休矣"，就是这种无可奈何心境的最初表露，但在他头脑中的避世思想，是与儒家传统思想相通而并不抵触的。纳兰性德向往道家的清静无为、返璞归真，并非和儒家的"穷则独善其身"水火不相容。至于清初的佛教，则是早已被儒化了的，特别是其中的禅宗，简直可以说是佛教的宗旨和儒家的原则调和的产物，而以程朱为代表的理学，又是儒学受到禅宗影响后的产物。纳兰性德渴望为国家、民族建功立业，显然与儒家倡导的"用世""救世"思想密切相关，他的远大理想和宏伟抱负，也是儒家"达则兼济天下"思想的具体体现。

当然，纳兰性德的诗文也有佛道思想的痕迹，但不是主流。在现实生活中遭受挫折，理想成空的时候，纳兰性德的思想中也会产生"山中一声磬，禅灯破寥廓"（《山中》）的念头，产生遁入道教和佛教清凉世界的想法，幻想有一个神仙世界成为现实世界的参照。

纳兰性德所处的典型环境，造就了他的典型性格，典型性格又决定了他作品中的感伤基调和凄婉风格。他的诗词是他独特的生存环境在他头脑中的反映，是他面对现实的困厄寻求自我精神解脱的思想轨迹。纳兰性德对自己的处境有难言之隐，在诗词中多次谈到当时的官场"蛾眉谣诼"（《金缕曲·赠梁汾》）的情况，使他"动止类循墙，畏身避高名"（《野鹤吟赠友》），"生得谢虞罗，光彩非所希"[1]，不愿与人结党争名夺利，但愿像闲云野鹤一样置身于纷争之外，宁静度日。他感叹道："天地忽如寄，人生多苦辛"[2]；"予生未三十，忧愁居其半。

---

[1] 《拟古四十首》之二十二。
[2] 《拟古四十首》之十。

心事如落花，春风吹已断"①。拿起书本则"读《离骚》，愁似湘江日夜潮"（《忆王孙》），不仅心底满怀壮志难酬、理想成空的苦闷，而且充满前途渺茫、难以逆料，甚至身家性命也没有保障的恐惧和叹息。这种令人悚然的危机感，使他不能不"虽履盛处丰，抑然不自多，于世无所芬华，若戚戚于富贵，而以贫贱为安者"②。惶遽、酸辛、矛盾和无力，显示了纳兰性德在环境重压下的无可奈何，这就是他死后严绳孙还在致顾贞观的手札中说他"性近悲凉，与其处境不合"③的具体内涵。

纳兰性德是具有高度传统文化修养，深受儒家思想陶冶，谙熟当时上层文化各个方面的天才。他聪慧睿智，博学多能，熟读经史典籍，既善于作诗词文赋，又精通金石书画之鉴赏，且写得一手飘逸潇洒、苍劲挺脱的好字。但入仕后的身心矛盾和官场的宦海波澜，使他吞咽了苦涩的人生酒浆，心灵中充满悲凄哀伤，转而披览道书佛典，寻求精神解脱。但这种寻求解脱并没有脱离儒家世界观的根基，恰恰相反，他的痛苦和悲哀正是儒家世界观在纳兰性德头脑中起作用的结果。心灵的激荡颤动，锤炼了他的艺术才能，玉成了他高超的诗词成就。

纳兰性德在人生旅途中短短的三十一年，却以其促进满汉文化融合，增进民族团结，维护社会安定的业绩和情真意切、委婉动人的诗词给人们留下深刻印象，被国学大师们誉为"清初学人第一"（梁启超语）、"北宋以来，一人而已"（王国维语），有"清朝第一词人"之美誉。作为一个历史人物，纳兰性德是以优秀的文人形象而名垂青史的。纳兰性德在世时，即出现"井水吃处，无不争唱"《侧帽》《饮水》之篇的局面，连当时的朝鲜人都曾惊叹"谁料晓风残月后，而今重见柳屯田"④。

（五）精神实质

透过纳兰性德的诗、词、文、赋、诗论等作品，可见其对于博大精深、源远流长的中华文化有发自内心的倾慕与认同。他广求汉学，结识

---

① 《拟古四十首》之十三。

② （清）韩菼：《纳兰君神道碑铭》。

③ 柴德赓：《史学丛考》，中华书局1982年版，第320页。

④ （清）徐釚：《词苑丛谈》第5卷。

群才，兼收并蓄，经世致用，成就非凡，终于成为满汉文化融合的代表人物，不仅在当时，而且对后代也有深远的影响。他追求自己人生价值的实现，追求自由的恋爱和美满的婚姻，具有了追求人性解放和个性自由的意义。这不仅反映了明末清初社会产生的新质变化的时代潮流，而且一直影响到民国初年。

从民族角度来研究纳兰性德的文学特点，可以看到他从"神汉形满"到"以满扬汉"，和曹雪芹、文康一样，可以自成清代文学中的一个流派。纳兰性德在满汉文化交流中发挥了重要作用，在民族团结中做出了重要贡献。他营救吴兆骞的壮举，已经突破"怜骞才而拯之"的慕贤怜才的旧评，而应作为团结汉族知识分子这样一个重大的政治活动来看，作为反对"丁酉科举案"这样一个正义的行动来评价。

对纳兰性德全部作品的研究，不仅在于展现其作品本身的审美和文化意义的全部价值，而且在于揭示纳兰性德这一文学和文化现象的深刻内涵。特别是他的诗、词、文、赋等全部作品充分表明，他不仅全面学习和继承了汉文化，而且将满族的更为生动活泼的民族精神融汇其中，丰富和发展了中华民族的文化。纳兰性德不仅是满族文学的杰出代表人物，继承和发扬了满族悠久的历史文化，其成就也丰富了中华文坛，无疑是弘扬祖国优秀文化传统的重要组成部分，对振兴祖国文化做出了卓越的贡献。

纳兰性德的创作在中国文学与文化发展史上具有不可替代的作用。纳兰性德文学和文化情韵的精神实质主要体现在以下六个方面：

第一，德才俱臻的人格修养。纳兰性德处在满汉文化的融合期，生活在一种以汉文化为主，而又保留着明显的满族文化特色的环境中。他以当时大儒徐乾学为师，刻苦研习汉文化，具有相当高的汉文化修养水平，文化性格独具魅力。他忠于王事，深得康熙的器重。他尊师重道，笃于友情，写给顾贞观的《金缕曲》被称为"友谊的颂歌"；他救助汉族文人吴兆骞，深得汉族文人的信任。他的全部创作不仅独树一帜，而且充分体现了自己德才俱臻的人格修养。

第二，民族团结与祖国统一的政治观。纳兰性德主张民族团结，维护祖国的统一。无论是在满族与汉族之间，还是在满族与边疆各少数民族之间，他都主张民族的平等和各民族之间的团结。在"觇梭龙"一役中，他创作了大量的诗词作品，从中集中体现了他的政治观。

第三，"自由""平等"的爱情观以及个性解放和自由的思想倾向。纳兰性德短暂的一生中，经历了初恋、婚姻、丧妻、再娶的曲折过程，在他的诗词中，全面反映了他恋爱、新婚、生离、死别和悼亡的各种感情。这些感情集中到一点，就是追求爱情的自由和平等，充满了"人欲"的色彩，表现出他对于理学"存天理，灭人欲"基本观点的否定。他令人羡慕的显赫官职，并不能给他提供施展自己全部才能的天地，现实与理想之间的不可调和的矛盾所造成的痛苦，在他的作品中有充分的反映，体现了他对高官厚禄的否定。这些作品具有个性解放和个性自由的色彩，反映了他追求个性解放和个性自由的思想倾向。

第四，追求"高洁"的人生观。纳兰性德在对仕与隐、进与退、是与非等的抉择中度过了一生。在他的作品中反映出，他追求的是如白雪那样高洁的一尘不染的人格。他要如张良那样，功成身退，决不贪图富贵；如陶渊明那样，保全自己的人格；如扬雄那样，律己以严；如贾谊那样，丰富自己的学识；如谢安那样，为国立功。他所批判的是那些蝇营狗苟，为谋取高官厚禄而不惜采取任何手段、不顾自己人格的小人。

第五，合乎规律的价值观。纳兰性德思想的价值取向，核心在于祖国的统一和各民族之间的团结，所以他在诗词文赋等作品中，对于历史人物的评价，也以该人物的思想和行为是否坚持正义、是否有利于国家的统一和社会的稳定与人物自身价值的实现为基本依据。

第六，传承与发展的文学和文化观。纳兰性德继承汉族优秀的文学和文化传统，但又基本保持满族的淳朴天真的本性，铸造全新的个性，创造了极具个性的诗词文赋作品，丰富并发展了中华文化。首先是表现在他热爱汉文化是与热爱祖国相统一的。他把满族和汉族的文化交融在一起，既发展了满族文化，也对以汉族文化为主体的中华文化的继承与发展起了重要作用，从而奠定了他在中国文学史和文化发展史上的重要地位。其次是他在继承以儒家思想为核心的中国古代传统文化的过程中，扬弃了"理学"的教条思想。他是既承认"天理"，又承认"人欲"的。再次是他学习与继承中华文化以及吸取其他文化的目的是经世致用。重儒学而不废佛道，这种开放的心态，是他传承与发展的文化观的前提。

从清末一直到民国初期，人们对纳兰性德《饮水词》的研究和对曹雪芹《红楼梦》的研究都很热门。因为他们的思想和作品符合反对封建专制、要求自由民主的时代思潮，所以"兰学"（即纳兰性德学）、"红学"被尊为两大"显学"。但是，从中华人民共和国成立到改革开放前，关于纳兰性德的研究基本处在停滞不前的状态。20世纪八九十年代以来，纳兰性德越来越被学界所重视，也有了很多研究成果，研究范围主要集中在他的词上，对诗、文、赋则较少关注。因此，为了中华灿烂文化的传承，为了进一步开创"兰学"研究的新局面，必须把"兰学"的研究范围扩大到纳兰性德的全部作品，对其进行文学、文化和思想层面的全方位审视，深入探讨其作品的深层魅力与价值之所在。

在历史的长河中，我们看到纳兰性德的作品已经突破了时间、空间的限制，获得了永恒的生命。其作品在中国文化史上有着辉煌的地位，是满族的骄傲，也是中华民族的骄傲。纳兰性德的诗词集《侧帽集》《饮水词》《通志堂集》行世三百多年来，一直被国人咏诵，而且还被翻译成十几种外国文字广为传诵，如今美国、日本等国都有纳兰性德诗词爱好者。纳兰性德在扈从康熙帝东巡时曾咏诵："山一程，水一程，身向榆关那畔行，夜深千帐灯。　风一更，雪一更，聒碎乡心梦不成，故园无此声。"至今仍然感动着许多人。

第二章
纳兰性德祖居地
叶赫部兴衰

纳兰性德家族世居开原以东叶赫河畔，是明代海西女真叶赫部的"王族"。叶赫部管辖周围大小 15 个部落，据有东西二城。其中，东城位于今吉林省四平市铁东区叶赫镇西南三四里的岗上，处在开原莲花至叶赫的公路南；东城西北的五六里即西城，建在叶赫河北岸的山湾里。叶赫城地处开原镇北关外 65 里，西至开原老城 120 余里。历任辽东总兵都将叶赫看成是"开原疆场"的边外防线。

一、海西女真南迁

叶赫纳兰氏系明末海西女真即"扈伦四部"之一的叶赫部"王族"，纳兰性德的先人在叶赫河畔世代为王。

女真族是满族的前身，是中国东北一个历史悠久、源远流长的民族。满族及其先世先后三次建立政权，即渤海国、金王朝、清王朝政权，两次挥师入主中原。

早在 4000 年前，满族的先世肃慎人就生活在辽阔的白山黑水之间，世代繁衍生息在中国东北这片丰饶的土地上。他们在同大自然的抗争中，形成了彪悍、粗犷的性格，孕育了勤劳智慧、勇敢顽强的民族精神。满族的先世在周秦时期称为肃慎人；在汉、晋时称挹娄人；南北朝时称勿吉人；隋唐时称靺鞨人；辽、金、元、明时称女真人。女真名称始见于五代，也是辽、金、元、明时期对满族先世的称谓。女真人早期生活在东北北部原始森林和三江流域，靠采集、渔猎为生，擅长骑射。12 世纪初，女真首领完颜阿骨打统一女真各部，建立金政权。后南下角逐中原，势力扩展到黄河流域，曾经统治中国北方。当时，居住在松花江下游和黑龙江地区的女真人，仍然过着渔业狩猎为主的生活，处于原始社会的落后状态。元朝末年，随着生产的发展，居住在松花江下游和黑龙江地区的女真人原始社会解体，奴隶制度逐步确立起来。元、明时期仍称女真，"东濒海，西接兀良哈，南邻朝鲜，北至奴儿干、北海"[①]。

明初，东北广大地区的女真各部出现了频繁的迁徙局面，形成海西女真、建州女真和东海女真诸部落。16世纪中叶，女真各部割据一方，皆称王争长，矛盾加剧，互相残杀吞并。势力强盛的建州女真在其首领努尔哈赤的统率下，先后征服了海西女真、野人女真各部，建国为金（史称后金），完成了统一女真的事业。明代崇祯八年、后金天聪九年（1635）农历十月十三日，后金天聪汗皇太极颁发诏令，改女真为"满洲"。辛亥革命后，统称为"满族"。目前，在满族的主要聚居区，我国已相继在辽宁、河北、吉林建立了11个满族自治县和219个满族自治乡镇。全国满族人口已达1068万人。[②]目前，铁岭市境内除汉族外，有37个少数民族，少数民族人口有60.6万人，占铁岭市总人口的20%；其中满族有54.5万人。

海西，是一个历史地理名称，始于元代。在元、明两代，东北地区的松花江又称"海西江"，所以居住在嫩江以东到松花江及其各支流沿岸的许多女真人部落，统称"海西女真"。元朝末期，上自伊通河口，下至松花江中游的依兰段地区归元朝海西右丞相阿鲁灰管辖，亦被称为"海西"地区，西邻则是纳哈出管辖的势力范围。在"海西"地区居住的女真人部落，故也称"海西女真"。另外，海西女真还泛指在其北方黑龙江两岸的女真各部，因为这些女真人都需要经过海西地区南下"朝贡"，所以明朝也统称之为海西女真。明成化十四年（1478）马文升在记述其招抚女真经过的《抚安东夷记》一文中，记载海西女真有"二百七十余卫所"，就包括在黑龙江下游居住的女真各部设置的卫所。海西女真"略事耕种"，"俗善射驰猎"，"言语居处与建州类"。居山岳地带的"倚山作窟"，滨水而居的"有室庐"，或以"桦皮为屋，行则驮载，住则张架"。[③]海西女真各部与明朝的隶属关系非常紧密，对明朝廷采

---

① 《大明一统志》第89卷。
② 《中国民族博物馆·伊通满族分馆讲解词》，伊通县档案馆藏。
③ 《辽东志》《东夷考略》《殊域周咨录》各书所记略同。

取"一年一贡"的方式，表示臣服并且获得丰厚的赏赐。[①]明廷对女真一贯采取招抚为主的政策，这是因为有明一代的主要威胁之一是来自北方的蒙古。所以，明朝政府利用"金元世仇"，采取"藉女真制北虏"的政策，并遣使到松花江下游和黑龙江下游"累加招谕"。[②]

16世纪初以来，海西女真逐渐向南迁徙，几经周折，先后迁到吉林松花江至开原东北地区，最终定居于开原东北至辉发河流域、松花江上游一带。

海西女真之所以向南迁移，大致有两个原因：一是为了靠近汉族居住区，更好地进行经济贸易往来，获得生产资料及生活用品；二是为了避开蒙古部落的侵扰，获得更好的生存空间。海西女真各部的迁徙，特别是忽剌温女真的迁徙，与蒙古鞑靼阿鲁台所部的东移、兀良哈三卫的变迁，以及蒙古瓦剌部的东侵有关。宣德年间，阿鲁台在与瓦剌的斗争中屡受挫败，则东向攻击兀良哈三卫，《明实录》中宣德七年（1432）十一月辛巳条记："边报，阿鲁台部众东行攻兀良哈。"兀良哈三卫部"众或奔辽东边外，或奔往海西"，阿鲁台所部追逐之，进犯海西。总体说来，有明一代，海西女真是渐渐南移，其迁徙方式有三：一是举部南迁，二是部分迁徙，三是个别迁徙。[③]

辽东开原当时系明东北汉族居住区的一大要塞，是通向海西等部女真的唯一通道。开原不仅是边关的贸易中心，而且也是女真人定居的集聚点。[④]由于开原"城大而民众，物力颇饶"[⑤]，女真人多乐而居之。此外，卫治设在开原的辽海、三万两卫也主要用来安置女真人定居。明代的开原城是除了辽阳以外安插内迁女真人最多的地方。海西女真定居于开原东北一带，使汉人与女真人更加广泛地错居杂处，互相接近、互相渗透、互相融合。

海西女真的南迁，在地域交通上越来越接近辽东汉族居住区，进一

---

① 孙进己等：《女真史》，吉林文史出版社1987年版，第230页。
② 李洵、薛虹：《清代全史》第一卷，辽宁人民出版社1991年版，第13页。
③ 孙进己等：《女真史》，吉林文史出版社1987年版，第218—219页。
④ 朱诚如：《辽宁通史》，辽宁民族出版社2009年版，第203页。辽宁省档案馆藏。
⑤ 《明神宗实录》第583卷。

步加强了海西女真与内地在政治、经济、文化上的联系和交往，促进了社会生产力的提高，促进了其渔猎经济向农耕经济的过渡，推动了海西女真社会经济文化的发展，特别是农业生产的发展。与此同时，这种迁徙进一步破坏了原有的氏族血缘关系，社会结构发生了较大的变革，地缘关系渐成社会结构的主导，为后来海西女真即扈伦四部的形成奠定了基础。

二、扈伦四部形成

海西女真在向南迁移的过程中，女真各部根据经济、政治、社会、军事的发展需要，经过分化、兼并、组合，于明朝嘉靖年间（1522—1566）逐渐形成了四个较大的部落，即叶赫、哈达、乌拉、辉发四部，史称"扈伦四部"，并且都受明朝政府管辖。

扈伦，即女真语呼兰、忽剌温的音译。忽剌温、火剌温、呼伦、胡笼、扈伦，皆为呼兰的异写。明洪武十六年（1383）四月，元朝海西右丞相阿鲁灰归顺明朝后，其蒙古部众被分批内迁。海西江（即松花江）一带出现了真空地带，忽剌温女真各部进入呼兰河流域渔猎生产，海西地区成为忽剌温女真各部生息繁衍纵横驰骋之地。明王朝最初是在海西地区的呼兰河一带居住的女真部设卫，因而海西女真又有"忽剌温女真"之称，"忽剌温女真"多见之于朝鲜文献。[1]正统年间（1436—1449）以后，海西女真逐渐南迁，到嘉靖年间（1522—1566），迁徙到吉林市附近的松花江沿岸、辉发河流域，靠近开原，逐渐形成扈伦四部。因海西女真原来是来自呼兰河流域的忽剌温女真，所以就以"扈伦"谐音"呼兰"，统称叶赫、哈达、辉发、乌拉部为"扈伦四部"，扈伦四部均姓那拉氏。海西女真即"扈伦四部"，分布在开原边外，伊通河、辉发河流域，北至松花江中游人曲折处。[2]

有明一代，海西女真在社会经济，包括农业、渔猎、手工业和商业等方面，都有不同程度的发展。这一发展，既加强了海西女真各部之间

---

① 李洵、薛虹：《清代全史》第一卷，辽宁人民出版社1991年版，第11页。
② 苏景春：《叶赫史话》，吉林文史出版社2001年版，第2—3页。

的联系，同时也进一步加强和扩大了与内地的联系。他们与内地联系的主要途径是朝贡和马市交易，年年月月，有的从开原之北的镇北关入"朝贡和市易"，有的则从开原东南的广顺关入"朝贡和市易"。开原镇北关又叫北关，广顺关又叫南关。通向北关、南关这两关的贡市道路，可以说是海西女真各部的生命线，贡市道路是否畅通对海西女真各部的经济发展极为重要，这些经济发展的内在要求也是扈伦四部形成的重要因素。

三、叶赫部的前身

明代海西女真叶赫部的前身属于忽剌温女真，世居松花江北岸的呼兰河流域及其以北地区，与明朝在当地设置的塔鲁木卫关系密切。塔鲁木卫设于永乐四年（1406）二月，[①] 塔鲁木卫首任指挥为打叶，塔鲁木卫属海西卫分，塔鲁木卫指挥打叶及其部众系忽剌温（扈伦）女真之一。[②] 永乐末年，塔鲁木卫指挥打叶率领部众举部南迁至璋地居住。[③]

叶赫部的王族叶赫纳兰氏始祖星根达尔汉（又译作星恳达尔汉、胜根打喇汉）来自蒙古，本姓土默特。明宣德元年（1426）鞑靼阿鲁台所部东移时，蒙古姓土默特的一支，即叶赫始祖星根达尔汉所部进入塔鲁木卫所在地。明宣德二年（1427），塔鲁木卫指挥打叶与叶赫部始祖星根达尔汉率领部众从松花江流域的呼兰河南迁到伊通城东南的璋地（今吉林省伊通满族自治县河源镇板石村大茧场屯），地域逐步拓展到伊通河和赫尔苏河流域。[④] 璋地是叶赫先人最初在伊通河流域的居住地，也就是后来的璋城。[⑤] 星根达尔汉之子席尔克明刚吐曾任塔鲁木卫千户，协助首领打叶家族管理塔鲁木卫部众。星根达尔汉家族凭借优越的地理环境和自然条件，逐渐发展强大起来。

---

① 《明实录》永乐四年二月庚寅条。

② 孙进己等：《女真史》，吉林文史出版社1987年版，第224—225页。

③ 苏景春：《叶赫史话》，吉林文史出版社2001年版，第4页。

④ 苏景春：《趣闻轶事·古叶赫探秘》，吉林文史出版社2001年版，第48页。

⑤ 《中国民族博物馆·伊通满族分馆讲解词》，"古今伊通"部分，伊通县档案馆藏。

星根达尔汉之孙齐尔哈尼（又作的儿哈你、齐尔哈纳），系祝孔革之父，《满洲实录》所记叶赫第三代祖齐尔噶尼，就是《明实录》所记的儿哈你，成为塔鲁木卫指挥。成化十四年（1478）八月，齐尔哈尼在部众的拥戴下取代塔鲁木卫都指挥佥事童哈为部落酋长，成为打叶家族的首领，执掌塔鲁木卫事，任塔鲁木卫都指挥使，不久把都城从璋城迁到乌苏城（即今伊通县县城），①并且先后在成化十九年（1483）十二月和成化二十年（1484）十一月两次去北京朝贡，牢固地控制了伊通河、赫尔苏河流域。②《明实录》载，成化十九年（1483）二月，"海西塔鲁（木）等卫女真指挥的儿哈你等各来朝贡马及貂皮"③，因为星根达尔汉家族在所部女真人中占少数，故改姓当地女真人的姓氏纳兰氏，其家族随同当地女真人风俗，语言也逐渐使用女真语，随俗而治，逐渐女真化。这种主动、积极的女真化，是他们生活在女真人社会使然，也是他们以金代女真贵族后裔自居，企望以此壮大声威、增强号召力、招纳相邻部落、重振昔日金朝伟业的表现。④明正德初年，齐尔哈尼因为不服从明廷约束，率部南移，屡次"犯边入寇"深入汉人居住区掳掠，被明廷捕获"枭首开原"⑤。齐尔哈尼之子祝孔革，即《明实录》所载竹孔革，继其父齐尔哈尼为塔鲁木卫指挥佥事。据记载，正德十四年（1519）五月，"给赏海西塔鲁木等卫女真都督佥事等官竹孔革等衣服彩缎绢帛有差"⑥。明正德十四年（1519）以来，塔鲁木卫都督佥事、叶赫部贝勒祝孔革，先后4次去北京朝贡。据清道光三年（1823）《叶赫纳兰氏八旗族谱》记载："祝孔革兄弟三人。祝孔革居其长，次曰哲铿额，季曰哲赫纳。祝孔革兄弟三人有子侄十二人。祝孔革有子三人：长曰太杵，亦称太楚或台出；次

---

① 苏占河：《梨树文史（上册）》，梨树县政协2011年版，第27页，梨树县档案馆藏。

② 苏景春：《叶赫史话》，吉林文史出版社2001年版，第13页。

③《明实录》成化十九年二月庚辰条。

④ 刘德鸿：《清初学人第一：纳兰性德研究》，中国社会科学出版社1997年版，第3页。

⑤ 苏景春：《叶赫史话》，吉林文史出版社2001年版，第17页。

⑥《明实录》正德十四年五月己亥条。

曰台坦柱；季曰尼雅喀，亦称捏尼哈或捏哈。"

四、叶赫部的形成

叶赫部最初形成于明代正德年间（1506—1521）。明初以来，叶赫部就占据今吉林与辽宁接壤的地方。由于祝孔革表示认罪降附，明廷没有再追究他随父掳掠的罪过，一年后让他担任塔鲁木卫都督金事，又恢复了塔鲁木卫向明朝朝贡，明廷给予赏赐的旧例，并允许祝孔革率部迁移到开原以北。明廷把叶赫部当作藩篱，靠着叶赫部的屏蔽，保卫开原乃至全辽。叶赫部也靠明廷的庇护，获取马市交易之利，并对抗海西女真哈达部、建州女真、蒙古各部的侵袭，得以存在下去。

16世纪初，祝孔革"率塔鲁木卫部众继续南迁到开原东北的叶赫河，即明所谓北关"①。明嘉靖三年（1524），祝孔革为了控制海西女真贸易道路，派第三子尼雅喀在今叶赫的白石碰子山下筑城建关（史称北关），后来简称"珊延府城"②。叶赫珊延府城，是叶赫诸城中修筑较早的城池。满语"商坚"为"珊延"的音转和异写，汉语译为"白色"。在叶赫珊延府城西有一山，今称白石碰子山，即清代文献中所记的"珊延沃赫山"，满语"沃赫"又作"窝黑"，汉语译为石头，所以，满语"珊延沃赫"或"商坚窝黑"就是汉语的白石碰子山。③明嘉靖三年（1524）二月，明廷因祝孔革升职久，赏"金带大帽各一"，是时为明王朝对女真头人的最高赏赐。

明嘉靖十三年（1534）叶赫部首领祝孔革在叶赫河岸"定都建国，号称叶赫国"④。叶赫"珊延府城"建成之后，祝孔革指令二弟哲铿额和三弟哲赫纳继续留守乌苏城和赫尔苏城，分管伊通河和赫尔苏河流域的祖居旧地，其余塔鲁木卫部众在部落酋长祝孔革率领下南迁，来到叶赫河畔的"珊延府城"开疆拓土。祝孔革率塔鲁木卫部众迁至叶赫河畔

---

① 张云樵：《叶赫古城考察纪略》，载《满族研究文集》，吉林文史出版社1990年版，第63页。

② 杨庆茹：《聚焦关东文化》，黑龙江人民出版社2006年版，第68页

③ 张佳生：《满族与长白山》，辽宁民族出版社2011年版，第349页。

④ 苏景春：《趣闻轶事·古叶赫探秘》，吉林文史出版社2001年版，第4页。

后，筑叶赫老城而居，即今吉林省四平市铁东区叶赫满族镇西五里之叶赫西城，即叶赫老城。祝孔革自改塔鲁木卫为叶赫部，亦称叶赫国，又以河名冠其姓氏，从此叶赫纳兰氏族在叶赫河畔出现了。当时的女真人及清代满人以地名或部名系于姓氏之前，如同汉人之姓名前冠以郡名，星根达尔汉家族便被称为叶赫纳兰氏。据史料载，叶赫部的活动范围"南境多在奉天（开原）界与哈达为邻，北境与科尔沁、郭尔罗斯为邻，西境到威远堡边门（今辽宁省开原东威远堡）上，东到伊通河"。叶赫部为了军事和贸易的需要，同哈达、辉发、乌拉三部结成联盟，称作扈伦四部联盟。

叶赫部对明廷一直自称为"塔鲁木卫"，而明廷也一直以"塔鲁木卫"称呼叶赫部，如冯瑗《开原图说》记载，叶赫部"一营白羊骨（布扬古），塔鲁木卫都督佥事，系逞加奴（又作清佳努）嫡长孙。……一营金台失，塔鲁木卫指挥佥事，系仰加奴（又作杨吉努）次子"[1]。

扈伦四部结盟初期，哈达部贝勒王忠恭顺明廷，逐渐得到了明廷的赏识和支持，势力日趋强大，用其军事实力控制了乌拉、辉发、叶赫三部，成为扈伦四部的盟主。祝孔革的叶赫部由于受到哈达部的制约，发展面临着很大困难。叶赫部的崛起，引起了哈达部的恐慌。盟主哈达部酋长王忠借口叶赫部贝勒祝孔革不听明廷指挥，数次劫抢贡品、敕书，派人砍杀了祝孔革，并趁机夺占了叶赫的700道敕书以及叶赫所属的吉把太、季勒寨等13个屯寨。从此，叶赫部和哈达部结下了不解之仇。祝孔革长子太杵继任叶赫部酋长，但仍然受制于哈达部，无大作为。

哈达部酋长王忠被部人杀死后，他的侄儿王台继位，仍为扈伦四部盟主。王台同其叔叔王忠一样非常恭顺明廷，备受宠爱，后被封为"龙虎将军""左督都"。王台是第一个被明廷授予"龙虎将军"的女真人首领。祝孔革长子太杵经常率领叶赫部部众袭扰哈达部村寨，甚至到开原、铁岭附近"犯边掠寨"。嘉靖三十七年（1558）五月，太杵在柴河堡"犯边掠寨"时被哈达部王台伏兵杀害，"献首开原"[2]。太杵长子

---

① （清）冯瑗：《开原图说》卷下。
② 苏景春：《叶赫史话》，吉林文史出版社2001年版，第34页。

鄂岱继任叶赫部酋长，被迫接受哈达部约束，并且把祝孔革次子台坦柱的女儿温姐嫁给王台为妻。台坦柱病逝后，鄂岱辞去叶赫部酋长，分别由祝孔革次子台坦柱的次子清佳努、三子杨吉努兄弟，担任叶赫部酋长。

五、叶赫部的强大

明代嘉靖三十七年（1558）五月以后，清佳努、杨吉努兄弟"皆称贝勒"后，杨吉努另筑新城，《清史稿·杨吉奴传》中记载："依险筑二城，相距可数里，清佳奴（即清佳努）居西城，杨吉奴（即杨吉努）居东城。"叶赫东城即"新城"，位于叶赫南山或南岭，位于叶赫河东，城堰范围比西城大，亦称大城。叶赫东、西两城在叶赫河两岸隔河相望。杨宾《叶赫行》诗云"酒醉征歌瓦子堂"，称叶赫部军兵曾在瓦子堂豪迈地喝酒唱歌，即叶赫东城的八角明楼，是明末叶赫部的歌舞演出场所。①

16世纪中叶，女真各部割据一方，争夺异常激烈，"皆称王争长，互相战杀，甚至骨肉相残，强凌弱，众暴寡"②，互相残杀吞并。当时，叶赫部的外部、内部发展环境都是十分严峻的。一面是明王朝的分化、控制、打击，一面是哈达部的抑制、侵袭；一面是建州女真努尔哈赤部的悄然崛起，一面是内部兄弟"皆称贝勒"。所以筑新城就是因为"兄弟不相上下"，即当时的叶赫贝勒清佳努、杨吉努兄弟不能相容，为了调和内部矛盾，杨吉努只好另筑新城。但是，清佳努、杨吉努兄弟抓住了哈达部内乱之机，又因明王朝对局势发展的判断失误，故而趁势崛起，征服周围一些部落，开疆拓土，领地日趋广阔，不断扩充势力，使叶赫部的发展达到了鼎盛时期，在明隆庆初年（1567）"称雄诸部"，终于取代哈达，成为扈伦四部中最强大的势力。

关于叶赫兴盛时的记载，很多史料均有描述，如"叶赫有众十五

---

① 苏占河：《梨树文史（上册）》，梨树县政协2011年版，第294页，梨树县档案馆藏。

② 《清太祖武皇帝实录》第1卷。

部，部民猛勇，尤善骑射，其兵锋所向，望风归附，据地益广，军声所至，四境益加畏服"[1]。杨宾《叶赫行》诗"不与寻常六角同，地广兵强称大国"句进一步证实了叶赫部昔日的强大。"六角"泛指北方部族酋长。东汉时，匈奴左右日逐王、左右温禺王、左右斩将王，总称"六角"。杨宾《叶赫行》诗形象地说明了叶赫部当时的势力不同于寻常的部族。叶赫部在明隆庆初年，即清佳努、杨吉努兄弟时，达到极盛时期。其属地南接明开原威远堡，北抵苏瓦延（今双阳河），东起老边岭（今吉林省辽源市辽河源乡），西至大黑山；地方近千里，有部族十万，精兵五万，尤以骑兵为悍。隆庆末年，清佳努、杨吉努兄弟一次率众两万余骑到辽河游牧，足见国势之盛。这些史事在《开原图说》《清史稿》等史籍中均有记载。

明王朝为了实现和维护其对东北地区的有效统治，对东北少数民族采取安抚、钳制、限制政策，即"以夷制夷"。尤其对女真各部推行了"使其各自雄长，不相归一"的政策，从这一政策出发，明王朝针对不同情况，相应地在女真各部或各部间采取了安抚、离间、谋杀、招抚和出兵镇压等不同手段，自始至终，从未间断。

清佳努、杨吉努兄弟始终没有忘记哈达部杀祖父之仇，但因为哈达部有明廷做靠山，不得不表面上维护王台，并把妹妹温姐许配给王台为妻。王台为了笼络清佳努、杨吉努兄弟，也把自己的女儿许配给杨吉努为妻。由于哈达部内部动荡不安，王台儿子们的争权夺势角逐十分猛烈，有的部众投奔到叶赫部，最后连哈达的名将白虎赤等也先后投奔了叶赫。王台众叛亲离，困难重重，疾病缠身，在明万历十年（1582）忧愤死去。

王台死后，诸子争位，发生内乱。王台长子虎尔罕赤继为贝勒，不久亦病死。王台第五子孟格布禄（清佳努、杨吉努的妹妹温姐所生）、外妇子康古陆和长子虎尔罕赤之子歹商为争夺贝勒而发生内讧，互不相让、自相残杀。清佳努、杨吉努兄弟一看报仇的时机已到，企图趁机控制和吞并哈达部，进一步侵略明王朝辽东汉人住地。

这时，明廷出面欲扶持王台之孙歹商当哈达贝勒，清佳努、杨吉努

---

[1]（清）徐乾学：《叶赫那拉氏家乘》。

兄弟则坚决反对。王台的私生子康古陆依附温姐，投奔叶赫部贝勒清佳努；清佳努高兴地把女儿许配给康古陆，支持他与哈达部其他兄弟为敌，并与弟弟杨吉努商议吃掉哈达部。清佳努、杨吉努兄弟感觉叶赫部兵单力薄，便决定联合瑷兔、恍惚太一起出兵哈达部。一天清晨，叶赫等部一万骑兵出其不意地袭击了哈达部，打败了哈达部孟格布禄的抵挡部队，砍杀哈达部三百多名兵卒，夺取了一百五十副甲胄。在退兵之时，又下令士兵四处放火，哈达的一些村寨、粮食被付之一炬，化为乌有。叶赫旗开得胜，鸣锣收兵。

明朝政府看到形势发展不利于朝廷，因哈达部是南关（广顺关）的守卫者，西可抵御蒙古，南可防御建州女真，是明廷的可靠屏障，便出面干涉叶赫和哈达之间的战争。明廷派巡抚副使任天祚带着布匹、绸缎以及农具等物品来到叶赫城，拜见叶赫贝勒，劝其停战。但清佳努、杨吉努兄弟不听规劝，提出"必须得到万历皇帝的敕书，把哈达所属的村寨交归叶赫管辖，才能停火收兵"，且随后继续频繁出兵侵袭哈达部，先后烧掉哈达村寨十余座；并联合别的部出两千骑兵，驰往南面附近的大亮寨，进寨后烧杀抢掠，带回三百多名俘虏。叶赫贝勒想用军事行动挟持明朝发给敕书，并企图一举吃掉哈达部。

叶赫部的频繁袭扰，使哈达的贝勒坐卧不安，他们赶忙打发兵士给朝廷驻开原的辽东总兵李成梁送去了金银、黑紫貂皮等贵重物品，恳求明廷快快出兵攻打叶赫部以解其围。明廷应哈达部孟格布禄（即猛骨孛罗）的请求，派辽东巡抚李松和总兵官李成梁率兵征剿。李成梁接受贿赂后，亲自设计谋杀叶赫清佳努、杨吉努兄弟。万历十三年（1585），李成梁派人去叶赫送信，让贝勒去开原（今辽宁开原老城）关王庙（即关帝庙）取敕书，并许诺哈达村寨全交叶赫管辖。清佳努、杨吉努兄弟由于求皇帝敕书和灭哈达心切，便急忙率两千兵马赶奔开原。这时，李成梁与巡抚李松在叶赫至开原中间的中固城和开原关王庙埋伏了重兵，李松和任天祚则坐东南楼指挥，明朝守备霍九皋奉命迎接清佳努、杨吉努。巡抚李松对埋伏在关王庙的领兵下令道："叶赫将士进来后，听从招抚我就挂旗，可以按兵不动，不听招抚，我就命人击鼓放炮，开始进攻。"清佳努、杨吉努一点也没料到取敕书是计策。这日清早，清佳努、杨吉努率两千精兵策马扬鞭急忙朝开原方向奔去。中途遭到了霍九皋手下人的拦截,清佳努、杨吉努兄弟只好按明军的要求只带三百人进入开原关王庙市圈内。清佳努、杨吉努兄弟率兵来到开原关王庙市圈内后,明朝守备霍九皋上前与他们搭话。清佳努、杨吉努两兄弟急于得到敕书,询问敕书的事,霍九皋则故意刁难,讥讽叶赫部贝勒平庸无能等。杨吉努也同样回应,令霍九皋恼羞成怒,吆喝杨吉努等人下马。杨吉努见事不妙,暗示手下大将白虎赤动手。白虎赤心领神会,眼疾手快,拔刀砍中了霍九皋右臂,楼上坐镇的巡抚李松和任天祚见状大惊,慌忙下令击鼓。一时间,圈内大乱,刀光剑影,喊杀连天,叶赫的将士与明朝伏兵混杀在一起。叶赫部终因寡不抵众,清佳努、杨吉努兄弟和白虎赤、兀孙孛罗(清佳努之子)、哈尔哈麻(杨吉努之子)以及随从军卒全部战死。叶赫留守在后的其余士兵听到这个消息,急忙往回撤退,途中陷入明兵的伏击圈。双方短兵相接,厮杀了一昼夜,在中固城(今开原中固)的明军的打击下,叶赫部损失惨重,只有少部分人突出了重围。李成梁率领明兵穷追不舍,直逼叶赫城下,数千名明军将叶赫东、西两座城堡团团围住。城内兵民见大兵压境,再加上首领被杀,士气低落。明军一连围困了几天也不撤军,布寨(清佳努之子)和那林布禄(杨吉努之子)自知抵挡不过,只好出城向明军乞降,当着李成梁、李松、任天祚的面对天发誓:"愿意接受明朝和哈达的约束,今后不再出兵攻打其他各部。"并且杀掉一匹白马表示诚意。李成梁见此状,坦然一笑,一个小小的叶赫,不堪一击,没有多大能耐,便下令收兵离去。

　　这一仗,叶赫部损失惨重,叶赫部的发展壮大被明王朝扼杀。自从李成梁诱杀叶赫部清佳努与杨吉努后,清佳努之子布寨与杨吉努之子那林布禄便分别继位为贝勒。布寨和那林布禄暗怀复仇之志,欲重整旗鼓,伺隙为父辈报仇,并想称霸女真诸部,和明廷对抗。于是一边集中人力加固城墙,一边操练兵马,扩充叶赫部兵力,囤积粮草,开始休养生息。

六、叶赫部的衰落

　　经过几年的休养生息,叶赫部的实力渐趋恢复,粮草多了,军队的素质也有所提高。但是,叶赫部贝勒布寨、那林布禄缺乏战略远见,对形势没有清醒的研判，仍然把消灭哈达部作为主要目标。布寨、那林布禄把早年嫁给王台的姑姑温姐从哈达请了回来，共谋支持温姐儿子孟格布禄及康古陆夺取哈达部贝勒的良策。温姐赞成布寨、那林布禄的主张，从叶赫部回到哈达部后，就鼓动儿子孟格布禄及康古陆与哈达贝勒歹商（王台之孙）争夺权力，孟格布禄及康古陆听温姐之言后，与歹商动起刀兵。温姐、孟格布禄及康古陆向叶赫部布寨、那林布禄求援。布寨、那林布禄乘哈达部内乱之机，率几百名精兵连夜出击，迅速进攻哈达部，一举攻占了威远堡（今辽宁开原东威远堡）以东的哈达部属地，并且侵略明军驻守的开原。次日，又率兵攻打歹商。歹商内外交困，只好派人送信给辽东总兵李成梁，请求支援。

　　万历十六年（1588）李成梁率众再次攻打叶赫，明军的队伍浩浩荡荡地向叶赫开来。时逢雪化冰消的初春时节，白天道路泥泞，晚上又结冰，人马行走困难，进军速度迟缓。计划在月初进攻叶赫，十多天才赶到开原，哈达贝勒歹商也亲自率领一部分人马加入了攻打叶赫的明军行列。这天夜里，天黑得伸手不见五指。李成梁下令兵卒用白布缠肩作为标记，急速进军，明军路经叶赫部所属的落罗寨（今辽宁开原莲花），并开始进攻。落罗寨毫无戒备，来不及抵抗，寨主大开城门投降。李成梁留下十名明军把守落罗寨。随后，又让寨中派出一个熟悉路的人为明军引路，急匆匆直奔叶赫西城。天刚放亮，叶赫城上的哨兵发现了明军，马上禀报给正在酣睡的布寨。布寨登上城墙看到明军势如潮水，离城只有几里远，于是急忙下令放弃叶赫西城，兵民全部撤到叶赫东城守卫。东城是用石头修建的城墙，墙里墙外都是用檩木围成的栅栏，城上有山，山的四周是凿成平面的石板，易守难攻。明军的人马来到西城，一看城门大开，人影全无，搜挖出一些粮食、物品，便都涌到东城。李成梁依仗兵强马壮，架云梯进行强攻。叶赫兵居高临下放下滚木礌石，打得明军连滚带爬，退了下来。李成梁指挥明军随后又改用大炮轰击城墙。经过一天的轰击，打倒了外面的城墙，打飞了木栅栏，摧毁了城墙垛口。李成梁指挥兵卒从垛口冲进城中。又在另一面山坡上对准城中架起大炮，欲要炮轰全城。叶赫部贝勒布寨和那林布禄心急如焚，百姓纷纷恳求投降。叶赫部贝勒布寨和那林布禄无奈遂率众出城乞降，对天盟誓。李成梁执意要轰城，叶赫众百姓见此状急忙拜求宽恕。李成梁遂下令停止进攻，撤回了军队。

叶赫部在短短的几年里，先后两次遭到明军的进攻，损失惨重。叶赫部在明军李成梁的打击下，元气大伤，恢复尚需时日。而哈达部也由于内部矛盾重重，四分五裂，丧失了昔日的军事实力。

在海西女真叶赫部与哈达部为互相争夺地盘大动干戈之时，居住在抚顺关以东一带的建州部努尔哈赤的势力却得到迅速扩展，逐渐成为叶赫部发展的一大威胁。当时建州女真大体分为建州五部，即苏克素护部、浑河部、完颜部、董鄂部、哲陈部；长白山三部，即纳殷部、鸭绿江部、朱舍里部。万历十一年（1583），努尔哈赤以"十三副铠甲"起兵，开始了统一建州女真和海西女真、野人女真的事业。

万历十一年（1583），明军在苏克素护图伦城主尼堪外兰的引导下，攻破阿台（王杲之子）所属的古勒城①、沙济城。当时努尔哈赤的祖父建州左卫都指挥觉昌安、父亲建州左卫指挥塔克世随明军前往，在战斗中都被明军误杀。明军为了报偿努尔哈赤的祖父、父亲的冤死，授努尔哈赤为建州左卫都指挥使，并发给敕书。

努尔哈赤自幼聪明好学，是一个智勇双全的人。他采取了"取信于明，借以图强，远交近攻，各个击破"的策略，以为祖父、父亲报仇为名，以尼堪外兰挑唆明军害死祖父、父亲的罪过为名，开始了征服邻近各部的战争。万历十三年（1585）努尔哈赤已经征服了赫图阿拉周围的各个部落。到万历十六年（1588）时，努尔哈赤已基本统一了建州各部，至明万历十八年（1590）统一了建州各部。努尔哈赤统一建州各部以后，建立了以赫图阿拉为中心，包括苏子河、浑河、浑江流域大部的广大统治区域，即今天辽宁新宾全部、清原南部、抚顺东部、桓仁、宽甸北部等地区。

努尔哈赤从小被寄养在辽东总兵李成梁家，努尔哈赤从李成梁家出走时，途经叶赫，受到过叶赫贝勒杨吉努的热情招待。杨吉努把自己的幼女孟古格格许配给努尔哈赤。万历十六年（1588）九月，秋高气爽，

———————

① 今辽宁省新宾满族自治县上夹河乡古楼村北山上，称楼山。

叶赫贝勒那林布禄带着自己的胞妹，跋山涉水来到努尔哈赤的居住地费阿拉城（今辽宁省新宾满族自治县永陵二道河子村东南山坡遗址），努尔哈赤率众出城迎接那林布禄，并举行了隆重的宴会，正式与孟古格格成婚。当时努尔哈赤已三十岁，孟古格格年仅十四岁。由于孟古格格贤慧、端重、美丽，受到了努尔哈赤的宠爱。婚后的第四个年头，孟古格格生了一个男孩，名叫皇太极（即后来的清太宗），称为四贝勒。

努尔哈赤继续马不停蹄地开展远征活动。万历十九年（1591），努尔哈赤攻克了长白山鸭绿江部，大胜而归。叶赫贝勒见努尔哈赤的领地不断扩大，影响到叶赫部的盟主地位，已经发展成为叶赫部称雄于女真各部的障碍，便派使者宜尔当和阿拜斯汉二人拜见努尔哈赤，提出领土要求："乌拉、哈达、叶赫、辉发同你们语言相通，本是一个国家，哪应该有五人为王的道理呢？你国人少，我国人多。我主请你们把额尔敦、扎库木两个地方让给我们。"[1]努尔哈赤听后，十分不悦，将两名使臣斥责一顿。宜尔当和阿拜斯汉连夜返回叶赫，把情况报告给贝勒布寨和那林布禄，商议并决定联合哈达、辉发两部一同派使臣去威胁努尔哈赤，叶赫部派尼喀里、图尔德，哈达部派戴穆布，辉发部派阿喇敏为使者。第二天，叶赫、哈达、辉发三部的四位使者一同来到努尔哈赤的驻地。努尔哈赤若无其事，设宴款待三部使臣。宴席上，三部使臣互使眼色，可谁也不敢开口。无奈叶赫使臣图尔德先开了口："我主有话，打发我来说，可是我又怕说了你要责备我。"努尔哈赤平静地说："有话就讲嘛，你的国主让你说，与你本人有何相干？我不会怪你。"图尔德壮起胆子说道："我国向你要土地，你不给；令你投顺，你又不从。这样下去了，两国如果作成仇了，只有我叶赫的人马能开进你的国境，你的队伍能踏进我们国土地吗？"努尔哈赤听罢大怒，霍地抽出长刀，手起刀落，将席桌劈成两半，吼道："你主那林布禄和布寨弟兄两个人，什么时候打过仗？就凭你们那些破胄烂甲，能经得起我一战吗？过去，哈达部孟格布禄与歹商叔侄二人争权夺势，你们乘人之危，派兵攻打哈达，难道我能被你主的大话吓倒吗？"接着努尔哈赤又说了许多羞辱布寨和那林布

---

[1]《清太祖高皇帝实录》第2卷。

禄兄弟的话，并命人把这些话写成书信，派巴克什（满语"先生""大儒"的意思）阿林察前往叶赫，当面念给布寨和那林布禄兄弟听。[①]三部使者面面相觑，默言而归。从此，叶赫部和努尔哈赤的关系开始逐步恶化，激战一触即发。

叶赫部贝勒布寨和那林布禄自恃为海西女真盟主，势力强大，决定采取武力夺取建州部领土，以此削弱努尔哈赤的势力，进而扑灭建州部。万历二十一年（1593）六月，由叶赫部发起，纠合哈达、乌拉、辉发三部兵马，向努尔哈赤发起了一次试探性的进攻。以叶赫为首的扈伦四部去劫建州女真户布察寨，努尔哈赤闻讯后率兵追击，直抵哈达部富尔佳齐寨，逼迫叶赫收兵。过了三个月，叶赫等部又向努尔哈赤发起了一场大规模的战争——古勒山之战。

万历二十一年（1593）九月，叶赫贝勒纠集哈达、乌拉、辉发、科尔沁、锡伯、瓜尔佳、朱舍里、讷殷计九部，"九姓之师"三万众兵，浩浩荡荡来与努尔哈赤决战。大队人马到达建州所属的扎喀城，已是日落西山。"九姓之师"的首领见扎喀城地势险要，没敢直取，改道奔赫济格城。此时，夜幕已降临，兵马在赫济格城外的山坡上安营扎寨，待到天明发动进攻。努尔哈赤闻讯连夜率兵抢占了与赫济格城对峙的古勒山。他下令士兵不许出一点动静，又悄悄在山头上聚集了许多滚木、礌石。天刚发亮，"九姓之师"已把赫济格城团团围住。赫济格城上城下，人喊马叫，刀光闪闪，箭穿如梭。叶赫等"九姓之师"依仗兵多将广，拼命强攻，但由于赫济格城墙高且坚固，进攻多时，仍不能登城，叶赫贝勒下令停止进攻，欲整顿一下队伍。这时埋伏在赫济格城对面古勒山上的努尔哈赤，派遣额亦都带领精兵一百人，从山上冲下来，引诱"九姓之师"。

"九姓之师"当即反击，并向古勒山杀来，布寨与金台石（那林布禄之弟）一马当先，挥刀纵马闯进了建州兵营。额亦都则按照努尔哈赤的吩咐，边打边退。布寨等紧追不舍，当追到古勒山脚下时，突然一声巨响，山上滚木、礌石被推了下来，布寨慌忙勒住战马，但已来不及躲

---

①《清太祖高皇帝实录》第2卷。

闪，一条大滚木正好打中布寨的战马，布寨从马背上摔了下来。努尔哈赤的伏兵趁机冲下来，将布寨乱刀砍死。那林布禄见其兄被杀，惊呼而昏倒在地。叶赫众兵急忙把那林布禄扶上马，夺路而逃。叶赫是"九姓之师"的核心，其他各部见此情景也都无心恋战，慌忙逃奔。努尔哈赤的兵马乘胜出击。一时间，杀声震天，矢石如雨，"九姓之师"有的被箭射中，有的被马踩死，山谷殷红一片，惨不忍睹。努尔哈赤挫败了"九姓之师"，以少胜多，名声远扬。史称"古勒山之战"。

以叶赫部为核心的"九姓之师"损失惨重，叶赫贝勒布寨被杀、乌拉贝勒满泰之弟布占泰被俘。至此，扈伦四部两次进攻建州女真部宣告失败，扈伦联盟顿告瓦解。

七、叶赫部的灭亡

古勒山之战是努尔哈赤建州女真部征服海西女真的历史转折点。古勒山之战导致扈伦四部这个本来就松散的联盟解体，使叶赫部由盛转衰。叶赫部失去了可与建州女真相对峙的军事实力，被迫由进攻转为防御。海西女真扈伦四部各怀心事，扈伦四部及其他各部慑服于建州女真努尔哈赤的军事实力，而靠向努尔哈赤，相继与建州女真努尔哈赤结亲和好，以图安定，恢复战争创伤。而努尔哈赤以少胜多，使建州女真努尔哈赤部落勃兴，"军声大振，远近慑服"[1]。

叶赫贝勒布寨在古勒山之战被杀后，其子布扬古继为贝勒。那林布禄自古勒山之战后，精神恍惚，"昼夜哭泣，不进饭食，郁郁成疾"[2]。不久，那林布禄因重病而死。那林布禄之弟金台石继为贝勒。

叶赫部贝勒布扬古与金台石上台后，为了缓和与建州女真的矛盾，对建州女真采取友好政策，不但与建州结盟，同时还与努尔哈赤家族结亲，表示要永远和好。为争取和平环境休养生息，叶赫部于万历二十五年（1597）主动联合哈达、乌拉、辉发三部，派遣使者到建州向努尔哈赤道歉说："吾等不道，兵败名辱。自今以后，愿复缔前好，重以婚媾。"

---

[1]《清太祖高皇帝实录》第2卷，第180页。
[2]（清）徐乾学：《叶赫那拉氏家乘》，第10页。

接着，布扬古将妹妹（即孟古格格的侄女）许配给努尔哈赤为妻，金台石将女儿许给努尔哈赤的次子代善为妻。努尔哈赤为了缓解矛盾，避免征战，相互和好，与叶赫部又举行了歃盟仪式。杀乌牛、宰白马、摆骨头、设酒肉，歃血为盟，共同对天盟誓："既盟以后，若弃婚姻、背盟好，其为此土，为此骨，为此血，永坠厥命；若始终不渝，饮此酒，吃此肉，福禄永昌。"①

但是，由于明朝对辽东女真的政策是"分而治之"，不能让势力大的部落相互结好，形成更大的力量，所以叶赫与建州很难"福禄永昌"地团结在一起，而且叶赫与建州之间也有着不少新仇旧恨，况且叶赫部始终是努尔哈赤统一女真各部的主要障碍，因此结盟、通婚也只是为政治目的的一时权术而已。当时，努尔哈赤之所以与叶赫联姻结盟，一方面是建州部为抵御"九姓之师"也付出了很大代价，需要休养生息；另一方面是要继续征服建州女真余部、攻破海西女真其他各部以至蒙古科尔沁等部落，免得建州部陷于孤立的地步；同时也因为叶赫部位于海西女真四部的最西边，努尔哈赤采取了远交近攻的手段，以便于击破哈达、辉发、乌拉三部。而叶赫贝勒也想就此争取一些时间，重整旗鼓。为避免哈达部投向努尔哈赤，金台石先发制人，首先焚掠了哈达部的一些村寨，不料却加速了哈达部投向努尔哈赤的进程。

努尔哈赤在统一扈伦四部的进程中，于万历二十九年（1601），首先灭掉了哈达部；努尔哈赤在并吞哈达部后，把矛头指向长期依附于叶赫部的辉发部，并于万历三十五年（1607）吞并了辉发部；又于万历四十一年（1613）灭掉乌拉部。叶赫部势力从此日益萎缩。

在努尔哈赤起兵日益强大的过程中，明廷同叶赫部的关系发生了变化。当南关哈达部被建州女真兼并后，明廷为了维持辽东相互牵制的局面开始大力支持叶赫部，欲使叶赫部成为真正的"北关"，配合北面的乌拉部、东面的朝鲜、南面的明军，形成一个对努尔哈赤的建州女真部的包围形势。明廷对叶赫部的政策由过去的打击、抑制转变为保护、扶持，把叶赫当作藩篱，靠着它为屏蔽，保卫开原至辽东一带，依靠叶赫

---

① 《清太祖皇帝实录》第2卷，第20页。

部的势力来隔绝努尔哈赤与西部蒙古的袭扰。明廷明确表示：叶赫部金台石、布扬古等若能擒斩努尔哈赤，便赐给建州部原来所领的全部敕书（明朝政府发给女真各部首领朝贡贸易的文凭），并晋升为龙虎将军。[1]叶赫部也有自己的打算，企望依靠明朝，保住江山，统治扈伦其他三部，继而与努尔哈赤抗衡，以待形势变化。

明万历三十一年（1603），皇太极的母亲叶赫纳兰氏（孟古格格）病重，她希望能见上母亲一面。努尔哈赤便通知叶赫的首领那林布禄，即皇太极的母亲叶赫纳兰氏（孟古格格）的哥哥，希望能满足这一要求，让他的岳母前来见见自己的女儿叶赫纳兰氏（孟古格格）。不幸的是，那林布禄断然拒绝了这一正当要求，不准母亲前去看望女儿。那林布禄之所以拒绝妹妹的要求，是针对努尔哈赤，一是因为他的哥哥布寨在古勒山之战中战死，二是对努尔哈赤的势力迅速强大不服气，三是对可能吞并叶赫部的努尔哈赤保持戒心。叶赫纳兰氏（孟古格格）带着遗憾死去了，努尔哈赤恼怒叶赫极端无礼，感到那林布禄的拒绝是对自己的奇耻大辱，下决心要报复叶赫。这一事件，导致了两家关系的破裂，从此两家成为"敌国"。[2]万历四十一年（1613）以后，叶赫部与明军联合，欲抑制建州女真的发展壮大，两家的关系进一步恶化。

努尔哈赤为兼并叶赫部，曾经先后五次出兵征讨叶赫部。首次为万历三十二年（1604），努尔哈赤于正月初八日率兵掠叶赫部璋城、阿奇兰城及七寨"人、畜二千"[3]。第二次是万历三十七年（1609）五月，努尔哈赤率七千骑，从靖安堡出发，攻打叶赫部。[4]但这一次努尔哈赤损失惨重，遭到了叶赫部骑兵的英勇抗击。叶赫部虽然步兵稍弱，骑兵却优于建州部。他们在金台石、布扬古两贝勒的率领下，奋勇抵抗，建州兵抵挡不住，向后撤退。叶赫部骑兵跟踪追击，建州兵士"居半败死，甲胄等物，几尽弃失"，连副统帅舒尔哈齐也中箭负伤。努尔哈赤大败

---

[1]《明神宗实录》第578卷。

[2]张明林：《开国英主——清太宗皇太极》，西苑出版社2011年版，第25页。

[3]《清实录·太祖朝》第2卷。

[4]《东夷考略·建州》，载《长白丛书（二集）》，李澍田主编《海西女真史料》，吉林文史出版社1986版，第137页。

而归，决意报复，但不敢再轻视叶赫部骑兵的防御能力。万历四十一年（1613），乌拉部被建州大军消灭，布占泰逃亡到了叶赫部，努尔哈赤三次遣使叶赫部，要叶赫部交出布占泰，但叶赫部没有依从。第三次于万历四十一年（1613）九月，努尔哈赤统兵四万人讨伐叶赫，九月初十日努尔哈赤兵围璋、吉当阿二城，攻取焚毁叶赫部十九个城寨，焚庐舍，纳降了兀苏城的守将山谈、扈什木等人，携降民兀苏城三百户回师。①建州女真退兵的主要原因，一是发现叶赫兵有备，二是努尔哈赤认为自己"素无积储，虽得人畜，何以为生"，三是开原的明兵派出游击马时楠、周大歧率兵千人，并携带火器来援。第四次是后金天命四年（1619）正月初二日，努尔哈赤亲率大军攻打叶赫。努尔哈赤的兵一路上一边劫夺一边焚烧村寨房屋，大军进至叶赫部东城十里，烧毁周边二十余城，俘获大量人口、畜产、粮食与财物。叶赫贝勒向明军告急求援，开原总兵官马林率合城兵前往救援，与叶赫兵会合。双方对峙数日，最后努尔哈赤率建州兵退回。第五次是后金天命四年（1619）八月的灭亡叶赫之战。

　　万历四十六年（1618）羽翼丰满的努尔哈赤以"七大恨"文书告天，开始对明朝宣战。其中有四条涉及叶赫。②明万历四十七年，即后金天命四年（1619）三月，努尔哈赤同明王朝爆发了著名的"萨尔浒之战"。叶赫部的迟疑观望，使努尔哈赤的后顾之忧减轻，得以全力对付明军。努尔哈赤在萨尔浒集中优势兵力击败了明军对后金的围剿，歼灭明军六万人，史称"萨尔浒大捷"。北路军的开原明总兵马林丧师于尚间崖，仅以数骑免，降职使守开原。叶赫部也派三千精兵增援明军，共同对付努尔哈赤。当叶赫部援军至铁岭三岔儿堡的时候听说明军失败，不得不匆忙返回叶赫部。"萨尔浒之战"获得大捷后，努尔哈赤在赫图阿拉衙门前搭起八座帐篷，举行庆功大宴。努尔哈赤命休整士卒、牧放马匹、缮治器械，待机而动。"萨尔浒之战"努尔哈赤以少胜多，以后金军的全胜结束，努尔哈赤从此由对明的战略防御转入战略进攻。

---

① 《李朝实录·光海（鼎）》第20卷，第198、202页。
② 《满文老档·太祖朝》第3卷，辽宁省档案局馆藏。

　　叶赫部在开原、铁岭以北，有驻扎在那里的明王朝重兵的支持，要扑灭叶赫部，必须首先占据开原、铁岭，使叶赫部孤立无援。叶赫部贝勒金台石和布扬古侦知努尔哈赤将要夺取开原，派人"先期密报，（明）推官郑之范不惟不信，且鞭笞之"①。由于明廷在萨尔浒战后没有做出有力的决策和反应，万历四十七年（1619）六月十六日，努尔哈赤亲率四万大军攻打开原城，"军行三日，天雨河涨""侦卒回报开原路无雨不泞，遂进军"，经靖安堡直逼开原城下。由于努尔哈赤以小分队奔袭沈阳为疑兵，加上驻守开原总兵官马林依恃与蒙古斋赛等有盟约，没有防范。后金军的八旗兵突至，负责守城的郑之范和总兵官马林毫无战守准备，马林、郑之范等慌忙登城守御，四门增兵。八旗军在西、南、北三门对抗明军攻击，布战车与竖云梯登城，沿城冲杀，重兵进攻东门。由于得谍工开城门内应，八旗兵夺门进城后，马林、于化龙等官兵全遭屠杀，八旗上下掠获大量人畜财物，毁城焚屋而回。②史料记载："（马）林列众兵城外，分少兵登陴守城。金军先败其东门外兵，溃兵争入城，（后金军）乘势夺门，抢杀间，攻城兵云梯未竖已逾城入，城上四面兵皆溃。城外三面兵见城破，大惊冲突走，被金兵尽截杀于壕内。（马）林以下将官及兵卒多殁于阵。"③马林被杀，郑之范乘隙逃跑。"开原城大而民众，物力丰饶，金兵入城清理人畜财物，用牛马车辆运金钱财货三日未尽。将士论功行赏毕，毁开原城墙，焚公廨并民间房屋，遂回兵。开原一带原有士民男妇十万余口，生逃者约千余人。明辽东巡抚驰书杨镐，欲将牛车数十辆载死尸，于（开原）城外分别男女埋之，无敢往者。"④铁岭与开原，唇亡而齿寒，开原陷落铁岭亦危。铁岭城周附郭十余里，分内外城。城中皆官弁宅第，复以卫城狭窄，居民多分处城外。铁岭系李成梁宗族坟墓所在，家资富赡，势力雄厚。宅第之盛，器用之奢，无与匹敌。城东门外建有别墅，称万花楼，台榭之盛，甲于一时。⑤当时，

---

　　①（明）王在晋：《三朝辽事实录·总略》。
　　②姜相顺：《大清太祖努尔哈赤》，沈阳出版社2004年版，第43—44页。
　　③《明史》第211卷，《马林传》。
　　④（明）王在晋《三朝辽事实录》第1卷。
　　⑤（清）王一元：《辽左见闻录》（抄本），转引自《明清战争史略》，第88页。

明将李如桢屯驻沈阳，仅以参将丁碧领少数兵力防守铁岭。七月二十五日，努尔哈赤率贝勒大臣统兵从三岔堡（今铁岭县横道子三岔子村）攻入铁岭。城外各堡明兵俱退入城，不得入者皆溃散。金兵攻城北隅，守将游击喻成名、吴贡卿、史凤鸣等"督兵拒守，枪炮矢石交下"，以火炮、矢石回击后金军。努尔哈赤命竖云梯登城，"金兵竞登云梯，摧锋突入，城上（明）兵惊溃，余众尽歼灭"①。得到被重金收买的参将丁碧开门内应，后金军八旗兵攻陷铁岭。总兵李如桢守沈阳，"拥兵不救，（铁岭）城遂下"②。叶赫部金台石、布扬古联络蒙古喀尔喀部宰赛等军来铁岭参战，也被努尔哈赤率军击败。是夜，蒙古喀尔喀洪吉喇特部长宰赛领扎鲁特部巴克与巴雅尔图岱青、色本、科尔沁部长明安之子桑噶尔寨等约20人共领兵万余星夜至铁岭城外，伏于禾地内。及天明，（后金军）有出城牧马者约十人，宰赛兵发矢追杀。金兵出城追至辽河，杀死溺死者甚众。生擒宰赛并二子色特希尔、克石克图及巴克、色本、桑噶尔寨等酋长十余人，兵百余人。③金兵杀掳铁岭及各屯逃难人口二万余，焚卫所廨舍、军资仓库，掳车马骡畜数万计。④开原、铁岭等地失守后，导致叶赫部处于孤立无援之处境。

　　当努尔哈赤连取开原、铁岭，十分得意之时，熊廷弼奉命经略辽东，他亲自巡查，严肃军纪，处死临阵脱逃的军官，筹集粮饷，招收流亡，修理战具，缮筑城池，重用辽官，联络朝鲜、蒙古，按方略分兵固守，稳定了军心民心，打乱了努尔哈赤进攻明王朝的计划。努尔哈赤临变不乱，重新部署，决定北取叶赫、西抚蒙古。初，努尔哈赤集众议此番攻取何先，或曰当先辽阳，倾其根本；或曰当先沈阳，溃其藩篱；或曰熊经略已到彼处，必有备，当先北关，去其内患。降将李永芳请汗定夺，努尔哈赤曰："我意当先取北关，免我内顾，将来得用全力

---

　　①　戴逸、李文海：《清通鉴明·万历十一年起—太宗天聪四年止》前编卷八，山西人民出版社，第167—168页。

　　②　《明史》第238卷，《李如桢传》。

　　③　《满文老档·太祖》第1卷。

　　④　《山中闻见录》第2卷。

去攻辽沈。"①

明万历四十七年，即后金天命四年（1619）八月十九日，努尔哈赤亲率四大贝勒八大臣，倾全国之兵进攻叶赫。②并发誓说："此举若不克乎叶赫，吾必不反（返）国也！"③一开始叶赫金台石、布扬古领兵出城激战，失利后退入固守。八月二十一日夜，后金军按计划包围叶赫的东、西两城。"叶赫城防守严密：其外大城用石砌筑，石城外竖木栅，内又为木城，城内外大壕凡三道，其中坚则一山突起，凿山岩使峻绝，而垒石城其上。城内又建木城，中间矗立八角明楼。……时叶赫贝勒锦台什（即金台石）居东城，布扬古居西城，互为犄角。城池之险固十倍于开原、铁岭。"④

八月二十二日早晨，后金军对叶赫的东、西两城分头发起进攻。后金军"兵丁盔甲明如冰雪，旌旗剑戟如林。大兵压境漫山遍野，前后不绝如洪流，威势可畏。叶赫军民遥望，无不惶然"⑤。尽管叶赫部兵英勇抵抗，但终没能抵挡住努尔哈赤兵卒的进攻。代善等四大贝勒督军围布扬古所住西城，努尔哈赤率额亦都等督军围金台石所住东城。叶赫东城是一座地势险峻的山城，城中有名叫"高台"的八角明楼，是金台石平日居住和储藏珍贵财物之所。⑥努尔哈赤率军毁东城的栅城、外城，后金军"兵丁分队破其外城。汗令锦台什降。锦台什不从，且高声言：'吾非汉人，乃巍然男子，吾亦有手，岂肯降汝？惟有死战而已！'"⑦，说罢，命令城上叶赫兵士将滚木、礌石、火药罐一齐向下猛抛。面对金台石坚守内城，努尔哈赤"遂令兵强攻，两军矢发如雨。金兵推战车拥至，城上放巨石药罐滚木。金兵不退，张牛皮蔽矢石，拆其城，前者死伤，

---

① 《万历武功录》，载《清入关前史料选辑》1辑。

② 《满文老档》第十二册，"天命四年八月"，辽宁省档案馆藏。

③ （明）王在晋：《三朝辽事实录·总略》。

④ 戴逸、李文海：《清通鉴·明万历十一年起—太宗天聪四年止》前编卷八，山西人民出版社，第170页。

⑤ 戴逸、李文海：《清通鉴·明万历十一年起—太宗天聪四年止》前编卷八，山西人民出版社，第171页。

⑥ （明）瞿九思：《万历武功录》第11卷。

⑦ 《满文老档》第十二册，"天命四年八月"，辽宁省档案馆藏。

后者继之"。努尔哈赤又命令兵士避开矢石，在城墙下挖掘洞穴，然后装置火药将其炸塌，从城墙塌陷缺口处攻进石城之内，大将费英东奋勇先登勇猛冲杀，和叶赫兵展开激战。金台石见内城陷，"携妻登所居高台，屡劝不降"。金台石想以见亲外甥皇太极为借口拖延时间，等待明廷援军干预，大声对努尔哈赤喊话说："汝皇子四贝勒，吾妹所生也。得相见，闻其盟言，吾乃下。"[①] 努尔哈赤派人把正在指挥金军攻打西城的四贝勒皇太极找来，对他说："尔舅有言，待汝至乃下。汝往彼，下则已；不下，以兵毁其台。"[②] 皇太极奉命来到高台之下，金台石要保证不杀他，被拒绝。金台石又派近臣阿尔塔石往见努尔哈赤试探，没有得到保证，继续顽抗。皇太极让金台石子德尔格勒劝降，德尔格勒对金台石说："吾等战既不胜，城又破，今据此台欲何为？盍下台，生死惟命。"[③] 劝谏再四，金台石还是不肯听从。皇太极要杀德尔格勒，努尔哈赤阻止说："子招父降而不从，是父的罪过，当诛杀其父，不能杀儿子，要给儿子好食好衣。"金台石"其妻见状，携稚子急趋而下。锦台什执弓，与侍从重整盔甲相持。金兵挥斧毁其台。锦台什纵火自焚，房舍尽燃。攻台兵方撤，锦台什身被火炙，由上滚落"，被努尔哈赤的兵用绳索缢死。[④]

　　叶赫东城被攻破，西城的贝勒布扬古以及弟布尔杭古（亦称卜儿罕骨）丧失了斗志，只好乞降。据守西城的布扬古和弟弟布尔杭古听说东城失守，派人对围攻西城的后金军统帅大贝勒代善说："今吾等虽战，亦无如之何，愿降。"代善气势逼人地说："初令降而不从，料吾兵既至此，岂肯遗汝等而去乎？汝主，吾妻兄弟也，招抚之意，予不过欲思之使得生也。战则汝等之身不过死于吾小卒之手，降则得生。果纳降，彼弟兄二人或惧而不来，其母乃吾之岳母，可令先来，吾岂有杀妇人之理？"布扬古和布尔杭古还是不放心，害怕投降后反遭杀害，又派人对代善说："吾等降，汝盍留盟言与吾等约：汝归，我仍居此城？"[⑤] 代

---

①《清太祖高皇帝实录》第6卷。
②《清太祖高皇帝实录》第6卷。
③（清）徐乾学：《叶赫那拉氏家乘》。
④《满文老档》第十二册，"天命四年八月"，辽宁省档案馆藏。
⑤《清太祖武皇帝实录》第3卷。

善决意扑灭叶赫部，不容他们有任何据点，但又不愿攻城付出巨大代价，便对来人说："汝勿复为此言也！既破汝东城，岂力不能拔此（指西城），听汝仍居此而去乎？汝速降则已，否则父皇至，必攻克尔城。克城之后，汝等骈首戮矣。"[①] 布扬古和布尔杭古困守孤城，担心后金军攻城难以力敌，把他们的母亲送出西城，要代善立誓不杀才肯出降。其母来到后金军营盘，代善上前和岳母行抱见礼（女真人礼俗：凡至亲久别相逢，幼辈以两手抱长者腰，长者以手抚其背，男女间亦然），让岳母归，劝布扬古和布尔杭古投降。岳母对他说："你不说一句保证不杀的话，我二子不信，害怕投降被杀。"[②] 代善立刻拿出小刀划酒，发誓说："今汝等降，我若杀之，殃及我；汝俾我誓，饮誓酒而仍不降，惟汝等殃。汝等不降，破汝城，必杀无赦。"[③] 说罢，端起酒杯饮了一半，将剩下的半杯送给布扬古和布尔杭古饮干。

布扬古和布尔杭古听了代善的保证誓言，以为可保性命，打开城门出降。但在利害冲突面前，誓言仍然不值分文。次日，努尔哈赤还是以布扬古卜跪不合规矩、赐酒不饮、不拜谢而起为借口，下令把他缢杀。实际上是怕留着布扬古会成为叶赫部众的一面旗帜，使叶赫部众以他为中心，形成威胁后金国统治的一股势力。布扬古的弟弟布尔杭古年幼，且未为贝勒，在叶赫部众中影响不大，缺乏号召力，难以成为一部领袖，才得以苟全性命，由代善"恩养"，实际是对他进行管束，严加控制。[④] 是役，"明朝助叶赫守城将弁，均被戮"。至此，叶赫东城、西城两城被毁，"凡传八代，嗣贝勒十一辈，在叶赫一百九十年"[⑤]。还有史料说，"叶赫自始祖星根达喇汉到灭亡共有国213年"，称雄一时的叶赫部被努尔哈赤兼并。"金国（即建州女真部）之所患者北关，及其破灭，国中人无不喜悦，曰：叶赫、开原、铁岭尽

① 《清太祖高皇帝实录》第6卷。
② 《满文老档·太祖朝》第12卷。
③ 《清太祖高皇帝实录》第6卷。
④ 《满文老档·太祖朝》第12卷。
⑤ 汪龙麟：《20世纪中国文学研究论文选（清代卷）》，社会科学文献出版社2010年版，第101页。

破，辽东更何恃乎？"①

叶赫部灭亡后，叶赫部属被全部并入八旗之中。据《满文老档》卷十二记载，努尔哈赤不计前仇，对"叶赫两城的诸贝勒，不论长幼全部收养了。不论叶赫国中的善人、恶人，都一家不动。父子、兄弟不分，亲戚不离，原封不动地带来了"。据记载，努尔哈赤在叶赫部收编"精卒可万名"②。叶赫部的臣民被迫跟随努尔哈赤的军队迁徙到建州，入籍编旗，成为满族成员中的一个重要组成部分。金台石之子德尔格勒、尼雅哈、沙浑隶满洲正黄旗，布扬古之弟布尔杭古等隶正红旗，其中德尔格勒被授予三等副将世职，③叶赫部人民全部被努尔哈赤所掳，重新编排，并入建州女真的部落之中，从事各种各样不同的活动。杨宾《叶赫行》诗中"太祖恩深分左右，一门子姓皆奔走"，意指努尔哈赤把叶赫部其他诸臣民全部带走的史实。比如常明之父白二白格成为努尔哈赤的养鹰之人，进而成为努尔哈赤部族中的一分子。据有关史料记载，努尔哈赤挑叶赫部属中壮丁九千人编入满洲八旗之中，据《八旗通志》记载，"正红旗满洲第五参领所属第九佐领，系国初以叶赫地方来归人丁编立，以武巴海（布尔杭古第三子）管理；第十二佐领亦国初以叶赫地方人丁编立，以布尔杭武（布尔杭古）长子格巴库管理"。

根据史料记载，叶赫纳兰氏家族女儿嫁给建州女真部、后金国、清王朝皇室的情况是：杨吉努女孟古格格嫁努尔哈赤，生四子皇太极；努尔哈赤次子代善曾称布寨妻为"岳母"、布寨子布扬古为"妻兄"，即曾娶布寨女；努尔哈赤侄济尔哈朗先娶德尔格勒女、苏泰太后的姐姐，后娶苏泰太后；皇太极也娶叶赫纳兰氏为侧妃。叶赫纳兰氏家族五女嫁后金国皇室四人，其中两人为后金国首脑大汗，两人是手握重兵、权势赫赫的贝勒。叶赫纳兰氏家族女儿嫁给后金国皇族而未留下明确记载者，当为数更多。如代善长子岳托、努尔哈赤长子褚英第二子尼堪、济尔哈

<hr/>

① 《乱中杂录》，载《清入关前史料选辑》3辑。
② 《栅中日记》，载辽宁大学历史系：《清初史料丛刊》，辽宁大学出版社1978年版，第18页。
③ 《清史稿》卷二百二十三《杨吉奴传》。

朗长子富尔敦，都娶纳喇氏为福晋。[①] 虽然不能确定这些纳喇氏全籍隶叶赫，但从叶赫纳兰氏和后金国皇室的历史姻亲关系来看，属叶赫纳兰氏家族之女的可能性极大。叶赫纳兰氏家族的苏纳（苏克萨哈父亲）、顾三台等，也娶后金国宗室之女为妻。皇太极即皇帝位后，立即封授大臣和妻室。他的妻子叶赫纳兰氏被封为侧妃；叶赫纳兰氏家族的女婿，大贝勒代善在朝臣中位列第一，被封为和硕礼亲王；叶赫纳兰氏家族的另一女婿，贝勒济尔哈朗位列第二，被封为和硕郑亲王；娶纳喇氏为妻的岳托被封为成亲王，掌管兵部事；尼堪被封为固山贝子（宗室四等爵位）。清朝的军国大权，在很大程度上被叶赫纳兰氏家族的女婿（虽然这些女婿不止一个妻子）、外甥、外孙们所掌握。这种交错繁复的婚姻关系，足以说明叶赫纳兰氏和爱新觉罗氏两个家族关系的密切。至于后来的清朝咸丰皇帝的懿贵妃（即后来的西太后慈禧）、光绪皇帝皇后叶赫纳兰静芬（即隆裕太后），更是人所共知。

在明末清初的历史上，开原北关叶赫部的历史地位是不可忽视的。在明末女真部落中开原北关叶赫部是唯独能与建州女真努尔哈赤相抗衡、争分天下的部落。努尔哈赤在讨明"七大恨"书中，七条中就有四条涉及叶赫部，就说明叶赫部在历史上具有举足轻重的、不可低估的作用。同时，叶赫部在被努尔哈赤征服之后，叶赫部兵民入籍编旗成为满族的重要组成部分，为清军入关统一中国做出突出的贡献。叶赫部兵民成为构成满族的主体之一，正如皇太极所说："我国原有满州（即满洲）、哈达、乌拉、叶赫、辉发等名。"[②] 可见连皇太极都对叶赫部是认同的。清王朝入主中原后，叶赫部的成员也是最先接受汉族先进文化的满族人，出现了许多杰出的人物。叶赫纳兰氏的后裔中人才辈出，政绩显赫者尤数金台石一支，明珠、纳兰性德父子就是其中的代表人物，德尔格勒孙明珠在康熙朝任武英殿大学士加太子太傅，明珠长子纳兰性德为清代著名词人。

其实，叶赫部在与努尔哈赤争夺统一女真诸部的战争中，同样具备

---

① 《八旗通志》初集第239卷。
② 《清太宗实录》（《大清两朝实录》影印本）卷二十五，第29页。

许多取胜的条件，但是因为叶赫部长期为两贝勒共同执政、权力不集中，实力的发展壮大受到制约；而且叶赫部历任贝勒在政治上缺乏远见、形势上判断错误、战略上多次失策、军事指挥上缺少谋略、战术上出现失误，没有把握好机遇；加之明王朝对叶赫部的政策前后矛盾、努尔哈赤的强势崛起、海西女真扈伦四部内部的钩心斗角，造成叶赫部难以领导本来就很松散的海西女真扈伦四部联盟。杨宾在《柳边纪略》一书中记录了叶赫部后人常明对叶赫部历史的沉痛总结："我国因兄弟不睦，各据一城，自相残杀，又政由妇女，遂致灭亡。"叶赫部内部不团结由来已久。清佳努、杨吉努兄弟时，内部矛盾日益激化，叶赫贝勒们"俱贪财货，尚私曲，不尚公直，昆弟中自相争夺杀害，及至于败亡"（瞿九思《万历武功录》）。杨宾在《叶赫行》中详述道："中叶参商兄弟争，操戈没羽伤同室，土地人民自此分，新城更筑南山侧。"由于杨吉努在南山一侧筑起叶赫新城，大大地分化、削弱了叶赫的力量，这也是叶赫分裂的起点。兄弟间的残杀更残酷，叶赫东城贝勒金台石有女过继给哥哥那林布禄，因为女儿的婚姻，金台石竟杀了嫂嫂那林布禄夫人。杨宾《叶赫行》诗中"可怜国事由宫禁"一句则道出了叶赫部后期多由妇人摄政，从而导致内部多纷争的事实。"宫禁"当然是指王者妃嫔们，叶赫自明正德八年（1513）至万历十一年（1583）的70年中，先后有四代酋长被明廷捕杀，这一期间叶赫部后继者多年幼无知，导致了妇人掌政、内部纷争的局面，极大地内耗了叶赫的实力，使之走向衰亡。

叶赫部妇人干政，内部纷争不断，导致整体实力减弱。其客观原因一是明王朝辽东总兵李成梁决策的失误，认为叶赫部是明王朝在辽东的主要威胁，两次对叶赫部进行毁灭性打击；二是海西女真的扈伦四部内部四分五裂，不团结；三是叶赫部本身各方面都无法与雄才大略的努尔哈赤建州女真部抗衡。诸多主观客观因素的影响，使叶赫部无法去打赢与努尔哈赤角逐天下的战争，结果导致了叶赫部最终的失败、灭亡。

海西女真叶赫部的人丁发展成为铁岭地区满族的重要组成部分之一。从历史上看，铁岭满族的来源包括：一是早期归顺努尔哈赤的海西女真哈达部、叶赫部及汉人，编入满洲八旗或者汉军八旗的八旗兵；二是清军入关后留下驻防的八旗兵；三是属于铁岭境内八旗王庄的奴仆、农奴；四是从山海关内及外地派遣回来的八旗兵；五是从外地返回原籍的旗人；六是关里闯关东后通过租种八旗王庄土地或者开垦蒙古王爷土地加入旗籍的贫苦农民。

海西女真叶赫部东城贝勒金台石的后人纳兰性德在词作中，留下了怀念先人的感叹。康熙二十一年（1682）春，康熙帝东巡，三月二十五日到吉林，在游猎松花江之后，因遭暴风雪阻止而返，四月十三日回到叶赫西，四月十六日返回盛京，五月初回到北京入皇宫。扈从康熙二次东巡的纳兰性德，写下了纪念故乡叶赫的词《满庭芳·叶赫城》：

堠雪翻鸦，河冰跃马，惊风吹度龙堆。阴燐夜泣，此景总堪悲。待向中宵起舞，无人处、那有村鸡。只应是，金笳暗拍，一样泪沾衣。

须知今古事，棋枰胜负，翻覆如斯。叹纷纷蛮触，回首成非。剩得几行青史，斜阳下、断碣残碑。年华共，混同江水，流去几时回。

海西女真叶赫部虽然在历史上消失了，但叶赫纳兰氏家族并没有绝灭，叶赫部众更是枝繁叶茂，瓜瓞绵绵。他们不仅与后金国及后来的清朝皇室保持着密切的姻戚关系，而且仍然有相当的军事实力，掌管着众多的佐领军兵。叶赫部降金的人丁成为后金国及清朝满洲八旗军兵的重要组成部分，为清王朝的建立和巩固立下了战功。其家族德尔格勒子南褚嗣为梅勒章京后，又改官护军统领，在皇太极征服蒙古察哈尔部林丹汗的过程中，立下了汗马功劳；还出现了最早归顺努尔哈赤的苏纳（？—1648）及其儿子、康熙初年四大辅政大臣之一的苏克萨哈（？—1667）；在清代康熙朝因大学士明珠和其长子纳兰性德而显赫一时、闻名遐迩；在晚清，又因慈禧太后、隆裕太后、军机大臣那桐而在清王朝结束的尾声留下了最后的历史一页。

八、纳兰性德先世世系表

纳兰性德先世世系表

始　祖	星根达尔汉	明代永乐年间，自蒙古土默特部北徙松花江流域，为女真扈伦部赘婿，遂有其地，改姓氏为纳兰氏。
二世祖	席尔克明噶图	"明噶图"意为"千总"。曾任明初塔鲁木卫千户。
三世祖	齐尔噶尼	明代成化年间，始任塔鲁木卫指挥；把都城从璋城（今吉林省伊通满族自治县河源镇板石村大茧场屯）迁到乌苏城（今伊通县县城）；正德初年，因不服从明朝约束，率部南移，屡次"犯边入寇"深入汉人居住区掳掠，被明廷捕获"枭首开原"。
四世祖	祝孔格	明代正德八年（1513），任塔鲁木卫都督佥事。率部南迁至叶赫河畔。嘉靖三十年（1551），因"犯边"被开原东的哈达部王忠捕杀。
五世祖	太杵	继任叶赫部酋长，仍受制于哈达部。嘉靖三十七年（1558）五月，太杵在柴河堡"犯边掠寨"时被哈达部王台伏兵杀害，"献首开原"。
高祖（六世祖）高伯祖（六世祖）	杨吉努　清佳努	太杵弟台坦柱的次子清佳努、三子杨吉努"皆称贝勒"，并修筑叶赫新城（即东城）。叶赫部势力渐大。万历十一年起，叶赫不断攻打哈达部；万历十三年（1585），明辽东总兵李成梁在开原关帝庙设伏诛杀清佳努、杨吉努兄弟。
曾从伯祖（七世祖）曾祖（七世祖）曾姑祖	布寨　那林布禄　金台石　孟古姐姐	清佳努子，继任叶赫贝勒。万历二十一年在古勒山之役战死，叶赫部与努尔哈赤建州部结仇。万历二十九年（1601），努尔哈赤灭掉哈达部，叶赫部势孤；万历三十六年（1608），杨吉努子金台石继任叶赫东城贝勒。万历四十七年（1619），后金军消灭叶赫部，金台石被俘后缢杀。叶赫部灭亡。
祖父（八世祖）祖母	尼雅哈　墨尔齐氏	叶赫城破时，不足十五岁。随其兄德尔格勒投降金国，隶满洲正黄旗，授佐领。从龙入关，以功授云骑都尉，任郎中。顺治三年（1646）卒。先尼雅哈六年（约1640）卒。

续表

父 亲 （九世祖）	明 珠	后金天聪九年（1635）生，初任侍卫，渐擢大臣；康熙十六年（1677），任武英殿大学士，康熙二十七年（1708）罢。康熙四十七年，以内大臣终。
母 亲	爱新觉罗氏	英亲王阿济格第五女，努尔哈赤孙女。生于崇德二年（1637），十五岁时与明珠成婚。卒于康熙三十三年（1694），年五十八岁。

第三章
纳兰性德
之父明珠

　　清代康熙朝大学士明珠是纳兰性德的父亲，是叶赫纳兰家族的杰出历史人物，是原海西女真叶赫部贝勒金台石的孙子，纳兰性德是原海西女真叶赫部贝勒金台石的曾孙。

　　在努尔哈赤率后金军八旗兵攻灭叶赫部、海西女真叶赫部贝勒金台石因拒绝投降遭到绞杀后，纳兰性德的祖父尼雅哈（又译作尼雅汉、倪迓韩）随其兄德尔格勒投降金国，被迁往建州（今辽宁省新宾满族自治县），编入八旗，隶满洲正黄旗，后被封为备御。从此，叶赫纳兰氏的子孙们跟随后金军东讨西杀，为统一中国立下赫赫战功。

　　在努尔哈赤率后金军攻灭叶赫部的时候，在纳兰性德曾祖父金台石被绞杀前，金台石子德尔格勒劝谏无效。皇太极做出要把德尔格勒缚住杀死、以绝后患的姿态，以表明自己已经和舅父金台石一家一刀两断、划清了界线。努尔哈赤想到叶赫纳兰氏不仅八代为叶赫部首领，而且曾经是海西哈达、乌拉、辉发等部的盟主，和女真各部以至蒙古都有姻戚关系，有着广泛的社会联系和影响，出于巩固和进一步扩展金国领地的需要，必须收买叶赫部众人心，以便稳定被后金国并吞的海西叶赫、哈达、乌拉、辉发等地的局势。为此，努尔哈赤不同意杀死德尔格勒，对皇太极说："子招父降而不从，是父之罪也。其父当死，其子勿杀。"①在努尔哈赤的安慰、收买下，德尔格勒诚心投降后金国。

　　后金国扑灭叶赫部后，德尔格勒、尼雅哈、沙浑母子、布尔杭古等叶赫部贵族和叶赫部其他降众，都被迁徙到建州（今辽宁省新宾满族自治县）。

　　金台石子德尔格勒死后，由德尔格勒子南褚承袭爵位，嗣为梅勒章

_____

　　①《清太祖武皇帝实录》第3卷。

京后，后又改官护军统领，并为后金国收复蒙古察哈尔部立了大功，招抚了林丹汗的妻子苏泰太后（金台石的孙女、德尔格勒的女儿、南褚的姐姐）。

一、明珠之父尼雅哈

尼雅哈（？—1646），海西女真叶赫纳兰氏，是叶赫部贝勒金台石之子，德尔格勒的弟弟、明珠的父亲、纳兰性德的祖父。

叶赫部被后金国消灭后，努尔哈赤为笼络叶赫纳兰氏家族，还封授德尔格勒和布尔杭古为三等副将。[①] 当时，纳兰性德祖父尼雅哈随其兄德尔格勒投降金国，也被迁往建州。据史料记载："（金台石）子尼迓韩（尼雅哈）由佐领，定鼎燕京时，著有劳绩，授云骑都尉，任郎中。卒，其子郑库袭职，加至二等轻车都尉。"[②]

努尔哈赤及其继承人皇太极、摄政王多尔衮，始终对尼雅哈所隶属的原叶赫部部众存有戒心，害怕叶赫纳兰氏家族东山再起，重温昔日与后金国即清朝相对抗的"叶赫国"的旧梦，于是对其加以控制，不予放手使用。

尼雅哈虽是屡世贵胄，在叶赫部众以至蒙古的一些部落中有一定影响，努尔哈赤也只让尼雅哈当了一个基本的户口和军事单位的头目——牛录额真，平时管理二三百名壮丁及其家庭的户口、田宅、兵籍、诉讼等事，战时则为领兵小官，大约相当于今天军队的营长，后被封为备御，隶满洲正黄旗。皇太极即位后，改备御为牛录章京。尼雅哈没有德尔格勒儿了、孙了那样显贵，但被授为牛录章京后，尼雅哈亦屡次从征立功。在皇太极时，尼雅哈虽忠心耿耿，屡立战功，但未得到任何升迁。到多尔衮摄政时，对叶赫纳兰氏家族的疑忌又增加了新的内容。多尔衮为争夺皇位和朝中大权，始终和皇太极的长子肃亲王豪格对立。因豪格的亲生祖母孝慈高皇后为叶赫纳兰氏，支持豪格为君的郑亲王济尔哈朗也两

---

① 《清史稿》第223卷，《杨吉努传》。

② 汪龙麟：《20世纪中国文学研究论文选·清代卷》，社会科学文献出版社2010年版，第101页。

度娶叶赫纳兰氏为妻，其一即原察哈尔部的苏泰太后。多尔衮由此对叶
赫纳兰氏家族之人，特别是孝慈高皇后和原察哈尔部苏泰太后的近亲多
有疑忌，严加限制，不予重用。只是在顺治元年（1644）"从龙入关"
后，全部八旗官员循例升赏时，才勉强授予尼雅哈骑都尉的四品世职。
顺治三年（1646）尼雅哈病卒，也只让其长子振武（又译作振库、郑库）
按照惯例承袭骑都尉四品世职，而未予任何提拔晋级。

尼雅哈娶墨尔齐氏为妻，生有四子：长子振武、次子贞泰、三子明
珠、四子国立。① 而《清史列传》则说："明珠其（尼雅哈）次子也。"②
在《八旗通志》又载："尼雅汉（尼雅哈）长子明珠。"③ 在史料记载上，
明珠在兄弟之间排列次序的上下不定，即说明其父尼雅哈官小职微，家
业不振，引不起人们的重视，导致记载矛盾。

尼雅哈家族的振兴，是从明珠开始的。

二、明珠的生平简介

纳兰明珠（1635—1708），叶赫纳兰氏，字端范，满洲正黄旗人，
康熙朝权臣，纳兰性德之父。生于后金天聪九年（1635），聪慧过人，
善解人意。明珠虽然出身叶赫部贵胄，但到他出生时，昔日的辉煌不再，
其父尼雅哈官小职微，没有给他带来任何荣耀。

由于历史渊源和叶赫纳兰氏家族与爱新觉罗皇室的姻亲关系，明珠
有机会和条件接触皇室之人，但似乎没有多大获益。顺治八年（1651）
英亲王阿济格连坐多尔衮死后"谋逆罪"被赐死之后，明珠不畏被株连
招祸的危险，与阿济格的女儿爱新觉罗氏结婚。史称"（明珠）夫人觉
罗氏，恩封一品夫人，为太祖高皇帝（努尔哈赤）嫡孙女，英王（阿济格）
正妃第五女"（年羹尧：《揆公墓志铭》）。爱新觉罗氏（后文为"觉
罗氏"）为当时少有的金枝玉叶，在阿济格被革爵赐死的顺治八年（1651）
就与明珠成婚。纳兰性德的母亲爱新觉罗氏，生于崇德二年（1637），

---

① （清）额腾额：《叶赫那兰氏八旗族谱》。
② 《清史列传》第8卷，《明珠》。
③ 《八旗通志》初集，第150卷。

比明珠小两岁,十五岁时与明珠成婚。卒于康熙三十三年(1694),年五十八岁。阿济格共有 11 个儿子,阿济格被囚禁赐自尽时,次子傅勒赫为镇国公,被株连夺爵,削除宗籍。顺治十八年(1661)四月,太皇太后和辅政大臣以傅勒赫(已于顺治十七年即 1660 年死去)本人无罪,纯因父兄之罪株连被黜,予以平反,谕令恢复其宗籍,又于康熙元年(1662)追封镇国公,封其子构擎、绰克都同为辅国公。

明珠是一个受汉文化濡染很深、兼通满汉语言文字而又有远见的满洲贵族;是明朝末年雄踞东北,曾和清朝皇室先世争夺盟主地位的叶赫部贝勒的后裔,明珠的祖姑母是清太祖努尔哈赤的"孝慈高皇后"、清太宗皇太极的生母。明珠的岳父阿济格是努尔哈赤的第十二子,"生而雄勇"[①],为努尔哈赤所钟爱。自幼随父兄多历战阵,屡建功勋,继而多次担任主帅,战功显赫,先后被封为武英郡王(亦称巴图鲁郡王)、英亲王。但他骁勇善战而少政治谋略,且恃功自傲,蛮横暴戾。顺治七年(1650)冬天,随从其弟摄政王多尔衮去边外围猎,多尔衮病死于古北口外喀喇城后,他想继为摄政王,胁迫多尔衮属下之人附己,被人告发为欲"谋乱夺政"。多尔衮枢车还京时顺治帝去迎接,他又身带佩刀,"举动叵测"[②]。议政王大臣会议据此将他幽禁。他仍不服管束,企图挖洞越狱,并声称要烧毁监房。顺治帝为防止发生意外事故,命令阿济格及其获得亲王爵位的第三子劳亲自尽,长子固山贝子(满语,宗室封爵之一,列为第四等)和度早卒,次子镇国公傅勒赫被夺去爵位、削除宗籍,其余八子也均被黜为庶人。所以,阿济格家族不能给明珠任何帮助。

在康熙前期,叶赫纳兰氏与爱新觉罗氏先世的宿怨,早已被时间冲淡,被历史的进化和累世懿亲关系弥合了。由于明珠办事勤慎敏达,且通满汉语文,熟悉典章制度,初入仕途即显露出过人的才华,博得上司的重视并迅速得到提拔,历任侍卫、治仪正、云麾使、内务府郎中、内务府总管、刑部尚书、兵部尚书、都察院左都御史、武英殿大学士、太子太傅等要职,权势、利益完全和清朝皇室结合在了一起,明珠成为

① 《八旗通志》初集,第140卷。
② 《清世祖实录》第52卷。

典型的满洲贵族、清朝统治集团的重要成员。纳兰明珠在康熙议撤三藩、统一台湾以及抗御外敌等重大事件中起到积极作用。康熙二十七年（1688）因朋党之罪被罢黜，后虽官复原职但不再受到重用。据康熙二十三年（1684）九月二十四日立于北京西郊的《明珠及妻觉罗氏诰封碑文》记载，明珠"初任云麾使，二任郎中，三任内务府总管，四任弘文院学士，五任加一级，六任刑部尚书，七任都察院左都御史，八任都察院左都御史、经筵讲官，九任经筵讲官、兵部尚书，十任经筵讲官、兵部尚书、佐领，十一任经筵讲官、吏部尚书、佐领，十二任加一级，十三任武英殿大学士兼礼部尚书、佐领、加一级，十四任今职"。今职即"太子太傅、武英殿大学士兼礼部尚书、佐领、加一级"。康熙帝还说明珠是"凤阁清才，鸾台雅望。典章练达，服勤匪懈于寅恭；器识渊凝，顾问时资于靖献。属在论思之地，参机务之殷繁。每抒钦翼之忱，佐经猷于密勿"[①]。可见明珠升迁之快，为历史上所罕见；仔肩之重，也为当时所少有；康熙帝对他评价之高，更是绝无仅有。但明珠和索额图两集团党争激烈，索额图被解大学士任后明珠集团势力愈加膨胀，甚至有可能危及康熙帝的皇权权威，终被康熙帝暗中授意郭琇弹劾，在康熙二十七年（1688）将明珠罢免。

康熙帝罢黜明珠不久，又任他为内大臣、议政大臣，用以牵制领侍卫内大臣索额图势力的膨胀、防索额图再度乘机专擅。康熙二十九年（1690），康熙帝命明珠和索额图一同参赞征讨厄鲁特蒙古（卫拉特）准噶尔部首领噶尔丹军务；康熙三十五年（1696），又命明珠与于成龙共同督运西路军饷，都说明在康熙帝眼中，明珠并不是如郭琇所说的罪大恶极，而仍是可以倚用之人。此后，明珠还扈从康熙帝往宁夏（今宁夏回族自治区银川市）亲征厄鲁特蒙古（卫拉特）准噶尔部首领噶尔丹，并奉命拨驼运饷，颁赏蒙古鄂尔多斯部随征兵众。回京后，又与佟国维等大臣一同负责赈济山东、河南灾区来京就食饥民。但明珠自被解内阁武英殿大学士任后，再未主持一个部门负专责，明珠在康熙二十七年（1688）以后活动的详情史料记载也过于简略。

---

① 阎崇年：《明珠及妻觉罗氏诰封碑文考述》，载《四平民族研究》1987年第2期。

康熙四十七年（1708）四月十五日，明珠病逝于北京，虚龄七十四岁。康熙帝特遣皇三子胤祉往奠茶酒，赐马四匹，赐祭葬如例，并颁《明珠谕祭碑文》说："皇帝遣礼部郎中兼参领瓦哈礼，谕祭正黄旗议政大臣、内大臣、前太子太傅、武英殿大学士兼礼部尚书、佐领、加三级明珠之灵曰：鞠躬尽瘁，臣子之芳踪；赐恤报勤，国家之盛典。尔明珠性行纯良，擢内大臣敬慎厥职。方翼遐龄，忽焉长逝。朕用悼焉，特颁祭葬，以示悯恻。呜呼！宠锡重垆，庶沐匪功之报；名垂信史，聿昭不朽之荣。尔如有知，尚克歆享。"①这是康熙帝对明珠的最后评价。

三、明珠的政治生涯

（一）初入仕途

1. 重建内务府

明珠初入仕途即博得上司的重视而迅速得到提拔。明珠在顺治年间"自侍卫授銮仪卫治仪正"②，"初任云麾使"③，由于明珠机敏睿智，尤其善于揣摩和迎合上级意图，深得一直做掌卫事内大臣的遏必隆的赏识。

顺治十八年（1661），福临（即顺治帝）病死，其第三子玄烨（即康熙帝）继位，遏必隆为"四辅政大臣"之一后，立即推荐明珠任郎中，重建内务府。

内务府是清代掌管宫廷事务，即皇帝及其家庭事务的特设机构，凡皇家的衣、食、住、行诸事务，都由内务府承办。正黄、镶黄、正白三旗由皇帝亲白统率，称为"上三旗"，镶白、正红、镶红、正蓝、镶蓝五旗分属王公统率，称为"下五旗"。"上三旗"包衣的主人便是皇帝。有关"上三旗"包衣组织的全部军、政事务及宫廷内部的人事任免、财政收支、各种典礼、工程制造、稽查保卫、刑罚训导诸事务和太监、宫女的管理等事，都由内务府负责。清朝入关定都北京后，即于顺治初年

---

① 阎崇年：《明珠及妻觉罗氏诰封碑文考述》，载《四平民族研究》1987年第2期。

② 《清史稿》及《清史列传》，《明珠传》。

③ 《明珠及妻觉罗氏诰封碑文》。

设立了内务府。但到顺治十年（1653）依仿明宫旧制，设立十三衙门代替了内务府的职能，重新任用宦官，并于次年将内务府裁撤。顺治十八年（1661）顺治帝死后，为防止宦官专权，又撤销十三衙门，重新设立内务府。明珠就是受命以郎中身份重建内务府的。

　　明珠重新筹建内务府时，重点在于遵从太皇太后①的旨意，为防止再蹈宦官专权的覆辙，明珠制定了宦官品秩，其级别不得超过四品；只管宫内事务，不许干预军国政事等制度，并为以后在内务府下特设"敬事房"管理太监打下了基础。当时明珠既要对内务府自身的机构进行重建改造，对制度进行改革，又要承办宫廷的一切事务，十分繁忙。但他做得井井有条，卓有成效，显露出过人的才干。

　　康熙三年（1664）三月，明珠被提拔为内务府的最高长官总管内务府大臣，亦称内务府总管。内务府总管为三品官（后改为正二品），其主要职责除掌管包衣政令，督促所属机构办理宫内祭祀、朝贺礼仪、筵宴设席外，还有扈从后妃出入、办理皇帝大婚和总理皇子、公主家务等事。明珠担任这一职务，使他有机会接近包括皇帝在内的皇室要人与朝中辅政大臣，他又机敏过人，善于体察和迎合这些人的意图，处处得到赏识。特别是办理皇帝大婚和扈从后妃出入，包括扈从当时掌握宫廷大权的太皇太后的出入，使他能够接近这个清朝统治集团中一言九鼎的人物，获得赞赏称许，对他此后的升擢荣显产生了极大的影响。而对当时发生的鳌、苏之争，他则表现超脱，不陷入任何一方的羁绊。

2. 左右逢源

　　顺治十八年（1661）顺治帝福临染上了当时认为十分可怕的出痘之症（天花），与明珠同为叶赫纳兰氏的苏克萨哈等亲近重臣，朝夕在皇宫养心殿御榻旁省侍。正月初七日夜间，顺治帝病死，初九日玄烨即帝位，是为康熙帝。康熙帝当时年仅八岁，尊祖母孝庄皇太后为太皇太后，由议政大臣索尼、苏克萨哈、遏必隆和鳌拜四大臣辅政。

　　在辅政四大臣中，索尼积极支持鳌拜排斥、打击苏克萨哈的活动。

————————

　　① 即博尔济吉特氏布木布泰，皇太极时封为永福宫庄妃；其子顺治帝即位，被尊为皇太后，其孙康熙帝登基，尊称为太皇太后。死后谥号孝庄，史称孝庄文皇后。

鳌拜在索尼、遏必隆的支持下，展开了对以苏克萨哈为首的两白旗异己势力的疯狂打击。

明珠虽与苏克萨哈同系叶赫纳兰氏，是一个祖先的后裔，但明珠籍隶满洲正黄旗，既在鳌拜控制的范围之内，又是鳌拜的追随者遏必隆任銮仪卫掌卫事内大臣时的老部下，并且深得遏必隆的赏识，鳌拜没有把他作为打击的对象。索尼的孙女和康熙帝结婚，是由明珠为首的内务府为主具体操办的，索尼也因此对他怀有好感。苏克萨哈则以明珠为同一血胤之人，明珠不反对他，他自然不会把打击的矛头指向明珠，因而四位辅政大臣都想利用他能接近太皇太后的条件寻求内廷支持，对他加以提拔任用。机敏的明珠在鳌、苏之争中左右逢源，既不得罪任何一方，也不投靠任何一方结为党羽。但这场斗争对叶赫纳兰氏家族影响极大，也是纳兰性德后来步入官场而心情郁闷的深层次原因之一。

鳌拜骄横专权，与苏克萨哈在朝廷上素来政见不和。四辅政大臣中名列第一的索尼病重，无法再过问朝政，鳌拜更害怕名列第二的苏克萨哈直接向康熙帝进言，对自己不利，又对苏克萨哈说："若有奏事，三人同进。"[1] 苏克萨哈知道鳌拜的用心所在，不受他的钳制，屡次"自行启奏"，请求康熙帝亲政。[2] 鳌拜及其党羽大学士班布尔善等诬陷苏克萨哈"不愿归政"，将他的兄弟子侄及家人全部逮捕入狱，然后捕风捉影地罗织了二十四条"罪状"，以"大逆"论处，请康熙帝批准将苏克萨哈及其长子内大臣查克旦凌迟处死。康熙帝知道是鳌拜报复私怨，"坚执不允所请"[3]，鳌拜竟然气势汹汹地在康熙帝面前攘臂咆啸，强争累日，迫使康熙帝批准。康熙帝无奈，将苏克萨哈改为绞刑，其余全按鳌拜意见处置。

苏克萨哈被处绞刑，子侄及一些族人被斩杀，给叶赫纳兰氏家族以沉重打击。但也由此彻底暴露了鳌拜根本不把已经亲政的康熙皇帝放在眼里，使康熙帝难以实际亲政，构成对爱新觉罗氏皇族的威胁。年轻有

---

① 《明清史料》丁编第8本，第713页。
② 《清圣祖实录》第23卷。
③ 《清圣祖实录》第23卷。

为的康熙帝对鳌拜继续专权极其不满，决意予以清除。太皇太后也积极支持康熙帝从鳌拜手中夺回权力。皇后赫舍里氏的叔父索额图协助康熙帝一举清除了鳌拜集团。康熙帝念在鳌拜以前战功颇著，命将他免死，革职拘禁（后死于禁所）；班布尔善等鳌拜党羽多人被处死。

鳌拜和苏克萨哈之争，以两败俱伤结束。明珠因超脱于两集团之外，得以由皇室大管家的内务府总管转向朝政中枢机构内弘文院任职。

（二）审时度势

在"四辅政大臣"之二鳌拜和苏克萨哈争权夺势地激烈斗争之时，明珠于康熙五年（1666）四月，由内务府总管调任内弘文院学士，进入朝政中枢机构，做大学士的助手，不久被提拔为刑部尚书。此间，明珠曾外出会勘河务，并参与了不属于刑部事务的测验历法等活动，和鳌拜集团进行了间接斗争；又在康熙帝刚刚逮捕鳌拜后，即前往福建主持与台湾郑经的议和活动，为以后台湾郑氏集团的降附打下了基础。

1. 内弘文院学士

内弘文院源于清朝入关前设立的文馆。文馆的职掌是翻译汉文史籍，"以历代帝王得失为鉴，并记国家政事，以昭信史"[①]。后金天聪十年（1636），改文馆为内三院：内国史院、内秘书院、内弘文院，兼有后来内阁和翰林院的职任。设大学士一人为最高长官，学士二人协助。康熙帝嗣位后，恢复旧制，设内国史院、内秘书院、内弘文院。"其内阁、翰林院名色，俱停罢。"[②]直到康熙九年（1670），才又将内三院分为内阁和翰林院两个机构。

明珠于康熙五年（1666）做内弘文院学士时，内弘文院满大学士是觉罗伊图，汉大学士是李霨。此间，对明珠影响最大的是汉人大学士李霨。李霨是直隶高阳（今河北省高阳县）人，出身名宦世家，熟稔掌故，博闻强识，勤劳职守，据说遇事需要查核案牍时，召吏员取某年某月某牍来，检之即得。明珠后来"典章练达，服勤匪懈"（《明珠及妻觉罗氏诰封碑文》），在很大程度上是从李霨那里学来的。其时鳌拜和

---

① （清）王先谦：《东华录》"天聪四"。
② （清）王先谦：《东华录》"康熙一"。

苏克萨哈议事多龃龉辩论，李霨常常在其间调和折中。明珠当时作为李霨的下属和助手，李霨在政治上成熟的言传身教，无疑对他产生巨大影响。当时鳌拜结党擅权，"凡事在家定议，然后施行"①，内三院不会有太大的作为，在鳌拜集团之外周旋的明珠，也不可能有大的政绩。

康熙六年（1667）九月，李霨等受命为纂修《世祖章皇帝实录》的总裁官时，由明珠兼任副总裁官（《清圣祖实录》第24卷），仍是李霨的助手。此职，可能是由于明珠在内弘文院学士任内表现出才干，得到李霨或另一内弘文院大学士图海的赏识，由他们的推荐而被任命的。康熙七年（1668）秋天，明珠又奉命以内弘文院学士的身份与工部尚书玛尔赛会勘淮扬河务，开始了由与鳌拜集团党羽妥协到间接地进行斗争的抵制活动。

2.会勘河务

黄河自古以来以频繁泛滥著称于世。治理黄河，成为历朝历代政府的重要工程。康熙六年（1667）七月，康熙帝刚刚亲政，即遇各处多雨，黄、淮并涨。黄河沿线堤坝决口，河水从决口处漫溢，使宿迁以东"民田皆成巨浸"（张霭生《河防述言·杂志》）。而淮河之水冲进运河，清水潭堤坝溃决，不仅使高邮、江都、兴化等七州县田地一片汪洋，而且运道遭到严重破坏，使每年通过运河往运北京供应官兵俸饷的漕粮受阻。

康熙七年（1668）秋，工科给事中李宗孔上疏说，高邮等处被淹没的原因，是盱眙县的古沟镇至夏家桥的翟家坝等处决口，请堵塞这些决口，以防止淮水进·步漫延。河道总督杨茂勋则请于"天妃闸外筑坝逼黄，引淮出口，俾黄、淮相抵以归海"②。康熙帝为了核实情况，决定派明珠去进行实地考察，同时让鳌拜党羽、工部尚书玛尔赛一同前去会勘定议。玛尔赛认为治河"所需钱粮太多，请将黄河北岸挑挖引河，分引黄河之水"③了事。明珠考虑到当时国家财政尚不充裕，一方面拿不

---

① 《清圣祖实录》第29卷。
② 《清史列传》第6卷，《玛尔赛》。
③ 《清圣祖实录》第27卷。

出巨额钱财对黄河进行全面治理，另一方面又畏惧鳌拜权势，只得暂作妥协附和玛尔赛。[1]这些只着眼于维持漕运的小项目，虽然被康熙帝批准，但显然不能解决根本问题。根本问题的解决，在于以后明珠支持勒辅治河。

明珠以会勘河务称旨，附和玛尔赛而未得罪鳌拜，康熙七年（1668）九月被提拔为刑部尚书。在刑部尚书任内除掌刑罚政令等例行之事外，还参加了测验历法，与鳌拜集团支持的党羽杨光先等进行了间接的斗争。

清朝定鼎北京后，采用德国耶稣会传教士汤若望等以西法改订的历法《时宪历》，任命汤若望主持钦天监。康熙初年杨光先在鳌拜等辅政大臣的支持下，控告汤若望等借修历法为名藏身"金门"，窥视朝廷机密，图谋不轨。辅政大臣将汤若望等逮捕下狱，并把追随汤若望的李祖白等五名钦天监官员处死，任命杨光先为钦天监监正，废除《时宪历》，改用明朝旧历法《大统历》。康熙七年（1668）十二月，比利时传教士南怀仁劾奏监副吴明烜所制历书"康熙八年闰十二月，应是康熙九年正月，又有一年两春分、两秋分种种差误"[2]。康熙帝命明珠随同大学士李霨、图海等到观象台去验证。

经过明珠等测验证明"南怀仁所指，逐款皆符；吴明烜所称，逐款不合"。提请将杨光先革职，"应将康熙九年一应历日交与南怀仁推算"[3]。康熙帝采纳了明珠等的建议，将杨光先革职，任命南怀仁为钦天监监副（后提升为监正），复用《时宪历》。明珠等虽然不懂天文历法，但不盲目排斥西洋历算法，以实际测验来辨明是非曲直，并不顾鳌拜等辅政大臣的阻挠，毅然向朝廷建议利用西方传教士的科学技术专长，由南怀仁用科学方法修改日历差错，这在当时是难能可贵的。当时的历法之争还包含着丰富的政治内容，即康熙帝和以鳌拜为首的辅政大臣（当时索尼、苏克萨哈已死）之间的斗争。在这场斗争中，明珠站在康熙帝一边，也是正确的选择，使支持杨光先、吴明烜的鳌拜、遏必隆

---

①《清史列传》第6卷，《玛尔赛》。

②《清圣祖实录》第27卷。

③《清圣祖实录》第28卷。

二辅臣"受到一种极大的挫折，深深感到无颜无趣"①。

3. 与郑经和议

郑成功逝世后，其子郑经在台湾继立，继续和清朝对抗，成为中国统一的一大障碍，给海峡两岸的人民带来诸多不便。康熙帝多次派人招抚，未见成效。同时由于鳌拜擅权，不重视议和，"高严迁界之禁，遂使万姓流离"②，使台湾问题拖延了下来。

康熙八年（1669）六月，刚刚逮治鳌拜，康熙帝即派明珠与兵部侍郎蔡毓荣入闽，接洽和谈之事。明珠同靖南王耿继茂、福建总督祖泽沛等在泉州商议后，主持了与郑经的和议。

明珠首先加兴化知府慕天颜太常寺卿衔，派慕天颜和都督金事季佺赍康熙帝诏书及自己的信件前往台湾，试探郑经的态度。明珠给郑经的信件开头即说："尝闻安民之谓仁，识时之渭智。古来豪杰，知天命之有归，信殊民之无益，决策不疑，委身天阙；庆衍黎庶，泽流子孙。名垂青史，常为美谈。"郑经如果"通时达变"，则可以成为当世之豪杰，比肩前哲，十分容易。但如今"姓名不通于上国，封爵不出于天朝"，浮沉海外，苟且偷生，"不令有识之士为惋惜耶？"然后说，"今幸圣天子一旦恻然，念海滨之民疮痍未复"，其中有背井离乡，流海屿，近者十余年，远者二十余载，骨肉多残，生死茫然者。而都是中国人，人人都有为统一中国做贡献之责，因此自己"税车闽甸"，会同靖南王和总督、巡抚、提督等官员"宣谕宸衷，礼当先之以信"，专门派遣慕天颜和季佺前往台湾送信。最后规劝郑经说："自海外而归中原，不亦千古之大快，而事机不可再得者乎。"③

慕天颜和季佺抵台去见郑经，郑经不肯接康熙帝诏书，唯拆开明珠信件细阅，并给明珠复信说："阁下衔命远来，欲为生灵造福，流亡复止，海宇奠定，为德建善。又所传'免剃发，不登岸'等语，言颇有绪。而台渝未曾详悉，惟谆谆以迎敕为辞。事必前定而后寡悔，言必前定而

---

① [德]魏特：《汤若望传》，知识产权出版社2015年版，第532页。

② 《内阁全宗档案》，《郑经复孔元章书》，中国第一历史档案馆藏。

③ （清）江日升：《台湾外纪》第6卷。

后可以践迹。大丈夫相信以心，披肝见胆，磊磊落落，何必游移其说？"①
派遣督理行营兼管刑官事柯平、监军兵部郎中叶亨等随同慕天颜、季佺
来到泉州，在明珠面前讨价还价。虽然明珠以礼相待，但柯平坚持"执
朝鲜事例，不肯剃发，世守台湾，称臣纳贡而已"等条件，②丝毫不肯
让步，使谈判难以继续。明珠和祖泽沛、耿继茂等商议后，为给郑经留
面子，以便以后谈判，答应以"许其藩封，世守台湾"题请朝廷，并声
明"既受封称臣，岂有异其制，另其服乎"，说"此是彼之使者，未通
融耳"，③让郑经有回旋的余地，并把有关情况奏报康熙帝。

　　康熙帝得知郑经及其使者柯平的态度后，降谕明珠等说，若郑经留
恋台湾，不忍抛弃，亦可任从其便。"至于'比朝鲜，不剃发，愿进贡
投诚'之说，不便允从。朝鲜系从来所有之外国，郑经乃中国之人，若
因居住台湾不行剃发，则归顺悃诚以何为据？"命明珠传谕台湾来使，
再差官同往台湾宣示："果遵制剃发归顺，高爵厚禄朕不惜封赏，即台
湾之地亦从彼意，允其居住。"④明珠遵从康熙帝的意旨，和福建总督
祖泽沛等一起给郑经写信说："阁下为中国之人，不宜引朝鲜之例。"
允郑经居台湾，但是必须"遵制剃发归顺"，并且告诫郑经："不以此
时见机速断，即循国制以副圣心，窃恐坐失机会，时不再来！"⑤

　　明珠再次派遣慕天颜、季佺赍信随同柯平、叶亨渡海往台湾，劝说
郑经遵制剃发，归附清朝。但郑经坚持说："苟能如朝鲜例，则敢从议；
若欲削发，至死不易。"并复明珠信说："衣冠吾所自有，爵禄亦吾所
自有，而'重爵厚禄，永世袭封'之语，其可以动海外孤臣之心哉？"⑥
明珠知郑经依恃大海波涛之险，一时难以招抚，与蔡毓荣一同遵旨回京
复命，但他派人与郑经接触，商讨招降事宜，并一再说明台湾是中国的
领土，可以用和平方式解决台湾问题，是有很大积极作用的，为郑氏以

① （清）江日升：《台湾外纪》第6卷。
② （清）江日升：《台湾外纪》第6卷。
③ （清）江日升：《台湾外纪》第6卷。
④ 《明清史料》丁编第3本，第272页。
⑤ （清）江日升：《台湾外纪》第6卷。
⑥ （清）江日升：《台湾外纪》第6卷。

后的降附打下了坚实的基础。同时明珠以刑部尚书的身份承办不属于刑部所管的特交之事，说明了康熙帝对他的倚信。

（三）施展宏才

康熙帝在康熙八年（1669）五月逮捕惩办鳌拜等人之后，为苏克萨哈、李祖白等冤案平反昭雪。为进一步清除鳌拜集团的影响，康熙帝以鳌拜专权时荐劾不公，特诏举行"察典"，命在京部院官员及在外督抚等"分别自陈"，然后由吏部会同都察院"详加甄别"①。吏部和都察院甄别后，当年九月即经康熙帝批准，革职、降级、休致了一批依附鳌拜集团的高级官吏，升擢了一批与鳌拜集团斗争有力或者牵连较少的官员。明珠就是在惩治鳌拜集团后升迁最快的官员之一，先后出任都察院左都御史、兵部尚书、吏部尚书等要职。

1. 左都御史

都察院左都御史尼满因依附鳌拜被免职之后，康熙帝便调明珠出任总管察核百官、整饬纪纲的都察院左都御史。明珠于康熙八年（1669）九月主持都察院后，作为"言官之长"，除参加九卿会议，会同刑部、大理寺审断重大案件外，还做了察议吏部尚书黄机过失、充当经筵讲官两件事。

察议黄机。黄机在康熙三年（1664）任礼部侍郎时，因为工作失误，曾被部议降一级，得旨仍留原任。由于鳌拜的援引，不久反而升任礼部尚书，后转户部、吏部尚书。逮治鳌拜后，黄机没有引罪自责，为言官所不容。康熙帝让都察院察议。都察院在明珠主持下议奏，建议将黄机解尚书任，以降级侍郎致。康熙帝为稳定局面，并没有处分黄机，而是让黄机"洗心涤虑，改易前非，竭诚勉励，以尽职业"②。

这一案件的察议，表明明珠对鳌拜援引之人的反感，也说明他对吏治的关心，虽然黄机等人仍留原职，但主管义职官员任免的吏部堂官受到察议，还是对肃清鳌拜集团的影响、澄清吏治大有好处的。不久，黄机以迁葬父母乞假归里，表明康熙帝部分地接受了明珠等的建议，只不

---

① 《满洲名臣传》第20卷，《白如梅列传》。
② 《清圣祖实录》第33卷。

过是以长假代致仕而已。

充经筵讲官。清朝是满族建立的以满洲贵族为核心的满汉封建地主阶级联合政权，满族皇帝要想治理好广大汉族人民，就必须具有儒家思想和汉族传统文化的修养，以儒家思想为理论工具，来调整满汉关系，巩固其统治地位。汉族大臣也总是想用儒家经典和汉族传统的政治哲学，把年幼的皇帝培养成为符合汉族地主阶级意愿的帝王。因此，康熙帝亲政之后，汉官就一再建议举行经筵日讲，康熙帝也从治理国家的实际需要出发，对学习儒家经典等汉族传统文化具有浓厚的兴趣。康熙十年（1671）二月，康熙帝经过慎重考虑和周密筹备，决定恢复其父顺治帝时曾经举行过的经筵日讲，遴选满汉词臣学问渊博、德才兼备者以原衔充任经筵讲官，明珠也入选。明珠能够入选，除说明他忠于皇室和康熙帝的"德"以外，也表明他学问优长，对以儒家经典为代表的汉族传统文化有较深的了解。其后他和汉人工部尚书王熙一起进讲《尚书》中"无教逸欲有邦"一节，[①] 帮助康熙帝学习儒家经典和汉族传统文化，就足以说明这一点。

明珠等讲官向康熙帝讲述经史精义，不但提高了康熙帝的文化素养，同时可以与群臣一起朝见康熙帝并面奏政事，而且能够单独接近皇帝。而康熙帝除听他们讲解儒家经典外，还经常向他们咨询时政，讲官的奏对往往成为康熙帝了解下情的重要途径和进行决策的依据。从明珠后来的升迁和被重用来看，不仅有所咨询，且多称旨，深得康熙帝的重视和倚任。

2. 兵部尚书

康熙十年（1671）十一月，明珠由左都御史调任兵部尚书。兵部名义上掌管全国军事及武职官员的考核任免，是最高的军事机关，但实际上并无统御全国军兵的权力。所管之事主要是武职官员的考核、铨选、升调、承袭、封赠，军旅之简阅、文书传递及驿站、马政、兵器、武科举等日常事务。明珠出任兵部尚书后，除竭力做好兵部事务外，还着力承办不属于兵部所管的康熙帝特交之事。主要有侍从皇帝、传达谕旨、

---

① 《康熙起居注》第1册，中华书局1984年版，第114页。

承办事件、参与议政及为削平"三藩"做准备等工作。

侍从皇帝。明珠是皇帝近臣，经常侍值康熙帝左右。如康熙十一年（1672）正月，太皇太后身体不适，往赤城温泉休养，康熙帝随往，明珠即侍从左右。后康熙帝因行耕藉礼回京，明珠也跟随而回；康熙帝再往赤城温泉，明珠又随行，足见其关系的密切亲近。

康熙十二年（1673）正月，康熙帝对明珠说："朕每欲率部院大臣一行游览，只因政务殷繁，恐致废弛，是以未遂所怀。今因大阅，得以稍暇，令各尚书俱带弓失（矢）来，随朕游览。"[①]明珠向各部院大臣传达后，康熙帝即率和硕裕亲王福全和各部院尚书等大臣在北京南苑进行围猎。此事是康熙帝先单独对明珠进行布置，然后再由明珠转达给其余大臣，一方面表明明珠与康熙帝的关系非同一般，同时也说明明珠在朝中有着特殊的地位。

传达谕旨。由于明珠侍从皇帝左右，经常传达皇帝谕旨，在一定程度上成为康熙帝的喉舌。如康熙十一年（1672）二月，康熙帝跟随太皇太后在赤城温泉休养时，曾住怀来县原任江西临川知县孙一桂家，并赐银二十两。后来，再到孙一桂家时，见前次所御榻上陈设黄褥，遂命明珠向孙一桂宣旨撤去。说明康熙帝对明珠十分信任，因为口传谕旨随意性很大，不是皇帝十分亲信之人，皇帝是不轻意让其传达谕旨的。

承办事件。由于明珠经常随侍康熙帝左右，除传达谕旨外，一些不属于兵部所管的事件，康熙帝也常常交给他承办。至于属于兵部所管的事件，明珠更是承命惟谨，竭力办理。如康熙十二年（1673）正月，康熙帝以大阅幸南苑，检阅八旗甲兵于晾鹰台，让明珠"先期布条教，俾众演习"[②]。检阅时，军容整肃，队列齐整，骑射娴熟，纪律严明，表现出明珠超人的组织才能。康熙帝十分满意，夸誉明珠说："此陈列甚善，其永著为令。"[③]

---

① 《康熙起居注》第1册，76页。
② 《清史列传》第8卷，《明珠》。
③ 《康熙起居注》第1册，77页。

康熙十二年（1673）十二月，康熙帝以八旗满洲人中贫而负债者甚多，而仍不知节俭，生计发生问题，让各旗都统、六部尚书详议具奏。明珠便和都统图海等承担责任，并提出改进方案说："兵丁习于游嬉，凡丧祭婚嫁服用等项，实为过费。此皆臣等不能统率教训所致。今敬尊谕旨，此后臣等各当严加训诫。满洲、蒙古都统下每一佐领，除留一百三十人以上、一百四十人以下外，其余丁另合为佐领。以后新买喀尔喀部落蒙古之人，停其充入满洲数内。"[1]康熙帝认可其奏，交户部施行。

参与议政和为平叛尽力。康熙帝为广泛听取意见，经常将朝中大事交议政王大臣会议或部院大臣审议，然后由自己裁决。康熙十二年（1673）三月，镇守广东的平南王尚可喜奏请返回辽东养老，由其长子尚之信袭封王爵，继续驻守广东。康熙帝同意撤藩，命议政王大臣等会同户、兵二部确议具奏，并令吏部也发表意见。吏部议复说尚可喜现在，尚之信不能袭封。议政王大臣等会同户、兵（由明珠主持）二部议奏说，应该同意尚可喜返回辽东的奏请，但如果尚可喜归老辽东，尚之信带领官兵驻守广东，则父子分离，其藩下官兵父子兄弟亦皆分离，"既议迁移，似应将该藩家属兵丁，均行议迁。惟广东左右两营绿旗官兵，仍留该省"[2]。康熙帝遂命全藩尽撤。

朝廷下令尚可喜全藩尽撤，使与尚可喜情况相同的平西王吴三桂、靖南王耿精忠（耿继茂长子）两个藩王处境尴尬。他们虽然心恋割据一方、世代承袭的藩王地位，但又不得不也上疏申请撤藩，以窥测朝廷意向，希望康熙帝慰留。康熙帝接到吴三桂、耿精忠的奏疏后，也交议政王大臣会同户、兵二部等会议。会议时对耿精忠的申请意见一致，决定全藩迁移，即将耿藩所属官兵家口全部撤离福建，但对吴三桂的申请发生意见分歧。康熙帝在议政王大臣等会议"云不可撤者甚多，云宜撤者甚少"[3]的情况下，支持明珠等人的意见，决意三藩并撤。明珠不仅在撤藩问题上和康熙帝意见一致，而且在吴三桂等反叛后积极投入平叛斗争。

---

① 《康熙起居注》第1册，77页。
② 《清圣祖实录》第41卷。
③ 《康熙起居注》第1册，787页。

康熙十二年（1673）十二月，北京发生反清的杨起隆起事。杨起隆诈称自己是"朱三太子"，邀集旗下家奴酝酿起事，"要求人身解放"，以响应吴三桂。镶黄旗监生郎廷枢家人黄裁缝、正黄旗承恩伯周全斌之子周公直家人陈益等党附杨起隆，"约于京城内外放火举事"①。事泄，郎廷枢将黄裁缝等人捉拿，周公直也向兼任本旗满洲都统图海和汉军都统祖永烈告变。明珠得知后，立即和图海、祖永烈率兵围周公直家，拿获陈益等人，并广为搜捕，逮捕数百人。京城气氛顿时紧张起来，百姓欲迁移城外西山等处躲避。明珠奉康熙帝谕旨，会同京城地方官晓谕百姓"勿妄听讹言，致生疑畏，宜各安生业如平时"。后又奉旨会同刑部晓谕百姓，除首逆杨起隆等四人仍严缉外，"其余党与概从宽免缉"，"旁人亦不许妄行首告，借端吓诈，扰害良善"。②杨起隆案件的破获镇压和对百姓的安抚，清除了京城的动乱因素，使清朝平定吴三桂叛乱有了巩固的后方，也使自京城出征的八旗将士解除了后顾之忧，其积极作用不可低估。

杨起隆起事虽然被镇压下去了，但继吴三桂之后，耿精忠、尚之信和陕西的王辅臣、广西的孙延龄、台湾的郑经等，都先后参与了反清战争，使清朝失去了对大部分汉族居住地的控制，处境十分被动，统治地位面临着严重的威胁。明珠全身心地投入平叛斗争，协助康熙帝运筹决策。他不仅主持兵部，还经常参加议政王大臣会议，分析敌我军情，制定应变策略，促使康熙帝在军队调遣、将帅任免、粮饷供应诸方面及时做出决定，为清朝平定叛乱做出了重要贡献。

清朝康熙初年，各地区的义武官员多是明朝旧臣或知识分了，对四大臣辅政时鳌拜压抑汉族官员、打击汉族文士的做法心怀不满。吴三桂起兵后，他们纷纷响应。为扭转被动局势，明珠主持的兵部于康熙十三年（1674）四月二十日，遵旨通行晓谕说："逆贼吴三桂反叛，所在镇守地方文武各官因兵单力微不能拒敌，欲弃城来奔又惧国法难逃，迫于不得已而附从者有之；或为奸计讹言摇惑，无知而附从者有之。""有

---

① 《清圣祖实录》第44卷。
② 《清圣祖实录》第45卷。

能自悔前罪，或献城池，或率兵卒，或斩逆贼头目献其首级者，俱行免罪，给以原官，仍论功议叙。"① 这对分化瓦解响应吴三桂叛清的汉人文武官员有着积极作用，利于清军的反攻。

3. 吏部尚书

康熙十四年（1675）冬天，清朝度过了平叛战争中最艰难、最难熬的两年，局势有所好转，明珠即由兵部尚书转任吏部尚书。吏部的职掌是制定各衙门文职官员名额，管理全国文职官员的考核、升降、赏罚、任免等事。但在封建制度下，重要职官的任免之权，操在皇帝之手，吏部侧重于稽考中级以下官员。中级以下官员多由汉人担任，是吴三桂等反清势力和清朝都要争取的重要对象。当时各地的文武官员，多是明朝旧臣或举贡监生，对明朝有着眷恋之情，而和异民族的清朝统治者存在着情感上的隔阂。四大臣辅政时期，鳌拜等执行排斥压抑汉族官员、打击汉人文士的政策，更引起汉族官员的不满和不安，使满、汉民族矛盾激化。吴三桂之所以敢于拥兵叛清，一反自己从前所为，正是企图利用满、汉矛盾和清朝抗衡。满、汉矛盾的尖锐，也确使他在反清战争初期得益，声威大震。到明珠转任吏部尚书时，清军和叛军互有胜负。清朝在调兵遣将，反攻以吴三桂为首的叛军时，不能不考虑地方官吏，特别是中级以下官员的安排。康熙帝命明珠转任吏部尚书，正是想让他负责安排地方官吏，以巩固后方和稳定清军所收复之地的局势。

明珠转任吏部尚书后，做了奖忠抚叛、参与议事、整饬纪律等事。一是奖忠抚叛，即嘉奖战乱地区笃志忠贞、誓死不附从吴三桂叛清，甚至为抵抗叛军捐躯殉难者；招抚并宽宥遭受胁迫，一时降附吴三桂而终于归清者，以开自新之途，反正后都留原任，以减少平叛阻力。明珠根据康熙帝的意旨，和兵部堂官一起忠实地协助康熙帝贯彻奖忠抚叛的政策。二是参与议事，公平处理满官、汉官矛盾，鼓励与民休息政策，任命安徽巡抚靳辅为河道总督，将治河、导淮、济运合为一体，综合修治，缓解当时普遍存在的满汉矛盾，促进平定"三藩"叛乱战争的胜利。三是为了团结汉族知识分子，明珠还于康熙十六年（1677）六月会同其他

---

① 《清圣祖实录》第47卷。

部院尚书等九卿议准礼部的题奏，于当年九月在清朝控制区内添行乡试。在平叛战争未取得决定性胜利时采取这一措施，显示了远见卓识，对缓解满汉矛盾，促进平叛斗争的胜利，也起了一定作用。四是整饬纪律，即整饬前线纪律和后方纪律，要求前线官兵不得滥杀无辜、掳掠妇女财物，管理好米豆草束等军用物资，公平交易，加强后方治安，禁止地方官吏迎送京官，对减轻人民负担、缓解满汉矛盾、澄清吏治、促进平叛斗争的胜利显然起了不小的作用。正是由于明珠在上述诸方面赞襄康熙帝有功，才被康熙帝提拔为内阁大学士，使他成为一代名臣和功不可没的宰辅。

（四）出任宰辅

康熙十六年（1677）七月，明珠和户部尚书觉罗勒德洪同时被提升为内阁大学士，康熙帝还特赠明珠《文献通考》等书，予以鼓励。内阁是辅佐皇帝办理国家政事的中枢机关，为诸曹总汇之区，其最高长官为大学士，又称辅臣，加殿、阁衔，兼某部尚书，品列皆为文班之首。即大学士常在皇帝左右充当顾问，参与议政，负责承旨草拟诏谕，处理章奏。实录馆、明史馆等修书机构和档籍的存贮机关，亦由内阁统属。

明珠在内阁任职时，大学士无定员，他的官称是武英殿大学士。同时任大学士的还有满人图海、索额图、勒德洪，汉人李霨、杜立德、冯溥六人。内阁大权实际操在明珠和保和殿大学士索额图手中。康熙十九年（1680）八月索额图解任后，内阁则实际由明珠主政，充分施展了他协助康熙帝施政安邦的雄才大略。在处理朝政事务时，康熙帝询问明珠等"尔等以为如何"或"尔等之意若何"，在明珠等发表意见后，"上然其言""从之""依议"或"允行"。明珠进呈所拟上谕稿，康熙帝常常是"览毕称善"。明珠利用与康熙帝融洽的关系和康熙帝对他的信任，在担任内阁大学士期间，有时甚至能改变康熙帝的决定。

康熙二十年（1681）平定"三藩之乱"后，明珠等向康熙帝奏称，议政王等会议云南投诚之吴三桂的侄子吴应麒等子弟九人，应于军前即行正法；吴应熊（吴三桂子）之子，俟此事命下之日再议。康熙帝说："投诚人等，概行免死，已有谕旨。"命明珠召集议政王、大臣、九卿"传谕朕意"，再加详议。议论之后，明珠担心留下叛逆首领后裔会成为以后反清之人的旗帜，便入奏说："吴应麒等党附吴三桂，助行凶恶，罪亦甚重，其遗孽亦不可留。吴三桂孙六人、吴应麒等子九人，应行一并正法。"康熙帝虽然"欲践前旨，以示大信"，但在明珠等"议明执法，甚合大义"的情况下，又说："在朕亦难为宽免矣，着即行正法。"①从《康熙起居注》可知，康熙帝在京之日，明珠等内阁大学士、学士几乎每天都"随捧折本面奏请旨"；在外之日，也每隔两三天将部院章奏"驿递驰送行在"请旨，"伏候圣裁"或"惟在皇上睿裁"。综观明珠之为人，机巧灵敏，工于心计，完全是按照康熙帝意旨办事。

1. 协助平叛

在明珠出任内阁大学士时，虽然"三藩"反清战争进入低潮，出现了有利于清朝的变化，但清朝并未取得决定性胜利。原因是郑经战败退守厦门；吴三桂叛军精锐未受重创，云南、贵州、湖南、四川以至陕西的汉中、兴安（今安康市）等地，仍然控制在他们之手，严重威胁着清朝的统治。

面对吴三桂叛军的威胁，康熙帝以"军机紧要事务，不便稽迟"为由，命内阁大学士参加议政王大臣会议，"将会议事宜即奏朕前，以便立行批发"②。明珠等大学士既参加议政王大臣会议，对国家军政要务进行决策，又如明珠自己在康熙帝面前所说："自用兵以来之下（旨），系臣等公同票拟。"③即协助康熙帝分析军情，票拟谕旨，运筹帷幄，为彻底平定叛乱而竭尽全力。

平叛战争的主要对手是吴三桂，重点是在湖南。因此，明珠首先协助康熙帝指挥清军与吴三桂在湖南展开激烈的争夺战。在争夺战中，明珠的亲近族侄叶赫纳兰氏穆占首建奇勋。清军的节节胜利，促使叛军失去对吴三桂的信任，纷纷投降清朝，特别是林兴珠的降清，使吴三桂顿失水师优势。

吴三桂在内外交困的情势下，于康熙十七年（1678）三月初一日在

---

① 《康熙起居注》第1册，600页。
② 《康熙起居注》第1册，641页。
③ 《康熙起居注》第1册，589页。

衡州匆匆即皇帝位，建国号大周，但没有逆转形势，反而使他在政治上更加孤立。吴三桂众叛亲离，郁闷成疾，于当年（1678）八月十八日死在衡州。明珠协助康熙帝抓住吴三桂病死、林兴珠等人投降的有利时机，命令清军"务水陆夹击，速取岳州"[①]。同时展开瓦解叛军的招降活动。叛军在军事打击和政治攻势下解体，纷纷投诚，吴三桂的侄儿、驻岳州叛军统帅吴应麒率残部弃城逃遁，清军收复岳州。从此湖南门户洞开，叛军非降即逃，清军不战而得长沙、澧州、常德、衡州；驻守华容、湘潭等地的叛军闻讯即行败逃，清军很快就收复了湖南全境。

在收复湖南全境前夕，明珠又协助康熙帝制定了进军四川和云南、贵州，彻底消灭叛军的方略。接着，清军于康熙十九年（1680）由湖南、广西、四川分三路进取云贵。明珠协助康熙帝处置了尚之信、耿精忠二藩王。尚之信虽然投降，但不听调遣参战，康熙帝命刑部侍郎宜昌阿等以巡视海疆为名赴广东，将其逮捕处死。耿精忠归降后，其弟昭忠、聚忠告发他"尚蓄逆谋"，康熙帝密令时在福建、后来成为明珠儿女亲家的康亲王杰书做工作让他来京质对。耿精忠到京后，康熙帝令法司将他拘捕审讯，然后磔死。

吴三桂的继承人吴世璠（吴三桂孙）和叛军统帅吴应麒等退守昆明，被四川、湖南、广西的清军围困数重。康熙二十年（1681）九月二十八日，吴世璠及吴三桂所封的国公郭壮图自杀（吴应麒此前已被郭壮图派人绞杀），守城将领线緎等于次日开城投降，为期八载的平叛战争至此结束。吴三桂、耿精忠、尚之信"三藩"尽除后，明珠又协助康熙帝撤销了他们的藩王建制，将藩下官兵分散安置。选任官吏的大权收归朝廷，革除了云南、广东、福建等地"三藩"擅权时的积弊，消除了隐患，为加强国家统一、促进经济发展起到了不可低估的作用。

2. 平定台湾

吴三桂、耿精忠叛乱后，台湾郑经与之呼应，乘机来大陆骚扰，一度占领泉州、漳州、兴化、邵武、汀州、潮州、惠州七府之地，成为清朝东南沿海的一大隐患。耿精忠降清后，郑经被迫退出大陆，但仍占据

---

① （清）勒德洪等：《平定三逆方略》第41卷。

厦门、金门等沿海岛屿。清朝招抚无效，决意武力进剿。

康熙二十年（1681）正月，郑经病亡，后嗣发生纠纷。其长子监国郑克臧被侍卫冯锡范杀死，冯拥立自己的女婿、郑经年仅12岁的次子郑克塽袭延平王位。福建总督姚启圣得讯，请求朝廷"会合水陆官兵，审机乘便直捣巢穴"（姚启圣《忧畏轩奏疏·题为报明郑经病故克臧被杀等事本》）。当时驻守福建的宁海将军喇哈达亦得郑经死讯，奏请乘机进取台湾。明珠等大学士即"为会议喇哈达、姚启圣奏海贼郑锦（经）已死，其下互相猜忌，宜乘此机会，令水师前进侦探真信。翦除根株事"①，捧折本面奏请旨。康熙帝和明珠等商议后，命福建将军、总督、巡抚、提督等"同心合志，将绿旗舟师分领前进，务期剿抚并用，底定海疆，毋误事机"②。但闽海前线军事将领、朝中高层官员意见不统一。康熙帝在明珠等人的协助下力排众议，接受姚启圣、李光地的推荐，以投诚的原郑成功部将、内大臣施琅替换万正色为福建水师提督（改万正色为陆路提督），前往福建，"克期统领舟师进取澎湖、台湾"③。明珠支持施琅"自行进剿台湾"，康熙帝听了明珠的陈述，改变原来的主张，说："施琅相机自行进剿，极为合宜。"并重新部署说："进剿海寇，关系紧要，着该督抚同心协力，攒运粮饷，毋致有误。"④

施琅取得专征大权后，集舟师从铜山出发，直驶澎湖，经过海上激战，郑氏守将刘国轩败走台湾，施琅率领清军占领澎湖。台湾军民解体，人心思降。刘国轩见大势已去，劝冯锡范、郑克塽降清。郑克塽、冯锡范于康熙二十二年（1683）闰六月初八日，遣使持郑克塽降表和致施琅、姚启圣的书信议降。郑氏集团出降，清军占据台湾。

清军占据台湾后，康熙帝尊重明珠等人的意见，把郑氏集团头面人物安置在直隶、河南等省，将郑克塽、刘国轩、冯锡范、陈允（永）华等近族家口俱着遣北京，编入旗下。同时，明珠坚决反对放弃台湾，驳

① 《康熙起居注》第1册，709页。
② 《清圣祖实录》第96卷。
③ 《清圣祖实录》第96卷。
④ 《康熙起居注》第2册，905页。

回放弃台湾的荒谬主张，并提出在台湾设兵戍守的具体方案。从此，在台湾设置了地方政权机构，促进了台湾经济、文化的发展和社会的进步。在这一过程中，明珠筹虑谋划，襄成大业，功不可没。

3. 展界开海

顺治年间，因南明将领占据东南沿海开展抗清斗争，清朝为割断他们与大陆民众的联系，避免大陆民众接济他们粮食、桅船、器械等物，下令不许官民出海贸易。郑成功父子占据台湾后，清朝更下令实行大规模的"迁海"，强迫江南、浙江、福建、广东等省沿海居民内迁三十里，设立界线，寸板不许下水，货物不准越界。这不仅使中国大陆与日本、南洋诸国的海上贸易基本中止，也使沿海居民离乡背井，顿失耕种鱼盐之利。台湾重新纳入清朝版图后，彻底恢复展界开海被提上议事日程。

明珠积极推动展界开海，经过康熙帝批准，命吏部侍郎杜臻和内阁学士石（亦作席）柱往广东、福建，工部侍郎金世鉴与都察院左副都御史雅思哈往江南、浙江，负责勘察沿海展界事。杜臻和石柱所到之处，"沿海居民纷纷群集，焚香跪迎"[①]。广东、福建两省"滨海居民咸得复业"[②]，使沿海地区旷土渐次垦辟，经济又呈繁荣景象。差往江南、浙江的金世鉴、雅思哈亦"展界复业，同时毕事"。

康熙帝还根据明珠等大臣的建议，批准开海贸易。在江南、浙江也设立了海关，管理海上来往船只。从此海禁废除，出海贸易在沿海各省全面展开。

展界和废除海禁，不仅使沿海人民的生活条件得以改善，而且使中外贸易得到迅速发展。清朝相继与日本、东南亚以及欧洲各国建立了贸易关系，输出生丝、丝织品、茶叶、瓷器等中国特产，输入铜、胡椒、香料、工艺品和海产品等。

4. 反击沙俄

早在明珠出任大学士前，沙皇俄国对我国的侵略活动就处在紧锣密鼓之中。俄军先后侵占了蒙古茂明安部的牧地尼布楚（俄人称涅尔琴斯

---

① 《康熙起居注》第2册，1199页。
② 《清史稿》第268卷，《杜臻传》。

克）、雅克萨城（俄人称阿尔巴津）和楚库柏兴（俄人称色楞格斯克），并以此为据点，继续在黑龙江流域窜犯，不断掳掠我国索伦、赫哲、费雅喀、奇勒尔等部人口和财物。康熙帝为和平解决与俄国的边界争端，曾多次通过外交途径进行交涉，都由于俄方没有诚意，未见成效。明珠出任大学士后，在对付沙俄的侵略方面，主要做了扈从康熙帝视察东北地区、组织清军围困雅克萨、与俄使谈判三件事。

一是视察东北。康熙二十一年（1682），康熙帝以"三藩"叛乱已经平定，在去盛京告祭祖先，并祭祀传说中的满族发祥地长白山的同时，对东北地区的边防进行实地考察。考察东北地区的边疆形势，了解民众和兵士的精神状态，查核战备情况，以便决定下一步反击俄国侵略者的行动计划。

康熙二十一年（1682）二月十五日，明珠父子等人扈从康熙帝从北京出发，三月初四日抵达盛京。初四至初六日在福陵举行告祭大典，初七、初八两日大祭昭陵，然后行走两天，十一日至兴京永陵致祭。十二日即踏上视察乌喇地方的行程，在乌喇地方盘桓十二日。

康熙帝乌喇地方之行的目的，如康熙帝后来所说："罗刹（俄罗斯的异译）扰我黑龙江、松花江一带三十余年，其所窃据距我朝发祥之地甚近，不速加剪除，恐边徼之民不获宁息。"故"细访土地形胜、道路远近及人物性情"，以便"酌定天时地利，运饷进兵机宜，不徇众见，决意命将出师，深入挞伐"。[①]明珠在此期间的活动缺乏具体记载，但既以大学士的身份为扈从大臣，常在康熙帝左右，则康熙帝的活动都有他参与，为康熙帝的得力助手是无疑的。

二是围困雅克萨。面对俄国侵略者狂热地扩张领土、侵略中国并且掠夺中国财物的行径，明珠推荐了著名抗俄将领彭春、萨布素，并且协助康熙帝组织清军围困雅克萨。

著名抗俄将领彭春的升迁，与明珠有密切关系。康熙二十年（1681）十二月，正红旗蒙古副都统出缺，议政王大臣会议推荐护军参领虎巴或长史希思哈充任。康熙帝问明珠："彭春若何？"明珠回奏说："彭春

---

① 《清圣祖实录》第121卷。

人亦颇优，不但副都统，即将军亦可。"①康熙帝遂以彭春补授，彭春此后屡得升迁，显然与明珠的举荐有关。

著名抗俄将领萨布素的任命，也与明珠有关。康熙二十二年（1683）十月，兵部题设镇守爱浑（瑷珲）等处将军（即黑龙江将军），开列副都统席特库等职名。康熙帝问大学士等："宁古塔副都统萨布素为人甚优，以补此缺何如？"明珠回奏说："萨布素甚优，与将军职任相宜。"康熙帝遂以萨布素补授将军。②

为驱逐俄国侵略者，明珠于康熙二十一年（1682）八月，协助康熙帝派遣副都统郎谈、一等公彭春等以捕鹿为名，前往雅克萨侦察地理形势、沿途水陆交通及俄军部署等情况。十二月郎谈等回到北京，建议调集军兵，添造船只，预运粮饷、大炮，"俟来春冰解时，水陆军刻期齐发"③。康熙帝认为攻取雅克萨的时机尚不成熟，但吸收了郎谈等意见的合理成分，积极备战自卫。明珠又先后协助康熙帝规划向黑龙江前线调集军队、修筑黑龙江城（在今黑龙江省黑河市爱辉区之南，江之东岸）、贮存粮食、筹划屯田、修造船舰、开辟驿路，不仅扼制了俄国侵略军继续向黑龙江中下游的进犯，也为清朝顺利收复雅克萨等江北之地奠定了基础。

康熙二十四年（1685）五月二十二日，都统彭春率领清军进抵雅克萨城下，致书要俄军后撤。俄军自恃城坚易守，拒绝之。二十四日，清军包围雅克萨城。二十六日，清军攻城，俄军不支，声言愿意投降。清军焚毁雅克萨城，返回瑷珲。从雅克萨撤退的俄军回到尼布楚后得到增援，托尔布津又率众重返雅克萨，重新筑城设防，准备长期占据。

明珠协助康熙帝组织兵力，第二次围攻雅克萨城，驱逐俄国侵略者。康熙二十五年（1686）五月底，黑龙江将军萨布素、副都统郎谈率领清军再次逼近雅克萨城，将雅克萨城团团围困起来，俄军在雅克萨陷入重围。

---

① 《康熙起居注》第1册，789页。
② 《康熙起居注》第2册，1090页。
③ 《八旗通志》初集，第153卷，《郎谈传》。

　　三是与俄谈判。康熙二十五年（1686）七月，康熙帝多次给俄国政府去信，要求进行谈判，而俄方置若罔闻，直到得知雅克萨城内大部分俄军患坏血病死亡，粮食、弹药即将耗尽，在危城旦夕可下的时候，才接受中方停战谈判的倡议。

　　康熙二十五年（1686）九月二十五日，以文纽科夫和法沃罗夫为首的俄国谈判使团先遣信使来到北京，表示愿意接受清政府的建议，就边界问题进行谈判，并请求清军停止围攻雅克萨城。康熙帝随即派大学士明珠和吏部尚书科尔坤、户部尚书佛伦等与文纽科夫等进行接洽谈判。文纽科夫呈递的沙皇彼得一世给康熙帝的国书中颠倒是非，无理要求康熙帝约束清军。明珠遵奉康熙帝谕旨，向文纽科夫等追述了战争的原委，说明责任在俄国方面。他义正词严地驳斥说："我国向无侵犯尔国之处，尔国人却无故施放枪炮，杀我居雅克萨等地徒手虞人（即猎人），并屡次纳我逃人。"为彻底堵住文纽科夫等人的借口，明珠进一步反驳说："今尔奏书谓我先进犯，然逾雅克萨近二三千里，直入我恒滚等地，骚扰滋事者，乃尔俄罗斯人。其被拿获者至今尚在，问其于何地被擒，即甚明白。""此谓我先下手，抑谓尔先下手？"文纽科夫等理屈词穷，"无言以答"。

　　沙皇国书的威胁和俄国使臣的无理狡辩，并没有改变康熙帝和明珠通过谈判实现停战乃至边界和平的初衷。明珠把他和文纽科夫接触洽谈的情况汇报康熙帝后，康熙帝再次提出中俄双方立即就地停战的建议。

　　文纽科夫不愿意从雅克萨城撤退，并推托说："本使臣等穿戴均甚单薄，于此寒冷时节前去，途中恐致冻死。"明珠将文纽科夫的请求奏报康熙帝。康熙帝命明珠和议政王、贝勒、大臣等会议具奏。明珠等为排除谈判的障碍，早日达成边境协议，"共同议得：既然俄罗斯察罕汗遵皇上谕旨，欲求和好，急速遣使来奏，不久又有大使来奏"，"可谕令萨布素停围雅克萨城，速派员晓谕（雅克萨）城内，将我军俱行撤至战船附近驻守候旨"。

　　明珠赞同康熙帝解雅克萨之围，并将清军撤至战舰附近集驻，完全是为了促成谈判，和平解决中俄边界争端。雅克萨之战迫使俄国派出使者到北京与清王朝谈判，明珠和文纽科夫的谈判，促使中俄两国结束战争，进入和谈阶段，为日后《尼布楚条约》的签订创造了必要的条件、打下基础。

5. 勤于政事

明珠为官，能够勤于政事，从大局出发，致力于改善满汉关系。清朝以少数民族的满族入主中原，处理满汉关系始终是朝政的中心议题。康熙年间的"三藩"举兵反清、杨起隆京师起事响应，都在一定程度上利用了民族矛盾，反映出民族矛盾的尖锐复杂。明珠出任大学士前，即曾协助康熙帝采取缓和满汉矛盾、重用汉族官员等措施；出任大学士后，更是为化解矛盾、调整满汉关系不遗余力，主要做了协助康熙帝调整政策、终止圈地、正确处理"逃人"问题、尊孔重儒、举荐文士入值南书房、举荐清官、改善汉官待遇和拯救"罪人"等事。

一是调整政策。清初，由于推行剃发、圈地、"逃人法"等含有压迫汉族内容的政策、法令，使满汉民族关系呈现紧张状态。

清初的一大弊政是"圈地"。满洲贵族入关后，将关外奴隶制的残余庄园制带进关内，在近京五百里内圈占了约20万顷的土地，引起广大汉族人民的强烈不满，使民族矛盾加剧。康熙帝清除鳌拜集团后，曾谕令"自后圈占民间房地，永行停止"①，但是，零星圈占房地之事仍然时有发生。

康熙二十四年（1685）三月，明珠等奏报礼部尚书杭爱与宗室额奇互相讦讼，暴露出杭爱任户部尚书时，曾利用职权为自己拨取好地。康熙帝命议政王、贝勒、大臣等详议具奏。议政王等会议，将杭爱革职。康熙帝问明珠："这所议当否？"明珠奏答："所议诚当。"②表现出明珠对复行圈地行为的反对。同年四月，顺天府尹张吉午疏请从本年起，"凡民间开垦地亩永免圈取"，户部"议不准行"。③明珠等以此请旨，康熙帝"特旨允行"④，并说："嗣后百姓自开地亩，永不许圈，如有

---

① 《清圣祖实录》第30卷。
② 《清圣祖实录》第120卷。
③ 《康熙起居注》第2册，第1315页。
④ （清）吴振棫：《养吉斋余录》第1卷。

应给之处，着以户部现存旗下多余田地给发。"① 可是不久又发现旗下圈拨汉人开垦田地 400 顷，明珠奉旨向户部堂官质询，不准"以百姓开垦之田四百顷拨给"②。此后，户部为防止将汉人自开地亩拨给旗下事件的发生，制定处罚办法，明珠等将户部所议奏报康熙帝，康熙帝说："若。圈占别地止于调用，何以示惩！着降三级，随旗行走。余皆依部议。"③ 明珠协助康熙帝从严处罚借分拨旗人田地之名圈占汉人田土的官员，制止了圈地事件的再度发生，为缓和满汉民族矛盾做了贡献。

"逃人法"是缉捕逃亡奴仆的法令。满洲贵族的奴仆有从关外带来的，也有入关后被迫投充的。关外带来的主要是满洲贵族历年入关掳掠的汉族人民，犯罪被罚为奴与价买奴仆，只占少数。入关后投充的是圈地之后，失去土地房屋的汉族人民为生计所逼，被迫投充满人门下为奴者。这些曾经自由的汉人不甘为奴，受满人的压迫剥削，纷纷逃跑，被称为"逃人"。为解决逃人问题，清朝于顺治年间制定了《督捕则例》，规定轻处逃人，重处窝主。查获的逃人鞭一百，归还原主；隐匿逃人者却要本犯处死，家产籍没；"其邻佑九家、甲长、乡约各鞭一百，流徙边远"；首告者给赏；所在州县官降级调用。④ 因对诬陷讹诈者没有处罚条款，一些满人便结成伙党，假冒逃人，讹诈汉人为窝主，勒索财物；也有一些卖身旗下的棍徒返回原籍，"借逃行诈"，诬陷汉人。汉人深受其害，而地方官无权审理。凡逃人案件，均由各地满族王公或将军兼管，不仅使普通汉人蒙冤受害，对满洲贵族心怀怨愤，而且在清朝任职的汉官也十分反感，不断有人"冒死陈言"，上疏反对，使民族矛盾加剧。

为缓解民族矛盾，康熙十一年（1672）八月规定，逃人案件除宁古塔地区仍由该地将军审理外，其他各省由"就近各督抚审理"，"奉天逃人交盛京刑部审理"。⑤ 因各省督、抚多由汉军或汉人充任，盛京刑部虽为满人主持，但也有汉军堂主事、汉人司狱等员缺，这些汉军和汉

---

① 《康熙起居注》第2册，第1317页。
② 《圣祖御制文二集》第2卷，《谕大学士明珠》。
③ 《康熙起居注》第2册，第1329页。
④ 《清世祖实录》第26卷。
⑤ 《清圣祖实录》第39卷。

人职官不仅了解汉人疾苦，对真正的"逃人"不加严拿重处，而且为避免株连影响社会安定，处罚窝主的极少。这样一来"逃人"增多，又引起满洲贵族的不满。

康熙二十年（1681）十月，镇浙将军马哈达等只顾目前利益，题奏要求把满洲家人内逃者仍交与将军审理，严缉逃人。康熙帝览奏后也说："似属可行。"明珠不同意马哈达的题奏，又不便明确反对康熙帝的意见，婉转地启奏说："似应交与满汉官员会同审理。"康熙帝见明珠反对，又改口说："此事尔等公同详议具奏。"①第二天，明珠等捧折本面奏请旨时，康熙帝问他："尔等公议如何？"明珠回奏说："臣等之意，满洲生理全系家仆，查缉逃人不可不严。但归于将军等，无赖兵丁借端害民，亦未可定，似应交与地方官及驻防章京可也。"康熙帝说："逃人事务关系亦（重）大，此事着九卿等官会议具奏。"②后来的事实证明，"逃人法"越来越宽，查处的"逃人"及窝主也日渐减少，可见明珠的意见起了作用。

关于"逃人法"及由谁来审理"逃人"问题的争论，实质是满汉两种社会制度矛盾的反映。满洲贵族维护入关前的奴隶制残余，汉官则主张以封建制度处理"逃人"问题。明珠提出逃人案件"交与地方官及驻防章京可也"，表面上是调和两种意见，容易通过，实际是主张交给地方官员审理。因为清初的"驻防章京"，除"昂邦章京"指将军外，前边不加定语的"章京"更多的是指甲喇章京（参领）、牛录章京（佐领）等官员，有时章京统指"文武有责任职掌之有司官"③，牛录章京等小军官和"有司官"是难以和各省督、抚大员抗衡的，由他们和督、抚会同审理逃人案件，必然会由督、抚主持，按督、抚意见处理的。明珠身为满洲贵族，能突破民族偏见，从国家的长治久安出发，不囿于成见，信赖汉族官员，促使满族尽快和汉族接近、融合，是十分难能可贵的。

由于清王朝是以满洲贵族为首的封建制国家，满洲贵族、官员往

---

① 《康熙起居注》第1册，第770页。

② 《康熙起居注》第1册，第771页。

③ 志宽、志培：《清文总汇》第1卷。

往凭借特权欺压盘剥汉人，使民族矛盾激化。明珠为缓和民族矛盾，安定社会秩序，巩固和发展清王朝的统治地位，常常在力所能及的范围内，对满洲贵族、官员的特权加以限制。康熙十八年（1679），明珠支持九卿等议定包衣及王公大臣家人领资本霸占关津垄断贸易、倚势欺凌汉人者，"在原犯事处立斩示众，该管官革职"；其主人系宗室者，罚银七百至一万两外，"仍交宗人府从重议处"；主人系非宗室公、侯、伯等大臣，都予革职；地方文武官不行查拿者，亦革职。包衣及王公大臣家人有在外以其本主名义网利干讼与接受贿赂者，枷号三个月，鞭一百。其主人知情者从重议处，行贿者革职。① 满洲贵族属下之人担任外官，往往"差遣家人或往外省索债，或令随官赴任，或以私情干渎外官者甚多，小民最受苦累"②。他们干预地方事务，不仅影响吏治的整饬，还容易诱使满汉民族矛盾加剧。鉴于此，康熙帝让明珠等将小民（汉人百姓）受害之处票签指示，令吏、兵、刑三部及都察院会同严禁，并议出定例。吏、兵、刑三部和都察院议出《旗下人出境干求处分则例》，规定："旗人私往外省地方，借端挟诈，嘱托行私，犯扰小民等弊者，系平民，枷号三月；系官，革职，鞭一百，不准折赎。失察之佐领罚俸三月，骁骑校罚俸六月。其差遣家仆之人系闲人鞭一百，系官革职。差去之仆，枷号一月，鞭一百。"③ 康熙帝看后问明珠："此处分则例得无太过否？"明珠回奏说："岂独出境当有处分，即在京城有营求等事，亦且革职。臣等以此议似亦可行。"④ 康熙帝觉得明珠言之有理，批准了处分则例。处分则例从制度上限制了满洲贵族对属下外任官吏的干预，对于澄清吏治、缓和满汉民族矛盾有很大好处。

二是尊孔重儒。明珠出任左都御史时曾充经筵讲官，向康熙帝进讲《书经》，曾对康熙帝说："自古惟孔孟之道大有益于世。"明珠的尊孔重儒，不仅是推崇汉族传统文化，还明显地有着缓和满汉民族矛盾的

---

① 《清圣祖实录》第83卷。
② 《康熙起居注》第1册，第610页。
③ 《清圣祖实录》第92卷。
④ 《康熙起居注》第1册，第625页。

深意，加强思想统治，以孔孟之道来统治中国的臣民，强化各族人民对中央政权的向心力。其实，建立思想统治比通过武力镇压建立政权复杂得多，特别是面对人口众多、比自己本民族文化先进的汉族，困难就更多。要想使汉族民众心悦诚服地确认自己的统治地位，除了必须用汉族人民普遍能够接受的思想来加以引导和疏解外，关键还在于提高本民族的文化水准，赶上甚至超过汉族。

因此，康熙皇帝和明珠等大臣及满洲贵族便主动地改变自己赳赳武夫的形象，努力学习汉族传统文化。他们在学习的过程中，首先利用汉族传统文化的核心儒家学说，特别是康熙帝发现朱熹主张"帝位在德不在人"，曾经说过"舜东夷，文王西夷，岂限帝位？惟其德耳"，[①] 认为朱熹不分民族、只重德行的主张便于消减满汉民族心理上的隔阂，巩固和强化满洲贵族为核心的清政权，实现国家的长治久安，便借程颢、程颐首创，朱熹集大成的程朱理学学说来说明自己要讲的道理，确定以朱熹为代表的理学为时代思想的主旋律和官方哲学，用以统一社会思想，作为维系各族人民的内聚力，凝聚全体社会成员的意识形态，使朱熹倡导的"三纲五常"等封建伦理道德观念成为各族和各界社会成员共同遵循的公共道德规范，渗透到社会生活的各个方面，对学校教育和科举考试方面的影响尤为突出。由于皇帝提倡以程朱理学为代表的儒家学说，八旗官员便上行下效，让其子弟努力攻读儒家经典，出现了竞相攻读经书，积极参加科举考试的局面，纳兰性德就是其中的杰出代表。

康熙二十三年（1684）九月二十八日至十一月二十八日，明珠等扈从康熙帝南巡，即旨在安抚汉族人民，改善满汉关系。他不仅陪同康熙帝登泰山、祭东岳庙、巡视治理黄河工程、拜奠明太祖陵，以示尊崇前朝，消除明朝遗民及汉人的不满情绪，归途中还特意在山东曲阜停留，祭祀孔子庙，以示对汉文化的敬重，改善满汉关系。十一月十八日，明珠扈从康熙帝于孔子庙外"降辇步行，行三拜礼"，比前代的"止行肃揖之礼""再拜礼"[②] 要隆重得多。康熙帝特书"万世师表"四字，悬额殿中，

---

① （清）李光地：《榕村续语录》第7卷。
② （清）王士禛：《香祖笔记》第7卷。

衍圣公孔毓圻等跪接御书谢恩。祭孔活动之后，康熙帝又以周公庙在曲阜命明珠等详议致祭典礼，由内阁即撰祭文，遣官致祭。康熙帝为表示隆重，命恭亲王长宁与礼部尚书介山偕往祭奠。

康熙帝和明珠的尊孔崇儒，敬重汉族传统文化，对联络广大汉族官民的感情，缓和满汉民族矛盾起了良好的作用。正如鲁迅先生所说的，汉族地主的习性是："只要尊孔而崇儒，便不妨向任何新朝俯首。"① 此后，满汉民族矛盾渐趋缓解，是和康熙帝与明珠等的尊孔崇儒密切相关的。

三是举荐文士入值南书房。南书房又称"南斋"，在紫禁城内乾清宫西南，本是皇帝的读书处所。但因入南书房当值者能够接近皇帝，为皇帝所亲信，除辅导皇帝学习汉文化，应制撰写文字外，还备皇帝咨询顾问，并秉承皇帝意旨起草诏令，成为皇帝事实上的私人秘书，南书房也就成为制定政令的所在之地。在明珠出任内阁大学士前，即有沈荃、励杜讷、熊赐履入值南书房。康熙年间，南书房的政治地位非常重要，直到雍正时设立军机处后，入值南书房各官才不再参与机务，专司文词书画等事。

明珠出任大学士时，因沈荃擢任国子监祭酒，熊赐履以事夺官侨居江宁（今南京市），南书房官员急待补充。康熙十六年（1677）十月二十日，康熙帝谕明珠和勒德洪，要求从"翰林内选择博学善书者二员，常侍左右，讲究文义"。明珠等当即在会议后，口奏说："皇上勤学书写，甚盛事也。皆应钦奉上谕遵行，选择翰林、寻取善书之人，相应交与翰林院可也。"明珠又向李霨、杜立德、冯溥等汉人大学士和项景襄、李天馥等汉人学士传达了康熙帝谕旨，让他们"将翰林各官内素有名望，无疾病者，选择数员具奏"②。随后，明珠主持内阁会同翰林院推荐张英等5位翰林官备选。康熙帝几经筛选，传谕明珠和勒德洪说："着将侍讲学士张英在内供奉，张英着食正四品俸。其书写之事一人已足，应止令高士奇在内供奉，高士奇着加内阁中书衔，食正六品俸。伊等居住房屋，着交与内务府拨给。"又让明珠和勒德洪传谕张英和高士奇说："选

---

① 《鲁迅全集》第5卷，第416页。

② 《康熙起居注》第1册，第331—332页。

伊等在内供奉，当谨慎勤劳，后必优用，勿得干预外事。"①

继张英、高士奇之后，明珠出任大学士期间，入值南书房的还有陈廷敬、徐乾学、王鸿绪等人，明珠反复在康熙帝面前说过他们的好话。如说陈廷敬"极其醇厚"②；徐乾学"人品颇优，学识淹贯"③"为人谨慎，学问优长"④；王鸿绪"人品最优，才学素著"⑤"练达时务，在署勤慎"⑥"其人堪用，前曾参朱方旦、陆光旭等，所参之事关系甚大"⑦；等等。入值南书房与否虽由康熙帝亲裁，但明珠的推荐和进言对康熙帝的取舍作用也是不可忽视的。

明珠参与举荐的汉人文士入值南书房后，备受康熙帝信任依赖。史载"康熙中谕旨，皆其拟进"⑧，这些人对康熙朝政治产生过重大影响，张英、高士奇、陈廷敬、王鸿绪、徐乾学等入值南书房，使南书房成为沟通满汉文化、满汉地主阶级高层合作的机构之一，你中有我，我中有你。这种政治方面的合作和文化方面的交流，对促使满汉民族矛盾的缓解发挥了积极作用。明珠积极推荐和支持汉人文士入值南书房，是他思想开放、政治开明，努力促进满汉文化融合的突出表现之一。

例如，王鸿绪，字季友，江南娄县（今上海市松江区）人，在促进满汉文化交融、缓和民族矛盾等方面做出过贡献。康熙帝说王鸿绪"人品、学问俱优"⑨，让他充任《明史》总裁官、会试正考官等职，在满汉士人中产生了巨大影响。特别是他上疏"论各省驻防官兵累民"说："驻防将军恃威放肆，或占夺民业，或重息放债，或强娶民妇，或谎诈逃人，株连良善，或收罗奸棍，巧生扎诈。种种为害，所在时有。"如西安、荆州驻防官兵牧放马匹，却驱赴村庄，要百姓供应刍秣，并且"百十成

---

① 《康熙起居注》第1册，第337页。
② 《康熙起居注》第1册，第775页。
③ 《康熙起居注》第1册，第871页。
④ 《康熙起居注》第1册，第1491页。
⑤ 《康熙起居注》第1册，第811页。
⑥ 《康熙起居注》第1册，第1220页。
⑦ 《康熙起居注》第1册，第1098页。
⑧ 《啸亭续录》第1卷，《南书房》。
⑨ 《康熙起居注》第2册，第1118页。

群，践食田禾，所至骚扰"，"其他苦累，又可类推。请严饬将军、副都统等力行约束"。①这里所说的"各省驻防官兵"虽然不排除汉人军兵，但主要指八旗军旅，是无可置疑的。一个汉人文官敢于如此大胆地揭露满族军旅的弊端，实属难能可贵。康熙帝允准了王鸿绪的建言，"命议行"，对缓和满汉民族矛盾产生了积极作用。

例如，高士奇除在治学和草拟"特颁"谕旨方面帮助康熙帝外，还常常使康熙帝摆脱窘境，龙心欢悦。有一次，康熙帝因狩猎时马蹶而差点摔下来，觉得有损于皇帝的面子，心情郁闷。高士奇听说后，"乃故潴泥污其衣，趋入侍侧"。康熙帝奇怪地问他是怎么回事，他回奏说："臣适落马坠积潴中，衣未及浣也。"康熙帝顺坡下马，大笑说："汝辈南人，故懦弱乃尔。适朕马屡蹶，竟未坠骑也。"②高士奇以降低自己的办法使康熙帝在众人面前挽回面子，显出自己和"南人"相比，仍然骑技高出一筹，不失为英武之君。清代野史记载，康熙帝南巡，到杭州灵隐寺游览，寺僧跪求赐额。康熙帝提笔书写"靈"字，雨头写得太大，其下难以写得匀称得势。正踌躇思索时，高士奇掌书"雲（云）林"二字，佯为磨墨，暗中让康熙帝看他的手掌。康熙帝立即领悟，改写为"云林"二字。此后灵隐寺便又称云林寺。康熙帝游览镇江金山龙禅寺时，寺僧也求赐额。康熙帝苦苦思索，不得要领。高士奇见这里高旷，远眺可极目千里，便在纸条上书写四字，送给康熙帝。康熙帝打开一看，见上写"江天一揽"四字，正合自己的观感，非常兴奋地蘸墨大书了这四个字。野史记载也反映出高士奇与康熙帝的亲密关系。

四是举荐清官。明珠积极支持康熙帝奖励和重用清官，是康熙帝整饬吏治的得力助手。吏治的好坏，是国家盛衰治乱的表征，直接关系民心向背和王朝统治的安危。励精图治的康熙帝非常重视吏治的整饬，曾说："从来民生不遂，由于吏治不清，长吏贤则百姓自安矣。""有治人，无治法。但真能任事者亦难得。朕观人，必先心术，次才学，心术

---

① 《清史稿》第271卷，《王鸿绪传》。
② 《啸亭杂录》第8卷，《高江村》。

不善，纵有才学何用？"①康熙帝在考察官吏时，以忠于皇帝及清王朝为主，以操守为主，才能、政绩、年龄均居次要地位。明珠在担任大学士期间，也力倡提拔重用清官。他针对"诸臣之才，皆能料理政务，但徇私利己者多，公忠为国者少"②的现实，积极支持康熙帝侧重奖廉，以扶植清官激劝群臣，整饬吏治。第一位受到明珠推许奖掖的清官是于成龙，其后有格尔古德、范承勋、张鹏翮、陆陇其等人。

于成龙，字北溟，山西永宁县人。出任广西罗城知县时，与友人书说："此行绝不以温饱为念，所自信者，天理良心四字而已。"虽然当时罗城"官廨在丛箐间，插棘为门"，"垒土为几"，他的生活非常清苦，仍然安于职守，"召百姓从容问疾苦"。③"洁己爱民，建学宫，创养济院"④，为百姓办了不少好事。后累官至直隶巡抚，"益励清操，自始至终，迄无改辙。凡在（是）亲戚交游相请托者，概行峻拒，绝不允从"；"所属人员并戚友间有馈遗，一介不取"。⑤但康熙帝起初并不知情，是明珠首先发现于成龙清廉，并将于的有关情况面奏康熙帝的。

康熙十九年（1680），明珠等为原任直隶巡抚金世德祭文事请旨时，康熙帝问："于成龙较金世德何如？"明珠回奏说："于成龙操守极清，办事亦与金世德相等。"⑥康熙帝才召于成龙至懋勤殿，询问他的出身履历后，表彰说："尔为当今清官第一，殊属难得。"⑦赏赐内帑白金一千两、御马一匹，并御制嘉奖之诗，装成手卷，让明珠赍去颁赐。明珠"传旨赐诗"⑧，极力支持康熙帝褒奖于成龙，树立榜样，引导官吏步入廉洁之道，并奏请康熙帝委于成龙以重任。康熙二十年（1681），康熙帝在明珠的推荐下，提升丁成龙为两江总督。后来康熙帝又以于成

① 《清圣祖实录》第41卷。

② 康熙帝语。见《清圣祖实录》第83卷。

③ 《清稗类钞》第3册，第1223页，《于清端问民疾苦》。

④ 《清史列传》第8卷，《于成龙》。

⑤ 《康熙起居注》第1册，第664页。

⑥ 《康熙起居注》第1册，第614页。

⑦ 《康熙起居注》第1册，第660页。

⑧ 《康熙起居注》第1册，第668页。

龙清廉，欲加职衔，征求明珠的意见。明珠回奏说："现行例，于成龙应加侍郎衔。今皇上优加尚书，此乃奖廉之意。"① 康熙帝遂加于成龙兵部尚书衔。

后来有人疏参"于成龙年衰，为中军副将田万侯所欺蔽，请罢黜田万侯，命于成龙休致"。兵部议革田万侯职，吏部议令于成龙退休。明珠力排众议面奏说："于成龙居官清廉，素有声誉，若以标下官被参之故，一并察议，似属未便。"② 康熙帝采纳了明珠等的建议，命于成龙留任，田万侯降调。于成龙树大招风，曾两次被参劾，但是明珠一直对于成龙信赖不疑。康熙二十三年（1684）三月，于成龙以两江总督兼摄江苏、安徽两巡抚事，四月即以积劳成疾，卒于任所，身后一贫如洗。于成龙做官不带家眷，卒时在江宁的将军、都统及僚属入视，"惟笥中绨袍一袭、床头盐豉数器而已。民罢市聚哭，家绘像祀之"③。康熙帝得知后，才感慨地说："至（于成龙）病故后，始知居官廉洁，甚为百姓所称。或成龙素行梗直，与之不合者挟仇谗害，造作属下欺罔等语，亦未可定。是不肖之徒有嫉之者耳，居官如于成龙者有几？"④ 康熙帝南巡时经过访问，更确信于成龙居官廉洁；回京后让明珠等详议格外褒奖优恤之典。明珠等为褒扬于成龙洁己奉公的清操，详议后上奏说："臣等共议，欲安百姓，必先清吏治。吏治以操守为本。于成龙清操始终一辙，非寻常廉吏可比，应破格优恤，以为廉吏劝。今议于成龙加祭、赐谥外，特赠太子太保，荫一子入监读书。"⑤ 得到康熙帝的批准。康熙帝又说："于成龙为官毫无瞻顾，介然自守，无所交游。"⑥ 并将御制亲书碑文一道出示。明珠请求"将于成龙碑文刊石"⑦，以扩大影响，为官吏树立榜样。取得康熙帝同意后，明珠派人送交于成龙原籍，并传

---

① 《康熙起居注》第2册，第815页。
② 《康熙起居注》第2册，第1080页。
③ 《清史稿》第277卷，《于成龙传》。
④ 《康熙起居注》第2册，第1201页。
⑤ 《康熙起居注》第2册，第1258页。
⑥ 《康熙政要》第13卷。
⑦ 《康熙起居注》第2册，第1318页。

问了送碑文之人李若沆，然后上奏于成龙清苦自律，家属子弟未享受特权，说"成龙之妻甚老"，并未娶妾；其长子已五十余岁，仍"候补教职"；次子、三子"俱系生员"；"家计淡泊"。又说："于成龙因品行清廉，皇上赐手书碑文勒石，芳名可传万世。"① 明珠发现、关怀、支持、保护于成龙，意在"为廉吏劝"，对康熙帝整饬吏治所起的作用是巨大的。

在支持、保护于成龙的同时，明珠对当时的其他清官也投入极大的关注。康熙二十三年（1684）五月，他和九卿、詹事、科道等官员商议后，向康熙帝举出直隶巡抚格尔古德、吏部郎中范承勋、兖州知府张鹏翮、灵寿知县陆陇其等清官，说他们"操守俱清，居官亦好"② 。均得到重用。

格尔古德，满洲镶蓝旗人，钮祜禄氏，以从征吴三桂立功，擢为内阁学士。康熙二十一年（1682）任直隶巡抚，康熙召见格尔古德时说："直隶旗下庄头与民（汉人）杂处，朕闻所在凶恶庄头，自以旗下，倚恃其主，甚为民害。尔到任后，加意严查，务期惩创，即皇庄亦毋饶恕。"③ 格尔古德执法严明，不讲情面，惩处了不少为非作歹的旗人，保护汉人利益，被当时人称为"铁面"。而他自己则"布衣蔬食，却馈遗，纤毫不以自污"，"殁后人犹思慕称颂"，④ 是满人中难得的清官。

范承勋，清朝开国元勋范文程的第三子，隶汉军镶黄旗。早年即以旗人的身份和汉人"亲厚"，"与汉官私相交结，通同往来"⑤ ，为沟通满汉隔阂，促进满汉文化交流做出过贡献。经明珠举荐后，历任广西巡抚、云贵总督、左都御史、两江总督、兵部尚书等职，在赈济灾民、减免赋税、参劾婪贿侵饷之贪官、安定社会秩序等方面，都做出了杰出贡献。康熙帝说他"效力年久，敬慎自持，勤劳素著"⑥ ，是旗人中的著名清官。

---

① 《康熙起居注》第2册，第1471页。
② 《康熙起居注》第2册，第1184页。
③ 《康熙起居注》第2册，第825页。
④ 《清史稿》第275卷，《格尔吉德传》。
⑤ 《康熙起居注》第1册，第501页。
⑥ 《清史列传》第11卷，《范承勋》。

张鹏翮，四川遂宁人。早在康熙十九年（1680），明珠就向康熙帝面奏说："昨传问礼部堂上官，皆言郎中张鹏翮人品甚优。"[①]康熙帝先后提升他为河东盐运使、大理寺少卿、浙江巡抚、左都御史、两江总督、河道总督和刑、户、吏三部尚书。他任职期间，在蠲免钱粮、赈济灾民、治理黄淮等方面，都卓有成效。康熙帝说他"遇事精勤""办事精详"。在任河道总督时"在署之日甚少，每日乘马巡视堤岸"。"在河数载，殚心宣力，不辞艰瘁，又清洁自持"，"动用钱粮，绝无糜费"。[②]处理案件"一介不取，天下廉吏无出其右"[③]。

陆陇其，浙江平湖人，清初著名理学家，生性恬淡清高，不为名利所拘囿。明珠举荐他清廉，相传授他江南嘉定知县出京前，明珠欲接纳他，让徐乾学"为订期往谒。公诺而先期就道。人或咎公失信，公曰：'告以不往见，则无以拒有力者，必不免于见矣。'"[④]在任嘉定知县时，逢江苏巡抚慕天颜诞辰，僚属皆献纳珍贵礼物为其祝寿，唯独陆陇其"于袖中出布一匹，履二双，曰：此非取诸民者，为公寿"[⑤]。慕天颜笑而却之，怀恨在心，不久即和吏部官吏相勾结，寻找借口将其革职。陆陇其被罢职归里时，"不持一官物，惟纺织数具及绳床竹几，皆向所携来者。又破簏所贮旧读书数千卷而已"。嘉定县民"架栅结彩，户设香案，人持瓣香号泣以送"。灵寿县遭灾时，朝廷发银三千两赈饥，有人提议以两千两下发，留一千两作为奉献上司的"勘荒费"。陆陇其愤怒地说："此银乃加惠穷黎者，有司扣作虚费，是上负朝廷，下欺百姓也。"他亲自"裹粮驰驱，深山雾谷，靡所不到，审其众寡而酌给焉。务使人人得沾实惠，胥吏不敢有所假冒"[⑥]。但由于他不愿巴结上司，交结权贵，致使仕途受阻，只升迁到四川道监察御史。在御史任内，也以抨击捐纳制度、革除"门包"陋规等事与众官龃龉，备受排挤，被迫告假归里，

① 《康熙起居注》第1册，第557页。
② 《清史列传》第11卷，《张鹏翮》。
③ 《清史稿》第279卷，《张鹏翮传》。
④ 《清朝野史大观》第5卷，《陆稼书之清风亮节》。
⑤ （清）陈康祺：《郎潜纪闻初笔》第3卷。
⑥ （清）陆陇其：《三鱼堂文集》附录，《御史陆先生行状》。

以清白之身郁闷而死。

明珠除举荐上述清官外，对其他清官廉吏也多有褒词。如在康熙帝面前说傅腊塔"办事年久，人亦颇优"①，"是诚实厚重之人"②；"郭琇系汤斌荐举，众人皆云居官颇善"③；等等。他的意见多被康熙帝采纳，他举荐的人也多被康熙帝所重用，对于澄清吏治、缓和阶级矛盾和民族矛盾，促进社会安定和发展生产起到了一定的积极作用。

五是改善汉官待遇。清朝入关之初，其政权带有明显的民族压迫性质。除前述圈地、"逃人法"等外，满汉官员的待遇也有着显著的差异，满官事事占优，汉官处处居于附从地位，大自品级薪俸，小至礼仪细事，无不如此。到明珠出任大学士时，满官品级高于汉官的状况已经有所改变。康熙九年（1670）以前，满汉官员品级有较大差异。康熙九年（1670）以后，才逐步划一，提高了汉官的品级。但仍有给事中雅齐纳等"怀挟私意，欲将品级更改，则伊品级便大，借此凌轹汉官"，提出"改满尚书为一品，汉尚书为二品"等事件发生。④明珠协助康熙帝坚持满汉官员品级划一，不予更改，顶住了雅齐纳等企图欺压汉官、破坏满汉民族团结的满洲贵族的压力。其他待遇，明珠也协助康熙帝贯彻"满汉一视"的政策，对缓和满汉民族矛盾起了良好作用。

明珠出任大学士不久，康熙帝即谕他和索额图说："满大臣有丧，特遣大臣往赐茶酒。满汉大臣俱系一体，汉大臣有丧，亦应遣大臣往赐茶酒。自今以后，凡遇汉大臣丧事，命内阁、翰林院满洲大臣赍茶酒赐之。"⑤明珠遵照康熙帝指示，奉谕后第二天即赍茶酒往赐丧父不久的汉人兵部尚书王熙。王熙感激康熙帝知遇之恩和明珠的关怀，上奏说："臣父子蒙朝廷知遇（王熙父王崇简累官至礼部尚书，加太子少保），三十余年，较诸臣受恩独厚，曾无尺寸微效仰答高深。今皇上闻臣父丧，复特命大臣以茶酒赐臣，隆施旷典。臣父衔结九原，臣感激涕零，捐糜

---

① 《康熙起居注》第1册，第677页。
② 《康熙起居注》第2册，第1315页。
③ 《康熙起居注》第2册，第1555页。
④ 《康熙起居注》第1册，第788页。
⑤ 《康熙起居注》第1册，第390页。

难报,惟有世世顶颂圣恩而已。"[①] 王熙后官至保和殿大学士,为稳定清朝统治出力甚多。

康熙十九年(1680),原任吏部尚书郝维讷病故,明珠也奉谕于枢前吊奠。二十三年(1684),大学士李霨病亡,明珠又主动请旨,前往李霨灵前祭奠,慰问其家属。这些对死者的礼仪,表明以满族为核心的朝廷对汉族大臣的尊重,对改善满汉民族关系所起的积极作用,是不可忽视的。

清朝向来只许满族大臣参加在乾清宫内举办的筵宴,而不允许汉人官员染指。平定"三藩"之乱后,明珠协助康熙帝改变这一传统做法,让汉官也参加内廷筵宴。康熙二十一年(1682)正月十四日,即让内阁大学士、各部院寺堂官、翰林院学士及科道掌印官等,不分满汉,一体参加以康熙帝名义于乾清宫内举办的筵宴。汉人大学士杜立德因卧病不能参加宴会,康熙帝特遣中使捧御札及酒馔慰问,以示关怀。康熙帝还命群臣仿柏梁体赋诗,自己写了序言和首句,满汉大臣班联递赓,共成九十三韵,明珠以第三人写的是"一堂喜起歌明良"[②]。表现了满汉君臣、臣僚之间关系融洽、和睦欢乐的气氛。

六是拯救"罪人"。除了改善汉人大臣的待遇外,明珠也十分重视汉族文人,不仅屡屡举荐他们为官做宦,还把目光投向清朝的"罪人",陈梦雷、吴兆骞身受其惠,就是其中突出的例证。

陈梦雷,字则震,是清代著名学者,才华横溢,康熙九年(1670)未及二十岁即中进士,官翰林院编修。康熙十二年(1673)底请假归故里福建侯官(今福州市)省亲,适遇"三藩之乱"。耿精忠胁迫他接受伪政权官职,他称病不出,但又无计脱身,便约时在福建的翰林院编修李光地暗中将耿精忠叛军的内情报告朝廷,为平定叛乱献策。陈、李分别时,约定"他日幸见天日,我之成功,即白尔之节;尔之节显,则述我之功"[③]。不料李光地以自己一人的名义用蜡丸密疏上报,只字不提

① 《康熙起居注》第1册,第391页。
② 《康熙起居注》第2册,第807—809页。
③ (清)陈梦雷:《闲止书堂集钞》第1卷,《绝交书》。

陈梦雷。李光地以此被康熙帝称为"忠贞茂著，深为可嘉"[①]，从优授为内阁学士，陈梦雷则被诬接受伪职，成为叛清投敌的"罪人"。陈梦雷自然不服，在清朝收复福建后具呈"辩明心迹"，请福建巡抚吴兴祚代题。康熙帝阅吴兴祚题奏，不明真相，认为"陈梦雷先经从贼，倡率妄行。归正之后，又不即赴京师，具呈巧饰"[②]，要陈梦雷来京候审。

康熙二十一年（1682）正月十九日，明珠为议政王大臣会议惩处耿精忠等叛逆人犯事请旨时，上奏说："春正虽不用刑，但此辈罪恶甚大，与寻常不同，应于两三日内完结。"同时又说："此内有陈梦雷、金镜、田起蛟、李学诗四人，犯罪固应处死，然于应死之中，尚有可宥之处。"[③]次日，议政王大臣会议将耿精忠等分别凌迟、处斩时，明珠又说："其陈梦雷等四人，俱系微末小人，并不曾为首，免其处死，给与披甲新满洲为奴。"[④]康熙帝接受了明珠的建议，使陈梦雷等四人得以免死生存，谪戍沈阳、铁岭。后陈梦雷被释归京师，主持编纂了大型类书《古今图书集成》一万卷，内容博大繁富，区分详细，是仅次于《永乐大典》的巨著，为中国典籍之大观，为祖国文化、学术事业的发展做出了巨大贡献。

吴兆骞，字汉槎，是江南吴江（今江苏省吴江县）有名的才子，被著名诗人吴伟业誉为"江左三凤凰"之一。[⑤]其余二"凤凰"是彭师度、陈维崧。顺治十四年（1657）江南乡试，权贵子弟贿赂考官，考官欲借机交结权贵，但嘱托者多，名额有限，结果因难以人人满足而引起内讧，事泄，舆论大哗。给事中阴应节、御史上官铉等参奏上闻，朝廷为打击江南地主文人而兴起大狱，就是著名的惩处扩大化典型——顺治丁酉科场案。吴兆骞因参加江南乡试，并且考中举人，被诬告作弊，押解北京，后流放宁古塔（今黑龙江省宁安县）。"三藩之乱"爆发后，吴兆骞的挚友顾贞观鉴于朝廷多方面地招揽任用汉人文士，请求纳兰性德仲出援

---

① 《清圣祖实录》第66卷。
② 《康熙起居注》第1册，第500页。
③ 《康熙起居注》第2册，第812—813页。
④ 《清圣祖实录》第100卷。
⑤ （清）王藻、钱林：《文献征存录》第10卷，《吴兆骞》。

助之手，设法将吴兆骞赎回。

纳兰性德只是个一等侍卫，自己无力营救吴兆骞，便向其父明珠说明了情况，"力求为吴道地"。明珠说："汝明日邀顾至内斋，吾亲与言之。"纳兰性德将顾贞观请来，顾贞观入见明珠时，明珠说："吴（兆骞）素负才名，又与先生莫逆，老夫愿一效绵薄。但先生素不饮酒，今日能为君友饮乎？"且笑且举杯试探，顾贞观端起酒杯，一饮而尽。明珠又笑着说："先生南人，不肯效吾旗俗请安。今日更能为君友请安者，老夫必有以报命。"话音未落，顾贞观又学满族礼俗，敏捷地揎下袖头，左腿前屈，右腿后蹲，左手扶膝，右手下垂，头与身子略向前倾，口念："请中堂大人大安。"顾贞观毫不迟疑犹豫，也无勉强作态之感。明珠收起笑容，严肃地说："老夫聊相戏耳，不图先生血性热肠一至于此。请放怀以待。"由于明珠出面营救，吴兆骞后来回到了北京。吴兆骞不知顾贞观为营救他出力的情况，顾贞观亦不明言而市恩买好。二人后来以小事失睦，不相往来，吴兆骞还极力诋毁诬蔑顾贞观。明珠得知后，在顾贞观为吴兆骞求情的内斋设酒宴招待吴兆骞，左边的柱子上写着"顾贞观为吴兆骞屈膝处"，右边的柱子上写着"顾贞观为吴兆骞饮酒处"。吴兆骞看后愕然，问明珠是怎么回事。明珠仔细说明情况，并让早已请来的顾贞观入内斋相见。吴兆骞长跪在顾贞观面前说："生死骨肉之恩，而以口舌之争辜之，兆骞非人类矣。"然后大哭不止。明珠"命进酒以饮二人，二人之交谊自此益密"[1]。史载吴兆骞被赎回后，明珠和纳兰性德父子"贤名大著"[2]，同时也说明明珠重视汉族读书人、笼络汉族读书人政策获得成功，为缓和满汉民族矛盾做出了贡献。吴兆骞为报答明珠之恩，执教于明珠府，为纳兰性德二弟揆叙的老师，又促进了满汉文化的交流融合。

6. 蠲免赋税

与改善满汉关系、缓和民族矛盾密切相关的，还有缓和阶级矛盾，把国家治理好，使经济发展，社会安定，人民相对地能安居乐业。这就

---

① 《清稗类钞》第6册，第2651页。
② 《啸亭杂录》第9卷，《成容若》。

必须减轻百姓的负担，整饬吏治，惩处贪官污吏，减轻赋税，消解下层民众以至汉族地主对以满洲贵族为首的清政权的不满情绪，缓和阶级矛盾与民族矛盾，才能使清王朝长治久安。

清朝初年，财政困难，赋税繁重，逋欠钱粮甚多。顺治帝死后，鳌拜等四辅政大臣以康熙帝名义，谕令各省督抚严惩抗粮不纳的绅衿和官吏。江宁（今南京）巡抚朱国治上奏说，仅"苏（州）、松（江）、常（州）、镇（江）四府属，并溧阳县，未完钱粮文武绅衿共一万三千五百一十七名，应照例议处；衙役人等二百五十四名，应严提究拟"①。结果吴伟业、徐乾学、徐元文、翁叔元、韩菼、汪琬、彭孙遹、宋德宜等江南著名文人都被降级调用或黜革学籍。"张太常切庵、叶编修方蔼止欠一厘而降调，郡庠生程兆璧玶册上开欠七丝而黜革。"②这就是著名的"奏销案"。此案旨在打击江南地主文人，也反映了当时赋税繁重，江南农民不堪负担的现实。

明珠出任大学士后，除提挈江南文人通过各种途径复官并高升外，还在军费浩繁的平定"三藩之乱"战争期间及战争刚刚结束时，即倡导蠲免赋税，以安定人民生活，发展社会生产。

在明珠等大臣的支持下，康熙帝于康熙十八年（1679）二月，蠲免江西康熙十六年（1677）以前的旧欠钱粮。同年十月，又免湖广有军事行动地区康熙十三年（1674）到十七年（1678）的额赋。康熙十九年（1680），免江南康熙十二年（1673）以前民欠钱粮。但当时战火未熄，急需军饷等开支，不可能大规模蠲免。战争结束初期，也因创伤未复，经费拮据，难以普免钱粮，只能局部地区、部分行业地分别进行。

康熙二十一年（1682）九月，巡察两淮盐课御史堪泰题奏盐商拖延纳税，应每引加税银三钱。康熙帝征询大学士的意见，明珠即上奏反对说："每引一钱，商民尚不能完纳，若加至三钱，民何以堪？"③康熙帝接受明珠的意见，批驳了堪泰。同月，山西巡抚穆尔赛题请灾荒递见，

---

① 《清圣祖实录》第3卷。
② （清）叶梦珠：《阅世编》第10卷，《赋税》。
③ 《康熙起居注》第2册，第893页。

且多瘟疫的太原、大同二府所属州县卫所暂停征收钱粮，户部议不准行。明珠又上奏说："前任巡抚曾经具题，以人丁增减征输，民多偏累，请照旧额均派征收，已经准奏。"这已成为"现行定例"，是以户部议不准行，"但晋省府属灾荒，似与他处不同"，积极支持穆尔赛的题请，主张停征钱粮。康熙帝赞同明珠的意见，说："然。太原等处灾荒甚重，非他处可比。"准予停征。① 九月十八日，康熙帝说平定"三藩"战争以来，百姓供应烦苦，欲将钱粮宽免。明珠立即上奏支持说："皇上所见极大。今四海晏安，正休养生民之时也。"②

康熙二十二年（1683）十一月，偏沅（今湖南）巡抚韩世琦请停湖南当铺、酒铺增添税银，户部议不准行。康熙帝问明珠等："尔等云何？"明珠主张不仅湖南应停征，停征范围还应扩大到全国，上奏说："前因用兵之际，直隶各省加增当税、酒税并征烟税。今各处逆贼歼灭，天下荡平，所增税银似应停止。"康熙帝完全赞成他的意见，又说："然。可拟票签送进。"③ 使平定"三藩之乱"期间增加的当税、酒税、烟税得以停征。

康熙二十三年（1684），直隶（今河北）顺德（今邢台市）、河间、真定（今正定县）、广平（今永年县）等处遭灾，次年发生饥荒。康熙帝谕令挪用正项钱粮赈济，明珠极力支持。康熙帝又拟蠲免各省次年钱粮，明珠等积极支持，但提出为避免国家经费拮据，全国各省于同一年普免，不如以次轮流蠲免，应当从遭灾的直隶开始。得到康熙帝的赞同。明珠辅助康熙帝通过蠲免钱粮，减轻了百姓的负担，安定了社会秩序，对缓和阶级矛盾、发展社会生产，产生了积极影响。

（五）党同伐异

由于索额图在康熙十六年（1677）成为当时朝廷唯一的权臣，康熙帝开始提拔明珠和觉罗勒德洪为内阁大学士，用以牵制索额图权势膨胀。

---

① 《康熙起居注》第2册，第895页。
② 《康熙起居注》第2册，第897页。
③ 《康熙起居注》第2册，第1098页。

　　康熙十六年（1677）七月二十九日，也就是明珠和勒德洪被任命为武英殿大学士的那一天，康熙帝召满大学士索额图，汉大学士李霨、冯溥，学士党古礼、孔国岱等内阁官员入便殿赐坐、赐茶，询问经史大义后，纵论朋党之弊说："人臣服官，惟当靖共匪懈，一意奉公。如或分立门户，私植党与（羽），始而蠹国害政，终必祸及自家。历观前代，莫不皆然。在结纳植党者，形迹诡密，人亦难于指摘，然背公营私，人必知之。凡论人议事之间，必以异同为是非，爱憎为毁誉，公论难容，国法莫逃。百尔臣工，理宜痛戒！若夫汲引善类，不矜己长，同寅协恭，共襄国事，如欧阳修所云，君子同道为朋者，是又不可以朋党论也。"[①]当时，明珠和勒德洪不在场，且尚未集结党羽；李霨、冯溥虽为大学士，但以汉人入阁，名高而实权有限，并且为保禄位计，遇事唯满大学士索额图马首是瞻，不敢辩论是非；党古礼、孔国岱则官只内阁学士，不仅为保住位子和升迁听任内阁首脑索额图摆布，而且也不具备"分立门户，私植党与"的条件。康熙帝的告诫，显然是针对权势极大的保和殿大学士索额图而发的。

　　索额图至康熙十六年（1677）已先后在内国史院和内阁连续担任大学士八年之久，任久权重，加以为人骄横，作风跋扈，成为当时唯一的权臣，在他周围集结着大批满洲军事贵族和不少汉人文士。康熙帝同时提拔明珠和觉罗勒德洪为内阁大学士，除了明珠的才能、见识足以辅佐皇帝，特别是在撤藩问题上得到康熙帝赏识（其时莫洛、米思翰已死）外，还有利用勒德洪以皇族之重，明珠与索额图积有宿怨，用以牵制索额图权势膨胀的意图。

　　明珠入阁后，果然和索额图对立，很快就各自结党，党同伐异，展开了激烈的斗争。明珠集团虽然形成较晚，但因有较多汉人文士加入，满汉交融，生气昂然，将索额图排挤出内阁。但是明珠权大势涨后，又为康熙帝所不容，暗中指使郭琇弹劾，将其解任罢职。

　　1. 索额图及其家族
　　索额图为哈达赫舍里氏，与明珠同隶满洲正黄旗，但和清王朝皇室

<hr />

　　① 《康熙起居注》第1册，第319页。

有比明珠更密切的关系。

索额图的先世原居图英额（今黑龙江省呼兰河中上游以南），后迁至松花江大曲折处的白河（今吉林省饮马河）一带。再南迁到开原（今辽宁省开原县）东南的哈达河（今小清河）沿岸定居，并成为定居在这里的海西女真哈达部的小首领，被称为哈达赫舍里氏。

经索额图的高祖特赫纳、曾祖瑚什穆巴颜，到祖父硕色时，后金国汗努尔哈赤并吞哈达部，硕色率领其弟希福、子索尼和所部人众归顺努尔哈赤。因哈达部接近汉人和蒙古人居住地，硕色与希福都通晓满（女真）、蒙、汉三种语言文字，是女真即满族人中难得的知识分子，努尔哈赤便命他们均在文馆供职，赐号"巴克什"。皇太极于崇德元年（1636）改文馆为内三院，授希福为弘文院大学士，主持满译辽、金、元三史，兼管蒙古诸部事务，并屡次从征立功。崇德三年（1638）希福与范文程、刚林共同上奏建议更定六部二院官制，被皇太极采纳，是清朝入关前的重臣。清朝入关后，因希福不阿附摄政王多尔衮，为多尔衮所不容，被削职罢官。多尔衮死后，顺治帝为之平反昭雪，仍授希福为弘文院大学士，并充《太宗文皇帝（即皇太极）实录》总裁官，任议政大臣，参与机务，是清初著名的满族文武皆能的大臣。其子帅颜保康熙时历官内国史院学士、吏部侍郎、漕运总督，"三藩之乱"时往江西提兵督饷及招降吴三桂部将有功，升为工部尚书，后调礼部尚书。帅颜保子赫奕，亦自侍卫累迁至工部尚书。

硕色因为早逝，未如其弟希福那样成为朝廷显贵，但其子索尼却是历仕努尔哈赤、皇太极、顺治帝福临、康熙帝玄烨的四朝功臣，其地位、业绩都比希福更加显赫。

索尼是皇太极的心腹重臣。皇太极暴病身亡后，索尼联合两黄旗大臣力主立皇太极之子，说："若不立帝子，则宁死从帝于地下而已。"[①]结果，福临继承了皇位，就是顺治帝。多尔衮辅政后，采取威胁利诱的办法，大力分化瓦解和收买拉拢两黄旗大臣，索尼被多尔衮寻端治其罪，将他褫职罢废，遣往沈阳守护昭陵（皇太极墓）。多尔衮死后，顺治帝

---

① 《沈阳状启》癸未八月二十六日。

福临亲政，将索尼召还复职，并晋为一等伯，擢任内大臣兼议政大臣，总管内务府，参与军国大政的决策，又成为朝廷重臣。

顺治帝病死，遗诏玄烨（康熙帝）即位，索尼、苏克萨哈、遏必隆、鳌拜四人为辅政大臣，"保翊冲主，佐理政务"[①]。从此，哈达赫舍里氏与皇室的关系更加密切，索尼不仅将长子噶布喇之女嫁给康熙帝，而且于康熙四年（1665）赫舍里氏被册立为皇后，使他的家族又成为显赫的贵戚。

索尼因叶赫纳兰氏苏克萨哈原为多尔衮部下，一直与之不和，支持鳌拜排挤打击苏克萨哈。鳌拜后来擅权屠杀苏克萨哈一家，也与索尼生前支持、放纵鳌拜排斥打击苏克萨哈，使鳌拜权大难制有关。哈达赫舍里氏与叶赫纳兰氏两大家族势同水火，互有消长，严重地影响着当时的朝政。康熙六年（1667）三月，索尼生病，奏请康熙帝亲政。康熙帝以索尼为四朝功臣，加授一等公。六月，索尼病死。

哈达赫舍里氏家族成为鳌拜擅权专政的障碍，为保住和发展赫舍里氏家族的显赫地位，索额图等全力投向康熙帝，协助康熙帝夺回权力，为清除鳌拜集团立了大功，使哈达赫舍里氏家族更加显赫。

索尼生前，索额图即以勋臣贵戚的身份充任侍卫，由三等荐升至一等。康熙六年（1667）七月，康熙帝亲政，七年授索额图出任吏部侍郎。康熙八年（1669）元旦，鳌拜率诸臣上朝庆贺新年时，身穿式样和质地都与皇帝无异的黄袍，只是帽子上的红绒结与皇帝的东珠不同，俨然以帝王自居，气焰十分嚣张。鳌拜的专权嚣张，构成对康熙帝的严重威胁。

康熙帝不能容忍鳌拜"欺朕专权，恣意妄为"[②]，使自己有亲政之名而无亲政之实。康熙帝在抚养人和保护者祖母太皇太后的支持下，团结了康亲王杰书等宗室贵族及索额图等人，索额图成为康熙帝身边的忠实保护者和得力谋士。其他反鳌拜集团的势力，也都向康熙帝周围集结。

康熙帝于八年（1669）五月十六日，单独召鳌拜进宫议事。鳌拜仍然和往常一样，踌躇满志地大摇大摆走进皇宫，突然从两侧跳出一群少

---

① 《清世祖实录》第144卷。

② 《清圣祖实录》第29卷。

年侍卫、内监，一拥而上把他摔倒在地，捆绑起来。孔武有力、不可一世的鳌拜还没有反应过来，就被索额图选拔、培训的少年逮捕。鳌拜集团的成员群龙无首，也纷纷落网。后经康亲王杰书等审讯，康熙帝批准，将鳌拜终身拘禁，鳌拜集团的成员分别判罪，受鳌拜迫害者平反昭雪。康熙帝收回了权力。索额图立了大功，逐渐又成为权倾朝野的大臣。

2. 索额图权倾朝野

索额图为逮治权臣鳌拜立了大功，清除鳌拜集团后即升为内国史院大学士，兼管佐领，并充任《世祖章皇帝实录》总裁官。康熙九年（1670）改内三院为内阁，索额图改官保和殿大学士。当时担任内阁大学士的还有满人图海、巴泰、对喀纳，汉人李霨、杜立德、魏裔介、冯溥七人。图海虽为清初重臣，但不改起起武夫本色，政治上并无一定主张，一味附和索额图。巴泰、对喀纳自知才干、功绩、势力都远逊于索额图，凡事退让。魏裔介不久以病免职。李霨、杜立德、冯溥等汉官为保禄位，奉命唯谨，根本不敢也无力与索额图抗衡。

康熙十一年（1672），《世祖章皇帝实录》告成，加授索额图太子太傅，索额图俨然成为一人之下、万人之上的首辅。他又利用职权笼络满洲军事贵族，逐渐扩大权势，声威气势震动朝野，根本不把其他大学士放在眼里。如其他大学士已将满人和顺安置为内阁中书，索额图欲用本家族之人，予以否定。和顺家人吴鸿锡书写了有关情状，"伺索出，跪而上之。索大怒，掷书去，不顾"①骄姿蛮横，无以复加。康熙十四年（1675），对喀纳病死，康熙帝破格提拔首先弹劾鳌拜立功的熊赐履为内阁武英殿大学士兼刑部尚书，以牵制索额图。索额图对此根本不买账，并且寻找借口逼迫康熙帝把熊赐履排挤出朝廷。但是，从此索额图在康熙帝心目中的形象大毁。

当时，索额图怙权贪纵，权倾朝野，最后连康熙皇帝都觉得难以控制。索额图和明珠虽然在撤藩与否等问题上意见相左，吴三桂等藩王起兵叛清后，索额图还以撤藩激变奏请，说明珠等"主议当迁移之人，应当处

---

① 《清稗类钞》第6册，第2657页。

斩"①，但在平叛问题上，索额图对明珠并无异议。史料记载索额图"多谋略，三逆叛时，公料理军书，调度将帅，皆中肯要"，"批示军机，咸如身至其地，料理军书，竟夕不寐"，②与明珠共同为平叛做出过巨大贡献。

可是平叛归平叛，植党归植党，在一致对外的同时，明珠、索额图两个人并没有停止互相倾轧与各自植党。《清稗类钞》记载说，康熙一朝，不附明珠、索额图者，汉臣唯有汤潜庵（斌）、魏环溪（象枢）、郭华野（琇），旗人则顾八代、德格勒与徐元梦三人而已。③虽然不免夸张，却反映了当时索额图与明珠各植党羽，分门别户的情况。

索额图之党除其兄领侍卫内大臣噶布喇、其弟銮仪使兼佐领心裕、内大臣法保外，还有吏部尚书介山、户部侍郎宜昌阿、兵部侍郎温代、刑部侍郎禅塔海、内阁学士麻尔图、漕运总督邵甘、正白旗满洲都统并佩扬威将军印的阿密达、正白旗满洲副都统额库礼及佟宝、翁俄里等朝臣与门客绍兴人江潢，他们经常在一起"议论国事，威吓众人"④，不附己者即加以排斥，甚至殃及无辜。"朝士大夫非暗自托，官不得达。稍失意，辄广座呵斥。凡会闱榜出，索择名下仕者，令喻意拜门下，不尔抑之下第。"⑤顾八代本为满洲勋旧之子，其父顾纳禅入关前屡次从征立功，赐号"巴图鲁"。他本人任侠重义，好读书，善骑射，顺治年间从征立功，屡被提拔。康熙帝御试旗员，他成绩第一，被擢任为翰林院侍读学士。"三藩之乱"时协助镇南将军莽依图规复广西，屡次击败吴三桂孙吴世琮所部叛军。康熙十七年（1678）镇南将军莽依图生病，顾八代指挥清军在盘江重创叛军，逼得吴世琮自杀。随后又率领清军攻占南宁。次年京察，掌院学士拉萨里、叶方蔼因顾八代能称厥职，以"政勤才长"注考。索额图只因顾八代不依附于他，就蛮横地改注"浮躁"，

① 《康熙起居注》第2册，第1560页。
② 《啸亭杂录》第10卷，《索家奴》。
③ 《清稗类钞》第7册，《徐元梦不附索明》，第3234—3235页。
④ 《清圣祖实录》第212卷。
⑤ 《清朝野史大观》第5卷，《索额图》。

予以压抑。① 再如满洲正白旗人徐元梦文才出众，中进士后被选为翰林院庶吉士，"散馆第二等，例以科道用。索额图恶公不附己，奏改部属"②。

由于索额图权势炙手可热，内外官员争相投依，更助长了他的骄纵。就连高士奇等朝中显官见索额图时，也"长跪启事，不令其坐"，索额图"直斥其名，有不如意处，则跪之于庭而丑诋之"。有一次，高士奇去看望索额图，"索祖裸南向坐，高叩头问起居，索（额图）切齿大骂，辱及父母妻子"③。

索额图不仅倨傲骄纵，排斥异己不遗余力，而且"贪恶"④，利用职权攫取了巨额财富，成为全国第一富豪。朝鲜来清朝的使臣吴挺纬回去后向本国国王报告时，把索额图称为执政的"阁老"，说他"专权用事，贿赂公行，人多怨之"⑤。

为了抑制索额图势力的进一步膨胀，康熙帝开始采取限制和制约措施，任用皇族觉罗勒德洪和与哈达赫舍里氏家族不睦的叶赫纳兰氏家族的明珠。康熙十六年（1677）七月，授觉罗勒德洪和明珠同为武英殿大学士，入阁办事。索额图排挤掉一个武英殿大学士，康熙帝却同时提拔两个，显然是对着索额图而做出的决定。但是觉罗勒德洪才干平常，康熙帝提拔他为内阁大学士，显然是想让他以皇族的身份震慑、牵制索额图。而明珠虽然不是皇族，但对康熙皇帝忠心耿耿，并且有过人的才干，历任要职、政绩斐然，能够与索额图抗衡。所以，明珠、索额图双方在朝廷展开了激烈的党争。

3. 明索党争

史载明珠与"索额图互植党相倾轧。索额图生而贵盛，性倨肆，有不附己者显斥之，于朝士独亲李光地。明珠则务谦和，轻财好使，以招来新进，异己者以阴谋陷之，与徐乾学等相结"⑥。初期，索额图势力很大，

---

① 《清史列传》第11卷，《顾八代》。
② （清）方苞：《方望溪全集·集外文》第6卷，《记徐司空逸事》。
③ （清）汪景祺：《读书堂西征随笔·高文恪遗事》。
④ 《清圣祖实录》第212卷。
⑤ [朝]《李朝肃宗实录》。
⑥ 《清史稿》第269卷，《明珠传》。

后期明珠势力渐强，明珠与索额图两个集团党争愈演愈烈，在朝廷争权夺势、培植党羽、结党营私；后期康熙皇帝则利用明珠集团牵制索额图集团，防止其一党独大。

明珠与索额图两个集团斗争的焦点是皇太子问题，主要体现在皇太子的册立及辅导教育权力的争夺上。

（1）康熙帝皇子的情况

康熙帝于康熙二十年（1681）前，生有15个皇子。第一子承瑞（荣妃马佳氏生）、第二子承祜（孝诚仁皇后赫舍里氏生）、第三子承庆（惠妃纳喇氏生）、第四子赛音察浑⑦（荣妃马佳氏生）、第七子长华（荣妃马佳氏生）、第八子万黼（通嫔纳喇氏生）、第九子长生（荣妃马佳氏生）都幼年夭殇。

当时，以虚岁十二为成年，未成年而死者为"夭折"，不叙齿排行。所以康熙皇子叙齿排行从第五子始，称皇长子，以下以序排列。其时皇三子胤祉（荣妃马佳氏生）、皇四子胤禛（德妃乌雅氏生，即雍正皇帝，胤禛即帝位后，尊乌雅氏为孝恭仁皇后）、皇五子胤祺（宜妃郭络罗氏生）、皇六子胤祚（德妃乌雅氏生）、皇七子胤祐（成妃戴佳氏生）、皇八子胤禩（良妃卫氏生）等都在幼年或褓褓之中，能否成活都是问题（当时小孩死亡率极高），且外家地位不高，权势有限，不具备争夺皇储的条件。娘家地位高且权势显赫的孝昭仁皇后钮祜禄氏（曾为四辅政大臣之一的一等公遏必隆女）未生育，其妹温僖贵妃康熙二十二年（1683）才生皇十子胤䄉。后来，胤禛即位为雍正帝，依宗人府奏，为别于皇帝名讳，命兄弟同辈名字的"胤"字均改为"允"。孝懿仁皇后佟佳氏（一等公、领侍卫内大臣佟国维女，康熙帝生母、顺治帝孝康章皇后侄女）当时还只是贵妃，只生一女且早殇，都无法争夺储位。

所以，储位斗争只能围绕惠妃纳喇氏所生的皇长子和孝诚仁皇后赫舍里氏所生的皇二子展开，同时也反映了分别代表明珠集团的叶赫纳兰氏与索额图集团哈达赫舍里氏之间的党争。

---

⑦ 赛音察浑，蒙古语名。赛音，汉语意思为好、良、贤；察浑，汉语意思为支柱、铳架、三脚架。合译为"优良的支柱"。比喻为国家的优秀台柱、担负国家重任之人。

（2）皇长子与皇二子的情况

皇长子生于康熙十一年（1672）二月十二日，最初排行第五，称皇五子。后因四个兄长先后夭折，才以成活的诸皇子中年龄最大，被称为皇长子。皇长子乳名保清，康熙帝对他寄予重大希望。后改名胤禔，也是希望"中外禔福"，神灵保佑他平安有福的意思。生母惠妃纳喇氏，纳喇氏的父亲是郎中索尔和，是叶赫部贝勒金台石的后裔。据考证，索尔和是金台石子德尔格勒之子，明珠则是德尔格勒弟尼雅哈之子，明珠与索尔和是堂兄弟，惠妃是明珠的堂侄女。

惠妃纳喇氏入宫时间不详，康熙九年（1670）生皇子承庆（早殇），可见至迟其康熙八年（1669）已入皇宫。但她在康熙十一年（1672）生皇长子胤禔时，还是一个连"嫔"的封号都没有的低级侍妾。清初后妃制度不健全，至康熙时才典制齐备。规定在同一时间内，"皇后居中宫，皇贵妃一，贵妃二，妃四，嫔六，贵人、常在、答应无定数，分居东、西十二宫"①。当时的纳喇氏，只是贵人、常在、答应中的一个，在宫中地位很低，根本无法与皇二子的生母赫舍里氏相比。

皇二子的生母赫舍里氏是康熙初年名列四位辅政大臣之首的索尼的孙女，并且早在索尼为辅政大臣时，即已封为皇后，在宫中地位崇高，其父是一等公、太子太保、领侍卫内大臣噶布喇，赫舍里氏的三叔父是权倾朝野的内阁保和殿大学士兼户部尚书索额图，五叔父是一等伯、銮仪使兼佐领心裕，六叔父是一等公、内大臣法保，希福、帅颜保、赫奕等达官显宦，也都是赫舍里氏的亲近族人。

现存档案记载，议立赫舍里氏为皇后时，叶赫纳兰氏家族之人、辅政大臣苏克萨哈"嗔怒年庚不对，曾经掣肘"，并说："若将噶布喇之女立为皇后，必动刀枪。满洲下人之女，岂有立为皇后之理？"而且辅政大臣遏必隆想让自己的女儿钮祜禄氏（后为孝昭仁皇后）做皇后，也反对这桩婚姻。鳌拜因遏必隆遇事听从自己的意见，立钮祜禄氏为后比立赫舍里氏对自己有利，也明确表示反对。他们三人的共同心理是"心怀忌妒"，担心立赫舍里氏为皇后后，索尼家族会和皇室联合起来压制

---

① 《清史稿》第214卷，《后妃传》。

他们。因此三个辅政大臣商议后，同往太皇太后处启奏阻止。但太皇太后想到赫舍里氏家族入关前功勋卓著，入关后对顺治帝忠诚不贰，况且对鳌拜擅权专政也有所不满，支持自己过问朝政，有利于康熙帝日后亲政收回权力，便斩钉截铁地说："满洲属人之女，为何立不得皇后？我意已定，不必再议。"①辅政大臣在这样的问题上，是无法与太皇太后抗衡的，便于康熙四年（1665）四月初七日，以康熙帝的名义谕礼部说："朕恭奉圣祖母太皇太后慈谕，册立内大臣噶布喇之女为皇后，尔部将应行典礼开列具奏。"②礼部将吉期（当时钦天监隶礼部）及典礼开列具奏后，康熙帝于康熙四年（1665）九月八日行大婚礼，册封赫舍里氏为皇后。初十日以大婚礼成颁诏全国，阐述确立皇后，共承宗庙，助隆孝养，绵延本支的意义。当时，康熙帝虚岁十二（下同），赫舍里氏十三岁。这种由双方祖父母做主，表面上异常热闹的孩童婚姻，当然无爱情可言，只能是政治利益的结合。康熙帝得赫舍里氏家族帮助，帝位益行稳固，日后亲理朝政也有了保障。赫舍里氏家族由勋臣而为皇亲，权势也与日俱增。

　　赫舍里氏和康熙帝的婚姻虽然是政治需要的结合,但婚后生活和谐。赫舍里氏年纪稍长，成熟较早，充当了皇后和姐姐的双重角色，康熙帝对她异常敬重。康熙八年（1669）索额图协助康熙帝清除鳌拜集团，升任内国史院大学士时，赫舍里氏也为康熙帝生下了第二子承祜（第一子为马佳氏所生承瑞，前已死）。康熙帝对他寄予承继上天和前代福泽的厚望，格外钟爱，但承祜活到四岁时，染病夭折。当时康熙帝正陪同太皇太后往赤城温泉休养，途中听到承祜死讯，"痛悼之"，"垂泪面谕安葬事宜"，好些天"深居简出，郁闷不已"，③悲伤之情溢于言表。

　　康熙十三年（1674）五月初三日，赫舍里氏又为康熙帝生下第六子，产后几个时辰，赫舍里氏即死于坤宁宫，年仅二十二岁。康熙帝初四日宣布"辍朝五日"，并命"诸王以下及文武各官、王妃、公主、格格以

---

① 《鳌拜等罪案残件》，《明清史料》丁编第8本，第712页。

② 《康熙年间谕礼部档》，《明清史料》丁编第8本，第749页。

③ 《康熙起居注》第1册，第20—21页。

下，八旗二品命妇以上，俱丧服齐集举哀二次”，持服二十七日。[1] 此后又多次举哀。二十七日，康熙帝亲自将赫舍里氏梓宫送往都城北巩华城内殡宫权厝，诸王以下文武官员于西安门外举哀随送，王妃、公主以下至八旗二品以上命妇，俱集德胜门外，举哀跪送。至二十九日上述诸人再次齐集举哀后，才除服恢复正常。

康熙帝于五月初八日，即曾谕礼部说：“皇后黑（赫）舍里氏作配朕躬已经十载，上事太皇太后、皇太后（顺治帝孝惠章皇后，康熙帝后母），克尽诚孝；佐朕内治，尤极敬勤；节俭居身，宽仁逮下，宫闱式化，淑德彰闻。”“倦怀懿范，痛悼弥深，宜有称谥，以垂永久。著内阁、翰林院会同拟奏。”[2] 六月二十七日，康熙帝派遣康亲王杰书、庄亲王博果铎赍册宝前往巩华城，册谥赫舍里氏为仁孝皇后。康熙帝二十年（1681）葬入遵化景陵地宫。后改谥“孝诚恭肃正惠安和淑懿恪敏俪天襄圣仁皇后”，简称孝诚仁皇后。

孝诚仁皇后（即赫舍里氏）死后，其所生子取名保成，祈上天保佑其长大成人。保成本为第六子，因夭折的兄长不叙齿排行，遂排为第二，称为皇二子。康熙帝因其为嫡子，钟爱异常，并寄“爱屋及乌”之思。保成后改名为胤礽，意在求其有福。同时孝诚仁皇后死后，其幼年被选入宫并在宫中待年的妹妹赫舍里氏继续侍康熙帝（后生皇子胤禨，早殇，追封平妃），赫舍里氏家族在宫中仍然拥有相当势力。

（3）册立皇太子

孝诚仁皇后（赫舍里氏）英年遽逝，令康熙帝十分悲痛，但胤礽的出生则使他大喜过望。其时吴三桂、耿精忠相继举兵叛清，汉人兵将和地方官吏人心动摇，虽然有人效忠清朝，但伪檄所到之处，投身叛乱者为数甚多。驻守当地和康熙帝派遣的平叛清军，也接连受挫，清朝的统治出现危机，面临着严峻的考验。此前，虽有皇长子胤禔出生，但为庶出，不为当时人所重视，难以继承皇位。胤礽为嫡妻皇后赫舍里氏所生，意味着皇帝后继有人，这对安定重视继统的汉族兵将、官吏以至百姓的

---

① 《康熙起居注》第1册，第162页。
② 《康熙年间谕礼部档》，《明清史料》丁编第8本，第752页。

动摇之心，巩固清朝统治，显然有着十分重要的政治意义。

满族并无汗或皇帝生前预立储君的传统，后嗣继位完全由汗或皇帝死时有权势的诸王来决定，没有一定的制度可言。汉族传统的皇位继承，基本是嫡长子继承制，即皇帝嫡妻皇后所生之长子有册立为皇太子的优先权，长子死亡，则以长幼为资格顺序。只有皇后没儿子时，妃嫔所生之子才有可能做太子，并且由母亲的地位及其儿子的排行来决定继承顺序。这种制度，常常会把争立皇太子转为争选皇后。

当时，满族汉化程度已深，汉族皇位的继嗣制度不能不时时扣响皇室和大臣的心扉，这就是康熙初年苏克萨哈、遏必隆、鳌拜三位辅政大臣一致反对册立索尼孙女赫舍里氏为皇后的深层次原因。同时，满族汗或皇帝继嗣的灵活性，也导致了皇室及依附大臣钩心斗角的竞争，显现出明显的弊病。康熙帝的曾祖努尔哈赤晚年，诸子都想继承汗位，特别是战功显赫又佐理机务的四大贝勒：大贝勒、次子代善，二贝勒、侄子阿敏，三贝勒、五子莽古尔泰，四贝勒、八子皇太极，都虎视眈眈地觊觎着汗位。工于心计的皇太极继汗位，后改称皇帝。皇太极死后，继位斗争更加激烈。实力强大的多尔衮和豪格两派剑拔弩张，火并有一触即发之势。妥协的结果是立皇太极年仅六岁的第九子福临（顺治帝）为帝。这些皇太极的孝庄文皇后即康熙帝的祖母太皇太后是记忆犹新的。为避免皇室惨剧的再度发生，她积极支持康熙帝学习汉族的嫡长子继承制，册立皇太子。

一贯重视历史经验的康熙帝，除从祖母太皇太后那里得到教诲外，在向熊赐履等学习儒家经典的过程中，也认识到了预立储君有利于皇权的延续和稳固，不愿再让继承者和他一样，遭受从辅政大臣手中收回皇权之苦，决定由自己培养接班人，册立皇太子。

册立皇太子的另一个原因，是太皇太后和康熙帝从汉人的反清活动中受到了启示。自从明朝灭亡，清朝入主中原以来，自称是"朱三太子"（明崇祯帝第三子朱慈灿）或打着其招牌进行秘密活动的人此起彼伏。胤礽出生前不久，北京的杨起隆、云南的吴三桂就都打出了"朱三太子"的旗号，用以组织反清活动。这说明"太子"在汉人心目中有崇高地位，即使并未继位，也标志着一个政权后继有人，可以起到维系天下人心的作用。基于这种认识，明珠协助康熙帝平息杨起隆反清活动前，即拘禁了吴三桂唯一的儿子吴应熊及孙子吴世霖。康熙帝一面将吴应熊、吴世霖处死，以绝吴三桂及其依附者之望；一面宣布立胤礽为太子，以壮大声威，安定人心，稳定政治局势。

康熙十四年（1675）六月初三日，胤礽只有十三个月时，康熙帝即谕礼部说："帝王绍基垂统，长治久安，必建立元储，懋隆国本，以绵宗社之祥，慰臣民之望。朕荷天眷、诞生嫡子，已及二龄。兹者，钦奉太皇太后、皇太后慈命，建储大典，宜即举行。今以嫡子为皇太子。尔部详察应行典礼，选择吉期具奏。"①但当时索额图权势极大，"一切礼仪，皆索额图所定"②。礼部只是负责选择吉期。选好吉期及准备就绪后，康熙帝于康熙十四年（1675）十二月十三日举行册立典礼，遣辅国公叶伯舒、大学士图海为正使，户部尚书觉罗勒德洪、兵部尚书王熙为副使，持节到景仁宫授嫡子胤礽册宝，立为皇太子。次日，诏告全国，除说自古帝王继天立极，抚御寰区，必建立元储，以绵宗社无疆之休，承祧衍庆，端在元良等话外，特别强调"俯顺舆情"，说册立皇太子正位东宫是"以垂万年之统，以系四海之心"，即确立合法的继承制，稳定政治局势，要求"布告中外，咸使闻知"。③接着，又设立了辅助太子的詹事府，以内阁侍读学士孔郭岱、翰林院侍读学士陈廷敬为满、汉詹事。但当时皇太子不满两周岁，詹事是无从辅助的，实际的辅助者是他的乳母、后来任内务府总管的凌普的妻子。

册立胤礽为皇太子并为之设立机构，索额图自然是十分高兴并积极支持的。康熙帝日后追忆说，不仅册立胤礽为皇太子时的一切礼仪均由索额图所定，而且做皇太子后的"服用、仪仗等物，逾越礼制，竟与朕所用相等"④，也是索额图所定。索额图极力提高皇太子的礼制待遇，显然是因为胤礽是他的侄女赫舍里氏所生，他是胤礽的叔外祖父，提高

---

① 《康熙年间谕礼部档》，《明清史料》丁编第8本，第752页。
② 《清圣祖实录》第277卷。
③ 《清圣祖实录》第58卷。
④ 《清圣祖实录》第277卷。

了胤礽的礼制规格也就提高了他本人及赫舍里氏家族的地位，从此哈达赫舍里氏家族凭借与皇太子的特殊关系，更会势压群臣，一言九鼎。

明珠当时的态度如何，史籍无明确记载。按理，明珠的心情是矛盾的。一方面，明珠接触汉族文士很多，深知册立太子不仅可以避免最高权力更迭之际的许多麻烦，而且在当时还有稳定人心、利于平定"三藩之乱"、巩固清朝统治的积极作用。另一方面，他内心里又不愿让以索额图为首的哈达赫舍里氏家族凭借与胤礽的特殊关系而扩张权势，而倾向拥戴惠妃纳喇氏所生的皇长子胤禔与之抗衡。明珠为人精明机敏，工于心计，内心深处的想法绝不会轻易宣露，表面上他还是顺从太皇太后和康熙帝的心意办事的。就是对索额图，当时他也不公开违忤。正由于此，他才官运亨通，得以由兵部尚书调任吏部尚书，再由吏部尚书升任内阁武英殿大学士。

在皇长子胤禔继位无望后，明珠的家族，包括后来他的次子揆叙和姻亲皇九子胤禟在内，又积极支持明珠堂侄女、胤禔生母纳喇氏幼时所抚养的皇八子胤禩[1]争夺皇位。康熙晚年胤禔的表现及其与胤禩的关系，皆源于此。

为了抑制索额图会因册立皇太子而势长，太皇太后和康熙帝一直不给孝诚仁皇后的妹妹、索额图的另一侄女赫舍里氏封号，使其在皇宫处于附从地位，防止赫舍里氏在宫中和索额图形成内外结合而权势过大。康熙十六年（1677）八月二十二日册立遏必隆之女钮祜禄氏为皇后，又以"稽古帝王宫闱之制，必备妃嫔以襄内政"为由，[2]册立领侍卫内大臣佟国维之女佟氏（后抬旗，改为佟佳氏）为贵妃、纳喇氏为惠嫔，另立董氏为端嫔、马佳氏为荣嫔、郭络罗氏为宜嫔、赫舍里氏（赍山女）为僖嫔、李氏为安嫔、王佳氏为敬嫔，而不及索额图的侄女哈达赫舍里氏，显然是为保持宫中与朝臣权位的平衡。康熙二十年（1681）十月二十五日，康熙帝又谕礼部说："恭奉圣祖母太皇太后慈谕，……贵妃佟氏，温惠端良，壸懿茂著，今晋封为皇贵妃；钮祜卢氏（即遏必隆之女、皇后钮祜禄氏的亲妹妹），恭和淑慧，令范克昭，今册封为贵妃；惠嫔纳喇氏、宜嫔郭络罗氏、德嫔吴雅氏、荣嫔马佳氏，秉质柔嘉，恪勤内职，今晋封惠嫔为惠妃、宜嫔为宜妃、德嫔为德妃、荣嫔为荣妃。尔部即选择吉期，开列仪注具奏。"①并于同年十二月二十日分别册封，但是又不及索额图的侄女哈达赫舍里氏。太皇太后和康熙帝对宫中皇后及妃、嫔职位的安排，虽然与其是否生皇太子有关，但显然是和其娘家等外廷朝臣的荣辱升迁密不可分的。不予晋升哈达赫舍里氏，是对索额图及其家族权势膨胀的一种抑制。

哈达赫舍里氏家族虽然于后宫失势，但因皇太子胤礽为赫舍里氏家族姑娘所生，以东宫为依托，其势力依然是很大的。

（4）争夺辅导皇太子之权

皇太子胤礽虽然为哈达赫舍里氏所生，和索额图有血缘关系，但毕竟是年幼孩童，可塑性极大。明珠为了以后能够控制朝政，对于皇太子胤礽竭力加以争取，把辅导皇太子之权控制在自己集团之人手中就是具体措施之一。明珠在争夺辅导皇太子之权的斗争中，不仅与索额图明争暗斗，而且也得罪了康熙帝，后来也成为康熙帝罢黜明珠的一个重要原因。

康熙十九年（1680）三月，皇太子还不满六周岁，明珠集团的党羽余国柱即条奏皇太子应出阁读书，康熙帝以皇太子方在幼冲，没有同意，却令"张英、李光地为之师，又命大学士熊赐履授以性理诸书"②。由于皇太子年幼，读书效果可想而知。康熙二十年（1681）十二月，銮仪卫又请于皇太子仪仗添设满洲官 30 员、汉官 20 员及相应的校尉。康熙帝恐致靡费钱粮，征询明珠的意见。明珠回奏说："封过诸王世子尚设护卫官员。今虽添设官员，所费钱粮谅不甚多。"③康熙帝以为时尚早，命将銮仪卫本章暂留。康熙二十二年（1683）三月，康熙帝谈到皇太子读书事时，明珠面奏说："臣等尝思皇太子出阁典礼当举，但不便御正

---

① 《康熙年间谕礼部档》，《明清史料》丁编第8本，第754页。

② 《清史稿》第220卷，《允礽传》。

③ 《康熙起居注》第1册，第785页。

殿，以御别殿讲书为宜。目今文华殿尚未修建，似无讲书之所。"①康熙帝遂命传谕工部，即行起造。到康熙二十五年（1686）二月，文华殿竣工，明珠向康熙帝汇报后，康熙帝让明珠将皇太子出阁读书事传谕满汉大学士。汉大学士王熙建议举行出阁典礼，明珠等撰拟了皇太子出阁读书上谕呈览，康熙帝命俟修改后再发。

明珠对皇太子出阁读书事表现积极，是想把教育皇子事掌握在自己手中，进而控制皇太子。在举行皇太子出阁读书典礼前，他即会同内阁及其他官员拟改组詹事府，除遵旨议定汤斌以礼部尚书管詹事府事外，还建议把"不称职"的满人朱马泰、喇巴、色度等调离詹事府。认为"汉詹事郭棻为人既优，兼有学问；少詹事卢琦、归允肃学问俱优，仍应留任。庶于皇上重国本、端豫教至意，可以相副"②。康熙帝采纳了明珠的建议，但强调培养和辅佐皇太子的詹事府不能没有满人，明珠又举荐听从自己指令的满内阁侍读学士尹泰为詹事，也得到康熙帝认可。接着，明珠又上奏说："皇太子出阁读书，臣等公同会议，每岁于春秋二季进讲时，应令内阁、九卿、科道等官侍班。"③所谓"侍班"，一为监督汤斌等讲官，二为让皇太子看到自己和集团中人支持他读书，对自己报以感激之情。

康熙二十五年（1686）四月，明珠等议定皇太子出阁读书典礼。接着又将詹事府开列的10名讲官候选人名单呈送康熙帝，康熙帝选中满人尹泰、舒书，汉人汤斌、郭棻为东宫讲官。闰四月二十四日举行皇太子出阁典礼后，汤斌、尹泰、郭棻等即开始进讲。

康熙二十五年（1686）八月，索额图集团与明珠集团争夺对皇太子的教育权。明珠集团则寸步不让，打算进一步在皇太子身边安插自己的人，使本来置身于两集团之外的汤斌等人，也卷入这一政治斗争旋涡。

康熙二十六年（1687）四月，少詹事归允肃请假，明珠推荐侍读学士王封荥升补。汤斌则疏荐他在翰林院庶吉士馆中的同学、侍讲学士耿

① 《康熙起居注》第2册，第976页。
② 《康熙起居注》第2册，第1449页。
③ 《康熙起居注》第2册，第1456页。

介补任。康熙帝采纳了汤斌的意见，没有任用王封荣，而以耿介为少詹事，辅导皇太子读书。明珠便以为汤斌和耿介是索额图之党，故意和自己作对，对他们耿耿于怀，必欲去之而后快。

康熙二十六年（1687）五月末，康熙帝以自己政务繁忙，精力有限，不能再指授辅导皇太子读书，要明珠等大学士"于汉大臣内择其学问优长者，令专侍皇太子左右，朝夕劝导，庶学问日进，而德性有成"[①]。六月初，明珠等以"实无其人"回奏。康熙帝只好亲自点名，谕明珠等说："皇太子前必得谨慎之人，朝夕讲究，方为有益。达哈塔、汤斌、耿介三人皆有贤声，朕欲用之，尔等可传问九卿。"明珠传问后只回奏了达哈塔、汤斌的谦逊推让之词，而不讲九卿的意见，显然是不赞成重用达、汤、耿三人。康熙帝不得不直接问九卿："尔等云何？"九卿回奏："此三人皇上简定极当。"康熙帝再次当着明珠等人的面强调说："汤斌居官颇善。耿介虽年老耳重，素有贤名，犹可讲书。达哈塔诚实。此三人俱著朝夕于皇太子前讲书。"明珠又欲借此机会解除达哈塔吏部尚书之任，康熙帝没有同意，说："仍著管尚书事。"[②]达哈塔、汤斌、耿介于康熙二十六年（1687）六月初九日开始陪同皇太子读书，实际是没有定时的随时讲解，回答皇太子的质疑问难。当日，达哈塔即恐明珠集团从中作梗，以年齿衰老，不识汉字，不能胜任辅导皇太子之职，请求罢斥；汤斌也在次日因病求解此任；耿介则在陪皇太子读书时"头晕仆地"，康熙帝对皇太子暂停讲书，只让他自己读书、写字。

康熙二十六年（1687）七月初，汤斌康复，再度辅导皇太子读书、写字，又发生了所谓"擅执朱笔"事件，康熙帝未予处罚。明珠等并不甘心，以达哈塔与汤斌、耿介友善，授意吏部两次议奏将达哈塔革职，康熙帝命降五级留任。耿介引疾乞休，尹泰又劾"介诈疾，并劾斌不当荐介"。[③]吏部更秉承明珠意旨落井下石，上奏说耿介"借老称疾求去，

① 《康熙起居注》第2册，第1634页。
② 《康熙起居注》第2册，第1637页。
③ 《清史列传》第66卷，《耿介》。

应革职。尚书汤斌将无德无行如尸之耿介充贤特荐，应革职"①。康熙帝命耿介以原任道员品级休致，汤斌降五级留任，不久调为兵部尚书。汤斌屡遭打击，心情郁闷，十月初即病死于寓所。

至此，康熙帝为皇太子选择的三个导师，一个病死，一个休致，一个降五级留任。留任的达哈塔"不但不通汉文，即汉语亦不甚知"，康熙帝之所以任用他，是为了对皇太子"导以满洲礼法，勿染汉习"②，根本没让他讲解书义。汤斌、耿介一死一休，辅导皇太子之事就这样告吹，康熙帝教育太子的计划因明珠集团的干扰破坏而失败。明珠等欲以看自己眼色行事的王扬昌充补詹事府詹事员缺，康熙帝没有同意，而命张英以礼部侍郎兼管詹事府事。不久，康熙帝在太皇太后病故后，出于维护皇太子的地位等原因，即将明珠等罢黜。

4. 索额图失势

康熙十八年（1679）七月，京师发生地震。当时人们迷信，相信天人感应之说，认为"天人感召，理有固然。人事失于下，则天变应于上，捷如影响"③，说地震等灾害是上天对人间帝王统治不满而示警，统治者应引咎自省，检查各项政策之失。康熙帝为"实修人事，挽回天心"，命部院三品以上及科道官和各省督抚，就"目今应行应革事宜"明白条奏，直陈勿隐。④并召大学士明珠、李霨，兵部尚书宋德宜，左都御史魏象枢等到乾清宫说，"科道各官，向来于大奸大恶之人未见纠参"，此后"如有确见，即行据实参奏"。⑤魏象枢上疏说："地道，臣也。臣失职，地为之不宁，请罪臣以回天变。"⑥康熙帝又召魏象枢详细询问，魏象枢面陈索额图怙权贪纵，陷害异己等情状，言辞激烈，声泪俱下，请求追究罪责。第二天，康熙帝即召满汉大学士以下、左副都御史以上各官齐集左翼门，宣布"招灾六事"之诏，特别强调"民生困苦已极，

---

① 《康熙起居注》第2册，第1661页。
② 《康熙起居注》第2册，第1639页。
③ 康熙帝语。《康熙年间谕礼部档》，载《明清史料》丁编第8本，第753页。
④ 《清圣祖实录》第82卷。
⑤ 《康熙起居注》第1册，第421页。
⑥ 《清史稿》第263卷，《魏象枢传》。

而大臣长吏之家日益富饶"，地方官吏谄媚上官，苛派百姓，总督、巡抚、司道又转而馈送在京大臣，"民间易尽之脂膏，尽归贪吏之橐"；"大臣朋比徇私者甚多，每遇会推选用时，皆举其平素往来交好之人"。① "是时索额图预政贪侈，诏多为索额图发"②。

为此，康熙帝警告索额图如不省悟，继续结党贪纵，今后"若事情发觉，国法具在，决不尔贷"③。索额图感到事情不妙，当即表示："臣等真无地自容，敢不洗心惕虑，以图修弭？"④ 并于康熙十九年（1680）八月"因病奏请解任"。康熙帝问明珠和勒德洪："尔等云何？"明珠和勒德洪却回奏说："此处惟在睿裁。"⑤ 明珠和勒德洪都不愿意说好话予以挽留，实际上是要康熙帝将索额图解职。

康熙十九年（1680）八月，康熙帝顺从了明珠和勒德洪的意图，解除了索额图大学士之职，任为内大臣。虽说索额图是"辅弼重臣，勤敏练达。自用兵以来，翼赞筹画，克合机宜"⑥，但为了防止索额图继续专权骄纵，并与明珠等大臣不和而影响朝中安定，所以命解索额图大学士职，任为内大臣。

不久，又因索额图党羽众多，为稳定政局，加授索额图为议政大臣。索额图被解大学士任后，仍有很大势力。索额图弟心裕"素行懒惰，屡次空班"，交索额图议处，只议罚俸一年。索额图另一弟法保也以懒惰革职，"并不思效力赎罪，在外校射为乐，索额图亦不教训"。实际是进行消极对抗。索额图本人则继续贪黩施威，攫取财物，成为"通国莫及"的"巨富"。康熙帝"以其骄纵，时加戒饬"，他"并不悛改，在朝诸大臣无不惧之者"。⑦ 康熙二十二年（1683）三月，清朝政局日渐稳定，康熙帝命革去索额图的议政大臣、内大臣、太子太保等官职，仅留佐领

① 《康熙起居注》第1册，第421—423页。
② 《清史稿》第263卷，《魏象枢传》。
③ 《清史稿》第269卷，《索额图传》。
④ 《康熙起居注》第1册，第423页。
⑤ 《康熙起居注》第1册，第589—590页。
⑥ 《清史列传》第8卷，《索额图》。
⑦ 《清圣祖实录》第108卷。

一职；同时革去心裕銮仪使、佐领职务，只留伯爵，并和索额图均罚俸一年；革去法保太子太保职务和公爵。

康熙二十五年（1686）八月，康熙皇帝恢复索额图领侍卫内大臣职务，目的是用索额图制约明珠集团进一步膨胀。哈达赫舍里氏家族和索额图党羽虽然在朝中仍然拥有一定势力，但已经大大受挫，从此萎靡不振，而明珠集团的势力则从此更加膨胀。

5. 明珠势力膨胀

早在索额图植党营私、擅权专政时，明珠就广结党羽，形成权势仅次于索额图的另一个集团，当时即有"要做官，问索三；要讲情，问老明"[①]的民谣。

索额图被解大学士任后，明珠的权势迅速膨胀，游移于明珠和索额图之间的大学士觉罗勒德洪彻底倒向明珠一边。明珠集团的重要成员余国柱由户科给事中擢任左副都御史，不久出任江宁巡抚，以贿赂迎合明珠，内升左都御史，迁户部尚书，后授武英殿大学士，因与明珠结党营私，被时人称为"余秦桧"。满洲正白旗舒穆禄氏佛伦，也因投靠明珠，先后升任内阁学士、刑部侍郎、左都御史和工、刑、户三部尚书。熊一潇亦以明珠援引，由浙江道监察御史擢任顺天府尹、工部尚书。历任兵、吏二部尚书和文华殿大学士，并且战功赫赫的李之芳，亦听明珠指挥，成为其集团的成员。明珠集团的成员还有云贵总督蔡毓荣、湖广巡抚张汧等。和昔日索额图一样，明珠的党羽也遍布朝中各部门，继索额图之后而权倾朝野。

明珠党羽众多，权势日盛，"凡阁中票拟，俱由明珠指麾，轻重任意。余国柱承其风旨，即有舛错，同官莫敢驳正"。康熙帝让他传达谕旨，说到某官员贤能时，他就卖好说："由我力荐。"说到某官员不好时，他也市恩说："上意不喜，吾当从容挽救。"俨然以一人之下、万人之上的众官保护伞自居，以招揽更多的臣僚投依自己麾下，并且对谕旨内容"任意增添，以市恩立威，因而要挟群心，挟取货贿"。他每天启奏完毕从皇宫出来，部院大臣及心腹党羽必拱立以待，皆密语移时，询问

---

① 《啸亭杂录》第9卷，《张凤阳》。

皇帝意向，商议应对之策。"部院衙门稍有关系之事，必请命而行。"①
结成不亚于索额图集团的另一个专权贪贿的官僚集团。明珠对自己集团
中的官员或行贿投靠者，设法加以庇护卵翼。其党羽蔡毓荣匿取吴三桂
逆产及隐藏吴三桂孙女为妾之事败露，明珠虽然没有公开说情，但刑部
官员判处时"瞻徇党类"，"不秉公研讯，律拟失当"，②即从轻处理，
明珠予以认可。御史陈紫芝参劾张汧恃势贪暴，多方搜刮财物，建议将
张汧及其保举之人一并议处，得到康熙帝的支持。可是明珠所拟票签，
不提保举之事，显然是回护与自己关系密切的张汧及其保举者王遵训、
卢琦、任辰旦等人。对不附己者，则大加排斥而不显露。索额图排斥异
己的方式是当众呵斥，公开压抑；明珠的绝招是当众吹捧使其附己，捧
了后而仍然不依附自己者，再行倾陷，对汤斌、徐元梦、德勒格都是如此。

　　明珠和江宁巡抚汤斌素有宿怨，却屡次在康熙帝面前说汤的好话。
康熙二十四年（1685）九月，汤斌保奏拟降级调用的常州知府祖进朝居
官清廉，请求仍留原任，吏部议不准行。康熙帝征求明珠的意见，明珠
回奏说："汤斌居官最善，必有确见，然后题奏。似应将伊所请破格
准行。"③康熙二十五年（1686）三月，康熙帝以詹事府官员不副职任，
是否可用汤斌，让明珠等大学士同九卿、科道会议具奏。明珠等会议后
上奏说："昨遵谕旨，臣等会同九卿、科道议得江宁巡抚汤斌居官廉洁，
人品端方，允堪内召，以副大用。至于詹事府衙门关系最为重大，自古
以来，无不慎简贤良，以资辅导。""汤斌操履清正，惰性和平，洵可
翼赞东宫，应升为礼部尚书，总管詹事府事。"④这些意见，都被康熙
帝欣然采纳，明珠也因此给官员们留下好的印象，得到赞誉。前面提到
的因不附索额图而遭受压抑，庶吉士散馆时改任户部主事的徐元梦，本
为明珠长子纳兰性德的同学，又是同榜进士。明珠屡次招纳，徐元梦皆
不肯就范，又听说依附索额图的李光地赞许徐元梦，徐元梦和李光地有

　　① 《清史列传》第8卷，《明珠》。
　　② 《清圣祖实录》第129卷。
　　③ 《康熙起居注》第2册，第1366页。
　　④ 《康熙起居注》第2册，第1449页。

所过从，明珠心中不快，表面上却不仅不恼怒，反而"必赞之于广众中"，康熙帝问徐元梦之为人，明珠以诚实对，"选讲官，列荐名，先于学士"①，进行拉拢。与徐元梦同受李光地推奖的满人侍读学士德格勒，明珠也乘他扈驾巡行之机，"使人累千金为装"②，进行笼络遭到拒绝也不愠不恼。可是得知汤斌、徐元梦、德格勒等反对自己时，则脸色一变，排斥打击不遗余力。

汤斌被授为礼部尚书管詹事府事，辅导皇太子后，钦天监灵台郎董汉臣以"谕教元良，慎简宰执"③，即教育太子，慎选大学士等款上奏。御史陶式玉说他摭拾浮泛之事，夸大其词，请逮系严鞫。康熙帝征询明珠等人的意见，明珠上奏说："董汉臣身系微员，并无言责，因启奏公事，私上条陈，于大体不合。况伊条奏皆系现行之事，故票拟革职，严加议处。"④明珠定了调子，其他大臣群起附和，都说董汉臣越职条奏，于体统不合，应加议处。仰承明珠意旨的大学士王熙甚至说："市儿妄语，立斩之，事毕矣。"⑤唯独汤斌说："汉臣应诏言事，无死法。大臣不言而小臣言之，……吾辈当自省。"⑥"董汉臣无言责，妄奏不合。但愚人妄奏，应否宽免，恭候皇上睿裁。"⑦显然是反对明珠"严加议处"和王熙"立斩之"的意见，况且董汉臣"慎简宰执"一款，是针对明珠而发的，汤斌同情董汉臣，不就是反对明珠这个"宰执"吗？因此余国柱抓住汤斌在九卿会议时说过"惭对汉臣"等话，告讦董汉臣条奏是受汤斌指使。明珠更是怀恨在心，说汤斌任江宁巡抚时文告中有"爱民有心，救民无术"等话语，是蓄意谤讪朝廷，被康熙帝传旨诘问。⑧过了不久，明珠集团又抓住汤斌奏疏中"擅执朱笔"一语大做文章。

---

① （清）方苞：《方望溪全集·集外义》第6卷，《记徐可全遗事》。
② （清）陈康祺：《朗潜纪闻初笔》，《二笔》第4卷，《德勒格劾奏明珠》。
③ （清）蒋良骐：《东华录》第14卷。
④ 《康熙起居注》第2册，第1634页。
⑤ 《汤文正公全集》卷首，汤巡：《年谱定本》。
⑥ 《汤文正公全集》卷首，汤巡：《年谱定本》。
⑦ 《康熙起居注》第2册，第1634页。
⑧ 《清史稿》第265卷，《汤斌传》。

原来汤斌辅导皇太子练习书法时，皇太子写完仿格后，递过朱笔，让汤斌将写得不好之字叉之，以便他以后书写时注意。汤斌即接过朱笔，对皇太子所写仿格加以圈点。这本是老师判改学生作业的常事，但因学生是皇太子，汤斌事后觉得不妥，以"擅执朱笔"请罪，由于心情紧张，未申明执朱笔之故。明珠集团觉得有机可乘，纷纷上奏攻击汤斌。王熙面奏说："汤斌隐蔽妄奏，并未题明。在皇上面前犹且如此，倘在远方，更不知何如矣！""糊涂粉饰，诚犬彘不如也。"余国柱也上奏说："汤斌假称道学，其实假不到底。"① 明珠则又节外生枝，上奏说："达哈塔言汤斌失仪，云皇太子写仿时，汤斌执书昏倦，以面掩书，惟垂头而已。"②

康熙帝知汤斌无罪，未予处理。但明珠集团并不甘心，仍在伺机报复。

汤斌辅导皇太子时，徐元梦亦给诸皇子授课，德格勒时充日讲起居注官。值久旱不雨，康熙帝命德格勒用蓍草占卜，探询原因。德格勒占卜后说："小人居鼎铉，故天屯其膏。决去之，即雨。"康熙帝追问居鼎铉的小人为谁，德格勒以明珠对。③ 明珠得知后对德格勒十分憎恨，经常制造流言蜚语，在康熙帝面前说德格勒的坏话，挟嫌报复。德格勒与徐元梦过从密切并互相推奖，徐元梦也成为明珠集团攻击的对象。德格勒和李光地友善，李光地赞许他博学善易，文词俱佳，并于回籍省亲入辞时，面奏德格勒、徐元梦学博文优。明珠集团由此散布谗言滥语，说徐元梦、德格勒和李光地结党，暗指他们都与索额图亲厚，是索额图的党羽，但学问浅陋，文词粗劣。恰在这时，德格勒在给康熙帝讲书时，言及受索额图打击并被排挤出朝廷的前内阁武英殿大学士熊赐履的弟弟、翰林院编修熊赐瓒学问不如徐元梦。康熙帝为辨明真相，对徐元梦、德格勒和熊赐瓒等12个文臣进行特别考试，题目是《理学真伪论》并作五言排律诗一首。"方属草，有旨诘二人（指徐元梦、德格勒）"。

---

① 《康熙起居注》第2册，第1652页。
② 《康熙起居注》第2册，第1653页。
③ 《清史稿》第282卷，《德格勒传》。

这"诘二人"的"旨"，是否明珠集团作祟，大可怀疑。由于有旨诘问的干扰，徐元梦心情紧张，思路混乱，未能完稿。德格勒则无心作文，忙于在"文后申辩"①。这样的考试，自然难出成绩，一败涂地。德格勒慌乱中所作诗文，全无文理；徐元梦之诗文也远不及熊赐瓒。明珠乘机上奏说："德格勒本系满洲，而假借道学之名，深可厌恶，应交部严加议处。"康熙帝以"饰为道学，无甚大罪"②，予以宽免。李光地不得不自认妄奏，明珠集团获得了胜利。后来，明珠等又上奏说："翰林院题参侍读学士德格勒奸诈诡谲，私抹记注档案。侍讲徐元梦与德格勒互相标榜，奸诡虚诞，妄自矜夸。此二人应俱行革职，交于刑部严加议罪。"③康熙帝听信了明珠等人的意见，将德格勒和徐元梦夺官下狱。后德格勒遇赦释归本旗，徐元梦获释，继续做官。

在此之前，康熙帝为保持朝臣权势均衡，防止明珠集团势长难制，已任命索额图为领侍卫内大臣，明珠与索额图两集团的斗争并没有止息。

（六）被劾罢职

康熙帝是历史上少有的既有文韬武略，又善于驾驭臣下的皇帝，除对自己的儿子们争夺储位显得无能为力、捉襟见肘外，对控制群臣则表现出娴熟的技艺。他的一贯作风是当某一大臣及其派系势力强大时，他就去扶植与之对立的派系，以保持朝臣权势的均衡，便于自己操纵。鳌拜飞扬跋扈、专横暴戾时，他扶植索额图；索额图恃功傲上、权倾朝野时，他转向支持明珠。如今明珠又权压群臣，并且干预他对皇太子的培养，他自然不能容忍。但明珠势力强大、联络广泛，不仅中央各部院多其党羽，而且下自地方督抚、上至皇宫后院，都有跟明珠来往或替他说话的人。更重要的是康熙帝异常敬重的祖母太皇太后，也和明珠有着一定联系，明珠是太皇太后信用之人。罢黜明珠的前提是太皇太后病故，直接借口是关于开浚下河，真实原因是康熙帝要更换太皇太后在世时倚用的大臣，强化自己的皇权。

---

① 《清史稿》第289卷，《徐元梦传》。
② 《康熙起居注》第2册，第1626页。
③ 《康熙起居注》第3册，第1724页。

明珠在平定"三藩之乱"的过程中，确是康熙帝的得力辅佐、股肱重臣。但康熙帝既是具有雄才大略、经文纬武的君主，又是善于驾驭臣属僚佐、精通臣下互相牵制之术的帝王。在明珠权势大增，朝臣趋附时，康熙帝仍然利用索额图的势力在台下牵制明珠，使明珠不得不"务谦和"[1]，想方设法争取同僚的好感，探听康熙帝的内心隐秘。由明珠推荐进入南书房供奉内廷的高士奇，自然成为向明珠提供康熙帝情绪变化和新近意向的首要人选。有记载说："高初因明进，至是，明转向之访消息。"高士奇每次从宫中回家，明珠都和他"必语久之"[2]。可是尽管明珠如此刺探和绞尽脑汁地猜度康熙帝的意旨办事，仍然不能尽如康熙帝之意。特别是"三藩之乱"平定后，明珠对康熙帝的辅佐作用已大大减退，和韩信"兔死狗烹，鸟尽弓藏"的命运相似，明珠的处境险上加险。

1. 太皇太后病故

明珠在担任内务府总管时，就和太皇太后有过接触。后来扈从康熙帝陪同祖母休养或游览，也能见到太皇太后。康熙帝常常借去慈宁宫向太皇太后问安或陪同出游之机，请教国家大事，凡事听命于祖母太皇太后。太皇太后名义上"不预政"，实际是"朝廷有黜陟，上多告而后行"[3]，掌握着用人大权。明珠的迅速升迁，直至做到内阁武英殿大学士，一定程度上是得到太皇太后的认可或即是她的主意。明珠升迁后的大胆作为，也显然和太皇太后对他的赏识、信任、支持有关。

明珠一直和太皇太后保持着联系。如康熙二十年（1681）平定"三藩"战争结束后，即由明珠和另一大学士勒德洪亲往慈宁宫，奏请加进徽号礼仪。太皇太后谦让说："我受尊号，于心未惬，这典礼不必行，……皇上应受尊号，以答臣民之望。"明珠和勒德洪还奏康熙帝后，康熙帝又让他二人往慈宁宫向太皇太后上奏，要求"归美于尊亲"。太皇太后说："若必欲行此典礼，但加崇尔母皇太后可也。"明、勒二人

---

① 《清史稿》第269卷，《明珠传》。
② 《清朝野史大观》第5卷，《高江村结欢内侍》。
③ 《清史稿》第214卷，《后妃传》。

还奏康熙帝，康熙帝复派他二人往慈宁宫，要求太皇太后"俯体群情，允行大典"。太皇太后才同意加上徽号，"着照礼仪行"[1]。再如康熙二十三年（1684），议政王、贝勒、大臣会议多罗惠郡王博翁果诺庸懦懒惰，祭地坛时，未曾患病，不行斋戒，应削去王爵。康熙帝觉得此事重大，涉及处罚皇室要员，又让明珠和勒德洪去慈宁宫奏闻太皇太后。太皇太后说："博翁果诺身膺王爵，不尽力事上，彼荷谁之恩而致此王位？其爵自应削去。"[2]明珠和勒德洪向康熙帝传达了太皇太后的懿旨，康熙帝才遵命削去博翁果诺的郡王爵位。

这种往返于皇帝和太皇太后之间，甚至太皇太后的懿旨都要明珠和勒德洪向康熙帝传达的现象，似乎不是内阁大学士的例行公事，而是明珠和勒德洪深受太皇太后赏识信任的证明。既然太皇太后赏识信任明珠，则太皇太后在世时，康熙帝即使对明珠权力过大，压制群臣以至干扰自己对皇太子的培养十分不满，也不好轻去其职，以触太皇太后之怒。只有太皇太后去世后，才好下手。但是，明珠的处境已经是险上加险。

明珠的处境之所以险上加险，还在于政敌不停地攻讦。索额图在内阁时，就曾以"撤藩激变"为由，奏请将明珠处斩。索额图离开内阁后，与明珠的斗争并没有止息。索额图集团党羽常常借事生风，无端攻讦。例如于成龙因和与明珠关系密切的靳辅在治理黄河、运河等问题上龃龉，就把矛头指向明珠，在康熙帝面前屡进谗言。汤斌与明珠集团的余国柱有隙怨，也支持灵台郎董汉臣攻击明珠。曾经和明珠站在一起反对索额图的纳兰性德的座师徐乾学等人，也因企图霸占靳辅在黄河、运河泛滥区筑堤涸出土地与靳辅发生矛盾，进而与明珠不和。蔡毓荣、张汧等行为失检遭受弹劾，弹劾者都认为明珠是他们的后台，隐约把矛头指向明珠。明珠为此十分苦恼，处境艰难。

康熙二十六年十二月二十五日（1688年1月27日），太皇太后病逝。康熙二十七年正月二十三日（1688年2月24日），康熙帝刚办完丧事到乾清门听政，江南道御史郭琇参劾河道总督靳辅阻挠开浚下河，"宜

---

[1]《康熙起居注》第1册，第798页。
[2]《康熙起居注》第2册，第1185页。

加惩处"时，康熙帝就提示说："廷臣中有掣肘河务者，尔于本内曾言及否？"郭琇回答："无之。"[①]康熙帝和郭琇的对话，是当着九卿、詹事、科道等官员的面说的，他们都明白"掣肘河务"的廷臣指明珠，其他廷臣是没有力量"掣肘"一直由康熙帝亲自指授的河务的，但当时谁也没有点明。那么明珠是否"掣肘河务"呢？上河的治理是不会存在这一问题的，因为明珠一直积极支持靳辅治河，成绩斐然，有目共睹，问题就出在开浚下河。

2. 开浚下河之争

所谓"下河"，是指江苏淮安府和扬州府所属的山阳（今淮安市）、盐城、高邮、宝应、江都、泰州、兴化等七州县低洼地区，因黄河和运河决口泛滥及减水坝所放之水漫入而无泄水出路，常常成为巨浸汪洋，连年发生水患。靳辅治河，着重保证漕运，对排泄积水入海、减轻下河水患重视不够，反而经常因水大时为防止河堤溃决而开减水坝闸门放水，加重下河水患。

康熙二十三年（1684），康熙帝南巡后决定控制兴建减水坝，委任安徽按察使于成龙（另一于成龙，字振甲，汉军镶黄旗人）负责开浚下河入海口，使水有所归。康熙帝的用意无可非议，但将河务划分上下，交给两位大臣分别办理，势必发生矛盾，而且明显地透露出对长期负责治河的靳辅的不信任。于成龙主张开挖故道，疏浚海口排泄积水。靳辅则认为："下河地卑于海五尺，疏海口引潮内侵，害兹大。"主张筑堤束水，以敌海潮，并将"堤内涸出地亩，丈量还民。余招民屯垦，取田价偿工费"[②]。

康熙二十四年（1685），康熙帝召靳辅、于成龙至京，讨论治河方案。明珠奉旨询问河工事宜，"以两人之议不合，劝谕划一兴工"。但靳辅和于成龙"各坚执不从"，明珠便和九卿公议后，于当年十一月二十四日上奏说："于成龙居官虽清，但河工事宜未经阅历。靳辅久任河务，已有成效，似应从靳辅之议。""但由靳辅、于成龙二人之议观之，觉

---

① 《康熙起居注》第3册，第1718—1719页。
② 《清史稿》第279卷，《靳辅传》。

于成龙之议理长。"康熙帝又问汉大学士，王熙回奏说："于成龙所议是一旧说，乃照明朝河臣潘季驯河防一览之法；靳辅所议，是一创建之策。"康熙帝又问汉学士，徐乾学回奏："靳辅治河已见成效，似乎可行。"康熙帝口头虽说"两人各持一说，似俱有理，……似俱可以建功，但不知孰者于民有益无害"①，并命明珠等传问籍隶淮扬地区的现任京官，可是他内心里是赞同于成龙之说的，只是担心明白说出后会得罪今后他还要使用的明珠及其支持的靳辅，进而也会使太皇太后不高兴，便想让朝臣中有人说出，由他表态支持。

次日，康熙帝再次问徐乾学："尔江南人，河工之事毕竟若何？"徐乾学没有领会康熙帝的用意，回奏说："臣系江南人，不知江北地形。但于成龙从未治河，难以深信。靳辅久任河工，屡著成效，举朝皆以为是，毕竟从靳辅之议为是。"康熙帝没有达到目的，又问讲官、翰林院侍读学士乔莱："尔江北人，尔如何说？"乔莱家是宝应地主，因当地地主企图将堤内涸出土地霸占私垦，对靳辅实行屯田和"取田价偿工费"的主张十分反感，便回奏说："若依于成龙之议，工也易成，百姓（实指地主）有利无害；若依靳辅之议，工也难成，伤损民田、民房、坟墓甚多。"②康熙帝立即明白表态："今两人建议皆系泄水以注海，虽功皆可成，毕竟于成龙之议便民。""于成龙所请钱粮不多，又不害百姓，姑从其议，著往兴工。如工不成，再议未迟。"③明珠为了决策的慎重，当即面奏说："乡绅之议如此，未知百姓何如？宜著章京带伊等亲至其地一看。"④二十二日，康熙帝为说服百官，决定派工部尚书萨穆哈、学士穆成格速往淮安、高邮等处，会同漕运总督徐旭龄、江苏巡抚汤斌，详问地方父老，确勘详议。

康熙二十五年（1686）正月，萨穆哈、穆成格返回北京，汇报说下河地区百姓都说开浚海口无益，请求停止下河工程。二月，康熙帝命九

①《康熙起居注》第2册，第1396页。
②《康熙起居注》第2册，第1399页。
③《清圣祖实录》第123卷。
④《康熙起居注》第2册，第1400页。

卿会议，九卿也认为应行停止。康熙帝又问明珠，明珠回奏说："议行停止，似乎可从。"①康熙帝又命明珠等传问九卿和于成龙，明珠传问后上奏说："臣等传问九卿，俱云既经奉差大臣及该督、抚亲历河干，勘问彼处百姓，佥谓挑浚海口无甚利益，应照伊等所题停止。""据于成龙云：欲开浚海口，必修治串场河，其工费约用百余万两。臣等意以皇上凡事节俭，不致靡费，正欲节用以爱民耳。若此工果有裨于民，即费至千万两，固所不惜。若以百万帑金尝试于未必可成之工，殊为无益，不若留此金钱，以备各处赈济及蠲免地丁钱粮，于民实有裨益。此工似应停止。"康熙帝见大学士和九卿一致反对开浚海口，沉思良久，才不得不说："既经众议如是，著停止。"②并提升于成龙为直隶巡抚，以免成为众矢之的。

康熙帝开浚海口的想法遭到大学士和九卿的一致否决后，便怀疑有人在背后串联策划，从中阻挠作梗，因没有根据，就想以陪同萨穆哈、穆成格征询意见的淮扬道高成美作为突破口，查出否决自己意见的关键之人。康熙二十五年（1686）闰四月，广西按察使出缺，九卿会推高成美拟正，荆南道沈志礼拟陪。康熙帝得知后立即指斥说："朕观近日九卿会推殊为疏忽。高成美居官未有善绩，胡简敬（吏部侍郎）保之，群然从之，甚属不合！"明珠为解除康熙帝怀疑，上奏说："凡选用官员，皇上未尝不可以亲定。而必令九卿会推者，无非欲得人才耳。今如此行事，实负皇上委任之意。"康熙帝命将胡简敬、高成美"严加议处，以敬将来"；并说萨穆哈、穆成格"必干预此事"，"久当必露"。③恰巧，同日由江苏巡抚升任礼部尚书管詹事府事的汤斌至京，陛见于乾清门。康熙帝问及开浚下河海口事宜，汤斌领会了康熙帝的意图，上奏说自己虽然同意过萨穆哈、穆成格暂停开浚下河海口工程的主张，并且"遂同具题"，但曾一再声明开浚海口是有益的，还说萨穆哈、穆成格征询

① 《康熙起居注》第2册，第1426页。
② 《康熙起居注》第2册，第1427页。
③ 《康熙起居注》第2册，第1479页。

民众意见时，"言语嘈杂，不能归一"①，并非一致反对开浚海口。康熙帝以回奏失实罪，将萨穆哈、穆成格革职。明珠等上奏说："开浚海口相应举行，其管理开浚，或差巡抚于成龙，或另差大臣之处请旨。"②康熙帝为取得朝臣的支持，命明珠等再详问九卿及淮扬地区在京官员的意见具奏。明珠等询问后上奏说，九卿云："汤斌原任江宁巡抚，所见必确，今称开海口有益，故复议应开。"乔莱等籍隶淮扬地区的京官，更赞同开浚下河海口的主张，说"开一尺有一尺之益，开一丈有一丈之益"，但"七邑钱粮有限，又因灾伤蠲免，毕竟皇上发帑金救民更速"③。康熙帝遂命工部右侍郎孙在丰前往督修，先发库银二十万两，若成功有望，再酌量动支正项钱粮。

工部有人体会到了康熙帝对靳辅的不满，便乘机疏参说："靳辅修理河工已经九年，并无成功，虚靡钱粮，相应交与该部严加议处。"明珠反对说："若另差人修理，未必悉如靳辅所行，或又更张，必致多费钱粮，工之成否，亦未可定。"康熙帝见明珠言之有理，便说："且俟一、二年后，看其若何。"④但九卿中仍有人虽知靳辅是难得的干才，不可贸然撤换，还是不依不饶，要将靳辅"革职留任，仍令治河"⑤。并为此展开了争论，"与靳辅善者，为之称美；与靳辅不善者，言其过失"⑥。康熙帝征询明珠的意见，明珠上奏说："二十二年，九卿会题靳辅修河告竣，水归故道，将所革之职复还。今河水尚循故道，靳辅或暂免其革职，令督修河工；或从九卿所议，复候上裁。"康熙帝以"遽将靳辅议处，恐后任事者益难为力"⑦，命暂免革职，仍令督理河工。不料靳辅为人戆直，毫不屈服，不仅仍然坚持自己的意见，而且有视治河为专利，不容他人染指的想法，不与督修下河工程的孙在丰配合。

① 《康熙起居注》第2册，第1482页。
② 《康熙起居注》第2册，第1499—1500页。
③ 《清圣祖实录》第126卷。
④ 《康熙起居注》第2册，第1505页。
⑤ 《康熙起居注》第2册，第1509页。
⑥ 《康熙起居注》第2册，第1510页。
⑦ 《康熙起居注》第2册，第1512页。

　　康熙二十五年（1686）十二月，孙在丰奉旨与靳辅会议，要求关闭上河减水坝，以便开浚下河，靳辅断然拒绝。明珠等满汉大学士和工部官员建议将靳辅和孙在丰召回北京，减水坝诸处应否闭塞，"令在九卿前各陈己见，候皇上亲行详诘裁定，然后兴工"①。康熙帝说："假使靳辅治理下河，不塞水口，能于巨浸中从事乎？令靳辅为之，必欲闭塞诸口。今孙在丰为之，又云不可，何也？岂非有阻挠之意耶？"明珠上奏说，靳辅以前曾奏疏通下河，需关闭高邮北小闸等处，如今"自背前言。皇上念及前疏，一令查看，故罅隙立见"②。康熙帝命不必召孙在丰，只召靳辅一人来京面询。

　　康熙二十六年（1687）正月，靳辅奉召来京，康熙帝面询后，又命内阁会同九卿、詹事、科道官员问明靳辅，开写折子呈览。明珠上奏说："臣等传靳辅来问，据云：高邮州之南两大减水坝，自正月可塞至五月；三小减水坝，自正月可塞至三月。高邮州之北，其坝亦有可塞之处，唯高家堰之坝断不可塞。其应塞之处，与孙在丰会议时，并未说出，殊为不合，因将靳辅交与该部议处。"③

　　康熙帝又召靳辅面询，靳辅说："今修理正河钱粮尚忧不足，何得有钱粮堵塞无用之口？臣若阻挠挑浚下河，国法岂其可逃！"礼部尚书管詹事府事汤斌主张堵塞减水坝，兵部尚书伊桑阿则说："即不堵塞高家堰之堤，下河亦可挑浚。"④但康熙帝坚持要关闭上游闸坝，靳辅只得冒着河堤被冲决的危险，答应将包括高家堰在内的减水坝关闭一年，还要歌颂几声"圣见极当""圣见极明""皇上所见最为洞悉"。明珠这时才彻底摸清了康熙帝的意图，上奏说："皇上明见万里之外，塞上流之水，则下河自可兴工。探本究源，靳辅亦心服无词矣。"余国柱等原先支持靳辅的朝臣，也都领会了康熙帝的意向，转到了靳辅的对立面。康熙帝遂命孙在丰速做准备，于康熙二十五年（1686）十二月兴工，"挑

---

①《康熙起居注》第2册，第1572页。

②《康熙起居注》第2册，第1573页。

③《康熙起居注》第2册，第1582页。

④《康熙起居注》第2册，第1583页。

浚下河，勿致违误"①。

康熙凭借皇帝的权威压服了靳辅等大臣，但大臣们乃至孙在丰带去的司官郑都等，对开浚下河的思想并没有统一。康熙二十六年（1687）三月，即发生了浚治下河司官不听孙在丰调度，"阻挠河工"的事件，康熙帝命明珠召集九卿等会议。明珠等于会议后上奏说："今诸臣公议得，皇上轸念高、宝等七州县百姓久罹水患，特遣大臣挑治下河，甚盛心也。今所差司官便已怀私，不听侍郎孙在丰调度，……应请敕下江南督、抚及总漕，会同孙在丰监修，庶河工无所阻挠，告成可俟。"②康熙帝接受了明珠等的意见，命将差往下河工程司官撤回；十月，靳辅又疏请于高家堰之外筑重堤，并停下河的丁溪等处工程。康熙帝命明珠征求于成龙的意见，于成龙一仍旧贯，坚持"下河宜挑不宜停，重堤宜停不宜筑"③。九卿对两种意见进行了复议，结论是"仍照靳辅所奏"④。明珠将有关情况汇报康熙帝后，康熙帝命户部尚书佛伦、吏部侍郎熊一潇等会同江南总督董讷、漕运总督慕天颜确勘议奏。十二月，佛伦、熊一潇查看河工后回京，上奏说："经察看高家堰地势，应如靳辅原议。"请停下河白驹、丁溪、草堰等处工程。⑤康熙帝命九卿等会议具奏，因太皇太后病逝而拖延。这就是所谓明珠"掣肘河务"的全过程。

开浚下河之争的过程，很难得出明珠"掣肘河务"。郭琇参劾靳辅阻挠开浚下河本来就有错误，康熙帝再推而广之，将靳辅的问题推演到明珠"掣肘河务"，则更是大错而特错了。后来的实践证明，靳辅的主张是正确的。从康熙帝、大臣及百姓以至于成龙后来的话语中，也证明了靳辅的主张是正确的。

郭琇参劾靳辅阻挠开浚下河不久，康熙帝将靳辅革职，并派兵部尚书张玉书、刑部尚书图纳等全面勘阅靳辅主持的河工。他们勘阅后对靳辅的治河予以肯定，还奏说："河身渐次刷深，黄水迅溜入海。其已建

---

① 《清圣祖实录》第129卷。
② 《康熙起居注》第2册，第1609页。
③ 《清圣祖实录》第131卷。
④ 《康熙起居注》第2册，第1674页。
⑤ 《清圣祖实录》第132卷。

闸坝堤埽及已浚引河，并应如辅所定章程，无庸更改。"① 接着，康熙帝南巡亲至其地视察，详阅后说，高家堰"不可无减水坝，若妄将减水坝轻塞，湖水势大，安能保堤无决"②。他还通过各种途径进行咨访，"闻江淮诸处百姓及行船夫役，俱称颂原任总河靳辅，感念不忘"，靳辅"实心任事，克著勤劳。前革职属过"。③ 继任河道总督于成龙到京后，康熙帝问他："尔向日议河工事，曾面奏减水坝宜塞不宜开。汝今观减水坝果可塞乎？"于成龙说："臣彼时妄言减水坝宜塞，于今观之，实不可塞。"又问："尔前言靳辅靡费钱粮，并未尽心修筑河工，尔今观之何如？"于成龙答："臣今亦照靳辅所修而行。"④ 而于成龙、孙在丰等人主持开浚的下河工程，"止（只）是虚靡国帑，水势并未稍减，田亩并未涸出"，最后也不得不吸收靳辅的治河思想和经验，"上流既理，则下流自治"⑤，才使治河取得成效。可见郭琇参劾靳辅阻挠开浚下河，请求惩处，虽然事出有因，但是极其错误的。靳辅屡遭弹劾，并不是因为治河错误，而是因为他敢讲真话，坚持己见，与康熙帝的意图发生抵触，已经超出了至高无上的皇帝所能允许的范围，被一些逢迎皇帝意旨的人排挤。至于说明珠"掣肘河务"，则纯系无稽之谈，完全是康熙帝意欲罢黜明珠等太皇太后在世时所倚用之旧臣，以便强化皇权的借口。

3. 罢黜明珠

明珠虽然没有"掣肘河务"，但因康熙帝当众发了话，也就"罪责"难逃了。一些平日与明珠不睦的大臣心领神会，积极酝酿着参劾明珠，搜肠刮肚地寻找明珠的"罪行"材料，最先发难者，依然是善于领会康熙帝意图并与靳辅对立的于成龙。

于成龙认为靳辅之所以敢于坚持自己的意见，不肯认错屈服，是由于明珠在背后支持，要彻底搞垮靳辅，就必须釜底抽薪，推倒明珠。所

---

① 《清史列传》第8卷，《靳辅》。
② 《康熙起居注》第3册，第1846页。
③ 《康熙起居注》第3册，第1851页。
④ 《清圣祖实录》第162卷。
⑤ 《清圣祖实录》第191卷。

以就把明珠与声名不佳的余国柱联系起来，在康熙帝面前尽说明珠、余国柱的坏话。康熙帝以于成龙之言询问当时入值南书房的翰林院侍读、少詹事高士奇。善于见风转舵的御用文人高士奇已经体会到了康熙帝的意图，又怕因自己与明珠关系密切而受牵连，也说明珠和余国柱结党营私。康熙帝问："何无人劾奏？"高士奇回答："人孰不畏死？"高士奇这样回答，完全是耸人听闻。但他为迎合康熙帝的意愿，不惜出卖昔日的恩人，封建社会的官场就是这样尔虞我诈、险象环生。康熙帝听了高士奇的回答，知他会对明珠反戈一击，便说："若辈重于四辅臣乎？欲去则去之矣，有何惧？"①明确地表示了即将罢黜明珠、余国柱的意向，让高士奇与之划清界限，争取主动。

康熙帝的这种意向，也向时任左都御史、与明珠过从甚密并屡受其举荐的徐乾学做过透露。徐乾学曾因是否禁用明代旧钱与明珠信任的余国柱及吏部尚书科尔坤发生过冲突，又与明珠的另一亲信、户部尚书佛伦"遇会议会推，辄与龃龉"②。得知康熙帝意向后，一则为摆脱自己和明珠的干系，免受牵连；二则为借机对余国柱、科尔坤、佛伦等人泄私愤，便立即站到了明珠的对立面。有记载说："郭琇先参明珠、余国柱，是高、徐先说明白，疏稿先呈皇上，上改几字，而始上。"甚至疏稿也是"高谋之徐，徐遂草疏，令郭华野（郭琇）上之"③。近世也有学者认为明珠罢相，"实由乾学受圣祖（即康熙帝）密旨，嗾郭琇劾罢之"④。事实上是高士奇与徐乾学秉承康熙帝的意旨商议后，由"乾学主之"⑤，指使时为徐乾学部下的郭琇（徐乾学时任都察院的最高长官左都御史，郭琇为其属下十五道之一的江南道御史）上了参劾明珠、余国柱"背公营私实迹"的奏疏。

康熙二十七年（1688），江南道御史郭琇上了参劾明珠、余国柱"背公营私实迹"的奏疏。这份奏疏共举出"阁中票拟，轻重任意；传达谕

①《清史稿》第271卷，《高士奇传》。

②《清史稿》第271卷，《徐乾学传》。

③（清）李光地：《榕村续语录》第14卷。

④（清）邓之诚：《清诗纪事初编》第6卷。

⑤《清史稿》第271卷，《徐乾学传》。

旨，市恩立威；结连党羽，戴德私门；督抚缺出，展转贩鬻；指授学道，取贿预定；交结靳辅，阻开下河；牵制言官，压制参劾；柔言甘语，阴行鸷害"八款，最后说，明珠"负恩之罪，书之罄竹难尽"①。危言耸听地罗列了明珠八款罪名。其实，明珠的所作所为，大都经过康熙帝同意，有的甚至为康熙帝所指授，假如郭琇的奏疏字字有据，款款俱实，则无异证明明珠是历史上权力最大，可以总揽朝政、为所欲为的"奸佞之臣"；康熙帝也就成为历史上最不过问朝政，凡事都由明珠操纵、任明珠为非作歹的"昏君"。可是事实并非如此，在励精图治、事必亲裁的康熙帝统治下，哪一个票拟不经康熙帝同意而能发出？督抚等官员均由康熙帝授任，岂容明珠随意贩鬻？言官参劾，自有朝廷所定制度，由康熙帝定夺，明珠岂能压制得了？当然，明珠集团结党营私、排斥异己、贪污受贿等问题，还是存在的，其余则多系捕风捉影、推想臆测之词，如果全盘否定了明珠，就等于否定了康熙帝二十七年（1688）前的政绩，也是康熙帝被人们所称许赞扬的主要政绩。

应该说康熙帝在康熙二十三年（1684）九月对明珠的评价，还是比较实事求是的："凤阁清才，鸾台雅望。典章练达，服勤匪懈于寅恭；器识渊凝，顾问时资于靖献。属在论思之地，参机务之殷繁。每抒钦翼之忱，佐经猷于密勿。崇阶早陟，载晋公孤，弘奖申嘉，庸昭宠渥。……启乃心以沃朕心，尚嘉谟之时告；慎厥位以风有位，期庶绩之咸熙。永劭休声，只膺荣命。"②从中可以看出，明珠才能出众，熟悉典章，办事勤敏，见识超群，参与机务，献策密勿，并且对康熙帝有"沃朕心""风有位"的作用。后来，康熙帝之所以把明珠说得一无是处，是当时维护皇权的需要，同时也是明珠自不量力、"徇利太深，结交太广，不能恪守官箴"、过于张扬所致，所以康熙帝在接到郭琇的奏疏后，既不查证核实又不询问群臣的意见，就发表了千余言的长篇谕旨，但也未能明言明珠的"罪责"，而是以"本应发明其事，以肃官方，因不忍遽行加罪大臣，且用兵之时，有效劳绩者，故免其发明"数语

---

① （清）蒋良骐：《东华录》第14卷。
② 阎崇年：《明珠及妻觉罗氏诰封碑文考述》，载《四平民族研究》1987年第2期。

就遮饰了过去。

最后，康熙帝宣布："勒德洪、明珠著革去大学士，交于领侍卫内大臣酌用。李之芳（内阁文华殿大学士）著休致回籍。余国柱（内阁武英殿大学士）著革职。科尔坤（吏部尚书）著以原品解任，佛伦（户部尚书）、熊一潇（工部尚书）著解任，于河工案内完结。"①当时朝廷共有五位大学士，居然一下子就革职、休致了四位，只留下了不大理事的汉人大学士王熙，此举明显地表明是在更换太皇太后在世时倚用的大臣，强化皇权的权威，而不是由于郭琇的参劾所致。况且郭琇的奏疏根本没有涉及勒德洪和李之芳，康熙帝却在罢黜名单中将勒德洪列于明珠之前，将李之芳列于明珠之后，其根本原因在于明珠周围已经形成了一个官僚集团，并且可能危及康熙帝的皇权地位。

后来，康熙帝的孙子乾隆帝也说，罢黜明珠"实皇祖恩威并用""慎持予夺之柄"所致。"确核明珠罪案，只在徇利太深，结交太广，不能恪守官箴，要不至如明代之严嵩、温体仁辈窃弄威福，竟敢阴排异己，潜害忠良，举朝侧目，而莫可谁何也。即如明珠以现任阁臣，而郭琇即以露章胪款，抨击甚力。使明珠果能如明季诸奸之箝制言路，则郭琇矢口之间，早已祸不旋踵；即或深谋修隙，亦必多方狙伺，假手挤排。乃郭琇因此一疏，遂以鲠直受知，不及二年，即由金都御史荐擢都御史，不闻明珠之党有能为之抑沮者。""至于明珠生平是非功过，原不相掩。"②乾隆帝的总结虽然对乃祖不无回护，但也说出了一些真话，不像郭琇站在敌对角度全面诋毁明珠的所作所为。

综观明珠的一生，其精明强干，勤敏练达，辅佐康熙帝在调整政策，缓和满汉民族矛盾；消除割据势力，平定"三藩"叛乱，维护国家的统一；抵御沙俄侵扰，捍卫民族尊严和领土完整；与民休息，减轻赋税，稳定社会；广泛团结汉族文人，促进满汉文化交流等方面都做出了突出贡献，从而造就了相对安定的政治环境，使得清朝逐渐国力强盛、政治

---

① 《康熙起居注》第3册，第1728页。

② 《清高宗实录》第919卷。

稳定、经济发展、文化繁荣，为清代"康乾盛世"打下了坚实的基础，对此后满、汉两大民族文化的融合产生了深远的影响，其历史功绩是应予肯定的。

第四章
纳兰明珠
家族后人

纳兰明珠家族后人包括：明珠长子纳兰性德、明珠次子揆叙、明珠三子揆方及明珠女儿女婿。

一、明珠长子性德

纳兰性德系明珠长子。关于纳兰性德后嗣的状况，据记载，纳兰性德有三子：福哥、富尔敦、福森；四女："长适翰林院侍讲高其倬，次适翰林院侍讲年羹尧，次适马喀纳，次未字。"[1] 据叶舒崇在纳兰性德原配正妻卢氏墓志铭中所说，卢氏曾生子海亮。卢氏于康熙十三年（1674）和性德结婚，卒于康熙十六年（1677），"卢氏因难产亡故"，海亮的出生年份应在康熙十六年（1677）。卢氏所生的海亮大概幼年夭殇，所以未叙齿排行，这也就是徐乾学、韩菼、唐孙华、王鸿绪诸人所写墓志碑铭中不提海亮的原因。

（一）长子福哥

福哥（1676—1702），即唐孙华所记述的"傅哥"，亦"富格"。[2] 纳兰性德长子，明珠长孙。福哥生于康熙十五年（1676），生母是纳兰性德的侧室颜氏，纳兰性德在康熙二十四年（1685）病故时，他已虚龄十岁。由于是长子，纳兰性德生前对他十分钟爱，经常带他去会客。顾贞观后来回忆说，有一次，他去纳兰性德家，谈得十分投缘。"吾哥既引我为一人，我亦望吾哥以千古。"过了几天又去，纳兰性德"执令嗣之手而谓余曰：'此长兄之犹子。'复执余之手而谓令嗣曰：'此孺子

---

① （清）王鸿绪：《明公墓志铭》。
② （清）赵殿最：《富公神道碑》。

之伯父也。'"①。这个"令嗣"，就是福哥。福哥"生而颖异"，受父亲性德及其家庭环境的影响，"笃好图史"。（赵殿最：《富公神道碑》）《富公神道碑》记载，福哥"友爱两幼弟，式好无间"。

纳兰性德去世后，福哥由祖父明珠、祖母觉罗氏和生母颜氏抚养。明珠夫妇因他是长门长孙，爱如掌上明珠；颜氏更把他视为精神支柱和晚年寄托之希望所在，抚养他几乎投入了全部精力。但他言行谨慎，"不敢恃爱稍有放佚也"。从《富公神道碑》记载他"键户读礼，初未出干外事"来看，他是在家学习"读礼"，在"峥嵘头角"为康熙帝所知后，才被"选充近侍"，即和其父纳兰性德一样，充当侍卫，"趋走虔谨"。可惜还未有所建树，"仅逾弱冠，竟以一疾长逝"，年仅二十六岁。

福哥有觉罗氏、裴氏两位夫人，裴氏夫人所生子瞻岱，位列管旗大臣和封疆大吏。

瞻岱（？—1740），福哥子，纳兰性德孙。据《八旗通志》初集《八旗大臣年表》记载，瞻岱于雍正十年（1732）二月出任正黄旗蒙古副都统，次年（1733）正月调任正红旗满洲副都统。乾隆年间升任甘肃提督，即《富公神道碑》中所说的"提督直隶（指京师）总兵官都督同知管辖通省兵丁，节制各镇"。"提督（军务）总兵官"是提督的全称。提督带都督同知衔者为从一品，说明瞻岱是从一品官员。至于"管辖通省兵丁，节制各镇"，则是提督的职责。提督名义上与总督、巡抚并称"封疆大吏"，但实际上仍受督抚节制，地位、权力都逊于督抚。据光绪《甘肃全省新通志》记载，瞻岱于乾隆三年（1738）出任甘肃提督，"廉干而慈祥，绝馈献，饬卒伍，兵民感悦"，并且"建储仓，捐资购麦粟贮之。每窘乏，减息出贷以济营伍穷黎"。②由此可知，瞻岱不但是一位清官，而且是一位难得的、清正廉明的好官，深受当地军民爱戴。连纳兰性德也人沾其光，"以孙贵"，死后多年还被"诰赠光禄大夫、副都统，又晋赠光禄大夫，提督直隶总兵官都督同知"。③乾隆五年（1740）八月，

①《通志堂集》第19卷，附录顾贞观所写祭文。

②（光绪）《甘肃全省新通志·职官五十六·大吏传》。

③（清）赵殿最：《富公神道碑》。

瞻岱病逝于甘肃提督任上，谥曰"恭勤"。[1]

瞻岱娶妻舒鲁穆禄氏，生有一子二女。子名达洪阿，福哥卒时为荫生，后来的情况不明。长女许配镶蓝旗满洲人、雍正十一年（1733）癸丑科进士、翰林院编修鄂伦，次女许配镶黄旗生员哈赏阿，都是满洲贵族而又通文墨之人。

（二）次子富尔敦

富尔敦（1681—？），又译作傅尔敦、福尔敦，纳兰性德次子。隶叔父正黄旗"满洲揆叙佐领"下。《富公神道碑》记载，福哥"次弟富尔敦，登进士第"。据《八旗通志》初集《选举表》记载，正黄旗"满洲揆叙佐领"的富尔敦考取举人是康熙三十八年（1699）己卯科，考中进士是三十九年（1700）庚辰科。由于满洲贵族上学较早，生活条件好，政治条件优越，中试较汉人容易，即以十九岁中举人、二十岁中进士计，富尔敦也应生于康熙二十年（1681）。

富尔敦能够考中举人、进士，在科举道路上连连获捷，即说明他自幼勤学，学有所成，是满洲贵族中难得的翘楚才俊。但中进士后的作为，未见记载，始纂于雍正十三年（1735），编竣于乾隆九年（1744）的《八旗满洲氏族通谱》仅载金台石之玄孙"福尔敦原任七品官"[2]，据此，可知富尔敦大概是和他的父亲性德、长兄福哥一样，才高八斗而寿命不长，仅做了一任七品官就英年早逝。

（三）三子福森

纳兰性德三子福森，亦称富森，《八旗满洲氏族通谱》未有记载。相传，为纳兰性德妾沈宛所生。

据《纳兰性德行年录》记载：康熙二十三年（1684）岁暮，性德纳沈宛为妾；康熙二十四年（1685）秋，沈宛生遗腹子富森。乾隆二十六年（1761），性德第三子富森与太皇太后七十寿宴，时富森七十六岁。[3]

---

① 那迦：《不辞冰雪为卿热》，同心出版社2011年版，第301页。
② 《八旗满洲氏族通谱》第22卷。
③ （清）纳兰性德著，聂小晴编著：《纳兰词全编笺注典评》，中国华侨出版社2012年版。

（四）性德女儿女婿

纳兰性德生有四女。在封建社会里，女子姓名不显，只能是"母以子贵"或者"妻以夫荣"，所以，也只能从其丈夫或者儿子的史料中看出一些蛛丝马迹。

1. 大女婿高其倬

大女儿的夫婿高其倬，曾任云贵总督。康熙四十七年（1708）明珠去世时，纳兰性德之长女纳兰氏已经"早卒"，未能见高其倬的飞黄腾达。

高其倬（1676—1738），字章之，号芙沼、种筠。其先世居铁岭，初隶汉军镶白旗，雍正元年（1723）改隶汉军镶黄旗。祖父高尚义曾任佐领，以随征战功，授二等轻车都尉世职，出任杭州驻防协领。伯父高天爵，由长沙知府调任两淮盐运使，未及上任，值"三藩之乱"起，被叛军逮捕杀害。堂兄高其位以军功擢任参领、江南提督等官，官至文渊阁大学士兼礼部尚书，加太子少傅。另一堂兄高其佩官至刑部侍郎兼正红旗汉军都统，以长于手指画知名于世。高其倬的父亲高荫爵是高尚义的次子，初任直隶蠡县知县，以赈灾和按治豪强闻名。后调任三河县知县、南路捕盗同知，补授湖广德安府同知、四川松茂道、直隶口北道等职，以廉洁恤民著称，是清朝著名的循吏。

高其倬于康熙三十三年（1694）十九岁时考中进士，在翰林院庶常馆学习三年后，散馆授翰林院检讨、侍讲学士。当时揆叙亦在翰林院任职，史载高其倬和巢可托、揆叙诸公"多所酬唱"[1]。不久，高其倬又兼任佐领，充四川乡试正考官，出任右中允、山西学政、内阁学士等职。因在康熙五十七年（1718）审理惩治河南南阳镇闹事标兵首犯、平息骚乱得力，得到康熙帝的重视，被提拔为广西巡抚。康熙六十一年（1722）升任云贵总督。他在任内革除土司陋规，镇压土官土目叛乱，劝民开垦旷土，兴办学校，禁单抢劫、贩卖人口等陋俗，政绩斐然，并以不与隆科多、年羹尧结党得雍正帝赏识。雍正四年（1726），调任闽浙总督，他又奏请广开谋生之路，进一步废除海禁，允许沿海居民出洋贸易，为清朝干练官员。后来京陛见，晋太子太保，调任两江总督。还

---

[1]（清）杨钟羲：《雪桥诗话》第3卷。

未及视事，即以他"通晓堪舆术"，召回京师，命与怡亲王允祥一同相度"万年吉地"于易州太平峪。此后又担任过署云贵广西总督，回两江总督任，江苏、湖北、湖南巡抚，工部、户部尚书等职，但都为时短促，无突出政绩。乾隆帝对他总的评价是"练达老成，宣力年久"[①]。死后谥文良，著有《味和堂集》行世。

纳兰性德之长女纳兰氏"早卒"。高其倬又娶和明珠关系密切的蔡毓荣之女蔡琬为继室。蔡琬字季玉，也是著名才女，著有《蕴真轩诗钞》二卷、《诗余》一卷，"诸诗沉郁悲凉"[②]，词作清婉奇丽，为旗人上乘之作。

2. 次女婿年羹尧

纳兰性德次女的夫婿年羹尧，其父年遐龄历任河南道御史、工部侍郎、湖北巡抚等职。兄年希尧累官广东巡抚、工部侍郎、内务府总管等职，且懂医学，通音韵，工绘画，尤精数学，有多种著作行世。年羹尧妹系雍正帝胤禛为雍亲王时的侧福晋，胤禛即位后封为贵妃，甚得宠爱。

年羹尧（1679—1726），字亮工，汉军镶黄旗人，亦为雍正帝藩邸旧人，康熙三十九年（1700）考中进士后，改庶吉士，散馆授翰林院检讨，迁侍讲学士。他与性德次女何时成婚失载，但肯定在迁侍讲学士之前。此后他历任四川、广东乡试正考官和内阁学士，康熙四十八年（1709）出任四川巡抚，以实心任事、办事明敏得康熙帝赏识。康熙五十七年（1718）晋为四川总督兼管巡抚事，经理四川防务，支援定西将军噶尔弼、平逆将军延信进藏立功，康熙六十年（1721）受命兼理川陕总督。雍正帝即位后，召抚远大将军允禵还京，命年羹尧接管其军务，不久即平定了青海罗卜藏丹津发动的叛乱，规划善后十三条，得到雍正帝的嘉奖，封为一等公。但他恃功骄纵，奴视同僚，连督抚大员都要跪道迎送，并且家中用人置物之规制有超越皇室之处，又每每干预朝政，用人自专，被称为"年选"，因而遭到群臣不满和雍正帝的猜忌，调任杭州将军。雍正四年（1726），因年羹尧居功骄纵，被雍正帝以九十二条大罪勒令自尽。

---

① 《清史列传》第144卷，《高其倬》。
② （清）杨钟羲：《雪桥诗话》第3卷。

纳兰性德次女早卒。年羹尧子女甚多，哪几个为性德次女纳兰氏所生，难以查考。性德次女卒后，年羹尧续娶爱新觉罗宗室辅国公苏严（一作苏燕）之女觉罗氏为妻。觉罗氏系纳兰性德外祖父阿济格的后人，觉罗氏之父苏严（即普照、经照弟）是性德之母觉罗氏的侄孙、阿济格的曾孙。年羹尧死后，觉罗氏被"发还母家"[①]。但雍正帝在谕旨中仍然强调"年羹尧又明珠之孙婿"[②]，常常把年羹尧和明珠联系起来，可见年羹尧仍与纳兰家交结颇多，况且他的继室觉罗氏是明珠岳父阿济格的后人（阿济格的世系是阿济格—傅勒赫—绰克托—苏严）。

3. 三女婿马喀纳

纳兰性德之三女婿为马喀纳。由于满人重名极多，无从查考。

4. 第四女

第四女，明珠病逝时，"未字"[③]。被纳兰性德二弟揆叙与其妻耿氏所收养，此女后嫁何人，未见记载。有学者认为揆叙之女嫁乾隆朝重臣傅恒者，就是纳兰性德之第四女；但是，也有学者认为嫁傅恒者是揆叙所另收养者。

（五）漫话性德后裔

纳兰性德孙子瞻岱病逝后，纳兰性德家也就没有再出现过什么高官。[④]

据考，纳兰性德长子福哥墓地在"海淀以南双榆树之阡"。经过访问得知，墓主后人为广忠，又称"广大人"坟。最后占地8亩，界桩为"叶赫纳兰氏茔地"。1989年4月8日经过调查，得知"广大人"宅在西四帅府胡同（今名西四北二条）。据"广大人"后人回忆，叶广忠（1833—1904），清末官居九门提督，为正一品。叶广忠次子叶常敬（1899—1948），字正斋，1899年7月26日生，北京市第一中学毕业，曾任小学体育教员，1948年11月19日去世。叶广忠第三子叶常续（1901—

---

① （清）萧奭：《永宪录》第3卷。
② （清）萧奭：《永宪录》第3卷。
③ （清）王鸿绪：《明珠墓志铭》。
④ 那迦：《不辞冰雪为卿热》，同心出版社2011年版，第301页。

1972），字绍先，1901 年 11 月 26 日生，体育学校毕业，北京市育英中学体育教员。叶常敬、叶常续二人都会武术，都是体育老师。[①]

明珠当年不但贪黩甚多，而且罢相之后，专心司理家务，以至田产丰盈，日进斗金，积累下来的财富多到子孙享用几代而不衰。等到明珠次子揆叙的四世孙成安时，其官职虽然不高，却仍是豪富之家。乾隆帝时期的权臣和珅为此十分垂涎，向成安勒索财物，不料成安个性耿直倨傲，不肯迎合和珅。和珅恼羞成怒，遂罗织罪名将成安革职抄家，财产宅院田庄全都籍没入官。

揆叙的四世孙成安被革职后，他所任的佐领一职又传回到纳兰性德的后代那伦身上。那伦（？—1813），在嘉庆年间担任头等侍卫兼什长，在嘉庆十八年（1813）九月十五日，也就是林清率领天理教发动癸酉之变，攻入紫禁城东华门、西华门的当天，正好值宿太和门。因饭后无聊，那伦便往乾清门与一个叫同寅的人闲谈。天理教攻打进来时，宫中侍卫们都毫无防备，局面十分混乱。那伦一见有警，便要返回太和门去，而此时景运门已关闭，他只能从东边的隆宗门绕回。同寅当时出言拦阻，但素来过直的那伦说："国家世臣，当此等事，敢不急赴所守耶？"又道："吾太和门值宿，例死太和门，此处非吾死所也，必不可。"遂独自从隆宗门出来，跑到太和门附近，不料熙和门此时也已关闭。再折回到右翼门时，正好遇上攻打进来的天理教，据说那伦"手自戮数人，大骂不屈遇害"，事后得照阵亡之例给予抚恤，也算成就了一桩忠义之举。[②]

后来，纳兰性德家族落到"一冠数十年"的窘况，再往后家道只能更趋衰落。再往后，则连故迹和故人也难以寻觅了。什刹海后海北沿的明珠府邸，后来被赐给成亲王永瑆，光绪年间又成为醇亲王奕谭的北府。

另外，根据零散资料研究，增锡，生卒年不详，纳兰性德六世孙，那根正祖父，曾任清朝"御前侍卫"。增锡"小的时候在贵胄学堂读书，考到保定陆军速成学堂读书"，到清河陆军学堂"去教书，一直做到校

---

① 王芸：《北京档案史料》，新华出版社 2005年版，第210页。
② 那迦：《不辞冰雪为卿热》，同心出版社 2011年版，第301—302页。

长的位子"。孙中山、黄兴曾与增锡会见，增锡"答应一定支持他们"。^①
后来，患急性肺炎病逝。

那根正，生卒年不详，自称"纳兰性德九世孙"，^②增锡孙。他是
位收藏家。^③收藏有"慈禧写的寿字"及宫廷的一只碗。

等到民国年间的 20 世纪 30 年代初，张任政编纂《纳兰性德年谱》，
再次寻找到纳兰性德的后人时，纳兰性德的后人已经成了奔走街衢的劳
力者。"先生后裔，自籍产后，渐式微，有名锟钰者，先生之后裔也。
前数年卒。有子一，年甫壮，飘沦无室家。初依其族伯。族伯亦贫甚，
不堪久依。今且执挽父之役，贾劳力以自为活。短衣鬐面，奔走于通衢
间，盖自改国以还满族之贫乏而不能为生者，什之，固不独先生之后为
然也。"这位"短衣鬐面，奔走于通衢间"的纳兰后人，成为一名洋车夫。

金启孮先生在文章《忆金受申》中写道："金受申有一次在安定门
内酒缸喝酒，初冬雨雪，寒气袭人。见一洋车夫披破棉袄，持一极精细
之碗前来买酒。受申索其碗观看，见碗底有红印'鸳鸯社'字样，亟惊
问：'您家的坟地在皂荚村吗？'车夫答：'是。'（原来'鸳鸯社'
系纳兰性德室名，受申即知，又以坟地皂荚屯印证得实，知车夫确为纳
兰性德后人无误。）遂与车夫攀谈，并叹息说：'纳兰氏后人一至于此
乎！'为之唏嘘者久之。因作《清平乐》一阕纪实曰：'初冬雪雨，又
是愁如许……'云云。惜年久，全词不复记忆。"^④在雨雪溟濛的沉沉
冬日，纳兰氏后人（洋车夫）手持祖传"鸳鸯社"的精致小碗来打酒，
昔日纳兰性德身边的优雅风景，终于随着大清王朝的没落，而消失殆尽，
渐行渐远……

中华人民共和国成立后，明珠府邸花园部分成为宋庆龄故居，其余
部分分别属于国家宗教事务局、卫生部和学校。几百年来，不但人事变
迁，连雕梁画栋也在历次改建中失去了原来的样子。高墙虽在，却再也

---

① 《北京晚报》2005年3月19日第23版，连载《从国舅到平民》。

② 王芸：《北京档案史料》，新华出版社2005年版，第209页。

③ 王芸：《北京档案史料》，新华出版社2005年版，第213页。

④ 那迦：《不辞冰雪为卿热》，同心出版社2011年版，第302页。

看不到纳兰性德笔下的渌水亭、花间草堂或者通志堂。对于怀着朝圣之心来到此地的缅怀者，清波绿树之间，留下的只有茫然和惆怅。

皂荚屯纳兰一族的祖茔，本是北京西郊的名墓，面对着燕山山脉，龙湾子河三面环绕，风景优美，气候宜人。纳兰性德的安息之所在明珠之南，墓室坐东朝西，石马石兽俨然排列于前，春花烂漫，秋果飘香……然而这片墓地不但在民国年间屡遭盗窃，到了"文化大革命"时更被彻底破坏，墓室被完全刨开，石雕、牌坊、墓门、棺木也被拆掉、挖出，毁坏殆尽。虽然还剩下几块残碑，得以从附近的村中抢救回来；虽然也曾听说，有人看到纳兰氏的后人，在夜色中驱赶牛车来到墓地，捡拾起几块遗骨用红布包走，不知所踪……但这终究是一个只会令人感到凄凉的结局。①

但是，纳兰性德家族的文脉仍然延续着。叶嘉莹（1924—　　），号迦陵，著名学者、诗人，是清代著名词人纳兰性德的同宗后裔。南开大学中华古典文化研究所所长，博士生导师，加拿大籍中国古典文学专家，加拿大皇家学会院士，曾任台湾大学教授，美国哈佛大学、密歇根大学及哥伦比亚大学客座教授，加拿大不列颠哥伦比亚大学终身教授，并受聘为国内多所大学客座教授及中国社会科学院文学所名誉研究员。2012年6月被聘任为中央文史研究馆馆员。1924年，叶嘉莹出生于北京的一个书香门第，出身名门，才貌双全。童年时代的叶嘉莹读了大量的古典文学名篇，过目成诵而又出口成章。1941年，18岁的叶嘉莹以优异成绩考上了北平辅仁大学国文系，攻读古典文学专业。她才华卓绝，却又少年丧母，中年丧女，命运坎坷。从大学二年级起，叶嘉莹跟著名诗人顾随学诗。叶嘉莹曾被我国台湾淡江、辅仁等多所大学聘为教授。1966年，作为教授中国古典文学的学者，她走上了美国哈佛大学的讲坛，由此开始了她将中国古典文学和文化推介到世界的旅程。有人评价她说，叶嘉莹与中国古典文学之间是一种互相的成全，先是中国古典文学成全了叶嘉莹，塑造了她一种独特的文化人格；后是叶嘉莹终身致力于古典文学的研究，以自己特有的人格和魅力，把它传播到全世界。南开大学

---

① 那迦：《不辞冰雪为卿热》，同心出版社2011年版，第303页。

范孙楼的东区是文学院所在地。"中华古典文化研究所"金字在东区外墙上熠熠发光。研究所是旨在传承中华古典文化的研究机构，正是由著名诗人、学者叶嘉莹先生一手创建。①

二、明珠次子揆叙

（一）明珠次子揆叙

揆叙是明珠次子，纳兰性德弟。

揆叙（1674—1717）生于康熙十三年（1674），字恺功，号惟实居士。自幼聪颖，曾受业于性德的朋友吴兆骞和另外两位著名诗人兼学者查慎行（字悔余，号他山。原名嗣琏，字夏重。晚号初白老人）与唐孙华（字君实，号东江）。在查慎行和唐孙华的引导下，揆叙大展诗才。有记载说"年十四五，出语已压时辈"，后来行世的《鸡肋集》，即其少作。②查慎行后来在《闻恺功有塞外之行邀余重宿郊园赋此志别》诗中说："忆子从我游，翩翩富词章。十三露头角，已在成人行。"③

其诗文著作除《鸡肋集》外，还有《益戒堂集》《隙光亭杂识》等作品行世，诗作功力深厚，才华横溢。他与纳兰性德一样，不歧视汉族文人，并且廉洁自律。青年时即出任佐领、二等侍卫，于"退朝之暇，手一编，咿唔不休"（《耿氏墓志铭》）。康熙三十五年（1696）又由武职转为文官，特授翰林院侍读，次年即充日讲起居注官。康熙三十九年（1700），升任翰林院侍讲学士。康熙四十一年（1702），被提拔为翰林院掌院学士兼礼部侍郎，并任庶常馆"大教习"，教庶吉士学习满汉文课程。康熙四十二年（1703），揆叙曾奉命册封朝鲜王妃。不久又充任经筵讲官，和皇帝一起讲论经史。康熙四十七年（1708），出任工部侍郎，朝中发生了废皇太子胤礽之事。东宫虚位，诸皇子和朝臣围绕康熙帝的继承人问题，展开了激烈的明争暗斗。康熙四十七年（1708）十一月，康熙帝命满汉大臣于畅春园议立皇太子事，揆叙与诸大臣暗通

① 中国教育报刊社：《南开大学》，重庆大学出版社2007年版，第132页。
② （清）杨钟羲：《雪桥诗话续集》第3卷。
③ （清）查慎行：《敬业堂集》第17卷。

消息，诸大臣遂以"八阿哥"（胤禩）三字转奏康熙帝。虽然未得康熙帝允准，却因此与皇四子胤禛结仇。康熙五十一年（1712），升任都察院左都御史，仍掌翰林院事。康熙五十六年（1717）正月，劳累病卒，年仅43岁。

康熙帝命祭葬如例，谥文端。当时，谥"文"字者是"道德博闻""修治班制""勤学好问"，谥"端"字者是"守礼执义"。[①] 揆叙谥文端，是康熙帝对他一生为人政绩的总评价。有记载说，康熙帝对揆叙"最亲信，其卒也，相传欲以皇孙为之嗣，或即指允禔子"[②]。康熙帝非常信任揆叙，评价揆叙说："揆叙学问甚好，为人甚是谨慎敦厚。"大学士马齐说："揆叙年少老成。不但学问好，九卿及议政之事亦甚好。伊记性远胜臣等……"内阁学士常鼐也说："揆叙所学，不但超出满洲之中，即汉人中亦少。"[③] 汤右曾作诗总结揆叙一生说："书郎家世尽凌烟，更有才名万古传。年少承恩知第一，每以扈从奏甘泉。卜筑名园傍上林，承宫连阁对千寻。尽罗星宿看文雅，别遣风云入赋心。渌水亭西脆管哀，先生宾客为重开。座中应有邯郸竺，叹息天人未易才。"[④]

后来，揆叙因为议立皇太子事，遭到后来的雍正帝胤禛的报复。雍正二年（1724），胤禛说揆叙和阿灵阿"要结允禩等同为党援，肆无忌惮"。"此朕与阿灵阿、揆叙不共戴天之恨也！"对已经死去七年之久的揆叙，不仅夺官削谥，还下令将揆叙墓上碑文磨去，改刻为"不忠不孝柔奸阴险揆叙之墓"，"以正其罪，昭示永久"，[⑤] 说明当年诸皇子争夺皇位斗争的酷烈无情。乾隆二年（1737），纳兰性德之孙（福哥子）、正红旗满洲副都统瞻岱上奏说："臣祖性德、叔祖揆叙，附葬曾祖明珠坟茔内。前立神道碑，一面未勒书。因揆叙身蹈重愆，勒其罪状，彼时着往员役，即刻于神道碑之上。今叩蒙诰命，仰乞天恩将原碑改刻明珠

① （清）吴振棫：《养吉斋丛录》第12卷。
② 《永宪录》第4卷。
③ 《康熙起居注》第3册，第2351页。
④ （清）汤右曾：《题敦好堂集后》。
⑤ 《清史列传》第12卷，《揆叙》。

官衔。"乾隆帝"允之"。[1] 至此，才将雍正帝施展淫威所刻那段极尽凌辱戏弄之能事的碑文磨掉。

揆叙妻耿氏（1671—1719），比揆叙大三岁，生于康熙十年（1671），其母和硕柔嘉公主（清太祖努尔哈赤第七子饶余郡王阿巴泰曾孙女），十七岁时与揆叙结成少年夫妻。康熙二十七年（1688），耿氏与揆叙结婚。康熙五十八年（1719）十一月二日耿氏亡故，年四十九岁。耿氏之父耿聚忠（靖南王耿仲明孙、耿继茂第三子），生前也是显贵人物。揆叙遭受凌辱，是其妻耿氏去世以后的事。

耿氏的外祖父是安郡王岳乐，后晋封和硕安亲王，在"三藩之乱"爆发后为平寇大将军，率师征讨吴三桂、耿精忠叛军。康熙二十八年（1689）病卒，由其子玛尔浑、孙华玘相继承袭爵位。那么耿氏的母亲何以称为和硕柔嘉公主？清朝规定，"由中宫出者，封固伦公主；由妃嫔出者，封和硕公主；如中宫抚宗室女，下嫁亦封和硕公主"。岳乐虽然地位崇高，但最高爵位只是亲王，死后还追降郡王，按照"亲王女封郡主，郡王女封县主"[2] 的典制，岳乐的女儿只能封为郡主或县主，如何能有和硕柔嘉公主的封号呢？原来耿氏之母虽然是岳乐的"继福晋纳喇氏出"，但自幼"抚养宫中"，[3] 具体的抚养之人就是顺治帝宠冠后宫的爱妃董鄂氏。顺治帝在董鄂氏死后亲自撰写的《董后行状》中说："后尝育承泽王（硕塞）女二人，安王（岳乐）女一人于宫中，朝夕鞠抚，慈爱不啻所生。"[4] 董鄂妃死后追封孝献皇后，她所鞠抚的耿氏之母也就按照"中宫抚宗室女，下嫁亦封和硕公主"的典制，封为和硕柔嘉公主了。不仅如此，董鄂氏死后，柔嘉公主又由顺治帝的生母、康熙帝的祖母太皇太后和康熙帝继续抚养。康熙十二年（1673）六月柔嘉公主生病，康熙帝谕时任兵部尚书的纳兰性德之父明珠说："和硕柔嘉公主曾经世祖皇帝宫中抚养，后蒙太皇太后与朕一体鞠育。今闻公主病甚，

① 《清史列传》第12卷，《揆叙》。
② （光绪）《大清会典事例》第2卷。
③ （清）唐邦治：《清皇室四谱》第2卷。
④ （清）徐珂：《清稗类钞》第1册，第361页。

朕将亲往视之。"当日未时，康熙帝即"幸柔嘉公主第视疾"①。由于柔嘉公主和顺治、康熙两代皇帝及与董鄂妃以至执掌后宫大权的太皇太后关系密切，才使得耿氏能在宫中"与皇妃同坐饮食，皇上以下皆以格格呼之"，宛如公主。

（二）揆叙后嗣

康熙五十六年（1717）正月，揆叙死后，因为揆叙没有子嗣，康熙帝命原来由耿氏和揆叙收养的揆方子"永寿为嗣子"，"明年（1718），又令永福为文端（揆叙）子"（《耿氏墓志铭》）。揆叙弟揆方在康熙四十七年（1708）正月去世，留下两个孤儿由揆叙和耿氏抚养，就是后来康熙帝命正式过继给他们做继嗣的永寿和永福。康熙帝此举，在于抚慰耿氏无子的遗憾和孤寂，同时也是对揆叙的关怀眷顾，以显示帝王的恫瘝在抱。

从血缘关系方面讲，永寿和永福都是揆方之子。流传于世的揆叙《益戒堂自订诗集》，实为嗣"子仁山散骑永寿所编"②。所谓"散骑"，是因为永寿时任一等侍卫，职同汉代皇帝骑从的"散骑官"，故而借用。

康熙五十八年（1719），康熙帝特"以皇九子（允禟）第三格格下嫁永福"，由耿氏"率子入谢"，并且"即下礼部、钦天监会同择吉"，选定十月八日"进礼"，③次年二月三日成婚。但是还没有等到永福成婚，耿氏就于当年十一月二日亡故，年四十九岁。永福和永寿"二孤先后执丧，极尽子职"④，以报答抚养之恩。

允禟是康熙帝的第九子，生母为宜妃郭络罗氏（盛京内务府掌关防佐领三官保女），才能平庸，在诸兄弟中威望不高，最高爵位只是贝子（满语，宗室封爵第四等）。允禟积极参与皇子争夺储位的斗争，在自度被立皇太子无望后转而和允禩一起支持允禵争夺东宫储位，企图通过允禵来维护和提高自己的地位。康熙帝一针见血地指出："你们两个

---

① 《康熙起居注》第1册，第104页。
② （清）杨钟羲：《雪桥诗话续集》第3卷。
③ （清）年羹尧：《郡主觉罗氏墓志铭》。
④ 《耿氏墓志铭》。

指望他（指允禵）做了皇太子，日后登极，封你们两个亲王么？"① 并将允禵锁拿，交议政处审理，革去其贝勒（满语，宗室三等封爵）爵位，明确宣布不打算立允禵为皇太子。允禵为东宫储位的设想落空，允禟又转而支持允禩争立皇太子，谋取储位，因而使另一个有力的皇储争夺者胤禛对他十分憎恨。胤禛即位为雍正帝后，命他移驻青海西宁，以他在当地擅自买草、勘察牧地和在山西纵容属下之人殴打生员刘方洲为借口，夺爵幽禁。雍正四年（1726），又以允禟用西洋字母拼写满语的办法与属下之人秘密联络，雍正帝命解押回京，改名为塞思黑（满语，意为迁俗可厌之人，一说为刺伤人的野公猪）。行至保定，允禟不明不白地死去，疑是被直隶总督李绂毒死。

（三）揆叙养女

揆叙养女，系纳兰性德的第四女，也为揆叙和耿氏收养为女儿。另外，揆叙和耿氏还收养一女，就是乾隆时重臣傅恒（亦称富恒）之妻纳兰氏。

据杨钟羲《雪桥诗话余集》第5卷记载："白杨山人（明代画家陈道复号）墨笔花卉卷……复甫（陈道复字）中年作，为揆凯功（揆叙）旧物。流传始末载《隙光亭续识》，后归傅文忠夫人。文忠合米南宫（北宋画家米芾号）真迹藏一室，称'二妙轩'，外人不可得见。文忠没，第中两遭回禄（火灾），米迹遂毁。乾隆丙午，法开文（清代文学家法式善字）以讲学居生母忧。文忠夫人延课其曾孙，举是卷为贽。且郑重言曰：'中有先人手泽，幸无亵。'既而曰：'物得其所矣。'"② 所以，乾隆时重臣傅恒（富恒）之妻纳兰氏称揆叙所藏之画"中有先人手泽"。

"傅文忠"，指的是死后谥文忠的傅恒。傅恒是米思翰之孙、李荣保之子，为乾隆帝孝贤纯皇后之弟，备受乾隆帝信任，由贵戚历任总管内务府大臣、户部尚书、领侍卫内大臣、保和殿大学士兼军机大臣等要职。揆叙旧物"归傅文忠夫人"，文忠夫人称"中有先人手泽"，说明傅恒之妻为揆叙之女纳兰氏。傅恒之妻纳兰氏活到延师课其曾孙的年龄，是

---

① 《清圣祖实录》第234卷。
② （清）杨钟羲：《雪桥诗话余集》第5卷。

纳兰性德家族少有的长寿者。

傅恒有子四人：长子福灵安为多罗额驸，官至满洲正白旗副都统、署云南永北镇总兵官。次子福隆安尚乾隆帝和嘉公主，为和硕额驸，并袭一等忠勇公爵，历官兵部尚书、领侍卫内大臣、军机大臣等要职。三子福康安，历任满洲镶黄旗副都统、满洲正白旗都统、云贵总督、陕甘总督、吏部尚书、协办大学士、武英殿大学士，晋爵一等嘉勇公，死后追封郡王。四子福长安，历官户部尚书、总管内务府大臣等职。满门显宦，声震朝野。

三、明珠三子揆方

（一）明珠三子揆方

揆方（1680—1708），字正叔，明珠第三子，纳兰性德弟。从其墓志铭中得知，生于康熙十九年（1680），卒于康熙四十七年（1708），虚龄二十九岁。幼年时就在老师唐孙华和揆叙等人的影响下，养成了勤于学习的习惯。稍长，即专心读书而淡泊名利，"他所好皆淡如，非苟以自异于世之纨绔者，而刮磨豪习，未尝以富贵骄人"[1]。在明珠"凡其居处，无不锦卷牙签，充满庭宇，时人有比之邺架者"[2]和纳兰性德通志堂的藏书之外，仍然博采广求，苦读不休，"穷日夜，废饮食，句栉字比，钩棘锄芜，无剩余而已"[3]，生活条件十分优越，并且有一定文才。但由于狷介脱俗，超然物外，不求闻达，终生未曾做官，由于娶了郡主觉罗氏的缘故有和硕额驸封号。康熙四十七年（1708）正月去世。

揆方妻子觉罗氏名淑慎，字惠卿，生于康熙二十年（1681），卒于康熙四十五年（1706），年二十六，是"和硕康亲王第八女"（年羹尧：《郡主觉罗氏墓志铭》）。

和硕康亲王杰书（一作杰淑），是清初战功卓著的清太祖努尔哈赤次子礼亲王代善之孙。代善因作战勇敢，赐号"古英巴图鲁"（满语，

---

① （清）年羹尧：《揆方墓志铭》。
② （清）昭梿：《啸亭杂录》第10卷。
③ （清）年羹尧：《揆方墓志铭》。

意为有突出战绩的英雄），后金天命元年（1616）封和硕贝勒，称为大贝勒。清崇德元年（1636）晋封和硕礼亲王，死后由其第七子满达海袭爵。杰书为代善第八子祜塞第三子，原封多罗郡王。顺治十六年（1659），追论满达海于多尔衮死后取其财物和不纠吏部尚书谭泰骄纵罪，降常阿岱爵为贝勒。由杰书袭代善爵位，改号康亲王，成为朝中举足轻重的宗室重臣。"三藩之乱"时，授杰书为奉命大将军，征讨耿精忠，后又率部与郑经作战，尽复金门、厦门及沿海诸岛。康熙二十九年（1690），率兵屯驻归化城（今内蒙古呼和浩特市）防备噶尔丹。康熙三十六年（1697）卒，由其第六子椿泰（觉罗氏的兄长）及孙崇安相继袭爵。

由于代善的后人在清初朝政中发挥着巨大作用，所以揆方之妻觉罗氏的地位也就十分尊贵。觉罗氏生育一子一女，子名安昭，女儿幼年夭折。她死后，揆方又与继室生子元普。但揆方在康熙四十七年（1708）正月去世，留下两个孤儿由揆叙和耿氏抚养，就是后来康熙帝命正式过继给揆叙和耿氏做继嗣的永寿和永福。

（二）揆方长子永寿

永寿（1702—1731），字仁山，号是观居士，揆叙继嗣、揆方长子，永福之兄。生于康熙四十一年（1702），《永公墓志铭》说他"生而颖异，七岁用能作径尺书，九岁工诗文，有神童之目。十岁精骑射，十六岁授佐领，越二年擢头等侍卫。雍正初授散秩大臣，五年命充议政大臣"。提拔之快，实为罕见。据《八旗通志》初集记载，满洲正黄旗第三参领所属第六佐领："揆叙故，以其子兵部侍郎永寿管理。"① 揆叙卒于康熙五十六年（1717）正月，其时永寿十六岁，即接替了其养父揆叙的佐领职务，成为正四品官员。"越二年"，即康熙五十八年（1719）又出任正三品的头等（即一等）侍卫，实为异数。永寿少年即官运亨通，当是康熙帝追念揆叙功绩和对永寿生母觉罗氏、养母耿氏眷顾的结果。其伯父纳兰性德以父明珠为权倾朝野的首辅大学士，自己是堂堂进士出身，精于骑射而又文采风流，允文允武，最高职务却仅是一等侍卫。可惜永寿体弱多病，和伯父性德、生父揆方一样才丰命啬，三十岁就英年早逝。

---

① 《八旗通志》初集，第4卷。

雍正帝即位后，虽然对揆叙怀恨在心，但对永寿并没有压抑，授他为"散秩大臣"。所谓"散秩"，并不是闲散无职任，而是领侍卫府仅次于领侍卫内大臣、内大臣的职官，秩从二品，由特恩补授，"掌率侍卫亲军以宿卫扈从"①。即辅助领侍卫内大臣、内大臣统率侍卫亲军翊卫扈从，遇皇帝出巡时，可与内大臣、前锋统领、护军统领兼任前引后扈大臣，以供导从。另据《八旗满洲氏族通谱》卷二十二记载，永寿还曾担任过副都统。查《八旗通志》初刻可知，永寿于雍正元年（1723）四月出任满洲正黄旗副都统，成为"责任匪易"的管旗大臣，直至雍正九年（1731）正月病卒。但从雍正五年（1727）四月起，永寿只是兼任副都统，主要职责是兵部侍郎（正二品），为掌辖全国军事政令和考核任免武职官员的兵部的副长官。清制"侍郎"之属，"虽曰副贰，然与尚书皆为敌体，题奏之草，有一不画，例不得上，奖勋罚过，皆所与同"②。侍郎和管理部务的大学士及尚书同称"堂官"，位列部院大臣，地位显要。与此同时，永寿还充任议政大臣，与满族要员一起议处军国要务，成为朝廷重臣，并因政绩突出，"加五级"（《永公墓志铭》）。永寿资历很短即"加五级"，可见每次考核成绩均为优良。

永寿的夫人是官至正黄旗汉军副都统的含太（阿含泰）之女关氏（即瓜尔佳氏）。含太（阿含泰）雍正二年（1724）正月出任正黄旗汉军副都统，次年四月即被革职，大概是陷入雍正帝与允禩、允禟的争斗之中的缘故。

关氏生了四个女儿。史载乾隆帝"舒妃，叶赫纳兰氏，侍郎永绶（即永寿）女，生于雍正六年戊申，乾隆六年年十四，被选入宫，赐号贵人，十一月册封舒嫔。十四年四月晋舒妃。十六年生皇十子（幼殇，未命名）。四十二年丁酉五月三十日卒，年五十"③。舒妃的另外三个姐妹嫁于何人，史料失载。

因永寿无子，将其弟永福（已先死）之子宁秀兼祧作为后嗣，所以

---

① 《大清会典》第82卷。

② 《清史稿》第178卷。

③ （清）唐邦治：《清皇室四谱》第2卷。

《八旗通志》初集说："明珠管佐领时，分编一佐领，以其长子星（性）德管理。星德故，以其弟左都御史揆叙管理。揆叙故，以其子兵部侍郎永寿管理。永寿故，以其子宁秀管理。"①其实，永寿和宁秀都是以侄子承继为嗣子的。

（三）揆方次子永福

永福，生卒年不详，揆叙继嗣、揆方次子，永寿弟。康熙五十八年（1719），康熙帝特"以皇九子（允禟）第三格格下嫁永福"，但是还没有等到永福成婚，耿氏就于当年十一月二日亡故。永福和永寿"二孤先后执丧，极尽子职"（《耿氏墓志铭》）。永福当在康熙五十九年（1720）以后与皇九子（允禟）第三格格成婚，并且有一子宁秀。因为永福"已先死"，所以在永寿故时，永寿无子，才将其弟永福之子宁秀兼祧作为永寿的后嗣，才有史料记载："永寿故，以其子宁秀管理（所辖满洲旗人）。"②

永福之子宁秀除做过佐领外，还"原任副都统"③，系正二品八旗满洲官员。

四、明珠女儿女婿

明珠有几个女儿和她们分别嫁于何人，历来记载阙如或说法不一。

清人萧奭说："迨乾隆初，忠勇公傅恒建功相国。公亦明氏（指明珠）婿。"④据有的学者考证，傅恒娶的不是明珠之女，而是揆叙的养女，应是明珠的孙女。⑤

史载，根据皇九子允禟亲信秦道然的口供，皇九子允禟"与明家结亲"，在皇九子允禟之女下嫁明珠之孙永福后，允禟还"叫永寿之妻拜干女儿"，并且勒索明珠之孙永寿家的钱财。秦道然，字雒生，江苏无锡人，是纳兰性德的好友秦松龄之子。康熙四十八年（1709）考中进士，

---

① 《八旗通志》初集，第4卷。
② 《八旗通志》初集，第4卷。
③ 《八旗满洲氏族通谱》第22卷。
④ 《永宪录》第4卷。
⑤ 刘德鸿：《清初学人第一：纳兰性德研究》，中国社会科学出版社1997年版，第446页。

授礼科给事中，以文才见长。康熙帝为提高皇子皇孙的汉文化修养，命他做皇九子允禟的家庭教师。他在教书之余，兼管皇九子允禟的家务，对允禟的情况非常了解。雍正帝即位后，追究皇八子允禩、皇九子允禟结党谋夺储位的罪责，秦道然也以"党助悖逆"罪被拘禁，其口供中有一段话说允禟讹诈纳兰家钱财，"叫永寿之妻拜干女儿，要永寿银八万两。允禟自与明家结亲之后，（得）现银约有四十余万两，田产、房屋约值银三十余万两"。

明珠夫人《觉罗氏墓志铭》记载，觉罗氏生有三女，"一配温郡王，一适一等伯李天宝，乃宗勋之后也，一未字"。而《明公墓志铭》也记载明珠有三个女儿，"长适一等伯李天保，次适多罗贝勒延寿，次先卒"。

据此可知，明珠共有三个女儿，长女嫁给李天保（一作宝），次女许配延寿（一作绶），三女至其母觉罗氏康熙三十三年（1694）死时年幼，尚未许人，明珠于四十七年（1708）去世时，已经先卒。

（一）明珠大女婿李天保

明珠大女婿李天保（亦称天宝），是李永芳之孙，即《觉罗氏墓志铭》中所说的"宗勋之后也"，"以（李）永芳别孙天保承袭"一等伯。康熙四十七年（1708），"天保缘事夺爵，销去恩加一等伯。其（李永芳）军功所得三等伯，以天保叔父绳宗承袭"①。史料记载，康熙四十七年（1708）正月，"吏部题：正蓝旗一等伯兼一拖沙喇哈番天保，坐官参入己"，应予以"革职，销去恩诏所得三拖沙喇哈番"，"余三等伯，以其叔李绳宗袭替"。康熙帝"从之"。②原来，李天保是因为属下人员不奉差遣私采人参据为己有被夺爵，后外任马兰峪（今河北遵化县境）副将，为从二品官。据《八旗通志》初集记载，正蓝旗汉军第一参领第六佐领说："李万春升任杭州驻防协领，以李永芳之孙一等伯天保管理。天保外任马兰峪副将，以其子佛宝管理。佛宝升任兰州游击，以其弟李元亮管理。李元亮升任三屯营副将，以佛宝之子李侍京管理。"③由此

---

① 《八旗通志》初集，第182卷。
② 《清圣祖实录》第232卷。
③ 《八旗通志》初集，第16卷。

可知，李天保有子名叫佛宝和李元亮，极可能是明珠长女、纳兰性德的长妹所生，并有孙名李侍京。至于其伯爵，则李绳宗之后有李淑忠，李淑忠之后有李侍尧、李奉尧兄弟等相继承袭，其中李侍尧官至武英殿大学士，以办事干练著称于时。

李永芳系辽东铁岭（今辽宁铁岭市铁岭县）人，本为明朝抚顺所游击，努尔哈赤以"七大恨"为由兴兵攻明，兵至抚顺，李永芳投降。努尔哈赤授他为三等副将，并将其第七子、贝勒阿巴泰之女嫁给他为妻，称他为抚顺额驸。李永芳从此极力效忠后金及清朝，以瓦解、招降明军和从征之功，升任总兵官，授予三等昂邦章京（满语，意为总管大臣，子爵）世职。

李永芳有九个儿子，均隶汉军正蓝旗，为清朝显官达宦。其次子李率泰亦娶宗室女为妻，官至弘文院大学士，外任两广、浙闽总督。五子巴颜（一作霸彦）袭父世职，历任甲喇章京（满语，汉名参领）、正蓝旗汉军固山额真等职，以战功屡受赏赐。顺治五年（1648），率左翼官兵协助英亲王阿济格等征讨叛将姜瓖，后论功晋爵一等伯，死后由其子释迦保承袭。释迦保在平定"三藩之乱"中立功，康熙二十二年（1683）卒后，论功加一拖沙喇哈番（满语，意为监守之官，汉名云骑尉，为五品世职），连同一等伯爵由其子长生承袭。长生次年又卒，"以永芳别孙天保承袭"。

（二）明珠次女婿延寿

明珠次女婿延寿（一作延绶），即温郡王，是清太宗皇太极长子肃亲王豪格之孙，多罗温郡王猛峨（一作孟峨）次子。皇太极死后，豪格曾谋与多尔衮争夺皇位。顺治五年（1648），执掌朝政的多尔衮借口构陷，将豪格议罪削爵，囚死狱中。直到多尔衮死后，豪格才得以平反昭雪，朝廷为他立碑记功，以其子福寿（一作富绶）袭亲王爵位，改号显亲王，增封豪格次子、延寿之父猛峨为多罗温郡王。康熙十三年（1674），猛峨病死，由其子佛永辉袭爵。康熙十七年（1678），佛永辉亦死，因子年幼，由佛永辉弟延寿承袭温郡王爵位。

康熙三十七年（1698），康熙帝为进一步强化皇权，抑制下五旗诸王特权，削弱他们在政治生活中的地位和影响，借机予以惩治，谕宗人府说："温郡王延寿行止不端，并不思效力行走，甚属负恩。此王原非承袭之爵，乃增封之王。伊父为人，原亦平常。著将延寿革去王爵，授为贝勒。"[1]《八旗通志》等官书也只说"缘事降为贝勒"[2]，而不及具体缘何事。正因为如此，延寿降爵后，其子揆慧、揆良（极可能是纳兰性德之次妹所生）仍然分别被封为辅国公和奉恩将军。与延寿同时降革的还有贝子袁端，镇国公明瑞、刘永、根度等人。

---

[1]《清圣祖实录》第188卷。
[2]《八旗通志》初集，第76卷。

第五章
历代纳兰
性德研究

　　自从纳兰性德病逝后，关于纳兰性德的研究就开始层出不穷。从历史时代分期上划分，大致分为清代前中期、清代后期、民国时期、新中国成立后三十年、20 世纪 80 年代、20 世纪 90 年代、21 世纪初等；从历史发展阶段上划分，大致分为兴起、发展、消沉、复苏、蓬勃发展等阶段；从内容上划分，大致分为家世、生平、交往、爱情、诗文作品及分析，等等。

一、清代前中期研究概述

　　纳兰性德是清代早期最有成就及名气的满族词人，其词清丽自然，超凡绝尘，字里行间又有一种挥之不去的哀婉与感伤。这种哀婉感伤与纳兰性德大富大贵的家庭背景以及一帆风顺的个人经历极不相称。因此，纳兰词的哀怨感伤及其形成原因从他病逝后，就成了纳兰性德研究的一个重点。

　　顾贞观《纳兰词序》从“怨”字入笔，结合纳兰性德的天资，精确地概括了纳兰词的艺术特点和艺术感染力：“非文人不能多情，非才子不能善怨。骚雅之作，怨而能善，惟其情之所钟为独多也。容若天资超逸，倏然尘外，所为乐府小令，婉丽清凄，使读者哀乐不知所主。”

　　吴绮的《纳兰词序》则用骈文描述纳兰性德的创作过程。序曰：“再得容若成君，新制仍名《饮水》。披函昼读，吐异气于龙宾；和墨晨书，缀灵葩于虎仆。香非兰苣，经三日而难名；色似蒲桃，杂五纹而奚辨。汉宫金粉，不增飞燕之妍；洛水烟波，难写惊鸿之丽。盖进而益密，冷暖只在自知，而闻者咸歔，哀乐浑忘所主。谁能为是，辄唤奈何。则以成子姿本神仙，虽无妨于富贵；而身游廊庙，恒自托于江湖。故语必超超，言皆奕奕……才由骨俊，疑前身或是青莲；思自胎深，想竟体俱成红豆也。嗟乎！非慧男子不能善愁，唯古诗人乃可云怨。公言性吾独言情，多读书必先读曲。江南肠断之句，解唱者唯贺方回；堂东弹泪之诗，能言者必李商隐耳。"提出了纳兰性德一生的两组矛盾：神仙天性与富贵家庭的矛盾，身游廊庙与自托江湖的矛盾，试图以此解释纳兰词哀怨感伤的形成原因。

特别是杨芳灿《纳兰词序》对纳兰词哀怨感伤的分析更为切近："先生貂珥朱轮，生长华阮。其词则哀怨骚屑，类憔悴失职者之所为。盖其三生慧业，不耐浮尘，寄思无端，抑郁不释。韵澹疑仙，思幽近鬼，年之不永，即兆于斯。"至于纳兰性德为什么会"不耐浮尘，寄思无端"，以致"抑郁不释"，杨芳灿又语焉不详。

此外，纳兰词的创作环境、创作内容以及纳兰性德的地位和影响也是当时研究中的热点。朱彝尊《祭纳兰容若文》就涉及纳兰词的创作环境和创作内容："曩岁癸丑，我客潞河。君年最少。登进士科……改岁月正，积雪初霁。纫履布衣，访君于第。居时欢聚，款以酒剂。命我题扇，炙砚而睨。是时多暇，暇辄填词。我按乐章，缀以歌诗。剪绡补纳，他人则嗤。君为绝倒，百过诵之。"严绳孙《进士纳兰君哀词》则写得更为全面："或感触风景，扈从山川，时复有作，及以相质，欣赏其长而剔扶其所短，莫不厘然各当于心焉。"并说："抗《侧帽》之高唱兮，聊以导夫郁积。"朱彝尊、严绳孙所述均比较客观，是后人研究纳兰性德及其词的重要资料。

至于纳兰性德的成就和地位，当时也有较多的评论和研究。其中姜宸英《通议大夫一等侍卫进士纳兰君墓表》有："喜为长短句特甚。尝言：'诗家自汉魏以来，作者代起，姓氏多澌灭。填词滥觞于唐人，极盛于宋，其名家者不能以十数，吾为之易工，工而传之易久。而自南渡以后弗论也。'其于词，小令取唐五代，宗晏氏父子；长调则推周、秦及稼轩诸家。以为其章法转换、顿挫离合之妙，正与文家散行体何异，而世故薄之，何耶？故即第左葺茅为庐，常居之，自题曰'花间草堂'。视其凝思惨淡，终合天巧，真若有自得之趣者。"比较全面、客观地指出了纳兰性德的词学追求和词学渊源，并且评价了纳兰词的创作成就。

严绳孙在《进士纳兰君哀词》中也谈到纳兰词的创作成就，以为"比喜小词，每好为之，当其合作，宋诸名家不能过也"。另外，严绳孙、秦松龄在《祭纳兰容若文》中也表达了相近的观点："玉溪纬词《金荃》丽句，寄托所之，前贤却步。"又说："兄善倚声，世称绝唱，周、柳香柔，辛、苏激亢。每言诗词，同古所尚。古诗长短，即词之创。南唐北宋，波澜特壮。亦犹诗律，至唐而畅。屈为诗余，斯论未当。"严绳孙的《成容若遗稿序》则对纳兰性德的词史地位做了评价："至于乐府小词，以为近骚人之遗。尤尝好为之，故当其合作，飘忽要眇，虽列之《花间》《草堂》，左清真而右屯田，亦足以自名其家矣。"

除此之外，徐乾学《通议大夫一等侍卫进士纳兰君神道碑文》还以生动的笔法，记述了纳兰词在当时的流行情况和轰动效应："君……精工乐府，时谓远轶秦柳，所刻《饮水》《侧帽》词传写遍于村校邮壁，海内文士竞所摹仿。然君不以为意。"为后人研究纳兰性德时期的词坛状况留下了宝贵的史料。

二、清代后期研究概述

清代词人中，纳兰性德的创作是一流的，清代后期研究者对他的评价相当高。谭莹《论词绝句》："家世文章第一流，如猿啼夕雁吟秋。纵王内史生平似，何必言愁也欲愁。"既道出他第一流的创作成就，也点出他"何必言愁也欲愁"的创作特色，比较精当。

在清代后期所有评论文字中，一致认为纳兰性德是懂词并深得词家三昧的行家。谭献《复堂词话》在谈论蒋鹿潭词时论及纳兰性德，以为"唯三家（另一家是项莲生）是词人之词，与朱、厉同工异曲"。肯定了纳兰性德的词人本色。杜文澜《憩园词话》卷二认为："国朝词人最工律法者，群推纳兰容若、顾梁汾、周稚圭三家。"纳兰性德的创作，遵守词的创作规则，所作比较自然、本色；若讲律法，他也有不完全拘泥的一面，如谢章铤《赌棋山庄词话》卷二："古人调法始皆独创，调有数名宜从其朔……纳兰词之改《忆王孙》为《秋千索》，虽曰信笔，颇近炫奇。"另外，纳兰性德的长调也有不协律的地方，金梁外史（周之琦）《饮水词识》在充分肯定他小令的同时，明确指出："容若长调多不协律。"谭献也同意这一点，他在《箧中词》卷一转述了"容若长调多不协律"的观点。

对纳兰性德词的风貌特征，大部分研究者都提到真挚和天然这两点。如赵函《纳兰词序》强调纳兰性德的天趣："纳兰成容若以承平贵胄，与国初诸老角逐词场，所传……词则卓然冠乎诸公之上，非其学胜也，其天趣胜也。"谢章铤则强调纳兰性德的真情，他在《赌棋山庄词话》卷七说："纳兰容若成德深于情者也。固不必刻划《花间》，俎豆《兰畹》，而一声《河满》，辄令人怅惘欲涕。"又在《赌棋山庄词话》卷十二中说："长短调并工者，难矣哉。国朝其惟竹垞、迦陵、容若乎。竹垞以学胜，迦陵以才胜，容若以情胜。"说明只要是真情、真性的流露，总是自然的。关于纳兰性德词的风格，李佳在《左庵词话》卷上认为："八旗词家，向推纳兰容若《饮水》《侧帽》二词，清微淡远。"李慈铭《纳兰词跋》："容若词天赋灵秀，神仙中之子晋。"王鹏运则以为纳兰性德词接近北宋，他在《寄番禹冯恩江永年手札》中说："少游'晓风'之词，小山'苹云'之唱，我朝唯纳兰公子，深入北宋堂奥。"[①] 相比清代前、中期，清代后期对纳兰性德哀婉词风形成原因的探讨比较少，只有谭献《复堂词话》约略提及，他说："以成容若之贵，项莲生之富，而填词皆幽艳哀断，异曲同工，所谓别有怀抱者也。"至于什么怀抱，又语焉不详。总之，对纳兰性德小令的评价相当高，至于他的长调则较少涉及。如金梁外史（周之琦）《饮水词识》："余惟容若诗不如词，慢不如令。"李慈铭《纳兰词跋》也说："容若词长调不如中令，中令不如小令。"这些评价基本符合事实。

关于纳兰性德在词史上的地位，清代后期的研究者也发表了比较好的意见。谭献《复堂词话》以为："有明以来，词家断推《湘真》第一，《饮水》次之。"谭献认为，纳兰性德全清第一，超过了朱彝尊和陈维崧。丁绍仪在《听秋声馆词话》卷十七中则指出："国朝词人辈出，然工为南唐五季语者，无若纳兰相国明珠子容若侍卫，所著《饮水词》，于迦陵、长芦二家外，别立一帜。"首先他将纳兰性德和朱彝尊、陈维崧视作并列的三家，其次将这一家看成是南唐五代词的嗣响。汪元浩也

---

① 《蕙风词话续编》卷一。

有类似的观点，他在《纳兰词跋》中指出："国初才人辈出，秀水以高逸胜，阳羡以豪宕胜，均出入南北两宋间。同时纳兰容若先生则独为南唐主、玉田生嗣响。"金梁外史（周之琦）《饮水词识》也说："曩在京师，与友人论词，或言：纳兰容若，南唐李重光后身也。余谓重光天籁也，恐非人力所及。然填词家自南宋以来，专工慢词，不复措意令曲。其作令曲，仍与慢词音节无异。盖《花间》遗响久成《广陵散》矣。容若长调多不协律，小令则格高韵远，极缠绵婉约之致，能使南唐坠绪绝而复续。第其品格，殆叔原、方回之亚乎？"一方面认为纳兰性德难以与李后主并肩，另一方面又充分肯定他在小令创作，尤其是在重振南唐词风方面的历史功绩。

三、民国时期研究概述

民国时期，对清代词人纳兰性德的研究空前重视，出现大批研究成果。如李勖《饮水词笺》及关于纳兰性德词的各种选本等。此外，各类报刊上还发表不少文章，据大略统计，可列出如下：张荫麟发表于《学衡》70 期的《纳兰成德传》，罗慕华发表在 1927 年 10 月 8 日至 17 日《晨报》上的《纳兰性德》，素痴（即张荫麟）发表于 1929 年 7 月 1 日至 22 日《大公报》副刊的《纳兰成德传》，罗曼恩 1927 年 12 月 25 日至 31 日发表于天津《益世报》副刊的《纳兰成德传》，赵景深 1927 年发表于《北新半月刊》第 5 卷、52 期的《关于纳兰词》，陈诠 1924 年发表于《清华周刊》上的《清代第一词家纳兰性德之略传及其著作》，西谛发表于《小说月报》14 卷第 1 卷号上的《纳兰容若》，滕固发表于《小说月报》17 卷号外的《纳兰容若》，陈适发表于《人间世》32 期上的《纳兰容若》，张任政发表于《国学季刊》的《纳兰性德年谱》，徐裕昆发表在《光华大学月刊》上的《纳兰容若评传》，以及杨愓发表在《中央日报》上的《谈谈纳兰性德》，邓懿发表在《文学年刊》上的《纳兰性德词的几种作风》，蒋鸿礼发表在《中国文学会集刊》上的《跋纳兰词》，蕲厂发表在《新民报》上的《纳兰性德的苦闷》，唐圭璋发表在《中国学报》上的《纳兰性德评传》等。虽然这些文章中有相当多的内容是重复的，但纳兰性德研究文章高频率出现是一个可喜现象。

民国时期关于纳兰性德的研究，主要集中在以下三个问题：

一是对纳兰性德的整体评价。况周颐的《蕙风词话》卷五说："纳兰容若为国初第一词人。"况周颐是常州词派的后期理论大家，从整体上看重的是陈子龙和晚清词，但能以"国初第一词人"评价纳兰性德，评价已经很高。钱基博在《现代中国文学史》中指出"论清初词家，当推成德为一把手，朱、陈犹不得为上"。梁启超《中国韵文里头所表现的情感》认为："清代大词家固然很多，但头两把交椅却被前后两位旗人——成容若、郑叔问占去，也算奇事。"他不再限于清初，以为纳兰性德在整个清词的创作中可以坐头把交椅。王国维则在《人间词话乙稿序》中曰："自元迄明，益以不振。至于国朝，而纳兰侍卫以天赋之才，崛起于方兴之族，其所为词，悲凉顽艳，独有得于意境之深，可谓豪杰之士，奋乎百世之下者矣。同时朱、陈，既非劲敌，后世项、蒋，尤难鼎足。至乾嘉以降，审乎体格韵律之间者愈微，而意味之溢于字句之表者愈浅。岂非拘泥文字，而不求诸意境之失欤？"将纳兰性德与清词创作中最有成就的词人朱彝尊、陈维崧、项廷纪、蒋春霖等做比较，以为后者都不如纳兰性德，肯定了纳兰性德清词第一的地位。胡云翼也持相同的看法，他认为"纳兰性德是清代第一大词人"，并说"其风格平易清新，描写能深入浅出，远非诸浙派古典词人可比"。另外，罗芳洲的《饮水词论略》、刘大杰的《中国文学发展史》等也有相似的说法。而唐圭璋先生对纳兰性德的评价尤高，认为他不仅是"清初第一大词人"，而且"求之历代词人中，实罕有其匹"。

二是纳兰性德纯真的天性与创作风格的关系。王国维《人间词话》："纳兰容若以自然之眼观物，以自然之舌言情。此由初入中原，未染汉人风气，故能真切如此。北宋以来，一人而已。"强调纳兰性德具有纯真的天性与不凡的天赋。况周颐《蕙风词话》卷五也强调这种天赋与性灵："容若承平少年，乌衣公子，天分绝高。适承元明词敝甚，欲推尊斯道，一洗雕虫篆刻之讥。独惜享年不永，力量未充，未能胜起衰之任。其所为词，纯任性灵，纤尘不染，甘受和，白受采，进于沉着浑至何难矣。"梁启超《中国韵文里头所表现的情感》以纳兰性德《蝶恋花》（辛苦最怜天上月）和《采桑子》（如今只道当时错）为例，认为："像这类作品，真所谓'哀乐无端'，情感热烈到十二分，刻入到十二分。"
张任政认为这是纳兰之所以在清词人中名冠一时的主要原因。他说："先
生之待人也以真，其所为词，亦正得一真字。此其所以冠一代排余子也。"
唐圭璋认为纳兰容若成为"清初第一大词人"的原因，除了纳兰性德"天
姿纯粹，学问淹通，才力强敏，识见高明"外，更重要的一点就是"真
挚"，其"待人之推心腹，披肝胆，无事不真，无语不挚"。"真挚"
是《饮水词》吸引人、感动人的关键所在，因此唐圭璋进一步指出："若
容若者，盖全以'真'胜者。待人真，作词真，写景真，抒情真，虽力
量未充，然以其真，故感人甚深。一种凄婉处，令人不忍卒读者，亦以
其词真也。"因此，刘大杰先生说："我们试看纳兰性德对于其爱妻的
悲悼与对于朋友的信义以及对于一花一草的歌咏，在那里同样充满着对
于大宇宙大自然的爱好与同情。他没有做作，没有虚伪，只是实实在在
地吐露出自己的声音。这才是真实的诗，美丽的歌，纳兰性德的词的价
值全在这地方。"

　　三是纳兰性德的小令研究。一般认为，纳兰的小令创作成就最高，
有人称他是南唐后主再生，主要也是从他纯真的感情和真切自然的小令
着眼的。因此，民国时期研究者对纳兰性德的小令普遍评价很高。蔡嵩
云《柯亭词论》："纳兰小令，丰神迥绝，学后主未能至，清丽芊绵似
易安而已。悼亡诸作，脍炙人口。尤工写塞外荒寒之景，殆扈从时所身
历，故言之亲切如此。其慢词则凡近拖沓，远不如其小令，岂词才所限
欤。"认为其小令虽不及后主，但已经可以与李清照比肩了。况周颐《蕙
风词话》卷五："容若短调轻清婉丽，诚如其自道所云。其慢词如《风
流子·秋郊即事》云……意境虽不甚深，风骨渐能高举，视短调为有进。
更进，庶几沉着矣。歇拍'便向夕阳'云云，嫌平易无远致。"《蕙风
词话》卷一："寒酸语不可作，即愁苦之音亦以华贵出之。饮水词人所
以为重光后身也。"况周颐十分欣赏性德小令中的华贵气，甚至认为正
是这种华贵气使他与后主相提并论。《续修四库全书·〈纳兰词〉提要》
同样认为纳兰性德的小令有很高成就，但又认为不足以使纳兰性德与后
主相提并论："慢词初不协律，令曲则格高韵远，婉约绸缪。其论词推
崇南唐后主，故或谓性德即后主化身，或谓词似《花间》，皆未免言过

其实。后主气质浑厚，得自天成；《花间》高丽精英，情深比兴。性德并未能至其境也，若以古人拟之，其词出入东山、小山、淮海之间矣。"此外，也有人注意到纳兰性德贵族的身份与他词中哀婉情调的反差，如梁启超《中国韵文里头所表现的情感》就指出性德是权相明珠的儿子，生活条件优越，但所写词作却相当凄婉动人，"别有怀抱"。

四、中华人民共和国成立后三十年研究概述

纳兰性德及其词作，在中华人民共和国成立后三十年的几部文学史中评价并不高。游国恩等主编的《中国文学史》四卷本，把纳兰性德放到最末介绍，说："清初词人较有成就的还有纳兰性德……他是一个贵族公子，工为词，直抒胸臆，自然流丽，风格颇近李煜……部分抒写边塞生活的小令，较有特色。"刘大杰修订的《中国文学发展史》刻意降低纳兰的地位，评价说："以南唐词风著称的纳兰性德，他虽未成一派，但言小令者多重之……况周颐对他的词作了很高的评价。其实，他的词的内容是贫乏的。"又说："纳兰词以小令见长，风格清婉。尤善用白描手法，流动自然，无雕琢之病，但内容多写个人情致，流于感伤。"中国社会科学院文学研究所编《中国文学史》则比较肯定纳兰性德艺术上的特色："天然去雕饰、清淡朴素、写景咏物、情感真挚。"北京大学中文系 1955 级集体编写的《中国文学史》把纳兰性德列为"清代最著名的词人"，但也仅仅是 180 多字的简评，后来修订本增加到 300 多字。复旦大学中文系古典文学组学生集体编著的《中国文学史》，以及北京大学中文系 1957 级编写的《中国文学发展史》虽然都把纳兰性德列于清代词人的首位，但都语焉不详。

关于纳兰性德的研究文章，据中华书局《中国古典文学研究论文索引》（1949—1962）以及辽宁大学中文系古代文学研究生编写的《中国古代文学资料目录索引》（1949—1979）的统计，中华人民共和国成立后三十年间总共发表了四篇：1962 年 5 月 5 日《文汇报》上的夏承焘《影印〈词人纳兰容若手简〉前言》和勉仲《〈词人纳兰容若手简〉读后》，一丁发表在《中华文史论丛》1979 年第 1 期的《纳兰性德与〈通志堂集〉》，李寿冈发表在《湘潭大学学报》1979 年第 3 期的《纳兰词》。文章多

数是基本介绍性的，只有李寿冈的论文对纳兰词发表了一些个人的看法。

在中华人民共和国成立后的三十年中，纳兰性德作品集的整理出版还处于萌芽状态。文学古籍刊行社在 1954 年 11 月出版了《纳兰词》，上海古籍出版社在 1978 年影印出版了《通志堂集》（上、下），在这一领域填补了空白。

五、20 世纪 80 年代研究概述

纳兰性德研究论文，据不完全统计，在 20 世纪 80 年代有 60 篇以上。这十年的研究，以 1985 年首届纳兰性德学术讨论会在河北承德市召开为标志，又明显地呈现为前后两个阶段，后期的研究论文无论在数量上还是探讨内容的广度上都明显超过了前期。而《承德民族师专学报》开辟"纳兰性德研究"专栏，则为纳兰研究提供了一个专门的阵地，每年发表的论文在 5 篇左右。

20 世纪 80 年代，纳兰性德作品整理和研究专著还没有形成规模。黄天骥《纳兰性德和他的词》于 1983 年由广东人民出版社出版。同年，山东教育出版社出版了由山东大学文史哲研究所主编的《中国古代著名文学家评传》，其中收有赵景深、李平之的《纳兰性德评传》。1984 年广东人民出版社出版了夏承焘主编、冯统编校的纳兰词集《饮水词》（《天风阁丛书》）。1985 年中华书局出版了《纳兰词》补遗本。1986 年花山文艺出版社出版了楚庄选注的《纳兰词》。同年，三联书店香港分店出版了刘逸生主编、盛冬铃选注的《纳兰性德词选》。在稍后的 1989 年，中国书店影印出版了中华书局编印的丛书集成本《纳兰词》。

就纳兰性德词的研究而言，主要集中在以下五个方面：

（一）纳兰性德的身世经历及思想个性

纳兰的显赫家世和贵胄的身份与他作品里哀怨伤感的情思显得很矛盾。他父亲纳兰明珠在康熙朝历任兵部、吏部尚书和武英殿大学士，又是显赫一时的权相。纳兰十七岁就读于太学，次年乡试中举人，三年后应殿试赐进士出身，二十二岁选授三等侍卫，后又晋升一等侍卫。然

少年得意的相门公子，在作品中往往表现出哀伤与落寞的情怀，说自己是"偶然间、淄尘京国，乌衣门第"等，使纳兰及其作品充满了谜团，其身世及思想个性便成了学者们首先面对的问题。

李寿冈先生在《纳兰词之谜》一文中说："'身世悠悠何足问'，除了叹惜顾（贞观）和吴（兆骞）的身世之外，是否包括纳兰自己？""纳兰'淄尘京国'，出身'乌衣门第'，为什么是'偶然间'事，是自谦还是别有深意？总之，纳兰的身世似有难言之隐，这是一个谜。"作者认为导致纳兰性德出现这种情况的原因在于：一是他自身有一段伤心恋爱史。相传，他曾恋爱一女子，但后来此女选入宫廷，咫尺天涯不得相见。二是他家族有一段惨痛的家族史，他的高祖及其部族曾惨遭努尔哈赤的屠戮，这种烙印深深地铭刻在纳兰的心头，成为一种不敢明言的隐痛。三是纳兰性德很可能是南方汉人的后裔，在清军南征的过程中，被收养于纳兰氏，是一个"别有根芽"的被收养者，虽然这段经历记得很清楚，但在大富大贵的明珠膝下，他是不敢也不能说出的，这也成为积压在内心深处的悲苦。李文《纳兰词之谜》提出的观点是具有代表性的重要研究内容，但其分析的三点原因却比较稚拙。首先，恋人"入选宫廷"之说本无实据，出于野说闲谈；而第二、第三点原因本身就是矛盾的，若有惨痛家史便不会是汉人，若是汉人收养于旗人，便谈不到家族仇恨。虽然所论多臆测，但为后来的研究开启了一条思路。随后，在身世经历的考订和辨析上，突出的研究成果先后有：陈桂英先生发表在《社会科学战线》1984年第1期的《纳兰性德的祖籍及其两次东北之行》，马乃骝、寇宗基发表于《晋阳学刊》1985年第5期的《纳兰成德"觇梭龙"新探》和任嘉禾先生发表在《内蒙古大学学报》（哲社版）1986年第2期的《纳兰性德与蒙古》等文章，都对纳兰性德"觇梭龙诸羌"进行了深入探索。任嘉禾先生通过"性德的远祖""觇梭龙诸羌的真相""梭龙诸羌输款的意义"三个环节，指出"性德出身于叶赫纳兰氏家族，叶赫纳兰氏是蒙古土默特部的后代"，因而纳兰的远祖是蒙古人；"觇梭龙诸羌"是以纳兰为主帅出使内蒙古的科尔沁诸旗，目的"是为了彻底切断科尔沁与准噶尔之间的联系，孤立准噶尔"，为接下来对付准噶尔做准备。纳兰是蒙古人后代，又是满族士大夫，因而纳兰性德希望这两个英雄的民族不要发生战争，他在出使的过程中怀着和平的愿望和忧愁的情绪，并在诗词中表现出来。通过考证来解读纳兰其人其词，任嘉禾先生的文章对于加深对纳兰作品（尤其是边塞词）的理解是有帮助的。

在对思想个性的探讨中，人们大多从纳兰性德对仕宦生活的厌倦、贵族门第的束缚、交游与友谊等方面来论说他超脱和高尚的精神生活，甚至说纳兰性德是个性的解放。邓伟首先从三个方面分别指出："他对自己的出身和地位看得非常淡泊，不仅不以为是幸福和荣耀，反而认为是自己的不幸并感到厌恶。又深受佛教和道家思想影响，有消极避世的情绪。他对宫廷侍卫生活是非常厌倦的，皇帝侍卫的身份使他感到在皇帝面前有受压抑之感，他追求轻闲自在的隐逸生活并尽情抒发个人情怀的愿望始终得不到实现。"孙通海在分析纳兰性德的性格时说："主要有两重表现：一是在政治环境中的谨慎周防，二是在朋友交往中的率直雅达。"又说，"周防慎密的性格主要是临薄履深心情的表现，是险恶的政治环境使然"，而"豪放洒脱的性格特征才是性德的本色"。张弘也说他"内心'警敏'，外表却'慎密''周防'。一方面忠于侍卫职守……另一方面他内心深处极端嫌弃这奔走趋奉的差使"。楚庄亦持类似的观点而有更进一步的分析，并引用严绳孙《成容若遗稿序》里的话"观其意，惴惴有临履之忧"来说："他的思想主要是惧，是戒惧（惴惴）。这个看法有它的道理，也反映了纳兰复杂的思想情绪、行止作风的一个方面。"但同时又指出："这不是纳兰思想和行止的主导因素。他诗文和交游中的主要倾向是不能用'惴惴'解释的。""惴惴"和恭谨严格地讲只是一种假象。作者结合纳兰诗词中表现出来的理想志趣，说"纳兰性德是不甘于'常无谓'而是有麟阁留名的抱负的人"，但"他没有勇气突破家世、门第、地位的束缚"，"再加上感情生活的创伤"，决定了纳兰的"思想态度的主要因素不是'惧'而是'恨'，只恨西风吹梦成今古的恨"。然而，这些论述主观推测的成分比较多，各说之间也存在着矛盾，但还是有许多借鉴和启示的意义。

人们往往把纳兰的诗词、书简作为持论的依据，而不涉及纳兰的其他资料，这样得出的结论难免会局限于一隅而失之片面。赵秀亭的观点比较全面而有新意，她根据纳兰的《渌水亭杂识》指出，词中反映的伤感太甚的多情公子形象只是纳兰性德思想的一个侧面，"在《渌水亭杂识》中，他没有凄婉悲凉的模样，而颇见焯厉风发、积极进取的气概……更有一种凌铄古今的气势，《渌水亭杂识》所反映的，是一个'雄姿英发'的青年知识分子形象，这也是纳兰思想至为重要的另一侧面"；"从《渌水亭杂识》看，纳兰有极正统的儒家思想，也有极高的政治热情，他渴求知识，勇于探索，是一个秉赋不凡而又有抱负的贵族青年"。

　　总之，纳兰性德思想具有两面性和矛盾性。那么，纳兰的思想发展是否有过巨大的转折，其发生的原因何在？祝注先便从纵向发展的角度来谈纳兰思想的转变，认为纳兰在早年进入仕途之前，是"关心经济民生之学，也有过跃马疆场的宏大志向"，有凌云壮志和年轻人勃发的朝气；但在经历仕途的奔波，目睹官场的黑暗之后，佛老思想便成为他的主音调。而这种转变的原因是多方面的，首先身任侍卫一职是他思想变化的契机；其次丧妻之痛使他日益消沉；再次他所生活的现实和他的历史经验也使他认识到官场险恶。就总体而言，这一时期对于纳兰思想的研究还有待进一步地加深，正如赵秀亭所言："有的以为是纳兰天性近于悲凉，这是宿命的解释；有的以为他是由于觉察了封建制度的临近崩溃而陷于苦闷，但纳兰怎能有这样高超的认识？有的以为纳兰因宫廷争夺的黑暗而趋于消极，有的夸大丧妻的作用，都有失偏执。有的既说他倦于王事，又说他有壮志未酬的苦衷，自相矛盾，莫衷一是。写羁旅客愁，是中国诗文的传统题材，怎能据以断定不乐王事？30岁就身为一等侍卫，而且皇帝还表示要再加'擢用'，怎能算不得志而失意惆怅？有的甚至无中生有，猜想纳兰是汉族，他的苦闷消极来源于民族思想；有的用'人还在、心不死'的推理，认定他是因叶赫部的祖仇未雪而沉病消极。诸如此类说法都不足令人信服。"

（二）纳兰词的总体评价

　　宁昶英、佟靖仁在《纳兰词研究三题》一文中说，"不了解他（纳兰性德）得意的境遇与哀伤的情思的矛盾，便形式主义地轻率地下一个'不健康的情绪''价值不大'的结论了事，而不能把纳兰放在当时的民族环境、历史环境、个人具体的环境中去认识"，便不能正确地估计纳兰词的价值。又说，"纳兰词虽然'重大题材'涉猎不够，但纳兰词中的词人形象却不是一个空中女神,他是一个与封建社会唱反调的歌手,他的离愁别恨,他的哀怨追求一刻也没有离开过他生活的那个社会"。评价纳兰词,研究者们大多还是以"知人论世""以意逆志"的传统方法来看其思想意义,从作品的分析、鉴赏来谈其艺术成就。黄天骥在《纳兰性德和他的词》一书中说:"在封建制度临近崩溃的前夜,统治阶级内部产生不可遏制的苦闷情绪,必然会反映到创作上来。透过纳兰性德哀婉凄厉的词章,我们依稀听到了封建层冰摇曳撕裂的声音。""诗人特有的敏感,使他看到隐藏在繁华后面的颓唐没落的阶级命运。"他的词作的忧苦情绪,是"有病社会、时代,通过诗人泄发出痛苦的呻吟"。在情调上,"其消极面是异常明显的","但由于他的诗歌典型地概括了清初地主阶级的没落感,就这个意义上说,纳兰性德是清王朝第一个预感到'忽喇喇大厦倾'的歌手"。这样的论述在 20 世纪 80 年代初期是有代表性的,不少论文都把纳兰说成封建统治阶级、贵族之家的叛逆者,纳兰词成了封建社会崩溃的前奏哀音。在这些论述中,庸俗社会学的方法是很明显的。无疑,研究者们的目的是提升纳兰词的地位,但空洞地拔高纳兰词的社会意义却又掩盖了纳兰词的真正价值。

汪茂和的论述则比较强调纳兰词的艺术性,说"性德词卓然独传,正由其不逞才学而以天趣胜人"。"性德词有时也还恢阔,但恢阔中蕴含悲冷","有时清新跳跃,但跳跃中紧系不了之情","当性德思绪缠绵描写闺情时,笔下如此风光旖旎,温馨悱恻,而当他感情愤激时,却也悲歌慷慨"。"在清初的词坛上,容若直抒胸臆,自然流丽,独成一家。"宁昶英、佟靖仁指出:"从艺术上讲,他的词则清新自然,不求雕饰,写景吟物,情真意挚。他不拘泥于僵死的格律形式,长调多不协律,而小令则格高韵远,婉丽凄清,极缠绵婉约之致。"徐永瑞说:"读他的词,你会感受其中有那么个饱含挚意深情且十分凄婉动人的主旋律,久久地在你心上萦回。""纳兰性德词中有一个理想境界,那就是希望青春和爱情得到永生……我们读他的词,会感到于凄婉中还燃着一种像火一般炙热人心的东西,这就颇具力量,而不纯然消沉。"这些论述在立论中往往结合具体作品的赏析,共同勾勒出纳兰词的总体风貌。

另外,值得一提的是李一氓先生从版本流变的角度,对纳兰词集的版本做了一番考辨和评价。认为"《饮水词》的初稿应为《侧帽词》，最后的定稿则为《饮水诗词集》"，并通过不同版本的同一作品的比勘来指出其词的修改痕迹，最后推断说："纳兰性德当时以一满族青年贵公子，汉文基础并不怎么样，但后来却日进……在纳兰去世之后，顾（贞观）、张（纯修）等人为之编集时，极大可能在文字上为他作了不少润色。"

（三）纳兰词的分类

孙通海概括其题材内容，分为四类："关于幽思心情与伤逝悼亡之作，关于羁旅炎凉与寓愁别恨之作，关于自然景致与塞外风光之作，关于抒怀吊古与酬朋赠友之作。"并对每一类词做了分析：抒写男女情思的作品，感情比较真挚，格调比较清丽，有缠绵悱恻的情致；抒写悼念亡妻的作品则显得凝重而不郁、凄婉而不伤；反映羁旅生活、刻画离愁别恨的作品，往往既有阴柔之婉丽，又有阳刚之悲壮；描写扈从途中艰苦生活而以真切之言道真切之意；描写景物的作品中，擅长勾画北国塞外风光，有高度的艺术概括力，呈现出清新与雄浑的多样风格；在怀古与酬答的作品中，往往反映了纳兰对于他的出身、遭遇颇为难得的思想境界和事业心，怀古之词雄浑而含悲壮，酬答之作情谊真挚。这样的分类研究几乎涵盖了纳兰的所有作品，对于每一类的分析也入情入理。

仔细读纳兰性德作品，不难发现所谓"羁旅炎凉与离愁别恨之作"与"自然景致与塞外风光之作"往往是统一的。在表现塞外风光的作品中渗透着羁旅离愁的情怀，不过是一从情感言，一从寄情的景物言，其实都是边塞词。

王汝涛则专门就纳兰的边塞词进行了分类研究，统计出纳兰词中可称得上边塞词的作品有五十首左右，并认为此类词可代表纳兰词的最高水平。就其内容，王氏分之为三类："第一类是写在边疆小住时或赴边疆途中所见的景物、所处的环境以及作者此时此地的感受和心情。""第二类是写边关景物时，注入了自己的感情，即写景兼抒情的。""第三类是将边塞词与节令或古迹结合起来的词。"在三类词中，最具特色的是第二类词，将边塞词与情词结合在一起，是他人不能道者。把纳兰的边塞词与历代的边塞诗相比较，纳兰很少写到沙场征战、穷老戍边这些传统内容，而具有新的特色。还有的论者则是从民族特色的角度出发，指出纳兰词中有一类词带有满族的民族色彩。在这类词中，可以分为两类：一是反映满族民族生活特点的词，二是反映满族军旅生活的词。这些词有的反映出清初仍保有年轻女子平素骑马，以及满族少女受汉族传统封建礼教影响较少的情况；有的词中还刻画出满蒙民族游牧和军旅生活的场景。

（四）纳兰词的艺术特色

纳兰词的艺术特色历来为研究者所关注。孙通海把纳兰词的艺术风格归纳为三个特点："一是清新，二是凄婉，三是雄浑。"有的论者则指出纳兰词极善于抒写愁情是其一大特色，风格缠绵凄婉，小令流转出众，而长调格调不凡，有白描的手法和语言特色。方红心则说："在词人真情郁勃时，其词则惝恍傲睨，苍凉豪宕；当情怀缱绻时，其词则旖旎缠绵，清冷婉约。""词作中缺乏明显乐观的色彩，表现了感伤曷极的心情。这种伤感情绪，在婉约词中以缠绵细腻的笔触出之，在豪放词中则以直率粗犷的笔触出之。前者委婉款至，是对内心痛苦的工笔描绘；后者气韵横驰，是对内心痛苦的放大夸张。"李红雨、关纪新则将纳兰词的特色概括为四点：一是纯任性灵，纤尘不染；二是性近悲凉，怀有浓郁的伤感情绪，决定他的词具有"哀感顽艳""婉丽凄清"以及归属自然的主体风格；三是运用曲折细腻的艺术表现手法来表达微妙复杂的思想感情和内心活动；四是一定艺术情境中词人意绪的模糊性，使读者在有限的篇幅中领略到更为宽阔的艺术内容。宋公然则从内容、风格、表达技巧、语言特色等方面总结为："一、纯任性灵，吐露真情；二、兼具婉约豪放词风；三、善于体物言情，描写抒情，曲尽其妙；四、用语本色，不尚雕琢。"

研究者们还从不同的角度，对纳兰词艺术特色的形成原因进行了探讨。有的论者结合纳兰的身世、个性，指出其人生遭际和思想转变与作品特色之间的关系。孙通海认为纳兰既能写出极尽《花间》词格的作品，又能挥就雄浑豪放的词篇，其主要原因有三点："一是纳兰性德祖籍东北边疆，受过雄伟壮阔的白山黑水的熏染；二是他的家族有一段惊心动魄的兴衰史；三是他自幼受到中华民族古文化的陶冶，对千古兴亡大业有着深刻的感受。"徐育民将纳兰词"凄婉"风格的形成归结为三方面的原因："漂泊天涯，行役之苦"；"怀念亡妻，伤悼之苦"；"英雄壮志，未酬之苦"。又说："他凄婉的词风，也正是他'甚幕魏公子饮醇酒近妇人'的无可奈何的失意心情的披露和殯尽壮志的悲苦与不满。"有的论者则把作品的风格特色与作者的个性气质相联系。孙通海指出："纳兰的性格气质特点，决定了作品的风格特色，如作品的真切感人，特别是酬赠之作的情深意笃，与词人的气质特点有着直接的关系。又如作品中涉及社会、政治问题的地方写得颇为含蓄，颇为凝重，亦与性德的慎密态度有关。"冯统认为："封建制度往往造成青年男女的悲剧，但纳兰在婚姻上，不能不说是侥幸的……他与卢氏胸襟相似，志趣相投。所以卢氏的早亡给纳兰短暂的一生增添了悲剧的色彩，导致他词风的转变。"许多研究者认为，其风格特色的形成是多方面的原因共同作用的结果。方红心认为深刻的历史、社会原因和作者的处境、心理矛盾，以及艺术创作中的继承和发展影响了纳兰性德："酷爱汉文学，性喜诗余的青年词人，必然要受到时代感伤思想和感伤文学的影响"，"他侍卫生活的不得意"，又看到其父在政治斗争中"岌岌可危的政治地位"，这些是纳兰词带有浓厚感伤色彩的主要原因。同时又就词的艺术创作的继承与创新指出，他"一方面取法后主，从性情中遣词琢句，不做刻意雕琢，不受声律典故的限制。另一方面，他又在饱吸前人精粹的基础上，独辟蹊径，在词的领域中，引进了宋元山水画中精巧细致的刻画手法；吸收了元明戏曲中曲语之流畅清新、珠圆玉润的语言特点，制作了许多轻灵婉丽、优美动人的艺术珍品"。

（五）纳兰性德与其他词人的比较

　　纳兰性德与其他词人的比较包括多个层面。就艺术风格而言，研究者们多指出纳兰与前代大家相比，既有继承又有发展，既有相似的一面，又有其独特的一面，更强调纳兰的独特的一面。就同时代的作家比较而言，论者大都点出纳兰所取得的成就和地位。在朱彝尊与陈维崧双峰并峙、不是追慕姜张就是学步苏辛的时候，唯独纳兰能以自然深挚的情致和婉丽凄清的风格别开生面，在清初的词坛上于朱、陈而外独树一帜。就成就而论，有的研究者把朱、陈排在纳兰之后，认为陈豪放有余，沉厚不足；朱则过分追求形式美，终成"绣花枕头"；而纳兰反对模仿，追求风格多样，而自成一家，可列为清词第一人。孙通海说纳兰性德"小令写得清新婉丽、格高韵远，颇受晚唐，尤其是李煜的影响"，而"描写塞上风光与怀古题材的部分作品中，所反映的雄浑风格又多受苏轼、辛弃疾词派的影响"。汪茂和也说："性德词宗李煜，兼学花间、晏、辛。"而楚庄则评价说："任何一个有一定成就和相当影响的诗家词人，总要从前人的成就中吸取营养，总要有所继承并有所增创。纳兰词的某些作品确实在一定程度上继承了李煜的悲慨郁结、柳晏的婉约清丽或苏辛的苍雄豪放。但纳兰也确乎不是李煜、不是柳晏、不是苏辛，而只是纳兰。纳兰词里既没有亡国之君缅怀故国江山的沉痛，也少有风流才子咏绣阁青楼的旖旎，更缺乏政治家军事家评史忧国的气概。……他只限于带着自己深沉真挚的伤感和悲愤悼亡、怀友、吊古、伤今。这是纳兰词的局限，也正是纳兰词的特色。"

把纳兰与《红楼梦》中的贾宝玉相比，由来已久。清代就有人提出《红楼梦》是写明珠的家事，贾宝玉就是纳兰性德。有的人指出两者在身份和思想感情上的相似性：曹雪芹是曹寅的后代，而曹寅和纳兰同出于徐乾学之门，都不是清王朝的嫡系，都经历了政治风浪。曹雪芹在写《红楼梦》时就不能不有所考虑和借鉴。有的论者说清代至少有两个封建贵族之家的叛逆者，一个是艺术作品里的贾宝玉，一个是现实生活中的纳兰性德。也有表示反对者，赵秀亭说："索隐派旧红学曾提出贾宝玉就是纳兰性德，这本是无稽的比附；而现在，却又有文章以为纳兰容若有'几分像'贾宝玉，这同样是无稽的比附。从《渌水亭杂识》看，年始及冠的纳兰对社会政治生活有着饱满的热情，而不是一听'仕途经济'就扫兴的'富贵闲人'。"楚庄则说"如果剥去穿凿附会的外壳，其中也可能含有合理的内核"。

六、20 世纪 90 年代研究概述

20 世纪 90 年代，清代词人研究中的纳兰性德研究成果较为突出。许多问题在 20 世纪 80 年代的研究基础上，得到了更进一步的解读，为纳兰词的研究带来了极大的便利。特别是 1997 年 8 月由中国台湾历史

文学学会和承德纳兰性德研究会共同发起组织的"海峡两岸少数民族文学研讨会"在承德举行，纳兰性德的家世、生平、思想及创作研究等得到日益全面的探究。

（一）研究著作及文献整理出版

天津古籍出版社1992年出版了《纳兰词》。上海古籍出版社1995年出版了张草纫《纳兰词笺注》，该书以光绪六年许增的刊本为底本，兼采众多版本，书后附有徐乾学、韩菼所作悼念纳兰的碑文和对纳兰词的总评等。北京出版社1996年又出版了张秉成《纳兰词笺注》。生平传记有寇宗基、邸建平的《纳兰成德评传》（山西古籍出版社，1994年版），张钧的《纳兰性德全传——满族第一词人》（长春出版社，1997年版），刘德鸿的《清初学人第一：纳兰性德研究》（中国社会科学出版社，1997年版），洪钧的《纳兰性德》（春风文艺出版社，1999年版）等。

（二）各具特色的纳兰词

关于纳兰词中的悼亡词，宋培效说：第一，"纳兰的悼亡词反映了高尚的人情美"；"纳兰夫妻间相亲相爱，感情深笃，是纳兰悼亡词高尚纯真人情人性的基础和源泉"。第二，纳兰的悼亡词在内容与形式的结合上达到了和谐与统一；"纳兰抒发悼亡之情时，好像忘掉了自我，他只是让自己感情的长河任意地奔流。通过富有典型意义的事物，富有特色的细节和反复地诉说，把不断涌现的无尽的痛惜、美好的回忆、剪不断的思念和各式各样奇妙的想象和联想反复地、错综地抒发着。展现在读者面前的是一双流泪的眼，一颗淌血的心。因而篇篇作品都含有动人心魄的力量"。第三，"纳兰的悼亡词成功地运用了多种艺术手法"，一是"善于选取日常生活中有典型意义的事物入词"；二是小令"缘事而发"，长调反复吟咏，直抒胸臆；三是"用典以融化前人诗意句意为主"；四是"善于描写梦境"。据黄士吉分析："纳兰悼亡词则更多化用李（隆基）杨（贵妃）爱情悲剧的典故，从而深刻表达了词人对亡妻深挚的悼念之情，也强化了词浓郁的悲剧气氛和感伤情调。"李嘉瑜则进一步对纳兰的悼亡词进行梳理，说"明标悼亡的有六阕"，"虽未标题而词情实足追忆亡妇、忆恋旧情的有二十六阕"，"几乎占了十分之一"。对于这些悼亡词，李嘉瑜从典故、景语、情语三个方面指出：

悼亡词中的典故，词人多用汉武帝与李夫人、唐明皇与杨贵妃二事；景语多是用寒夜、孤灯、冷月、残烛、风雨表现出凄冷的基调；情语则用能抹煞生死界线的设语，痴极恸极，表达出殉身无悔的深情。钱乃荣、王心欢认为，纳兰词中"真挚的人情"，体现在词人对纯真爱情的执着追求，对妻子的真情挚爱以及种种离合悲欢之情的叙写之中。他的情感语言是用他的天然情趣、真情实感悟出来的，因此他的诗意虽充满他的独立自主的个性，却同时符合人的共通的感受。徐培均说："纳兰性德是一位纯情词人。"纳兰在词中充分发挥其抒情的天才。"无论赠友、忆内、悼亡、戍边，以及月下花前，均注重写一个情字。其所言情，或以华贵之笔出之，或以荒寒之笔出之，皆以愁情为主、真情为骨、声情为辅。"其抒情的特色，徐培均则归纳为"真""贞""雅"三点。

因为同是叙说人世的真情，历来的评说常将纳兰与李后主相提并论。钱乃荣、王心欢则认为，纳兰词的内容实质上与李词很不相同：其一，"李煜词的哀怨渗透了亡国君主丧失宫廷享乐生活的无限感伤"，"又写囚徒生活的哀痛心情"，"写对宫廷豪华生活的迷恋"；而"纳兰性德为人谨慎，避谈世事，是一个竭其肺腑待友的人"，"有的是骚情古调，侠肠俊骨，却绝无官场贵族气"。其二，李词表现的"爱情生活是与宫中女子的幽会，表现了一种偷情行为和紧张心理，以至带有轻佻浮艳的因素"，这与纳兰词中表现的"对爱妻坚贞纯洁的专一挚情是不可同日而语的"。

任嘉禾则通过对纳兰词中"四喻"的表现手法的分析来揭示其思想内容。所谓"四喻"，即"以女喻男""以仙喻凡""以古喻今""以物喻人"，这是汉族古典文学中四种传统的手法。纳兰继承并发展了"四喻"，在词作中"四喻"和"多民族凝聚"倾向结合紧密。首先，"以女喻男，讴歌满汉士大夫间的诚挚友谊"。其次，"以仙喻凡，描述满汉儿女的纯真爱情"，在这些爱情词中，词人对神话故事的运用又有两种方式：一是反复使用一个神话，比如反复用"恋人殉情、精灵化蝶"的神话来比喻自己的爱情悲剧；二是连续使用几个神话，"从各种角度来描述自己的初恋悲剧，从而透露了悲剧中较多的细节和心态"。第三，"以古喻今，抒发自己宣抚山海关外各族时的壮志豪情"，表现为："以汉使班超自喻"，"以汉将周亚夫自喻"，"以汉代功臣张良自喻"。第四，"以物喻人，流露出对远祖（蒙古）的深情"。任嘉禾的这种分析，不仅角度新颖，而且内容涵盖面广。另外，芩玲等人也专门对纳兰的咏物词进行了研究。

（三）纳兰词风格及其成因

1. 关于纳兰词风格的评说

对纳兰词风格的界定，总括起来有三种提法：第一种，"真切自然"说。源于徐乾学为纳兰性德撰写的墓志铭中的评语"清新秀隽，自然超选"；再加上后来王国维的《人间词话》评纳兰词为"以自然之眼观物，以自然之舌言情"，遂致"真切自然"，并且成为对纳兰词风格的定评。第二种，"哀感顽艳"说。源于陈维崧的评语："《饮水词》哀感顽艳，得南唐二主之遗。"持此种评价者为主流观点。第三种，"凄婉兼悲壮"说。这是当代研究者们的新观点。乔希玲说："纳兰性德的词风向称悲凉顽艳，笔者认为，唯'凄婉兼悲壮'表述之则更为恰切。"这些不同的评价，恰恰体现出纳兰词风格的多样性。

2. 纳兰词风格的成因

关于纳兰词风格的成因，研究者从不同的角度做了探索。一是从历史及政治背景切入，一是从个人角度言之，更多地是综合多种因素来进行分析。龚维英认为"纳兰容若诚然生活在末世。然而，时值满族入关伊始，正是所谓康熙盛世。纳兰词并未反映出蒸蒸日上的盛世景况，反而不由自主地吐露哀音，这也许是封建社会行将土崩瓦解的征兆"。"八旗子弟后来的堕落，游手好闲，听戏玩鸟，这一切从纳兰词里已见端倪。"这种说法正是 20 世纪 80 年代黄天骥所谓"封建制度临近崩溃前夜的苦闷"的"末世悲凉"说的延续。刘月嵌、田永都则认为："英雄壮志付诸东流，功名富贵拘束压抑，才能得不到发挥，命运艰险未卜，政治背景的无情，现实生活的冷酷，反映到纳兰的词中，就形成了纳兰词独特审美风格的'气骨'。""纳兰性德壮志难酬，淡泊功名富贵，厌倦扈驾侍卫，加之个人的遭际、经历，这一切是纳兰词悲调的发轫。"刘月嵌、田永都又从时代、思想、个人三方面分析说：首先，封建社会处在"总崩溃的前夜"，"这很大程度上影响了他的审美情趣，审美观念"；

其次，中晚明以来产生的新的进步思想反道统、反理学而推重"情"；再次，从个人看，纳兰"对人生、理想、前途、生命都缺乏信心，他小心翼翼，诚惶诚恐，失望悲伤"。这些观点都是极力突出社会背景的作用，把纳兰词中凄婉哀伤的情调与封建社会走向衰亡的命运相联系，从而揭示出纳兰词的社会意义。在这种历史背景下，纳兰性德看到了封建社会的末路而失去信心，形成了凄厉哀婉的格调和低回幽怨的意境。

但是，也有一些研究者另有侧重。杨勇认为，纳兰词"别样情幽，自然标格"、感人至深的风格乃是其个性气质决定的。纳兰是个极重感情的人，"他执着人生，却并不善处人生"。"情发之于词，使能产生感人的艺术效果。无论悼亡伤逝之篇，还是赠朋酬友之作，纳兰都是披肝沥胆，'激发至情'。以至情感人是纳兰词具有个性魅力的原因之一。""纳兰容若敏感的个性和艺术家的气质使他的词尤其是小令的创作领域取得了卓越的艺术成就。"华德柱从词的忧郁传统的影响和纳兰的个性心理两个方面进行探讨，认为"纳兰忧郁词风的形成，一方面是他认同的忧郁传统的结果，另一方面则是他不满生存现状并不断自我探问的产物"。此种分析强调的是纳兰性德多愁善感的个性、敏感多情的艺术天资对其风格形成的影响。赵维国认为"涉足仕途的纳兰并没有得到重用"，"妻子的病亡"及"沈宛的离去"，一起将他推进沉寂的深渊。词人"以无限忧郁的情调描写他的仕宦生活"，"从春秋代逝中感受生命的流逝"，"在历史兴亡中体会生命之悲"。李嘉瑜指出："纳兰性德的早期词作是以活泼灵巧取胜，……但妻亡后，他的词风才真正转入凄咽。"芩玲认为，其一，"淳真的纳兰天性中有种对自由的厚爱且淡于荣利"，他所担任的侍卫一职与他的追求格格不入，"生命价值追求的矛盾困惑和幻灭及其生存形式的不自由，是其词感伤风格的成因之一"。其二，心系家族和自我的政治危机感以及具有深重的末世情怀的社会历史危机感是其感伤词风的又一成因。其三，个人生活的不幸也促成其风格的形成。雷建平认为，纳兰性德词"凄厉哀婉、格调低回、意境幽怨的原因"在于四个方面：一是"与他怀才不遇、政治理想不能实现有关"；二是"与他的父亲及家庭有关"；三是"与他和著名汉族知识分子关系密切有关"；四是"与他的忠君思想有关"。雷建平认为，纳兰性德"虽生活在封建社会的末期,但他所处的时代外表不仅没有'衰落',反而还很兴盛,也看不出他对统治者不满或失去信心"。据此,说纳兰性德情绪低落忧郁不仅不能成立,也有人为拔高他思想认识水平之嫌。

(四)关于"入宫女子"之谜

所谓纳兰性德"入宫女子"之谜的问题,是说他所爱的女子被征召入宫,纳兰为见情人一面,饰为喇嘛混入宫中"竟得一见"。这个问题的真伪,向来无定。

持肯定态度者则用纳兰的词来证明这种说法的可靠性,比如用《金缕曲·再赠梁汾》中的"御沟深,不似天河浅"来暗指入宫之事。但受到不少学者质疑,认为十分荒诞。刘德鸿是否定论者的代表,他指出,所谓纳兰所恋女子入宫为妃之说滥觞于红学索隐派诞生之后,最早见于《赁庑笔记》,后来李伯元在《南亭笔记》中还说这少女是纳兰的"中表戚",后来的研究者因袭其说,遂至影响深远。刘德鸿认为《赁庑笔记》所载并不可信,理由有二:第一,此说流传时间距纳兰的生活年代甚为久远;第二,内容也荒诞不经,"最荒唐者有纳兰性德饰喇嘛入宫与《红楼梦》穿凿比附及对《侧帽词》强做解人三点"。刘德鸿否认纳兰所恋女子入宫之说,但并不否认他婚前有过恋人。

大多数研究者在研究纳兰的爱情词时,都指出他有一段由甜蜜到痛苦的爱情经历,只是在恋爱的对象上,众说纷纭。有的认为就是他的妻子,但也有人认为这个恋爱对象另有其人。刘德鸿认为,"纳兰所恋之女应是如同《红楼梦》中的晴雯、袭人一流人物",他们之间是"贵公子和侍女的关系"。这位侍女后来的归宿,刘先生推测是"出家修行,入了道观寺庙,做了道姑或比丘尼"。但张志认为:"把'咏絮'和'知道今生那见卿'等语连起来看,关于纳兰潜入宫内的传说,不妨认定即使无此事,但已有此心;既已有此心,难免有此事。""与其在否定传说的基础上无视作品本身,只论悼亡,不谈入宫,不如在完全肯定作品的基础上尽量联系并汲取传说的合理内核及基本内容。"这有助于解释、欣赏纳兰那些虽抒写爱情,但并非悼亡的作品。另外,像马乃骝先生发表在《承德民族师专学报》1995年第4期的《〈饮水诗词〉研究拾零》

和《晋阳学刊》1996 年第 1 期的《读〈饮水词〉札记》等，也都持比较肯定的态度。刘德鸿对此反驳说："不能用成竹在胸，以'疑人偷斧者'的心态研究纳兰诗词。"如果这样，"结果是自设障眼，戴盆望天，苦心求索而难得其真"。"纳兰性德是抒情诗词作家，其作品主要不是反映客观社会现象的篇什，而是表现诗人内心世界波动激荡的寄情抒怀之作……特点在于内向性的倾诉宣泄，类似音乐的空灵和飘渺，作用在于引发读者的感情体验和陶冶性灵，而不是向读者介绍情况以至进行讽谏。"因而，拿纳兰的词作来证明传说的可靠性本身就是苍白的。另外，"关于'入宫女子'问题，仅仅是个学术上的疑团，推究此说的起源与传播，还涉及满汉民族关系，这是我们不能不考虑的"。可以说，一时间各抒己见，在这个问题上形成争鸣。

关于"入宫女子"之谜问题，仅是纳兰性德研究中众多的谜团之一。纳兰其人其词表现出来的更多谜团，都还有待于研究者们去发掘。像高亢的《纳兰成德研究札记四则》、马乃骝的《〈饮水诗词〉研究拾零》系列、赵秀亭的《纳兰丛话》系列以及张一民的《纳兰丛考》系列等，都试图在整体认识上逐渐接近历史的真实。

七、21 世纪初研究概述

进入 21 世纪，研究者们不断向纵深拓展。纳兰的生平、家世等基本情况的研究，有徐征的《纳兰性德丛话》[①]，赵迅的《纳兰成德家族墓志通考》[②]，赵秀亭、冯统一的《纳兰性德行年录》等。纳兰词的注释本，有叶嘉莹、张秉戍的《纳兰性德词新释辑评》[③]。在具体的专题研究中，如把纳兰与其他词人进行比较，或者从其词境、词心等方面进行深入探索，都有一些新的变化。

（一）纳兰词的比较与《红楼梦》的关系

把纳兰性德与前代词人如李后主、晏几道进行比较，清代已有，近

---

① 徐征等：《纳兰性德丛话》，北京出版社，2000年版。

② 赵讯：《纳兰性德家族墓志通考》，北京文津出版社，2000年版。

③ 叶嘉莹、张秉戍：《纳兰性德词新释辑评》，中国书店，2001年版。

几年的研究则显示出深化与精微的趋势。此外，把纳兰与几乎同时代的《红楼梦》联系起来，也是比较研究中突出的现象。

1. 纳兰词与李后主词的比较

刘萱从内容与风格、言情体物、语言描摹等方面来比较纳兰词与李后主词的异同，指出它们虽有不少相似处，仍还是各具独特的风格。纳兰词的内容相比后主更为丰富，"既有妩媚风流的爱情词，缠绵悱恻的悼亡词，又有气魄雄浑的边塞词和寄托深远的咏物词"，"其艺术的风格也更多样，婉约与豪放兼而行之"。"李煜词风凄婉的主要原因在于受到外界的巨大打击"，而"纳兰词风凄婉更多是来自于内心的审美倾向"；后主词"流淌着一种无节制的、不计后果的宣泄……心有所感不加掩饰地形之于笔"，"纳兰的一生虽然忧多欢少，但他对感情的态度一直是理性的、有节制的"；李煜的言情境界更大，"涵盖了整个人生及宇宙，能跳出自己的一己哀愁，感悟到全人类的普遍哀愁"，"纳兰往往只关注自己的一己之感，他的悼亡词也写得情深意切，感人至深，但未经过生离死别的人对之的理解就不那么深刻"；"纳兰词似泣，李煜词似叹"。在语言的运用上，"二人之词均有自然性灵的特点，不追求镂金错彩，而文采动人"，但比较而言，"李煜之词以概括性强而见长，往往几个字就道出作者心中的所有苦闷，一句词就使读者的心灵震撼不已"；"纳兰之词以委婉曲折见长，虽不具备李词的超强概括力，但描摹生动，入木三分，另有一种动人心魄处"。

何富鉴比较纳兰与李后主的梦词，指出他们的梦词中的情感、内容和风格都有很大的相似性，二人写梦词的主要特点是："第一，充分发挥想象，将虚幻的梦境与真实的情意融为一体；第二，突出梦境的特点，强调人物的活动；第三，感情自然真率，纯任性灵；第四，善用白描手法，形象性和艺术概括性强；第五，语言单纯明净，不事雕琢。"

2. 纳兰词与晏几道词的比较

李雷认为纳兰与小山有许多惊人的相似之处：均出于相门，又都"天资慧悟，才华超群"，在入世与出世这一问题上有着相似的态度，又都"重情、痴情"。"这种身世、秉赋、才华、个性与人生价值取向相似或相近，使晏几道与纳兰性德的生命与创作除具有了深挚自然、独抒性灵的共同特征外，还具有一种相同的品格：强烈的生命意识，其超越了现实的功利，而表现出一种对生命本体的思虑与观照。"他们的共同点表现出来的一个重要方面就是在词中对"梦"的叙写。李雷统计说："二百多首的《小山词》里有'梦'字 57 个，而《饮水词》收录的 348 首词中'梦'字多达 120 次，称小晏与纳兰为梦幻词人并不为过。"后来，吕菲专门从二人的"梦"词着手，从"梦"这一关键意象来分析二人的意境构成和艺术风格的异同。从内容上看，晏几道词中的梦"有许多是对过去生活的回忆，实际是精神上虚幻的寄托"；而纳兰词中的梦不像小晏那样"有对过去富贵生活的追忆与惆怅"，而是"思念亡妻与昔日情人"，他不光有情缘聚散，更有生死离别，故纳兰梦词中的情感要来得更为专一和深重。另外相比于小晏，纳兰还有个突出特点就是"存在着对人生存在与社会历史的思考"。因此，晏几道的梦词在内容上与纳兰相比是比较狭隘的；但就成因来说，都是不顺利、不如意的人生成就了他们的梦词。从意境情感来看，纳兰向来以"工愁善恨"著称，其梦词也多凄婉悲怨；而晏小山就显得"温婉敦厚"，"虽有些伤感和悲凉在里面，但绝不怨恨，更多的还是一丝酸楚和惆怅，梦中的怀旧之情令人回味无穷，颇能给人一种'空持罗带，回首恨依依'之感"。在艺术风格上，吕菲认为，"情真意切是他们最大的共性"，他们对李后主的词风都有所继承，但又各有侧重，"小晏显得风流俊逸，纳兰更为凄婉缠绵"。从"词心"的角度来比较纳兰词与晏几道词，龙慧萍认为他们都具有"真纯、善感的词心"，有真切动人的感发力量。毕国忠则细分他们的区别，认为"小山为伤逝之悲，而人世痛苦、生命虚无则系纳兰之词心"。关于纳兰与小山的爱情词，殷丽萍认为：从取材上说，"晏几道词作取材狭窄……纳兰词作取材较丰富，涉及面广，关注贵族青年、宫女的爱情生活，也写自己的相思别情，情思浓烈"。从思想立意上说，"晏几道词中感伤情绪贯彻始终，写得凄苦而伤痛，以致发出绝望的悲哀，即使表达不满，也是一种无奈之绪；纳兰却不然，词作中有或隐或显的谴责之情……鼓励相爱者要面对任何隔阻，坚定地去追求，立意深远、厚重"。从表现手法上说，晏几道词中"寓以诗人句法"，时见妙处；纳兰的词则"纯任性灵"，独具品格。

3. 纳兰与《红楼梦》的关系

把纳兰性德与《红楼梦》和贾宝玉联系起来进行比较，是很久以来争论不休的话题。以往就有论者把《红楼梦》里的贾府与明珠相府对应，贾宝玉与纳兰性德相对应；但也有论者把这种做法讥为红学"索隐派"的遗存。其实，纳兰与贾宝玉有某些共通性，确是许多研究者的共同感受。虽然文学创作并不能指实为现实的人和事，但通过对处于同时代且交往很深的曹雪芹家族和纳兰家族的比较，揭示曹雪芹创作的深层心理机制，分析贾宝玉与纳兰性德具有哪些共通性，对《红楼梦》研究和纳兰性德研究都是有帮助的。

寇宗基就指出：纳兰性德与曹雪芹之祖父曹寅"不仅同出徐乾学门下，同为康熙侍卫，还是知己之交，有唱和之作，又有学术交流，故而曹雪芹完全有可能将纳兰的诗词烂熟于胸，并在《红楼梦》中反映出纳兰性德营造的独特美学意境乃至遣词用字以及融合汉满文化的特殊价值取向"。寇宗基呼吁将纳兰性德的《通志堂集》等与《红楼梦》进行比较研究，不仅有助于推进纳兰研究的发展，还有助于"红学"研究的创新。后来，有不少文章便是从这一思路出发的，比如英子发表在《江苏地方志》2004 年第 5 期的《相看两不厌——"红楼公子"纳兰容若的江南情怀》就是其中的一篇。

（二）纳兰词的分类

1. 爱情词

张远林、刘进指出纳兰词中爱情词颇不同于传统的艳情词，在描写对象上，"从过夫的艳词专写歌妓侍女一类女性形象转向妻子、恋人等女性形象上来"；在情感内涵上，"表现出由'艳情'向'爱情'转变的倾向，即纳兰词中已经包含初步的民主因素，并表现出要求男女感情平等的倾向"。

2. 悼亡词

项小玲认为纳兰性德的感情基因在于"抑郁、凝重和哀痛"，"以情来观照和审视自然界和社会人生，尤其是他从妻子的早逝体验到现实的痛苦和生命的忧患，于是在他生命的意识里充满着一种悲忧与哀怨的情调"。张佳生认为其悼亡词深情哀怨的原因是：第一，是"词人性格气质使然"；第二，"与一生悲慨有关"；第三，在于"词人善以词抒情"；第四，是"对卢氏有生死同心之爱"。其悼亡词，"是死者对生者的期望，也是生者对死者的承诺，既表达了两人真挚浓厚的爱情，又表现了人性中最真实美好的情感"。其悼亡词的艺术特点，耿丽萍认为在于"主要由至真至深的情感世界、超越世俗的精神家园和虚实相生的意象天地三个方面汇聚而成"的独特艺术氛围。其悼亡词中的情感表现，徐承红认为："如果说前期纳兰悼亡词的创作较多是因某些特定而具体的一景一物的触动引发的，作者的悲伤对读者而言仍是生活化的，实在可感的，那么随着时间的推移，这种忧伤和思念就越来越少地借用外在实景实物的触发，而越来越多地走向内在化，逐渐成为郁结在他心灵深处、弥漫了他的性格的无处不在的悲观情绪。"通过作品分析，徐承红把这种情感发展概括为三个历程："从凄切哀苦，走向绝望寂灭，最后复归于平静。"

3.边塞词

纳兰性德的边塞词于婉约之外别立豪放的词风，使得纳兰词呈现出多样的风格。其内容上或状边塞风光，或抒相思之情，或发兴亡之叹等。赵晓红认为，词人"以真挚的感情把建功立业的雄心与对现实中侍卫生活的厌倦、爱国忧民的情怀与伤离念远的思愁、吊古伤今的喟叹与民族和睦的祝愿跃之于词，抒写了深藏不露却又压抑不住的人生感慨。在苍茫壮阔的境界中融入清新婉怨的情思，在边塞词坛上独树一帜"。关于纳兰性德边塞词的艺术成就，季祝平认为纳兰性德"以边塞为题材，抚今追昔，纵横驰骋，意境阔大，意气横逸，有雄浑沉郁之风，成为继苏、辛之后把词的创作题材从狭窄的闺阁庭院中解放出来的又一人，填补了词史的一大空白"。"纳兰把对边塞的目之所睹、耳之所闻、心之所思，真切生动地裁剪入词，拓展了词的表现空间，构建起他的边塞词的独特艺术。他笔下的边塞情境无不蕴含着兴亡感和羁旅愁怀，景凄情真，既有凄婉迷离之美，又有沉郁豪放之气，婉约与豪放融于一体，具有强烈的艺术魅力。"还有人把纳兰的边塞词与盛唐边塞诗进行比较，如韩红杰指出纳兰的边塞词对传统的边塞之作有不少继承，但在诸多方面又有自己的特点：第一，从文学反映时代来说，盛唐的边塞诗洋溢着青春的、生机勃勃的时代气息，而纳兰的边塞词时时闪现着"一个行将日暮的时代"里"晚风提早带来的凉意"；第二，从抒情主体在作品中的地位来说，盛唐的边塞诗中诗人形象往往淡化在恢弘的边塞景物之中，而纳兰的边塞词中则突出地"漂流着一个忧伤旷古的灵魂"；第三，从作品中感伤情绪的指向来说，"盛唐边塞诗人的感伤情怀是由现实和国家出发的，最终还要归属于统领整个时代诗坛的积极进取的精神，而绝非落入纳兰式的看透人生的消沉与虚无"，而"纳兰的感伤情怀是由客体指向自身，又由自身指向人生、历史的大课题"，其"隐曲的心绪和深层的悲慨，是盛唐边塞诗中所没有的"。

（三）纳兰词的意象研究及其他

纳兰词中的意象，除了"梦"意象以外，"鸿雁"意象也很突出。刘怀荣、宋巧芸认为，纳兰性德既继承了传统鸿雁意象的象征意义，即表现相思怨离与思乡怀归等主题，又在"传达对自由的精神家园的向往、表现人生的恐惧和忧患等多方面，对鸿雁意象做出了新的发展"。项小玲分析了纳兰词中的"雨"意象、"月"意象以及"灯"意象，认为"雨的意象在他的词里，有一种凄清哀婉的情韵和色调，成为他表达悲凄伤感、幽怨多苦感情的一个载体"；"月的意象是生命的时间飞逝，是人生悲欢离合的演绎，是情爱的寄寓和沐浴，月被勾出的悲悯情怀和凄凄哀愁，已成为纳兰表达聚散离合之情的永恒背景"；而灯的意象里则饱含着相思离别的幽怨之情。

纳兰词中的意象分析，体现出微观研究的精微和细致；而把纳兰放到清初的具体环境里，从宏观的角度进行研究，过去一直比较薄弱。在清初流派纷呈的大环境中，从群体和词派的角度对纳兰词进行比照研究，也很有必要。有人就把清初词坛描述为三派鼎足而立，于浙西、阳羡之外，又有以纳兰性德为首的"饮水词派"。新世纪初，严迪昌先生认为，从词人群体活动的史实来看，纳兰性德与顾贞观结成生死情谊，主张"词应张扬性灵，以载情为本"，"追求真、善、美相兼相济的理想词境，于'花间草堂'中酝酿着一个词派，形成了'四方名士，鳞集一时，公为总持'的格局"；但由于纳兰早逝，这个"花间草堂"词人群也随之而散，尚不足以构成别具特色的流派。严迪昌先生着眼于纳兰词的风格特色，指出纳兰处于开国初盛之世，"其'感怀凄怆'之'秋思'心性不合于'与时为盛衰'的事理，所以'花间草堂'词群即使聚而不散，其际遇也不容乐观"。

（四）纳兰词风格成因新论

纳兰一生的思想发展，以往论者在论述其词风的形成原因时也常有涉及。刘勇刚从纳兰词集题名由"侧帽"到"饮水"的变化，指出词人"从早年的风神俊朗到后期的虚无超脱。'当花侧帽，倚柳题笺'是少年情怀，青春意气；'如鱼饮水，冷暖自知'才是生命的感悟，一面是丧妻之痛，一面是仕途的厌倦，两者的交织使他饱尝冷暖，转而寻求尘世的解脱"；词人自号"楞伽山人"，更"清楚地流露出对佛门的皈依"，这种释道思想一再表现在词人后期的作品中，"在词里创设了一种空虚寂灭的境界"。新世纪以来，李雷的《纳兰性德与寒疾》对纳兰词风格成因问题的研究有突破性进展。作者从伴随纳兰一生的疾病"寒疾"入手，来解析词人凄楚迷离、忧郁感伤的风格成因。通过词人的作品，李雷揭示出纳兰长期受寒疾困扰的事实及其"愁苦"的心态，他说："很显然，出生于腊月（1655 年 1 月 19 日），生活于寒冷北方的纳兰性德，由于体质较弱，多次遭受寒邪的侵扰。一个人的体质不能不影响他的性格，尤其是自幼便体弱多病，至少会使他在心理上对大自然物候的变化异常敏感。当秋风凉意刚刚萌孕蛰动，别人还浑然不觉时，纳兰早已感受到它的气息，对它有了生动而锐感的体察。纳兰性德诗词作品的景物描写中，秋冬景色出现得尤其频繁且凄凉。"而纳兰后来的人生际遇、情感创伤等又加剧了这一倾向。李雷认为："可以说，是寒疾的影响促进了纳兰忧郁气质的形成，而又是人生的愁苦加重了寒疾对他体质的摧残，这种恶性循环大大影响了纳兰的气质、性格、命运以及文学创作。"个性、气质的形成有赖于个人的成长经历，而寒疾则是纳兰人生中不可绕开的一个长期病痛体验。在探讨古代文人所处的时代、社会、文化对其文学创作影响的同时，关注作者的生理情况及其导致的心理因素对其创作的影响，可以视为纳兰性德词风格成因之一。

（五）近年来纳兰词研究概况

近年来，纳兰性德研究特别是纳兰词研究呈现出热潮，有关著作及论文层出不穷，不胜枚举。

1. 纳兰词的校注

有关纳兰性德词的校注，按出版时间先后排列，比较有影响的是：赵秀亭、冯统一撰《饮水词笺校》，校注合一本，辽宁教育出版社2000年出版，收词三百四十七首；校文较天风阁本有订补；以通志堂本为底本，对底本之夺误参考他本有所订正；附录有姜宸英《纳兰君墓表》《纳兰性德行年录》及《纳兰性德手简》三十七件。张秉戌编著《纳兰性德词新释集评》，中国书店2001年出版。张草纫《纳兰词笺注（修订本）》，上海古籍出版社2003年9月出版。《纳兰词注》，岳麓书社2005年1月出版。赵秀亭、冯统一著《纳兰词笺校》，中华书局2005年7月出版。《饮水词笺校》，中华书局2005年7月出版。汪政、陈如江编著《纳兰词》，浙江教育出版社2008年3月出版。苏樱著《纳兰词典评》，陕西师范大学出版社2008年5月出版。《纳兰性德集》，三晋出版社2008年10月出版。聂小晴等主编《一生最爱纳兰词大全集》，中国华侨出版社2010年10月出版，收录纳兰性德词三百四十九首，包括卷一至卷五及补遗卷一（二十一首）、补遗卷二（六首）。赵明华著《纳兰词典评》，黑龙江科学技术出版社2010年12月出版。聂小晴编著《纳兰词全编笺注典评》，中国华侨出版社2012年5月出版，收词五卷三百四十七首，附录有《纳兰性德行年录》及《纳兰性德传记资料》。王友胜、黄向飞校注《纳兰诗》，岳麓书社2012年9月出版。闵泽平译注《纳兰性德全集》，新世界出版社2014年2月出版。谢永芳注评《纳兰性德词——国学经典典藏版》，中州古籍出版社2017年5月出版。任思源主编《纳兰词彩图全解》，红旗出版社2017年5月出版。《纳兰词》，中国文史出版社2017年6月出版。张敏杰笺注《纳兰词全编新注》，国际文化出版公司2017年7月出版。《纳兰词精编》，中国华侨出版社2017年7月出版。

2. 纳兰词的评论分析

关于纳兰性德词的评论分析，按出版时间先后排列，比较有影响的是：李晓明著《纳兰性德诗词美论》，黑龙江教育出版社2008年7月出版。聂小晴等编著《纳兰容若词传》，中国华侨出版社2011年10月出版。梦远主编《纳兰词全解（超值彩图白金版）》，中国华侨出版社2013年11月出版，书中设置了注释、赏析、点评等栏目，从多角度将作品的主题思想、创作背景及作家境况全面地展示出来，帮助读者方便快捷地掌握其精华；数百幅精美图片，包括人物画像、山水景物等，与文字相辅相成，将阅读变成一种赏心悦目的享受，全面提升了欣赏价值和艺术价值。阮易简编著《一生一世一双人——纳兰容若的词与孤独》，江苏凤凰文艺出版社2015年1月出版。芳园主编《纳兰词全鉴——耀世典藏版》，天津人民出版社2015年3月出版。何灏著《纳兰性德词传——情在不能醒》，长江文艺出版社2017年3月出版。卜可著《当时只道是寻常——纳兰容若词传》，武汉出版社2017年6月出版。

3. 纳兰性德传记资料

关于纳兰性德传记资料，按出版时间先后排列，比较有影响的是：康奉、李宏、张志主编《纳兰成德集》，北京古籍出版社2006年12月出版。马大勇编著《纳兰性德》，中华书局2010年3月出版。[美]陈润成、李欣荣编《张荫麟全集（中卷）》，清华大学出版社2013年6月出版，第1137—1164页收录张荫麟撰写的《纳兰成德传》。郭宏文、陈艳婷著《纳兰性德——他是人间惆怅客》，团结出版社2017年3月出版。

另外，还有朱惠国、刘明玉著《明清词研究史稿》，齐鲁书社2006年8月出版。全书用很大篇幅整理记录了清代以来各个时期纳兰性德研究概况，使人们能够从总体上了解纳兰性德研究的学术成果。

第六章
有关文献
资料选录

一、纳兰性德行年录

顺治十一年甲午（公元 1654 年）0 岁

农历腊月十二日，纳兰成德生于京师，是日为公历 1655 年 1 月 19 日。

成德字容若，满洲正黄旗人。

成德父明珠是年二十岁，任銮仪卫云麾使。

成德母觉罗氏，英亲王阿济格正妃第五女，顺治八年（1651）归明珠。

是年三月，清圣祖玄烨生，以旧历计，与成德同龄。同月，陈名夏以倡"留发复衣冠"等罪被处死。

是年，吴伟业、龚鼎孳、吴绮俱在京。

顺治十二年乙未（公元 1655 年）1 岁

秦松龄成进士，授检讨。

顺治十三年丙申（公元 1656 年）2 岁

春，吴伟业任国子监祭酒；岁暮，以奉嗣母丧南归。

七月，龚鼎孳谪广东。陈维崧父陈贞慧卒。

顺治十四年丁酉（公元 1657 年）3 岁

卢兴祖以工部启心郎迁大理寺少卿（《满洲名臣传》三十六）。

冬，顺天、江南等五闱科场案发。

顺治十五年戊戌（公元 1658 年）4 岁

吴兆骞以科场案逮赴刑部狱。

陈之遴流徙盛京，秦松龄罢归。

曹寅生。

顺治十六年己亥（公元 1659 年）5 岁

闰三月，吴兆骞出京；秋七月，抵宁古塔戍所。吴伟业作《悲歌赠吴季子》。

叶方蔼、徐元文中进士。

五月，郑成功、张煌言大举北上，克瓜洲、镇江等数十州县，进围江宁，东南震动。七月，败，郑、张走海上。毛晋卒。

顺治十七年庚子（公元 1660 年）6 岁

春，王士禛抵扬州任推官，是年，王与邹祗谟合辑《倚声初集》。

徐乾学中顺天乡试举人。

宋琬官绍兴，与朱彝尊、屈大均、叶燮等会。

顾贞观在江阴会查继佐。

是年，以给事中杨雍建奏，清廷下令严禁结社订盟。

顺治十八年辛丑（公元 1661 年）7 岁

正月，清世祖卒。皇太子玄烨即位，是为清圣祖。以内大臣鳌拜等四人为辅政大臣。

二月，罢十三衙门，复设内务府。是年，明珠改任内务府郎中。

二月，吴兆骞妻葛氏抵宁古塔（吴桭臣《宁古塔记略》）。

春，通海案发，魏耕、钱缵曾等被处死。

五月，卢兴祖擢广东巡抚。

夏，奏销案起，苏南、浙东士绅以欠赋黜革者达万三千余人。秦松龄削籍，叶方蔼以欠一钱被黜，韩菼、翁叔元几被迫自杀。

七月，哭庙案结，金圣叹等十八诸生被杀。

是年秋，顾贞观入京，以诗得龚鼎孳赏识。

冬，明永历帝为吴三桂擒获，南明政权终至灭亡。

康熙元年壬寅（公元 1662 年）8 岁

春，王士禛、陈维崧等有扬州红桥倡和事，王撰《浣溪沙》三阕。

冬，吴兆骞于宁古塔得顾贞观致书。

宋琬以邓州事下狱。

是年，张煌言编写《奇零草》，黄宗羲撰《明夷待访录》。

郑成功卒于台湾。

康熙二年癸卯（公元 1663 年）9 岁

吴兴祚就任无锡知县。

徐乾学游闽粤。

曹玺任江宁织造。

丁澎自戍所还。

庄廷鑨明史案发，牵连致死七十余人。

康熙三年甲辰（公元1664年）10岁

三月，明珠升内务府总管（《圣祖实录》）。

春，顾贞观奉特旨考选中书，授内秘书院中书舍人。七月初八陛见，赋《满江红》词。

冬，吴兆骞子桭臣生于宁古塔。

朱彝尊游晋，于大同会阎尔梅（《白耷山人年谱》）。

高士奇入京，卖文自给（《独旦集》自述）。

是年五月，钱谦益卒。九月，张煌言殉节。

康熙四年乙巳（公元1665年）11岁

三月，卢兴祖迁广东总督，寻裁广西总督，命兴祖兼制。

龚鼎孳在刑部任。九月，吴绮出守湖州，龚以诗送之。

十月，山东道御史顾如华上疏言，纂修《明史》，宜广搜稗史，以备考订；及开设史局，尤宜择词臣博雅者，兼广征海内弘通之士，同事纂辑。

吴兴祚在无锡惠山建二泉亭。

王士禛解扬州任。冬，至京。

吴兆骞与张晋彦等结七子诗社。

徐釚、叶舒崇同读书于苏州。

王又旦、吴嘉纪、姜宸英、汪懋麟会于扬州。

康熙五年丙午（公元1666年）12岁

四月，明珠由侍读学士升内弘文院学士（《圣祖实录》，《八旗通志》三百十一回）。按，明珠由内务府迁内院及任侍读学士之时日不详。

顾贞观举顺天乡试第二，寻擢内国史院典籍。

陈之遴卒于盛京。

康熙六年丁未（公元1667年）13岁

成德自是年起，得董讷教授，学业大进（《通志堂集》十九附董讷诔词）。按，董讷，平原人，康熙六年进士，官编修。康熙四十年卒，年六十三。有《柳村诗集》。

七月，圣祖亲政。

九月，纂修《世祖章皇帝实录》，以明珠等为副总裁。

九月，顾贞观扈从东巡，作七言绝句六十首。归，又为赋《六州歌头》一阕。

十一月，卢兴祖以不能屏息盗贼，革职。同月卒。

是年，陈维崧客燕（《亦山草堂遗稿》二）。

朱彝尊编成《静志居琴趣》。

顾有孝等编定钱谦益、龚鼎孳、吴伟业之诗为《江左三大家诗钞》，施闰章、吴绮、余怀、叶方蔼、吴兆骞等参阅。

康熙七年戊申（公元 1668 年）14 岁

九月，明珠升刑部尚书。冬，明珠及工部尚书马尔赛往阅淮扬河工，至兴化白驹场。

是年，南怀仁与吴明烜有历法之争，为汤若望、杨光先争论之延续。从杰书议，命明珠等二十余人同往测验。

三月，吴绮、吴伟业、徐乾学等十人集湖州，有爱山台修禊事。宋琬为吴绮序《艺香词》。

七月，京师大水，漂没人畜甚众；卢沟桥圮，行人断绝数十日。陈维崧在京，为作《大水行》（《湖海楼诗稿》）。

九月，吴兴祚、姜宸英、严绳孙、顾湄、秦松龄等集秦氏寄畅园。

张纯修之父张滋德卒。顾贞观丁外艰归。

康熙八年己酉（公元 1669 年）15 岁

三月，钦天监监正杨光先革职，比利时人南怀仁为钦天监监副。

五月，辅政大臣鳌拜褫职，禁锢终身。

六月，诏止旗人圈占民地。

六月，明珠及兵部侍郎蔡毓荣等奉诏往福建招抚郑经（《台湾外纪》）。

七月，明珠解刑部任。九月，改任都察院左都御史。

冬，徐乾学赴会试入京。

是年，陈维崧离京，游少室山。

吴绮以风雅好事罢湖州知府之任。

高士奇入太学。

蒋超督顺天学，翁叔元冒永平籍投考，为超所录。

王士禛于吴门刻《渔洋集》。

朱彝尊始号竹垞。

董以宁卒。

康熙九年庚戌（公元 1670 年）16 岁

内院复为内阁，复翰林院官属，始举经筵日讲。

三月，徐乾学、蔡启傅中进士，徐授内弘文院编修，蔡为内秘书院修撰。同榜进士尚有孙在丰、叶燮等人。

是年，张纯修承荫入监读书。

朱彝尊、陆元辅等在京，于孙承泽处观《九歌图》。

吴兆骞失馆职，窘甚，幸得龚鼎孳、宋德宜、徐元文等有所寄赠，仅得免死。

邹祇谟卒。

康熙十年辛亥（公元 1671 年）17 岁

成德补诸生，贡太学。时徐元文为祭酒，深器重之。结识张纯修，如异姓昆弟。

成德在太学，每徘徊石鼓间；其《石鼓记》之作，或后于此年，亦在数年之内。

二月，左都御史明珠、国子监祭酒徐元文充经筵讲官。

八月，明珠疏请停止盐差御史巡历地方，从之。

八月，设起居注官，命日讲官兼摄。

十月，圣祖东巡至盛京，谕宁古塔将军巴海："罗刹虽云投诚，尤当加意防御，操练兵马，整备器械，毋堕狡计。"

十一月，调左都御史明珠为兵部尚书。

是年春，顾贞观服阕赴补，为忌者排斥，因告病南归。有《风流子》词记其事，词序称"自此不复梦入春明矣"。是年秋，曹尔堪、龚鼎孳、周在浚、纪映钟、徐倬、梁清标等集京师孙承泽别墅秋水轩，赋"剪"字韵《金缕曲》，是为秋水轩倡和词。南北词家随而和者不可胜数，为词坛一时盛事。

是年，陈维崧还江南，辑刊《今词苑》三卷。

朱彝尊南还。

吴伟业卒。

是年，吴三桂等"三藩"自为政令，形成割据势力。清廷每岁负担"三藩"军饷二千余万，矛盾日益尖锐。

康熙十一年壬子（公元 1672 年）18 岁

八月，成德应顺天乡试，中举人。正、副考官为蔡启僔、徐乾学。其同榜有韩倬、翁叔元、王鸿绪（榜名度心）、徐倬、曹寅等。

是年五月，姜宸英以父丧南归。

六月，王士禛典四川乡试离京。

秋，严绳孙入京。

冬，马云翎入京。朱彝尊入京，客居潞河漕总龚佳育幕，同年编成《江湖载酒集》。按，朱氏词集再刻时有增补。

康熙十二年癸丑（公元 1673 年）19 岁

正月，阅八旗兵于南苑晾鹰台，明珠先期布条教，俾众演习，及期，军容整肃。圣祖谕："今日陈列甚善，可著为令。"（《圣祖实录》四十一）

二月，成德会试中式。会试主考官杜立德、龚鼎孳、姚文然、熊赐履。

三月，成德忽得寒疾，未与廷试。韩菼、王鸿绪等于此年中进士。马云翎、翁叔元落榜。

五月起，成德每逢三六九日，至徐乾学邸讲论书史，日暮始归。旋致书徐氏云："承示宋元诸家经解，俱时师所未见，某当晓夜穷研，以副明训。"

五月，得徐乾学、明珠支持，始着于校刻《通志堂经解》。是月，成德撰《经解总序》初稿。按，《经解总序》署时"康熙十二年夏五月"，但《序》云："余向属友人秦对岩、朱竹垞购诸藏书之家，间有所得。"而康熙十二年夏成德尚未识秦松龄，与朱亦未曾谋面，因知《总序》是年只是初稿。《经解》徐乾学序署时于康熙十九年，成德改定《总序》也当不早于十九年。另，徐序称辑刻经解自癸丑始，"逾二年讫工"，亦不可信，实至成德故世时尚未全竣。朱彝尊为成德《合订大易集义粹言》作序云"乍发雕而容若溘焉逝矣"，即可证。《经解总序》又云："座主徐先生乃尽出其藏本示余小子，余且喜且愕，求之先生，钞得一百四十种，请捐资经始，与同志雕版行世。"实际一百四十种之数并非康熙十二年所定，在刻经解过程中，选目曾有更改、增补。

七月，吴三桂、耿精忠疏请撤藩，着议政王大臣等会同户、兵二部议奏，诸王大臣俱言不可撤，唯户部尚书米思翰、兵部尚书明珠、刑部尚书莫洛以为撤亦反，不撤亦反，不如从其所请，为先发制人之计。帝从之，遂下徙藩之诏。是年，明珠兼佐领。

秋，给事中杨雍建劾去年顺天乡试取副榜不及汉军。九月，蔡启樽、徐乾学坐是降级，归江南。成德以诗词送之。

冬，成德为翁叔元治行，使得归江南。翁氏常熟人，以奏销案破家出逃十余年，幸得成德拯助，方获归里。

十一月二十一日，平西王吴三桂反。

是年春，结识严绳孙。《通志堂集》十九附绳孙《哀词》："始，余以文字交于容若，时容若方举礼部，为应时之文。"

是年夏，结识姜宸英。姜氏《纳兰君墓表》："君年十八九，举礼部，当康熙之癸丑岁。未几也，余与相见于其座主东海阁学公邸。而是时，君自分齿少，不愿仕，退而学经读史，旁治诗歌古文词。"按，徐乾学九月回南，成德见姜当在初夏。秋，姜氏随徐乾学南还。

是岁，投书朱彝尊。《通志堂集》十九附朱氏《祭文》："曩岁癸丑，我客潞河。君年最少，登进士科。伐木求友，心期切磋。投我素书，懿好实多。"

与马云翎相识，或在是年。按，云翎此年赴京应礼部试，不第。

是年九月，龚鼎孳卒于京（董迁《龚芝麓年谱》）。

是年，成德始撰辑《渌水亭杂识》。

本年内成德其他作品：文有《与韩元少书》；诗有《幸举礼闱以病未与廷试》《秋日送徐健庵座主归江南》《即日又赋》；词有《临江仙》（谢饷樱桃），《摸鱼儿》（送座主德清蔡先生）。另，《采桑子》（冷香萦遍）、《采桑子》（桃花羞作）、《虞美人》（黄昏又听）亦疑为此年之作。

康熙十三年甲寅（公元 1674 年）20 岁

春，吴三桂等势炽，湖湘、四川等地沦于战火。

南怀仁任钦天监监正，所用仪象均依西法新造，传统漏刻计时改为自鸣钟。前此数年内，明珠数次奉命往钦天监验勘，成德或曾随观，因作《自鸣钟赋》。是后钟表渐入贵家，圣祖出巡亦以毡车载自鸣钟计时。

五月，皇子保成生，即后之胤礽。

是年，成德娶夫人卢氏。卢氏为两广总督卢兴祖女。又纳庶妻颜氏，颜氏家世不详，其归成德或略早于卢氏（叶舒崇《卢氏墓志铭》、赵殿最《富公神道碑文》）。

仲弟揆叙生。

正月，朱彝尊访成德于第。

徐釚刻《菊庄词》。

徐乾学、姜宸英、汪懋麟同游扬州，禹之鼎为绘《三子联句图》（胡艺《禹之鼎年谱》）。

本年内成德其他作品：诗有《挽刘富川》；词有《浣溪沙》（谁道飘零）。

康熙十四年乙卯（公元 1675 年）21 岁

十月，明珠转吏部尚书。

十二月十三日，皇子保成立为皇太子。成德避太子嫌名，改名性德。

是年，成德长子富哥生，为颜氏夫人出。

成德与张纯修交益密，每有郊猎。《风流子》（秋郊射猎）或作于是年。

成德与严绳孙过从甚密，绳孙移居成德邸中，叠有唱和。《眼儿媚》（咏红姑娘）、《满庭芳》（题元人芦洲聚雁图）或作于此年。

是年，秦松龄从军湘楚，以严绳孙介绍，成德致书问候。《通志堂集》十九附严、秦合撰祭文："嗟余两人，先后缔交。绳孙客燕，辱兄相招，下榻高斋，情同漆胶。迄今十年，不望久要。松龄客楚，惠问良厚，谓严君言：子才可取。虽未识面，与子为友。"

是年十一月，复设詹事府官，高士奇补录事，叶方蔼为左庶子、翰林院侍读。

徐乾学还京，复原官。吴兴祚擢福建按察使。

九月，朱彝尊丁外艰，奔丧回里。

冬，马云翱复入京。

康熙十五年丙辰（公元 1676 年）22 岁

三月，性德中二甲第七名进士，翁叔元、叶舒崇、高珩等同年及第。主试官为吴正治、李霨、宋德宜、田六善。马云翱再次落第。

年初，皇太子保成更名胤礽。《进士题名录》性德榜名已作"成德"，知"成"字不必再避。嗣后容若手书、印章及友朋书文俱称成德，不再称性德。

性德中进士，久无委任。时盛传将与馆选，然迄无确信。

马云翱归江南，性德送之以诗。

春夏间，顾贞观入京，经徐、严等相介，识性德，遂互以知己目之。性德为题其《侧帽投壶图》《金缕曲》词，一时传写京师。

是年，性德以诗词才藻大获称誉，似与王士祯有关。春，士祯入京，初识马云翱（康熙十一年云翱至京，王士祯方在四川），盛称云翱诗（《香祖笔记》），致云翱名噪京师，文士争相延接。今存士祯文集，绝不一及性德名，是因士祯后与明珠有隙，而不愿见礼于性德。方此年，士祯实曾以性德、云翱一并称赏。陆肯堂撰性德挽诗（《通志堂集》二十附）云"例从文选起，语自衍波传"，即为明证。性德集中有《为王阮亭题戴务旃画》诗，亦作于此年，为性、王曾有交往之痕迹。

初夏，严绳孙回南，性德作《送荪友》诗、《水龙吟》（再送荪友）词以赠之。时南方战事方炽，性德有立功疆场之愿，故诗中有所言及。

秋，吴县穹隆山道士施道源入京设醮，旋还山。性德作《送施尊师归穹隆》《再送施尊师归穹隆》赠之。

是年，徐乾学迁右赞善。十一月，徐母顾氏卒，徐乾学兄弟奔丧南归。

冬，顾贞观作《金缕曲》（寄吴汉槎）二章，性德见之，遂以"绝塞生还吴季子"为己任。

是年，郑谷口在京行医，朱彝尊赠以诗。性德识郑谷口当在此年。秋，谷口南还。

《侧帽词》或刻于此年。始与顾贞观合编《今词初集》。

是年，朱彝尊复客潞河。

是年，谢彬为徐釚绘《枫江渔父图》。

秦松龄在楚，定《然竹集》。董元恺编定《苍梧词》十二卷。

是年，东南战局渐明朗，"三藩"已呈败势。

此年内性德其他作品：文有《拟设东宫官属谢表》；诗有《记征人语》十三首，《长安行赠叶纫庵庶子》（按，叶方蔼任庶子在康熙十四至十七年，姑置此年），《送马云翎归江南》，《又赠马云翎》，《暮春别严四荪友》；词有《金缕曲》（赠梁汾），《金缕曲》（简梁汾），《南乡子》（烟暖雨初收），《菩萨蛮》（新寒中酒），《念奴娇》（绿杨飞絮），《金人捧露盘》（净业寺），《天仙子》（梦里蘼芜），《浪淘沙》（红影湿幽窗），《生查子》（鞭影落春堤），《生查子》（东风不解愁），《瑞鹤仙》（丙辰生日）。另，《河传》、《苏幕遮》（枕函香）、《疏影》（芭蕉）、《忆王孙》（西风一夜）、《雨霖铃》（种柳）等五阕作期当不晚于此年。

康熙十六年丁巳（公元 1677 年）23 岁

四月，圣祖制《大德景福颂》，书锦屏，进太皇太后。成德撰《拟御制大德景福颂贺表》。疑此文为代明珠拟。

四月末，卢氏生一子海亮。约月余，卢氏以产后患病，于五月三十日卒。叶舒崇《卢氏墓志铭》："产同瑜珥，兆类罴熊，乃膺沉痼，弥月告凶。"性德哀甚，"悼亡之吟不少，知己之恨尤深"。卢氏灵柩暂厝双林禅院。

七月甲辰（二十九），以吏部尚书明珠、户部尚书勒德洪为内阁大学士，且谕诸臣："人臣服官，唯当靖共匪懈，一意奉公，如或分立门户，私植党与，始而蠹国害政，终必祸及身家。历观前代，莫不皆然。在接纳植党者，行迹诡秘，人亦难于指摘，然背公营私，人必知之，凡论人论事间，必以异同为是非，爱憎为毁誉，公论难容，国法莫逃。百尔臣工，理宜痛戒。"（《圣祖实录》六十八）按，明珠、勒德洪俱为武英殿大学士。

八月初一，圣祖赐大学士明珠《文献通考》等书，并谕曰："卿才能素著，久任股肱，特简丝纶重地，赞理机务。因卿夙稽典史，晓古今责难陈善之理，《文献通考》等书，皆致君泽民至道所录，特以赐卿。退食之暇，可时观阅，以副朕虚怀求治之意。"（《圣祖文集》六）

八月，明珠充《太宗文皇帝实录》总裁官。

性德撰《合订大易集义粹言》成。朱彝尊《合订大易集义粹言序》云："吾友纳兰侍卫容若，以韶年登甲科，未与馆选，有感消息盈亏之理，读《易》渌水亭中，聚《易》义百家插架，于温陵曾氏《粹言》、隆山陈氏《集传精义》，十八家之说有取焉，合而订之，成八十卷，择焉精，语焉详，庶几哉有大醇而无小疵也乎。"

秋冬间，性德始任乾清门三等侍卫。按，姜宸英《纳兰君墓表》云："今上重器君，不欲出之外廷。置名二甲，久之，授三等侍卫。"韩菼《纳兰君神道碑文》亦云："以二甲久次，选授三等侍卫。"皆示性德中进士后，有较长一段时间未定其职司。徐乾学《纳兰性德墓志铭》、翁叔元《纳兰君哀词》均言性德丙辰登第后，闭门扫轨，益肆力于诗歌古文辞，亦可见尝有较久"待业"生活。正为有较长赋闲时日，方可成八十卷之《合订大易集义粹言》。初及第，有从戎意，不得；又期入观选，仍不得。天意难测，中颇怏怏。最后任侍卫，实非其愿。徐乾学《纳兰性德墓志铭》又云："未几，太傅入秉钧，容若选授三等侍卫，出入扈从，服劳惟谨。"则始任侍卫，在明珠擢大学士之后。《渌水亭杂识》编定。

腊月，成德作书致严绳孙。

是年春初，顾贞观携《今词初集》稿南返，至开封，逢毛际可。毛为《今词初集》作序，并次容若韵作《金缕曲》（题梁汾佩剑投壶图），是词亦收入《今词初集》。

三月，蔡启僔为日讲起居注官，旋以足疾辞官。

三月，吴兆骞于宁古塔收到顾贞观寄《金缕曲》词二首。

四月，梁汾在江南，复作书寄吴汉槎，并以其《弹指词》附书。（吴兆骞《戊午二月十一日寄顾舍人书》）。按，徐釚《词苑丛谈》、阮葵生《茶余客话》载：吴兆骞在宁古塔，行箧有《菊庄词》《侧帽词》《弹指词》二册，会朝鲜使臣至，以金购去，三人之词遂流誉外邦。然汉槎致梁汾书仅言及《弹指》，未云《侧帽》，盖缘《弹指》《侧帽》为合刻一册。《词苑丛谈》称三家为"二册",即由此。

秋,顾贞观复至京,与性德增选《今词初集》。

冬,鲁超为《今词初集》作序。

十一月,以大学士择荐,令张英、高士奇为内廷供奉,高士奇加内阁中书衔。

是年,徐乾学在江南,请陈维崧校订吴兆骞《秋笳集》。

龚佳育擢江宁布政使。朱彝尊随龚南返江宁,刻成《竹垞文类》二十六卷。

陈维崧、朱彝尊等聚会于南京瞻园。

此年内性德其他作品:词《点绛唇》(一种蛾眉),《浣溪沙》(伏雨朝寒),《金缕曲》(再赠梁汾),《南歌子》(翠袖凝寒),《南歌子》(暖护樱桃),《眼儿媚》(手写香台),《菩萨蛮》(晶帘一片),《清平乐》(凄凄切切),《清平乐》(麝烟深漾),《临江仙》(寄严荪友),《鹧鸪天》(十月初四),《沁园春》(丁巳重阳),《大酺》(寄梁汾),《唐多令》(金液镇心),《浣溪沙》(寄严荪友),《忆江南》(宿双林禅院有感),《青衫湿遍》,《鹧鸪天》(握手西风)。

康熙十七年戊午(公元 1678 年)24 岁

是年圣祖出行情况:

闰三月初三至十七,畿南霸州、赵北口一带。

五月十五至十九,碧云寺、石景山、南苑。

九月初十至二十六,遵化。

十月初三至十一月二十四,遵化、沿边。在滦河阅三屯营兵。

岁初正月十七,顾贞观回南,所携有性德付编之《饮水词》。三月,在吴趋客舍会吴绮,绮为《饮水词》作序。是年,顾刻《饮水词》成。

正月,下征博学鸿儒诏。夏秋间,应征文士多至京。十一月起,供应征文士食宿。施闰章、曹禾、汪琬、陈维崧、尤侗、朱彝尊、秦松龄、汤斌、徐釚、彭孙遹、陆元辅、徐嘉炎、毛际可、黄虞稷(后以丁忧归)、严绳孙、周清原、吴雯、毛奇龄、阎若璩、潘耒、李因笃、叶舒崇等至京。

春,陈维崧过昆山,在徐乾学家小住。时释大汕亦作客徐舍,为其年绘《迦陵填词图》。夏秋间，其年至京，一度居性德宅中，继顾贞观编《今词初集》，年内定稿（陈维崧《寄吴汉槎书》）。

夏，朱彝尊入京，《词综》编成付梓；又编《藩锦集》成。

五月，吴兴祚升福建巡抚。

七月，吴三桂称帝。八月，三桂死。清军全线转入反攻。

七月，葬卢氏于皂荚村，叶舒崇为作墓志铭。按，叶舒崇为叶燮之子。性德自号楞伽山人，在此年或稍后。性德以楞伽名，与卢氏卒及任侍卫之无奈情绪有关；除取楞伽经义外，亦似由李贺、白居易诗生发。李贺《赠陈商》诗："长安有男儿，二十心已朽。楞伽堆案前，楚辞系肘后。"白居易《见元九悼亡诗因此为寄》："夜泪暗销明月幌，春肠遥断牡丹庭。人间此病治无药，唯有楞伽四卷经。"

性德始筑茅屋。

秋，马云翎卒于江南。

冬，叶方蔼升翰林院掌院学士、礼部侍郎。

岁暮，姜宸英入京，性德使居千佛寺。韩菼、叶方蔼谋荐姜应鸿博试，不及。

是年，徐釚《词苑丛谈》编定。

蒋景祁在京，编次《梧月词》。

徐乾学刻《秋笳集》于年内。

此年内纳兰性德所作词：《如梦令》三首，《齐天乐》（洗妆台怀旧），《浣溪沙》（抛却无端），《浣溪沙》（大觉寺），《画堂春》，《蝶恋花》（辛苦最怜），《荷叶杯》（帘卷落花），《荷叶杯》（知己一人），《寻芳草》（萧寺记梦），《菩萨蛮》（为陈其年题照），《菩萨蛮》（宿滦河），《虞美人》（凭君料理），《虞美人》（春情只到），《鹊桥仙》（七夕），《望江南》（宿双林禅院），《菩萨蛮》（过张见阳山居赋赠），《青衫湿》（悼亡），《渔父》。另，《忆桃源慢》、《临江仙》（长记碧窗）二阕作期当不晚于此年。

康熙十八年己未（公元 1679 年）25 岁

是年圣祖出行情况：

二月十二至十五，南苑。

三月初二至十四，保定、十里铺。

五月初九，西山潭柘寺。

十二月初六至十七，南苑。

二月，遣大学士明珠祭孔子。

三月初一，试内外诸臣荐举博学鸿儒一百四十三人于体仁阁。三月二十九，谕吏部，取中彭孙遹、秦松龄、陈维崧、朱彝尊、汤斌等二十人为一等，施闰章、潘耒、徐釚、尤侗、毛奇龄、曹禾、严绳孙等三十人为二等。严绳孙本不期中，仅赋《省耕诗》一首即退场。圣祖知绳孙名，以为"史局中不可无此人"，取为二等榜末。五月，秦、朱、陈、严等俱授检讨，着纂修《明史》。

叶舒崇临试病逝；陆元辅考试未中。

暮春，性德与朱、陈、严、姜、秦等人游张见阳山庄，作联句词《浣溪沙》。

夏，邀诸友渌水亭观荷。茅屋筑成，又称花间草堂。

秋，张见阳南行，赴湖南江华县令。

姜宸英丁内艰归。

八月二十八，京师地震，毁伤甚重。魏象枢借地震劾明珠。

是年，顾贞观在南，刊成《今词初集》，收性德词十七首。同年，卓回刊《古今词汇》，选性德词十二首，多与《今词初集》重。

是年冬，顾贞观在福州，作客吴兴祚幕。

曹寅编定《荔轩草》，顾景星为作序。

性德本年内作品：文有《渌水亭宴集诗序》。诗有《早春雪后同姜西溟作》《送张见阳令江华》。词有《点绛唇》（别样幽芬），《点绛唇》（小院新凉），《忆江南》（新来好），《蝶恋花》（散花楼送客），《河渎神》（风紧雁行高），《金缕曲》（姜西溟言别），《金缕曲》（恩西溟），《琵琶仙》（中秋），《菊花新》（送见阳），《虞美人》（绿荫帘外），《潇湘雨》（送西溟归慈溪），《鹧鸪天》（小构园林），《踏莎行》（倚柳题笺），《满江红》（茅屋新成），《浪淘沙》（闷自剔残灯），《凤凰台上忆吹箫》（除夕得梁汾闽中信）。

康熙十九年庚申（公元 1680 年）26 岁

此年内，圣祖行踪仅及西山、巩华、南苑，未远行。

约在是年，性德由司传宣改经营内厩马匹，圣祖出巡用马，皆由拣择。又常至昌平、延庆、怀柔、古北口等地督牧。姜宸英《纳兰君墓表》："尝司天闲牧政，马大蕃息。侍上西苑，上仓促有所指挥，君奋身为僚友先。上叹曰：此富贵家儿，乃能尔耶！"

继娶官氏，在此年或稍后。官氏，即瓜尔佳氏，图赖之孙，朴尔普之女。

二月，以徐元文荐，征姜宸英入史馆，姜氏因丁忧未赴职。

四月，高士奇特授翰林；五月，又加詹事府詹事衔。五月，董讷、王鸿绪任侍读学士。

秋，顾贞观返京。

冬，徐乾学兄弟服阕还京，乾学复原职，徐元文升都察院左都御史。

徐乾学撰《通志堂经解序》，性德《经解总序》或同时改定。

是年，禹之鼎始入京，任鸿胪寺序班。

性德本年内作品：诗有《寄梁汾并葺茅屋以招之》《茅斋》。词有《金菊对芙蓉》（上元），《浣溪沙》（庚申除夜），《金缕曲》（亡妇忌日），《秋千索》（渌水亭春望），《一丛花》（咏并蒂莲），《水调歌头》（题岳阳楼图）。

康熙二十年辛酉（公元 1681 年）27 岁

是年圣祖出行情况：

二月十八至三月十二，遵化。

三月二十至五月初三，遵化、沿边。

八月二十五至九月十七，畿南、南苑、雄县、任丘、霸州。

十一月十四至十二月初三，遵化。

二月，增汤斌、秦松龄、徐乾学、曹禾、王顼龄、朱彝尊、严绳孙、潘耒八人为起居注官。

三月下旬，明珠等扈从至遵化温泉，圣祖召群臣观温泉，群臣各赋诗。于时明珠亦上《汤泉应制》五言二十二韵（《熙朝雅颂集》）。四月初，明珠因病先行回京。四月二十二日，圣祖自喜峰口外致书问候，且谕明珠留心京畿大旱事（《圣祖文集》卷十一）。

六月，秦松龄为江西乡试正考官。七月，严绳孙为山西乡试正考官，朱彝尊为江南乡试副考官。

七月，圣祖驻瀛台，赐群臣太液池鱼、藕等物。

七月，顾贞观丁内艰南还，临行致书吴兆骞，约杪冬或早春晤于京师。七月，吴兆骞得赐还诏书。八月，为其子吴桭臣纳叶氏妇。九月二十日，自宁古塔起行。十月，抵京师。是冬，吴兆骞合家居徐乾学馆中。

十月二十八日，清军入云南省城，吴世璠自杀，云南平。

十一月，叶方蔼转刑部侍郎。

十二月初，姜宸英入京，投宿慈仁寺。

十二月，吴兴祚擢两广总督。

岁暮，顾贞观入京。

是年，梁佩兰离京南还。按，梁氏何时入京未悉。

是年，禹之鼎入值畅春园。

本年内性德作品：文有《万年一统颂》。诗有《汤泉应制》四首，《赐观汤泉十韵》，《喜吴汉槎归自关外次座主徐先生韵》，《咏柳偕梁汾赋》，《東西溟》，《送梁汾》。另，《秋夜》《寄朱锡鬯》《桑榆墅同梁汾夜望》《雄县观鱼》等或亦作于此年。词有《青玉案》（人日），《念奴娇》（宿汉儿村），《点绛唇》（寄南海梁药亭），《剪湘云》，《木兰花慢》（立秋夜雨）。

康熙二十一年壬戌（公元 1682 年）28 岁

是年圣祖出行情况：

二月十五至五月初四，奉天、吉林。

八月初三至十一，玉泉。

十月十九至十一月初九，遵化。按，性德时方出使梭龙，未随扈。

正月初，朱彝尊还京。

正月十四日，圣祖于乾清宫宴群臣，罢，夜已二鼓。十五日晨，在太和殿赋柏梁体诗，圣祖制首句，明珠等以次赋九十三韵。

正月十五上元夜，性德与朱彝尊、陈维崧、严绳孙、顾贞观、姜宸英、吴兆骞、曹寅等共集花间草堂，饮宴赋诗（姜宸英《题蒋君长短句》）。堂上列纱灯绘古迹，各指图作诗词。性德赋《水龙吟》（题文姬图）词、《赋得柳毅传书图次陈其年韵》诗。曹寅作《貂裘换酒》词。是夜恰逢月食，性德有诗词数首咏之。

元宵节后旬日间，顾贞观离京南还。

年初，以明珠疏救，陈梦雷得减死，戍尚阳堡。

年初，吴兆骞入性德宅，为教授其弟揆叙。汉槎与顾有孝等共编《名家绝句钞》，性德为作序。

四月十三，东巡返程经叶赫故地，圣祖赋诗，高士奇赋《南楼令》一阕。是日，圣祖驻跸叶赫河屯。

五月，陈维崧以头痛卒。叶方蔼卒。

六月初三，赐群臣后苑赏花钓鱼。

严绳孙作《西苑侍直》诗二十首，性德和之，题为《西苑杂咏和荪友韵》。按，此二十绝句非成于一日，当作于夏秋间。其第十五首有"几日乌龙江上去"句，作于得知将赴梭龙信之后。另，第十一首云："马曹此日承恩数，也逐清班许钓鱼。"似言已解"马曹"之职司，复入内廷。疑性德晋升二等侍卫，即在赴梭龙前后。

七月，明珠等为纂修《明史》监修总裁官。

禹之鼎为徐乾学、王士禛、陈廷敬、王又旦、王懋麟绘《城南雅集图》（又名《五客话旧图》）。

八月，汪楫离京出使琉球，禹之鼎随行。

秋，吴兆骞南归省亲。顾贞观作客苕上。

八月十五日，遣副都统郎坦、公彭春等率兵往打虎儿、索伦。将行，圣祖口谕郎坦等："罗刹犯我黑龙江一带，侵扰虞人，戕害居民，昔发兵进讨，未获翦除，历年已久。近闻蔓延益甚，过牛满、恒滚诸处，至赫哲、飞牙喀虞人住所，杀掠不已。尔等此行，除自京遣往参领、侍卫、护军外，合毕力克图等五台吉率科尔沁兵五百名，宁古塔副都统萨布素等率乌喇、宁古塔兵八十名，谕以捕鹿之故，一面详视陆路近远，沿黑龙江行围。经雅克萨城下，勘其居址形势。度罗刹断不敢出战，若以食物来馈，其受而量答之。万一出战，姑勿交锋，但率众引还，朕别有区画。尔等还时，须详视自黑龙江至额苏里舟行水路；及已至额苏里，其路直通宁古塔者，更择随行之参领、侍卫，同萨布素往视之。"按，打虎儿、索伦，即达呼儿、梭龙。是行，即《通志堂集》所谓"觇梭龙"，意为侦察。性德及其友人画家经纶（字岩叔）亦随往梭龙。郎坦等于八月二十五陛辞，起行当在八月内。性德出发似较晚。性德有《沈尔璟进士归吴兴，诗以送之》一诗，沈尔璟中进士即是年，然此年因东巡而改殿试至八月二十日，九月初四发榜。性德诗有"成名方得意，几日问归舟"语，则其动身在九月初四之后。

十月十五日，经纶自梭龙与性德别，先行返京。性德有《蝶恋花》（十月望日与经岩叔别）词送之。前此数日，曾有《梭龙与经岩叔夜话》诗。

十月，明珠为《太祖实录》《三朝圣训》《平定三逆神武方略》总裁官。

十一月，明珠加赠太子太傅。

十二月二十七，副都统郎坦等自达呼儿、梭龙还，以罗刹情形具奏（《圣祖实录》一百六）。据此，性德还京已在腊月下旬。

是年，高士奇整理随从东巡日记，成《扈从东巡日录》二卷。

本年内性德其他作品：诗有《柳条边》，《松花江》（五律），《盛京》，《山海关》，《兴京陪祭福陵》，《松花江》（七绝），《塞外示同行者》，《上元月蚀》，《早春雪后同姜西溟作》，《上元即事》，《塞垣却寄》，《宿龙泉山寺》。词有《采桑子》（严宵拥絮），《采桑子》（九日），《采桑子》（塞上咏雪花），《一络索》（雪），《浣溪沙》（身向云山），《浣溪沙》（万里阴山），《浣溪沙》（小乌喇），《浣溪沙》（姜女祠），《蝶恋花》（又到绿杨），《蝶恋花》（尽日惊风），《南歌子》（古戍饥乌），《一络索》（过尽遥山），《一络索》（野火拂云），《一斛珠》（元夜月蚀），《长相思》（山一程），《太常引》（自题小像），《菩萨蛮》（问君何事），《菩萨蛮》（荒鸡再咽），《清平乐》（上元月蚀），《临江仙》（卢龙大树），《临江仙》（永平道中），《南乡子》（何处淬吴钩），《沁园春》（试望阴山），《忆秦娥》（龙潭口），《满庭芳》（堆雪翻鸦），《青玉案》（宿乌龙江），《浪淘沙》（望海），《唐多令》（塞外重九），《如梦令》（万帐穹庐）。

康熙二十二年癸亥（公元 1683 年）29 岁

此年内圣祖出行情况：

正月二十七至三十，南苑。

二月二十至三月初六，五台山。

四月二十一至五月初一，玉泉山、潭柘寺。

六月十二至七月二十五，古北口、近边。

九月十一至十月初九，五台山。太皇太后同行。

十一月二十一至十二月初七，遵化、近边。

二月，蒋景祁自京南还，初编《瑶华集》。

三月，纳兰性德续妻官氏父朴尔普以一等公为蒙古都统。

春，朱彝尊入值南书房，赐居黄瓦门左。

四月，陈廷敬、张玉书为礼部侍郎。翁叔元以右春坊赞善充日讲起居注官。梁佩兰客吴门。

七月，施琅平台湾。

夏秋间，吴兆骞返京，仍为揆叙塾师，并与性德研习《昭明文选》。

十月，升江西按察使章钦文为江宁布政使。

十二月，高士奇充日讲官。王鸿绪迁内阁学士、礼部侍郎。左都御史徐元文以荐举非人免。

冬，圣祖作《松赋》。

是年，秦松龄、严绳孙迁中允，并为《平定三逆方略》纂修官。

顾贞观在南，得东林诸人与顾宪成书札，辑为一帙，题"东林翰墨"，请黄宗羲等作跋。

是年，施闰章卒。朱鹤龄卒。蔡启僔卒。

本年内性德作品：诗有《驾幸五台恭纪》（作于九月出巡时，诗有"亲侍两宫来"句），《咏笼鹦》。词有《齐天乐》（塞外七夕），《菩萨蛮》（寄顾梁汾苕中），《虞美人》（银床淅沥），《月上海棠》（中元塞外），《满江红》（代北燕南）。

康熙二十三年甲子（公元 1684 年）30 岁

本年内圣祖出行情况：

正月十五至十七，南苑。

二月十七至三月初二，畿南霸州、赵北口。

四月初六至十一，玉泉山。

五月十九至八月十五，古北口、近边。

九月二十八至十一月二十九，南巡。经泰山、扬州、苏州、无锡、镇江、江宁、曲阜等地，并阅淮扬河工。

十二月二十五至二十八，遵化。

正月，朱彝尊以辑《瀛洲道古录》，私抄宫内各地进书，被逐出内廷，移居宣武门南。彝尊既罢，始整理出仕以来诗，由姜宸英删定之，即后之《腾笑集》。是年，潘耒亦缘"浮躁"降调。

二月，调江宁巡抚慕天颜为湖广巡抚。

春，禹之鼎自琉球还。八月，在昆山为徐元文庭蕉作图；在江宁为曹寅作《楝亭图》（曹寅父曹玺卒于是年六月）。禹之鼎是年未入京，故不可能为性德作"三十小像"。

六月，明珠兼《大清会典》总裁官。

八月，秦松龄为顺天乡试正考官。

九月，余国柱任户部尚书。余与明珠结党，势甚张，引起物议喧喧，渐被圣祖注意。徐乾学等承圣祖意旨，渐由亲明转为倒明。

九月，顾贞观携沈宛赴京。

十月，严绳孙为顺天武乡试副考官。

十月，南巡至扬州，时张玉书适奔丧至扬，性德慰问之，揖别于江干。

十月，吴兆骞病卒于京师。

十一月初，南巡至江宁，性德会曹寅。在江宁，得汉槎凶问。南巡中，性德得明人《竹炉新咏卷》，为惠山听松故物。回京，以此卷归梁汾，作《题竹炉新咏卷》诗，并为梁汾书"新咏堂"三字。

冬，秦松龄因顺天乡试事下狱，徐乾学力救之，得放归。十二月，徐乾学由侍讲学士升詹事府詹事。韩菼以侍读兼日讲起居注官。十二月十二日，姜宸英为性德作《三十初度》诗。

岁暮，性德纳沈宛为姜。

是年，性德作书梁佩兰，邀梁至京共编词选。

是年夏，查慎行至京。

本年内性德其他作品：文有《金山赋》，《与梁药亭书》，《与顾梁汾书》（见《通志堂集》十三），《灵岩山赋》，《祭吴汉槎文》。诗有《扈跸霸州》《题赵松雪鹊华秋色图》《圣驾临江恭赋》《虎阜》《江行》《平原过汉樊侯墓》《扈从东岳礼成恭纪》《金陵》《病中过锡山》《泰山》《曲阜》《秣陵怀古》《平山堂》《江南杂诗》。词有《梦江南》十首，《采桑子》（那能寂寞），《采桑子》（谢家庭院），《浣溪沙》（欲问江梅），《浣溪沙》（十里湖光），《浣溪沙》（脂粉塘空），《浣溪沙》（十八年来），《浣溪沙》（红桥怀古和王阮亭韵），《金缕曲》（寄梁汾），《眼儿媚》（林下闺房），《菩萨蛮》（白日惊飙），《虞美人》（彩云易向），《雨中花》，《临江仙》（塞上得家报），《金缕曲》（未得长无谓）。

康熙二十四年乙丑（公元 1685 年）31 岁

本年一至六月内圣祖出行情况：

正月十五至十七，南苑。元夕于南海子大放烟火，朝臣有诗。

正月二十九至二月初五，玉泉山。

二月十五至三十，畿南霸州、雄县。

四月初十至十五，玉泉山。

六月初一至初九，古北口、近边。

二月，徐乾学充《会典》副总裁官。王鸿绪、董讷为户部侍郎。

三月，徐乾学、韩菼升内阁学士，兼礼部侍郎。

三月，谕大学士等："凡为大学士者，以进贤退不肖为职，不可稍存私意。必休休有容，知无不言，言无不尽，方可称为大臣。其他朕亦不须尽言。"按，此谕有儆戒明珠意。

三月十八日圣祖诞辰，书贾至《早朝》诗赠性德。四月下旬，又令性德赋《乾清门应制》诗，译《松赋》为满文，称旨。时皆知圣祖将大用性德，性德升一等侍卫或即在此时。

春，梁佩兰抵京。

四月，严绳孙请假南归（实为弃官），与性德别。性德作书寄秦松龄，请绳孙为邮。五月初，曹寅至京，性德作《满江红》词为题其《棟亭图》。

五月，明珠充《政治典训》总裁官，王鸿绪、董讷为副总裁官。

五月二十二日，梁佩兰、顾贞观、姜宸英、吴雯集性德庭，饮酒，各赋《夜合花》诗。次日，性德得疾。

五月三十日，性德因七日不汗病故。是日为公历 1685 年 7 月 1 日。时圣祖方出塞，特准明珠不必随行。及罗刹捷报至，又命宫使就几筵哭告之，以性德有奉使梭龙之功。

六月初四，圣祖出古北口。途次，理藩院奏："都统公彭春等五月二十二日抵雅克萨城，二十五日黎明，并进急攻，城中大惊。罗刹城守头目额里克舍等势迫，诣军前稽颡乞降。恢复雅克萨城。"

性德本年作品：诗有《题赵松雪水村图》（据朱彝尊题该图跋文），《暮春见红梅作简梁汾》（据张见阳刻本《饮水诗词集》注），《别苏友日占》，《夜合花》。词有《满江红》（为曹子清题其先人所构楝亭图），《菩萨蛮》（乌丝画作），《菩萨蛮》（惜春春去）。

秋，沈宛生遗腹子富森。

康熙二十五年（公元 1686 年）

性德葬京郊皂荚村。

徐乾学撰《墓志铭》《神道碑文》，韩菼撰《神道碑铭》，顾贞观撰《行状》，姜宸英撰《墓表》。

董讷撰《诔词》。

张玉书等六人撰《哀词》。

严绳孙等十八人撰《祭文》。

徐元文等二十七人撰《挽诗》。

蔡升元等五人撰《挽词》。

康熙二十六年（公元 1687 年）

严绳孙旅端州，见容若小像，题诗二首。按，小像为禹之鼎所绘。

康熙二十七年（公元 1688 年）

明珠罢相，旋任内大臣。

康熙二十九年（公元 1690 年）

顾贞观入京展性德墓（《楚颂亭诗》卷二）。

康熙三十年（公元 1691 年）

徐乾学刻《通志堂集》，收性德作品十八卷，附录二卷。其中词四卷，居卷六至卷九，收词三百首。同年，张纯修刻《饮水诗词集》三卷，收词三百零三首。

徐、张二本词由顾贞观阅定。

康熙三十九年（公元 1700 年）

纳兰性德长子富格卒，年二十六岁。次子富尔敦中进士。

康熙四十七年（公元 1708 年）

明珠卒。

乾隆二十六年（公元 1760 年）

性德第三子富森与太皇太后七十寿宴。时富森七十六岁。

二、纳兰性德传记资料

（一）《清史稿·文苑一》

性德，纳兰氏，初名成德，以避皇太子允礽嫌名改，字容若，满洲正黄旗人，明珠子也。性德事亲孝，侍疾衣不解带，颜色黧黑，疾愈乃复。数岁即习骑射，稍长工文翰。康熙十四年成进士，年十六。圣祖以其世家子，授三等侍卫，再迁至一等。令赋《乾清门应制诗》，译御制《松赋》，皆称旨。俄疾作，上将出塞避暑，遣中官将御医视疾，命以疾增减告。遽卒，年止三十一。尝奉使塞外有所宣抚，卒后，受抚诸部款塞。上自行在遣中官祭告，其眷睐如是。

性德乡试出徐乾学门，与从研讨学术，尝裒刻宋、元人说经诸书，书为之序，以自撰《礼记陈氏集说补正》附焉，合为《通志堂经解》。性德善诗，尤长倚声。遍涉南唐、北宋诸家，穷极要眇。所著《饮水》《侧帽》二集，清新秀隽，自然超逸。尝读赵松雪自写照诗有感，即绘小像，仿其衣冠。坐客期许过当，弗应也。乾学谓之曰："尔何似王逸少！"则大喜。好宾礼士大夫，与严绳孙、顾贞观、陈维崧、姜宸英诸人游。贞观友吴江吴兆骞坐科场狱戍宁古塔，赋《金缕曲》二篇寄焉。性德读之叹曰："山阳《思旧》，都尉《河梁》，并此而三矣！"贞观因力请为兆骞谋，得释还，士尤称之。

……清世工词者，往往以诗文兼擅，独性德为专长，仁和谭献尝谓为词人之词。性德后，又得项鸿祚、蒋春霖三家鼎立。

（二）《清史列传·卷七十一》

性德，原名成德，字容若，纳兰氏，满洲正黄旗人。康熙十五年进士，授乾清门侍卫。少从姜宸英游，喜为古文辞。乡试出徐乾学之门，遂授业焉。善诗，其诗飘忽要眇，绝句近韩偓。尤工于词，所作《饮水》《侧帽》词，当时传写，遍于村校邮壁。生平淡于荣利，书史外无他好。爱才喜客，所与游皆一时名士。晚更笃意经史，嘱友人秦松龄、朱彝尊购求宋元诸家经解。后启于乾学，得钞本一百四十种，晓夜穷研，学益进。尝延友人陆元辅合订删补《大易集义粹言》八十卷、《陈氏礼记集说补正》三十八卷。又刻《通志堂九经解》一千八百余卷，皆有功后学。精鉴藏。书学褚河南，见称于时。尝奉使觇梭龙诸羌。二十四年卒，年三十一。殁后旬日，适诸羌输款，上时避暑关外，遣中使拊其几筵哭而告之，以其尝有劳于是役也。著有《通志堂诗集》五卷、词四卷、文五卷、《渌水亭杂识》四卷，又有《全唐诗选》《词韵正略》。

（三）徐乾学《通议大夫一等侍卫进士纳兰君墓志铭》
（康熙刻本《通志堂集·附录》）

呜呼！始容若之丧，而余哭之恸也。今其弃余也数月矣。余每一念至，未尝不悲来填膺也。呜呼！岂直师友情乎哉。余阅世将老矣，从我游者亦众矣，如容若之天姿之纯粹、识见之高明、学问之淹通、才力之强敏，殆未有过之者也。天不假之年，余固抱丧予之痛。而闻其丧者，识与不识，皆哀而出涕也，又何以得此于人哉？太傅公失其爱了，至今每退朝，望子舍必哭，哭已，皇皇焉如冀其复者，亦岂寻常父子之情也。至尊每为太傅劝节哀，太傅愈益悲不自胜。余闲过相慰，则执余手而泣曰：惟君知我子，惠邀君言，以掩诸幽，使我子虽死犹生也。余奚忍以不文为辞。顾余之知容若，自壬子秋榜后始，迄今十三四年耳。后容若入侍中，禁廷严密，其言论梗概，有非外臣所得而知者，太傅属痛悼，未能殚述。则是余之所得而言者，其于容若之生平，又不过十之二三而已。呜呼！是重可悲也。

容若，姓纳兰氏，初名成德，后避东宫嫌名，改曰性德。年十七补诸生，贡入太学，余弟立斋为祭酒，深器重之，谓余曰：司马公贤子非常人也。明年，余忝主司，宴于京兆府，偕诸举人青袍拜堂下，举止闲雅。越三日，谒余邸舍，谈经史源委及文体正变，老师宿儒有所不及。明年，会试中式，将廷对，患寒疾。太傅曰：吾子年少，其少俟之。于是益肆力经济之学，熟读通鉴及古人文辞。三年而学大成。岁丙辰，应殿试，条对剀切，书法遒逸，读卷执事各官咸叹异焉。名在二甲，赐进士出身。闭门扫轨，萧然若寒素。客或诣者，辄避匿。拥书数千卷，弹琴咏诗自娱悦而已。

未几，太傅入秉钧。容若选授三等侍卫，出入扈从，服劳惟谨。上眷注异于他侍卫。久之，晋二等，寻晋一等。上之幸海子、沙河，及西山、汤泉，及畿辅、五台、口外、盛京、乌剌，及登东岳，幸阙里，省江南，未尝不从。先后赐金牌、彩缎、上尊、御馔、袍帽、鞍马、弧矢、字帖、佩刀、香扇之属甚夥。是岁，万寿节，上亲书唐贾至《早朝》七言律赐之。月余，令赋《乾清门应制诗》，译御制《松赋》，皆称旨。于是外廷佥言上知其有文武才，非久且迁擢矣。呜呼！孰意其七日不汗死也。

容若既得疾，上使中官侍卫及御医，日数辈络绎至第诊治。于是，上将出关避暑，命以疾增减报，日再三，疾亟，亲处方药赐之，未及进而殁。上为之震悼，中使赐奠，恤典有加焉。容若尝奉使觇梭龙诸羌，其殁后旬日，适诸羌输款，上于行在遣宫使拊其几筵哭而告之，以其尝有劳于是役也。于此亦足以知上所以属任之者非一日矣。

呜呼，容若之当官任职，其事可得而纪者，止于是矣。余滋以其孝友忠顺之性，殷勤固结，书所不能尽之言，言所不能传之意，虽若可仿佛其一二，而终莫能而悉也，为可惜也。容若性至孝，太傅尝偶恙，日侍左右，衣不解带，颜色黝黑，及愈乃复初。太傅及夫人加餐，辄色喜，以告所亲。友爱幼弟，弟或出，必遣亲近慊仆护之，反必往视，以为常。其在上前，进反曲折有常度。性耐劳苦，严寒执热，直庐顿次，不敢乞休沐自逸，类非绮襦纨绔者所能堪也。

自幼聪敏，读书一再过即不忘。善为诗，在童子已句出惊人，久之益工，得开元、大历间丰格。尤喜为词，自唐、五代以来诸名家词皆有选本，以洪武韵改并联属，名《词韵正略》。所著《侧帽集》，后更名

《饮水集》者，皆词也。好观北宋之作，不喜南渡诸家。而清新秀隽，自然超逸，海内名为词者皆归之。他论著尚多。其书法摹褚河南，临本禊帖，间出入于《黄庭内景经》。当入对殿廷，数千言立就，点画落纸无一笔非古人者。荐绅以不得上第入词馆为容若叹息。及被恩命，引而置之珥貂之行，而后知上之所以造就之者，别有在也。容若数岁即善骑射，自在环卫益便习，发无不中。其扈跸时，雕弓书卷，错杂左右，日则校猎，夜必读书，书声与他人鼾声相和。间以意制器，多巧倕所不能。于书画评鉴最精。其料事屡中，不肯轻为人谋，谋必竭其肺腑。尝读赵松雪自写照诗有感，即绘小像，仿其衣冠，坐客或期许过当，弗应也。余谓之曰：尔何酷类王逸少！容若心独喜。所论古时人物，尝言王茂弘阑阖阑阖，心术难明；娄师德唾面自干，大无廉耻。其识见多此类。间尝与之言往圣昔贤修身立行，及于民物之大端，前代兴亡理乱所在，未尝不慨然以思。读书至古今家国之故，忧危明盛，持盈守谦，格人先正之遗戒，有动于中，未尝不形于色也。呜呼！岂非大雅之所谓亦世克生者耶，而竟止于斯也，夫岂徒吾党之不幸哉！

君之先世，有叶赫之地，自明初内附中国。讳星垦达尔汉，君始祖也。六传至讳养汲弩，君高祖考也。有子三人，第三子讳金台什，君曾祖考也。女弟为太祖高皇帝后，生太宗文皇帝。太祖高皇帝举大事，而叶赫为明外捍，数遣使谕，不听，因加兵克叶赫，金台什死焉。卒以旧恩，存其世祀。其次子即今太傅公之考，讳倪逆韩，君祖考也。君太傅之长子，母觉罗氏，一品夫人。渊源令绪，本崇积厚，发闻滋大，若不可圉。配卢氏，两广总督兵部尚书都察院右副都御史兴祖之女，赠淑人，先君卒；继室官氏，某官某之女，封淑人；男子二人，福哥。女子一人，皆幼。

君生于顺治十一年十二月，卒于康熙二十四年五月己丑，年二十有一。君所交游，皆一时俊异，于世所称落落难合者。若无锡严绳孙、顾贞观、秦松龄，宜兴陈维崧，慈溪姜宸英，尤所契厚。吴江吴兆骞久徙绝塞，君闻其才名，赎而还之。坎坷失职之士走京师，生馆死殡，于资财无所计惜。以故，君之丧，哭之者皆出涕。为哀挽之词者数十百人，有生平未识面者。其于余绸缪笃挚，数年之中，殆日以余之休戚为休戚也。故余之痛尤深，既为诗以哭之；应太傅之命，而又为之铭。其葬盖未有日也。铭曰：

天实生才，蕴崇胚胎，将象贤而奕世也。而靳与之年，谓之何哉！使功绪不显于旂常、德泽不究于黎庶，岂其有物焉为之灾。惟其所树立，亦足以不死矣，而亦又奚哀！

（四）徐乾学《通议大夫一等侍卫进士纳兰君神道碑文》
（康熙刻本《通志堂集·附录》）

侍卫纳兰君容若之既葬，太傅公复泣而谓余曰：吾子之丧，君既铭而掩诸幽矣，余犹惧吾子之名传之弗远也，揭而表诸道，庶其不磨，然非君无与属者。余固辞不可。在昔蔡中郎为人作志铭，复为之庙碑者不一而足；韩退之于王常侍弘中厚也，既志其墓，又为隧道之碑，情至无已也。况余于容若师弟谊尤笃，是于法为得碑，于古为无戾，乃更撰次其辞以复于太傅。

惟纳兰氏旧著姓为金三十一姓之一，望载图史，代产英隽。君始祖讳星恳达尔汉，据有叶赫之地二百余年，中国所谓北关者也。数传至高祖考讳养汲弩、曾祖考讳金台什。女弟作嫔太祖高皇帝，实生太宗文皇帝。而叶赫世附中国，当国家之兴，东事方殷，甘与俱烬。

太宗悯焉，乃厚植我宗，俾续其世祀，以及其次子讳倪迓韩者则太傅之父，而君之祖考也。太傅娶觉罗氏一品夫人，生君于京师。钟灵储祉，既丰且固。君自髫龀，性异恒儿，背讽经史，常若夙习。十七补诸生，贡太学有声，十八登贤书，十九举礼部试。越三年，廷对，敷事析理，谙熟出老宿儒上。结字端劲，合古法，诸公嗟叹。天子用嘉，成二甲进士。未几授以三等侍卫之职，盖欲置诸左右，成就其器而用之。而上所巡幸南北数千里外，登岱幸鲁，君常佩刀鞬随从，虔恭祗栗。每导行在上前骑前却视恒不失尺寸，遇事劳苦必以身先，不避艰险退缩。上心怜之，其前后赍予重叠视他侍卫特过渥已，进一等侍卫。

值万寿节，上亲御笔书唐贾至《早朝》诗赐之。后月余，令赋诗献，又令译御制《松赋》，皆称善久之。然君自以蒙恩侍从无所展效，辄欲得一官自试。会上亦有意将大用之，人皆为君喜。忽以去年五月晦得寒疾卒，卒之日，人皆哀君，而又以才不竟用死为君深惜云。

君自少无子弟过，天性孝友。黎明起趋太傅夫人所问安否，朝退复然。友爱二幼弟，与之嬉游，同其嗜好，恰恰庭闱间，日以至夜，暇则扫地读书。执友四五人，考订经史，谈说古今，吟咏继作，精工乐府，时谓远轶秦柳，所刻《饮水》《侧帽》词传写遍于村校邮壁，海内文士竞所摹仿。然君不以为意，客来上谒，非其愿交屏不肯一觌面，尤不喜接软热人；所相知心，款款吐心腑，倒困囊与为酬酢不厌；或问以世事，则不答，间杂以他语，人谓其缜密，不知其襟怀雅旷固如是也。

当君始得疾，上命医数辈来，及卒，上在行宫，闻之震悼。后梭龙诸羌降，命宫使就几筵哭告之，以君前年奉使功故。君有文武才，每从猎射，鸟兽必命中，卒有成功于西方亦不为无所表见。殁时年仅三十有一。余既序而又系之以辞曰：

绵绵祚氏，著于上京。巍巍封国，叶赫是营。惟叶赫之祀，施于孙子。既绝复完，天子之恩。笃生相国，补衮是职。蓄久而丰，发为文章。宜其黼黻，为帝衣裳。帝谓汝才，爱置左右。出入陪从，刀镮笔橐。匪朝伊夕，自天子所。亦文亦武，惟天子是使。生于膏腴，不有厥家。被服儒士，古也吾徒。何才之盛而德之静。我勒其封，谁曰不永。

（五）姜宸英《通议大夫一等侍卫进士纳兰君墓表》
（光绪勿自欺斋刊《姜先生全集》卷十八）

君姓纳腊氏。其先据有叶赫之地，所谓北关者也。父今大学士、宫傅公；母一品夫人，觉罗氏。君初名成德，字容若，后避东宫嫌名，改名性德。以今年乙丑五月晦卒。卒而朝之士大夫及四方知名士之游于京师者，皆为君叹息泣下。其哀君者，无问识不识，而与君不相闻者，常十之六七。然皆以当今失君为可惜，则君之贤以才可知矣。

君年十八九联举礼部，当康熙之癸丑岁。未几也，予与相见于其座主东海阁学士邸，而是时君自分齿少，不愿仕，退而学经读史，旁治诗歌古文词。又三年，对策则大工。时皆谓当得上第，而今上重器君，不欲出之外廷，置名二甲，久之，授三等侍卫，再迁至一等。

自上所巡幸西苑、南海子、沙河及登医巫闾山，东出阁至乌喇，南巡上泰岱，过祀阙里，渡江以临吴会，君鲜不左橐镮右橐笔以从。遇上射猎，兽起于前，以属君，发辄命中，惊其老宿将。所得白金绮绣、中衣袍帽、法帖佩刀、名马香扇之赐，前后委属。间令赋诗，奉诏即奏稿，上每称善。

二十一年八月，使觇梭龙羌。其地去京师重五六十驿，间行或累日无水草，持干粮食之。取道松花江，人马行冰上竟日，危得渡。仅抵其界，卒得其要领还报，上大喜。君虽跋涉艰险，归时从奚囊倾方寸札出之，叠数十纸，细行书，皆填词若诗，略记其风土方物。虽形色枯槁不自知，反遍示客，资笑乐。

性雅好读书。日黎明间省毕，即骑马出，入直周庐，率至暮，虽大寒暑，还坐一榻上翻书观之，神止闲定，若无事者。诗萧闲冲淡，得唐人之旨，然喜为长短句特甚。尝言："诗家自汉魏以来，作者代起，姓氏多澌灭。填词滥觞于唐人，极盛于宋，其名家者不能以十数，吾为之易工，工而传之易久。而自南渡以后弗论也。"其于词，小令取唐五代，宗晏氏父子；长调则推周、秦及稼轩诸家。以为其章法转换、顿挫离合之妙，正与文家散行体何异，而世故薄之，何耶？故即第左葺茅为庐，常居之，自题曰"花间草堂"。视其凝思惨淡，终合天巧，真若有自得之趣者。

今年五月辛巳，君将从驾出关，连促予入城。中夜酒酣，谓予曰："吾行从子究竟班马事矣，子谓我何如？"予笑曰："顷闻君论词之法，将无优为之耶？"是时，窃视君意锐甚。明日予出城，君固留，愿至晚。予不可。送予及门，曰："君此行以八月归。当偕数子为文字之游。如某某者，不可以无与，君宜为我遍致之。"

先是万寿节，上亲书唐贾至《早朝》诗赐君；月余，令赋《乾清门应制诗》及译御制《松赋》，皆称旨。于是复挈予手曰："吾倘蒙恩得量移一官，可并力斯事，与公等角一日之长矣。"意郑重若不忍别者。然不幸以明日得疾，七日，遂不起。年止三十一。

以君之才与志，使假之天年，古人不难到。其终于此，命也。居闲素缜密，与人交，遇意所不欲，百方请之不可得谒。及其所乐就，虽以予之狂，终日叫号慢侮于其侧，而不予怪。盖知予之失志不偶，而嫉时愤俗特甚也。然时亦以此规予，予辄愧之。君视门阀贵盛，屏远权速，所言经史外绝不及时政。所接一二寒生罢吏而外，少见士大夫。

事两亲，退食必在左右。遇公事必虔，不避劳苦。尝司天闲牧政，马大蕃息。侍上西苑，上仓卒有所指挥，君奋身为僚友先。上叹曰："此富贵家儿，乃能尔耶！"其感激主恩深厚，思所图报，日不去口。

然视文章之士，较长絜短，放浪山水，跌宕诗酒，而无所羁束，常恨不得身与其间，一似以贫贱为可乐者。于世事如不经意，时时独处深念，则又恕然抱无穷之思。人问之，不答。以此竟死，其施不得见，其志未就也。而吾辈所区区欲为君不朽之传者，亦止于此而已。悲夫！

君始病，朝廷遣医络绎，命刻时以状报。及死数日，梭龙外羌款书至。上时出关，即遣宫使就几筵哭而告之，以前奉使功也。赙恤之典，皆溢常格。呜呼！君臣之际，生死之间，其可感也已。

君所辑有《词韵正略》《全唐诗选》，著诗若干卷；有集名《侧帽》《饮水》者，皆词也。书行楷遒丽，得晋人法。娶卢氏，继官氏。其中外世系，详载阁学所撰墓志铭及顾舍人辈华峰所次行述。副室以某氏。生子二人，女子一人。子长曰福哥，次某。

（六）韩菼《进士一等侍卫纳兰君神道碑》

维天笃我，劢相之臣，神灵和气，萃于厥家。常开哲嗣，趾美前人。自厥初才子，罔不世济，若伊之有陟，巫之有贤，媲于功宗，登于策书。后之名公卿子，发闻能益人家国者，亦往往间出。其或年之有永有不永，斯造物者之不齐。虽休光美实，显有令闻，足以自寿无穷。而存亡之系，在于有邦有家。则当吾世，而尤痛我纳兰君。

君氏纳兰，讳成德，后改性德，字容若。惟君世远有代序，常据有叶赫之地。明初内附，为君始祖星恳达尔汉。六传至君高祖讳养汲努，女为高皇后，生太宗文皇帝。曾祖讳金台什。祖讳倪迓韩。父今大学士太傅公也。母觉罗氏，封一品夫人。太傅公勋高望巨，为时柱石，而庭训以义方。

君胚胎前光，重休袭嘉，自少小已杰然见头角。喜读书，有堂构志，人皆曰太傅有子。年十八九，联举京兆礼部试。又三年而当丙辰廷对，劲直切，累累数千言，一时惊叹。今上知君材，欲引以自近。以二甲久次，选授三等侍卫，再迁至一等。当是时，上方励精思治，大正于群仆侍御之臣，欲罔非正人，以旦夕承弼，其惟君吉士，以重此选也。君日侍上所，所巡幸，无近远必从，从久不懈益谨。上马驰猎，拓弓作霹雳声，无不中。或据鞍占诗，应诏立就。白金、文绮、中衣、佩刀、名马、香扇、上尊御馔之赐，相属也。康熙二十一年秋，奉使觇梭龙羌。道险远，君间行疾抵其界，劳苦万状，卒得其要领还报。后梭龙输款，而君已殁。上时出关，遣官使拊其几筵，哭而告之，重悯其劳也。君既以敬慎勤密当上意，而上益稔其有文武才，且久更明习，可属任。尝亲书唐贾至《早朝》诗赐之。又令赋《乾清门应制诗》，译御制《松赋》，上皆称善。中外咸谓君将不久于宿卫，行付以政事，以展其中之所欲施。

　　君益自感厉，思竭所以报者。而不幸遽病。病七日，遂不起。时上日遣中官侍卫及御医问所苦，命以其状日再三报。亲处方药赐之，未及进而绝。上震悼，遣使赐奠，恩恤有加。屡慰谕太傅公毋过悲，然上弥思之弗置也。呜呼！君其竟死矣，而君之志未一竟也。

　　君性至孝，未明入直，必之太傅夫人所问安否，归晚亦如之。燠寒之节，寝膳之宜，日候视以为常。而其志尤在于守身不辱，保家亢宗，不仅以承颜色、娱口体为孝也。侍禁闼数年，进止有常度，不失尺寸。盛寒暑必自强，不敢辄乞浣沐。其从行于南海子、西苑、沙河、西山、汤泉尤数，尝西登五台，北陟医巫闾山，出关临兀喇，东南上泰岱，过阙里，渡江淮，至姑苏，揽取其山川风物以自宽，广资博闻。而上有指挥，未尝不在侧，无几微毫发过。性周防，不与外廷一事。而于往古治乱、政事沿革兴坏、民情苦乐、吏治清浊、人才风俗盛衰消长之际，能指数其所以然，而亦不敢易言之。窥其志，岂无意当世者。惟其忠爱之忱，蕴蓄其不言之积，以俟异日之见庸。为我有邦于万斯年之计，而家亦与其福也。君虽履盛处丰，抑然不自多，于世无所芬华，若戚戚于富贵，而以贫贱为可安者。身在高门广厦，常有山泽鱼鸟之思。达官贵人相接如平常。而结分义，输情愫，率单寒羁孤偩困郁守志不肯悦俗之士。其翕热趋和者，辄谢弗为通。或未一造门，而闻声相思，必致之乃已。以故海内风雅知名之士，乐得君为归，藉君以起者甚众。而吴江吴孝廉兆骞，以俊才久戍绝塞，君力赎以还而馆之，爱重如辽海之得幼安与根矩也，殁复为之完其丧，世尤高君义也。

　　读书机速过人，辄能举其要。著诗若干卷，有开天丰格。颇好为词，爱作长短句，跌宕流连，以写其所难言。尝辑《全唐诗选》《词韵正略》。而君有集名《侧帽》《饮水》者，皆词也。工书，妙得拨镫法，临摹飞动。晚乃笃意于经史，且欲窥寻性命之学，将尽哀辑宋元以来诸儒说经之书以行世，其志盖日进而未止也。

嗟夫！君于地则亲臣，即他日之世臣也。使假之年，而充斯志也，以竟其用。譬若登高顺风，不疾声速。与夫疏逖新进之臣较其难易，夫岂可同日而语。昊天不吊，百年之乔木，其坏也忽诸。斯海内之知与不知者，无不摧伤。而余独尤为邦家致惜者也。

君卒于康熙乙丑夏五月，距其生年三十有一。娶卢氏，赠淑人，两广总督尚书兴祖之女。继官氏，封淑人，某官某之女。子二，长曰福哥，次曰某；女二，俱幼。

始君与余同出学士东海先生之门，君之学皆从指授。先生亟叹其才，佳其器识之远，殁而哭之恸，既为文以志其藏。而顾舍人贞观、姜征君宸英雅善君，复状而表之矣。太傅公以君之尝道余不置也，属以文其隧上之碑。余方悼斯世之失君，而非徒哭吾私，其敢以荒落辞，辄论著君志之大者如此，而系之以铭。

铭曰：

凤觜麟角绝世稀，渥洼箔云种权奇。家之令器邦之基，弱年文史贯珠玑。

胸罗星斗翼天垂，拜献昌言白玉墀。致身端不藉门资，雀弁峨峨吉士宜。

帝简厥良汝予为，周庐陛桓中矩规。郎曹窃视足不移，手挽繁弱仰月支。

错杂帐帏书与诗，奉使绝徼穷羌氐。冰雪皲瘃不宿驰，山川厄塞抵掌知。

卒降其王若鞭笞，帝方用嘉足指麾。将试以政工允厘，岁星执戟亦暂期。

阿鸿摩天竟长辞，正人元气身不訾。平生菀结何所思，要扶羲和浴咸池。

明良长见唐虞时，千秋万世此志赏。埋玉黄泉当语谁，泰山毫芒一见之。

琳琅金薤散为词，我今特书表其微。荒郊白烟冢离离，独君不朽征君碑。

三、张荫麟《纳兰成德传》

纳兰成德殁于清康熙二十四年五月三十日，即西历一六八五年七月一日。故本月一日适为纳兰成德阳历逝世纪念日，本月六日则为其阴历逝世纪念日。成德为清代第一大词人，唯其传记材料迄今尚未有人为充分之搜集与整理。兹特借此机会将张君研究结果刊布，以飨读者。编者识。[①]

纳兰成德传

纳兰成德，以避嫌讳，改名性德，字容若，号楞伽山人，满洲正黄旗人。纳兰本作纳喇，为金三十一姓之一。明初纳喇星恳达尔汉据有库（扈）伦叶赫之地，为部落长，内附于明。其后二百余年，中国所谓"北关"者，即其地也。六传至养汲弩，为容若高祖。养汲弩有子三人，其第三子金台什（或作锦台什），为容若曾祖。有女嫔清太祖，生太宗。叶赫故附明，清太祖崛起，陵吞邻部，与叶赫积不相能。万历四十七年（清太祖天命四年，西历纪元一六一九年）遂灭之，金台什死焉。金台什二子德勒格、尼雅哈（或作倪迓韩）降满。太祖悯之，厚植其宗，俾延世祀。尼雅哈任佐领，屡从征有功，世祖定鼎燕京，予骑都尉世职，顺治三年（西历一六四六年）卒。长子振库袭，其次子明珠，即容若父也。容若母为爱新觉罗氏，其家世不详。[②]

容若以顺治十一年十二月（是年十二月朔，当西历一六五五年一月八日）生于北京。（此据徐乾学《墓志铭》，《续疑年录》作顺治十二年，误。）时明珠年甫二十。容若为明珠长子（此据徐撰《墓志》及《啸亭杂录》卷九），有两弟，今仅知其一名揆叙，字恺功，少容若二十岁。（查慎行《敬业堂集》卷十七《恺功将有塞外之行，邀余重宿郊园，赋此志别》中云："忆子从我游，翩翩富词章。十三见头角，已在成人行。"

---

① [美]陈润成、李欣荣：《张荫麟全集（中卷）》，清华大学出版社2013年版，第1137页。

② 本节据《国朝耆献类征》初篇九，采国史《明珠传》，徐乾学《澹园全集》卷三十一《纳兰君神道碑文》、又卷二十七《纳兰君墓志铭》，韩菼《有怀堂文稿》卷十四《纳兰君神道碑》、又卷二十一《祭成容若同年文》。

而慎行之初馆明珠家，据《本集》卷八《〈人海集〉序》，乃在康熙丙寅。以此推之，恺功少容若二十岁。）容若十七岁以前之事迹，除下列一类笼统之考语外，别无可稽。

（一）韩菼《神道碑》：自少已杰然见头角，喜读书，有堂构志，人皆曰宫傅有子。

（二）徐乾学《墓志铭》：君自齠龀，性异恒儿。背诵经史，常若夙习。

（三）徐乾学《神道碑》：自幼聪敏，读书一再过即不忘。善为诗，在童子已出惊人之句。（中略）数岁即善骑射。

综观之，容若盖自幼已敏慧逾恒，喜读书，有远志。讽习经史，尤嗜诗歌，斐然有作。读书之外，兼习骑射。在此十七年中，明珠方腾达宦场。明珠始官侍卫，继授銮仪卫治仪正，迁内务府郎中。任此诸职之起讫年，今不可详。康熙三年（时容若十岁）擢内务府总管，五年授弘文院学士，六年充《世祖实录》副总裁，七年奉命察阅淮扬河工，旋迁刑部尚书，八年改都察院左都御史，十年二月充经筵讲官，十一月复迁兵部尚书。明珠性格，盖精明果敢，第乏学术，故使权招贿，无殊于寻常显吏。此七年中，其兴革之见于史书者，惟康熙十年八月奏停巡盐御史遍历州县之例一事而已（《耆献类征》采国史馆《本传》）。然明珠颇知亲附风雅（《熙朝雅颂》卷二有《明珠汤泉应制诗》一首，苟其不出捉刀，则明珠亦亲翰墨者也），结交词臣，延纳名士，一时江南以才华显著之文匠、骚人、词客、学者，罕有不先后为其座上之宾。故后世《红楼梦》索隐家，致有以十二金钗为指明珠馆中所供养之名士者焉。此固半缘于容若与彼辈声气之相投，然使非明珠好客礼贤，一世倜傥、嵚奇之士曷能容身于其馆第。以明珠崇尚风雅，当容若少时，或颇注意其学业。观其后此馆查慎行于家，使课其次了若孙而可知也。

明珠邸宅，盖在内城西北。[①]虽不知其皇丽如何，要当与其豪贵相称。又于玉泉山之麓营一别墅，名渌水亭（《宸垣识略》卷十四）。容若于

----

① 《宸垣识略》卷八，内城西北属正黄旗。又《敬业堂集》卷八言馆明珠家，有移馆北门之语。

其中读书馆客焉。渌水亭景物之胜，试读以下之诗词而可想见：

（一）朱彝尊《台城路·夏日饮容若渌水亭》（《曝书亭集》卷二十六）

一湾裂帛湖流远，沙堤恰环门径。岸划青秧，桥连皂荚，惯得游骢相并。林渊锦镜，爱压水亭虚，翠螺遥映。几日温风，藕花开遍鹭鹚顶。　不知何者是客，醉眠无不可，有底心性。研粉长笺，翻香小曲，比似江南风景，算来也胜。只少片天斜树头帆影。分我鱼矶，浅莎吟到暝。

（二）严绳孙《渌水亭观荷》（《秋水诗集》卷四）

久识林塘好，新亭惬所期。花底随燕掠，波动见鱼吹。凉气全侵席，轻阴尚覆池。茶瓜留客惯，行坐总相宜。远见帘纤雨，都随断续云。渍花当径合，添涨过城分。树杪惊残角，鸥边逗夕曛。渔歌疑可即，此外欲何闻。宫云湿更浮，清漏接章沟。抗馆烟中远，疏泉天上流。银鞍临水映，金弹隔林收。多谢门前客，风尘刺漫投。碧瓦压堤斜，居人半卖花。却思湖上女，并舫折残霞。蘸绿安帆幅，搴红卷袖纱。空留薛萝月，应识旧渔家。

（三）姜宸英《渌水亭送张丞》（《苇间诗集》卷三）

忆过桑乾别业时，禁城寒食柳丝丝。行看篱落参差影，开到杏花三两枝。落照村边逢猎骑，清流石上对围棋。（下略）

此林泉幽秀之地，实容若大部分生活之背景也。

康熙十年，容若年十七，补诸生，读书国子监。时昆山徐元文为祭酒，深器重之，谓其兄乾学曰"司马公子，非常人也"。次年秋八月，举顺天乡试。主考官为德清蔡立齐，副主考官为徐乾学，他日徐之自述曰："余忝主司宴，（容若）于京兆府偕诸举人拜堂下，举止闲雅。越三日，谒余邸舍，谈经史原委及文体正变，老师宿儒，有所不及。"乾学与明珠接近，此后容若遂师事之。

容若完婚之年，诸碑传俱无可征，亦不见别记。其词《浣沙溪》有一阕云：

十八年来堕世间，吹花嚼蕊弄冰弦，多情情在阿谁边？紫玉钗头灯影背，红绵粉冷枕函偏，相看好处却无言。

据此，则容若在十八岁时已有闺中之友，惟不知其成婚是否即在此年，抑在此年以前，又前若干时。容若所娶，乃两广总督卢兴祖（镶白旗人，康熙六年卒。《耆献类征》卷一五二有传）之女，虽非翰墨之友，然相爱极笃，读上引一词已可见。盖容若生性浪漫，肫厚恳挚，善感多情。其对幼弟，对朋友，对素不相识之人，犹且"竭其肺腑"（徐乾学语），而况于夫妇之间乎！读饮水诗词，其伉俪间之柔情蜜意、雅趣逸致，随处流露。兹摘引数则，以见其概：

红药阑边携素手，暖语浓于酒。盼到园花铺似绣，却更比春前瘦。（《回犯令》下半阕）

夕阳谁唤下楼梯，一握香荑，回头忍笑阶前立。总无语，也相宜。（《落花时》上半阕）

花径里，戏捉迷藏，曾惹下萧萧井梧叶。（《琵琶仙·中秋》）

水榭同携唤莫愁，一天凉雨晚来收。戏将莲菂抛池里，种出花枝是并头。（《四时无题诗》之七）

露下庭柯蝉响歇。纱碧如烟，烟里玲珑月。并着香肩无可说，樱桃暗吐丁香结。笑卷轻衫鱼子缬。试扑流萤，惊起双栖蝶。瘦尽玉腰沾粉叶，人生那不相思绝。（《临江仙·夏夜》）

最忆相看，娇讹道字，手剪银镫自泼茶。（《沁园春》句）

芭蕉影断玉绳斜，风送微凉透碧纱。记得夜深人未寝，枕边狼藉一堆花。（《别意》之四）

挑镫坐，坐久忆年时。薄雾笼花娇欲泣，夜深微月下杨枝。催道太眠迟。（《忆江南》上半阕）

容若《沁园春》词有一阕自序云：

丁巳重阳前三日，梦亡妇澹妆素服，执手哽咽，语多不复能记，但临别有云："衔恨愿为天上月，年年犹得向郎圆。"妇素未工诗，不知何以得此也。（下略）

据此，则是时（康熙十六年）容若已赋悼亡。惟卢氏究卒于何年耶？容若悼亡词之有时间关系可考者，其中有一首云：

谢家庭院残更立，燕宿雕梁，月度银墙，不辨花丛那瓣香。此情已自成追忆，零落鸳鸯，雨歇微凉，十一年前梦一场。（《采桑子》）

　　就本文可知此词作于卢氏卒后十一年，而此词之作最迟不能后于容若逝世之年，故卢氏之卒，最迟不能后于容若卒前十一年，即不能后于康熙十三年甲寅，时容若年二十。又《金缕曲》（《亡妇忌日有感》）一词中有"滴空阶寒更雨歇，葬花天气"之句，则卢氏之卒乃在暮春。上举之《沁园春》中有"几年恩爱"之句，可见其自结婚至悼亡之间，有"几年"之久。上文言容若之结婚不知其是否即在十八岁，由今观之，若假定其为十八岁，则自十八岁至二十岁之春，至多不过两年，容若不当云几年恩爱。然结婚过早又不类，大略以十六七为近。假定如此，又就最低限度，假定"几年"为三年，则容若悼亡，当在十九与二十岁之间也。现在大略可推测者如此，须俟他日新发现材料之证实。今可确知者，容若与卢氏之同居生活，为期不过数年。绮梦之促，比似昙花；缱绻之心，忽然失寄。其伤痛之深、思念之苦，不待言矣。容若悼亡之词甚伙，皆缠绵悱恻，今不具引。但读其"回廊一寸相思地，落月成孤倚。背灯和月就花阴，已是十年踪迹十年心"及"零落鸳鸯，雨歇微凉，十一年前梦一场"诸句，怀念之心，十余年如一日，其相爱之挚可见。卢氏死后，容若续娶官氏，不知其事在何年。然"鸾胶纵续琵琶，问可及当年绿萼华"，"知否那人心，旧恨新欢相半。谁见，谁见，珊枕泪痕红泫"。然容若对后妻似亦有相当情爱，观其行役思闺之作而可知也。

　　容若虽出贵盛之家，生长纨绮之丛，却不慕荣华，不事享乐，若戚戚然于富贵而以贫贱为可安者。身在高门广厦，常有山泽鱼鸟之思。其所自述，则"日余餐霞人，簪绂忽如寄"（《拟古》之一），"仆亦本狂士，富贵轻鸿毛"（《野鹤吟赠友》）。其居处也，"闲庭萧寂，外之无扫门望尘之谒，内之无裙屐丝管呼卢秉烛之游。每夙夜寒暑休沐定省片晷之暇，（辄）游情艺林"（严绳孙《秋水文集》卷一《成容若遗集序》）。初尤致力词章，诗摹开元大历间风格。尝辑全唐诗选，尤喜长短句，自唐五代以来诸名家词，皆有选本。独好观北宋以上之作，不喜南渡诸家。尝以洪武韵改并联属，名《词韵正略》。以词为诗体正宗，刻意制作。其论词也，曰：

　　诗亡词乃兴，比兴此焉托。往往欢娱工，不如忧患作。……芒鞋心事杜陵知，只今惟赏杜陵诗。古人且失风人旨，何怪俗眼轻填词。词源

远过诗律近，拟古乐府特加润。不见句读参差三百篇，已自换头兼转韵。（《饮水诗集》卷上填词）

近人有谓苏、辛始以词作新体诗，然盖皆未尝自觉者。自觉的以词作新体诗，当推容若为首也。容若词初印行者名《侧帽词》，不知刊于何年。其第二次刻本名《饮水词》，刊于康熙十九年闰三月（榆园丛刻本，顾贞观序）。吴绮之于此集之序（《林蕙堂文集续刻》卷四载此文，题作《（饮水词）二刻序》，故知此为二次刊本）中云：

一编侧帽，旗亭竞拜双鬟。千里交襟，乐部惟推只手。吟哦送日，已教刻遍琅玕。把玩忘年，行且装之玳瑁矣。

则是时《侧帽词》流播极广，尝诵一时，其去初印行之日当颇久。且新制增积，至有重刻之需要，亦须经过颇久之时间。约略推之，《侧帽词》之刻，当去容若乡举后不远。据阮吾山《茶余客话》所载：

吴汉槎（兆骞）戍宁古塔，行箧携徐电发（釚）《菊庄词》、成容若（德）《侧帽词》、顾梁汾（贞观）《弹指词》三册。会朝鲜使臣仇元吉、徐良崎见之，以一金饼购去。……良崎题《侧帽》《弹指》二词云："使事昨渡海东边，携得新词二妙传。谁料晓风残月后，如今重见柳屯田。"以高丽纸书之，寄来中国。《渔洋续集》有"新传春雪咏，蛮徼织弓衣"，指此。

按其涉及《侧帽词》之事必有误。吴兆骞之戍宁古塔，乃在顺治十六年闰三月（看吴兆骞《秋笳集》卷四，又孟森《心史》丛刊一集《科场案篇》）。时容若才五岁，兆骞安得携其《侧帽词》也？（以上除注明出处者外，余皆据徐乾学《墓志铭》及韩菼《神道碑》。）

容若于诗词外，又工书法。摹《褚河南临本禊帖》，间出入于《黄庭内景经》。亦好罗聚故籍，评鉴书画，间以意制器，多巧倕所不能及。居恒慕赵孟頫之生平，为诗曰：

吾怜赵松雪，身是帝王裔。神采照殿庭，至尊叹映丽。少年疏远臣，侃侃持正议。才高兴转逸，敏妙擅一切。旁通佛老言，穷探音律细。鉴古定谁作，真伪不容谛。亦有同心人，闺中金兰契。书画掩文章，文章掩经济。得此良已足，风流渺难继。（《拟古》之三十九）

盖半自传而半自期许也。尝读赵松雪《自写照诗》有感，即绘小象，

仿其衣冠。坐客或期许过当，弗应也。徐乾学谓之曰"尔何酷似王逸少"，心独喜之。（徐乾学《墓志铭》）

康熙十二年癸丑，容若年十九，会试中式，以患寒疾，不及廷对（《通志堂经解》卷首载乾隆五十年二月二十九日上谕，谓容若"癸丑科中式进士，年甫十六"。盖据册籍填写之缩减耳）。于是益事"经济"之学，用力于《通鉴》及古文词。约自是年始，容若渐在"文人"社会中露头角，渐与当世才人交结。是时"文人"社会之状况为何如耶？明遗民中之巨子，若顾炎武、黄宗羲、王夫之、魏禧等尚健在，然皆入山惟恐不深，罕与市朝相接。贰臣则"江左三大家"（钱谦益、吴伟业、龚鼎孳）之文采犹照映诗坛。其年辈稍晚者，则首推"江南三布衣"（朱彝尊、姜宸英、严绳孙），名满公卿，上动宸昕。诗则王士禛主盟坛坫。词则徐釚、顾贞观之作海外争传。骈俪则陈维崧、吴绮以雄放纤柔相颃竞。此外卓然名家者，若汪琬、邵长蘅等之于古文，施闰章、宋琬、吴雯、梁佩兰、吴兆骞之于诗，彭孙遹、秦松龄、李雯等之于词，未易悉数。上举诸人中，顾贞观（梁汾）、严绳孙（荪友）、姜宸英（西溟）后此成为容若之密友。其次秦松龄（对岩）、朱彝尊（锡鬯）、陈维崧（其年）亦与容若有交谊。此外如王士禛（贻上）、吴绮（园次）、吴雯（天章）、梁佩兰（药亭）则皆尝为其座上宾，与有酬唱之雅焉。其营救吴兆骞，则后世传为佳话者也。盖容若虚怀好客，肝胆照人，于单寒羁孤、侘傺困郁、守志不肯悦俗之士，成能折己礼接之，生馆死殡，于资财无所吝惜。其或未一造门，而闻声相思，必致之乃已。故海内风雅知名之士，乐得容若为归，藉之以起者甚众。

是年（康熙十二年）始交严绳孙、朱彝尊。时严不过生员，朱则布衣也。

绳孙此后之自述曰：

始余与容若定交，年未二十，才思敏异，世未有过者也。（《秋水集》卷二《〈成容若遗集〉序》）

又曰：

余始以文章交于容若。时容若方举礼部，为应世之文。（《秋水集》卷二《成容若哀辞》）

彝尊此后之自述曰：

往岁癸丑，我客潞河。君年最少，登进士科。伐木求友，心期切磋。投我素书，懿好实多。改岁月正，积雪初霁。纫履布衣，访君于第。君情欢剧，款以酒剂。命我题扇，炙砚而睇。是时多暇，暇辄填词。我按乐章，缀以歌诗。剪绡补衲，他人则嗤。君为绝倒，百诵过之。（《曝书亭集》卷八十《祭纳兰侍卫文》）

可见其初交时之情况。容若尝构一曲房，题其额曰：鸳鸯社，属绳孙书之（《修竹吾庐随笔》）。

同年（癸丑）五月，容若所作《通志堂经序》中有"向余属友人秦对岩（松龄）、朱竹垞购诸经籍藏书之家"之语，则是年已识秦松龄，惟不知是否自是年始耳。《通志堂经解》者，乃唐宋经注之汇刻，据徐乾学序，乃彼悉其兄弟家藏本，覆如校勘。更假秀永曾秋岳，无锡秦对岩，常熟钱遵王、毛斧季，温陵黄喻邵及竹垞家藏旧版书若抄本，厘择是正。……谋雕版行世。门人纳兰容若尤怂恿是举，捐金倡始，同志群相助成。

容若序亦谓：

先生（乾学）乃尽出其藏本，示余小子曰："是吾三十年心力所择取而校定者。"余且喜且愕，求之先生，钞得一百四十四种。……请捐资经始，与同志雕版行世，是吾志也。

是则容若原未尝以校订之功自居，乾学亦未尝以此归之容若。而乾隆五十年二月二十九日上谕，乃指乾学校刊此书而托之容若，为之市名，以要结权贵，则于原书之首数页尚未一检，而信口加罪，其昏聩有如是也。据上引二序，则校订之力，全出乾学。惟伍崇曜（实谭莹代作）《粤雅堂丛书》本《通志堂经解》目录跋云"《经解》其（容若）所刻，而健庵（乾学）延顾伊人（湄）校定者"，不知何据（此文写成后，检知其据《八旗通志·艺文志》）。其或然欤？全书凡一百若干种，其中有容若叙文者约六十种。据徐乾学序，此书之雕印"经始癸丑，逾二年讫工"。然容若于各序文之记年，无在丙辰及丁巳之外者。岂书先刻成，然后作序欤？抑上引二语，乃乾学经始时之预算，而非事实欤？后说殆近。

　　当容若辈流连文酒之欢，议论铅椠之事，正南徼风云飙起之时。此后扰攘十年始已。是年三月，镇广东之平南王尚可喜请撤藩归辽东，吴三桂、耿精忠亦以是请。下议政大臣、九卿等议，多谓吴三桂久镇云南，不可撤。独明珠与户部尚书朱司翰、刑部尚书莫洛等坚持宜撤，诏从其议，立下移藩之谕。已而吴三桂兵起，廷臣争咎首谋者。上曰："此出朕意，伊等何罪？"盖帝久有削灭诸藩之决心，明珠等之议适符其意也。十四年，明珠调吏部尚书。十五年（丙辰）耿精忠降，三藩已有敉平之望。以明珠主张撤藩称易，授武英殿大学士。

　　是年容若应殿试，名在二甲，赐进士出身，旋授三等侍卫。后由二等擢至一等侍卫。自是年后，簪缨羁身，"值上巡幸，时时在钩陈豹尾之间。无事则平旦而入、日晡未退以为常"（《〈成容若遗集〉序》，《秋水文集》卷一）。即在休暇，亦旦夕有"正欲趋庭被急宣"（姜宸英赠容若句，《苇间诗集》卷三）之事，不复如前之逍遥自在矣。是年始友顾贞观。时贞观已举顺天乡试。先是以龚芝麓为之延誉，名声大起。据其同时人徐釚《词苑丛谈》所言：

　　顾梁汾舍人风神俊朗，大似过江人物。无锡严孙友诗"曈曈晓日凤城开，才是仙郎下直回。绛蜡未销封诏罢，满身清露落宫槐"，其标格如此。

　　顾自述曰：

　　岁丙辰，容若年二十二，乃一见即恨识余之晚。阅数日，即填此曲，为余题照。[①]

　　此曲即《金缕曲》，其词曰：

　　德也狂生耳。偶然间，缁尘家国，朱衣门第。有酒惟浇赵州土，谁会成生此意？不信道竟逢知己。痛饮狂歌俱未老，向尊前拭尽英雄泪。君不见，月如水。　　与君此夜须沉醉，且由他蛾眉谣诼，古今同忌。身世悠悠何足问，冷笑置之而已，寻思起从头翻悔。一日心期千劫在，后身缘恐结他生里。然诺重，君须记。

　　读此可见容若之性情与气概焉。据徐釚《词苑丛谈》，此词都下竞

---

　　① 《弹指词》卷下《〈金缕曲〉自注》。

相传写。于是教坊歌曲，无不知有《侧帽词》者。贞观之和作，亦极慷慨缠绵之致，兹并录如下：

且住为佳耳。任相猜，驰笺紫阁，曳裾朱第。不是世人皆欲杀，争显怜才真意。容易得一人知己。惭愧王孙图报薄，只千金当洒平生泪。曾不值，一杯水。　　歌残击筑心逾醉，忆当年侯生垂老，始逢无忌。亲在许身犹未得，侠烈今生已矣，但结托来生休悔。俄顷重投胶在漆，似曾相识屠沽里。名预籍，石函记。

容若友朋中，以与贞观为情谊最深。贞观有挚友吴兆骞，亦江南才士也，以科场案被累，戍宁古塔。是年冬，贞观为《金缕曲》二阕，代书寄之，以稿示容若。其词曰：

季子平安否？便归来，生平万事，那堪回首？行路悠悠谁慰藉，母老家贫子幼。记不起从前杯酒。魑魅搏人应见惯，总输他覆雨翻云手。冰与雪，周旋久。　　泪痕莫滴牛衣透，数天涯依然骨肉，几家能够？比似红颜多命薄，更不如今还有，只绝塞苦寒难受。廿载包胥承一诺，盼乌头马角终相救。置此札，兄怀袖。

我亦飘零久。十年来，深恩负尽，死生师友。宿昔齐名非忝窃，只看杜陵穷瘦。曾不减夜郎僝僽。薄命长辞知己别，问人生到此凄凉否？千万恨，为兄剖。　　兄生辛未吾丁丑。共些时，冰霜摧折，早衰蒲柳。词赋从今须少作，留取心魂相守，但愿得河清人寿。归日急翻行戍稿，把空名料理传身后。言不尽，观顿首。

贞观之自述曰：

二词容若见之，为泣下数行，口："河梁生别之诗，山阳死友之传，得此而三。（《啸亭杂录》卷九作'都尉河桥之作、子荆楚雨之吟，并此而三矣'）此事三千六百日中，弟当以身任之，不俟兄再嘱也。"余曰："人事儿何？请以五载为期。"恳之太傅，亦蒙见许。而汉槎果以辛酉入关矣。

明珠许救汉槎之事，据《随园诗话》所记如下：贞观之请救汉槎也。明珠方宴集，坐间手巨觥，引满，谓贞观曰："若饮此，为救汉槎。"贞观素不饮，至是一爵而尽。明珠壮之，笑曰："余戏耳。君即不饮，余岂即不救汉槎耶？"又传："兆骞得释归，因诣明珠谢。留府中，闲行人一室，上书一行曰'顾梁汾为吴汉槎屈膝处'。"（据杨寿楠《贯华丛录》引刘继增《顾梁汾诗传》）此一事可见明珠、容若及顾贞观之性格，故备载之。

康熙二十年辛酉十二月，姜宸英始至京师（《苇间诗集》卷三）。其识容若，当在是时。方苞记姜西溟遗言云：

康熙丙子（时容若殁已十一年）同西溟客天津。将别之前，抚余（方苞）背而叹曰："吾老矣，会见不可期。吾自少常恐为《文苑传》中人，而蹉跎至今。他日志吾墓，可录者三事耳：（其一）吾始至京师，明氏之子成德延至其家，甚忠敬。一日进曰：'吾父信我，不若信吾家某人。先生一与为礼，所欲无不得者。'吾怒而斥曰：'始吾以子为佳公子，今得子矣。'即日卷书装，遂与绝。"

全祖望《姜宸英墓表》所记，则视此较详而稍异。其言曰：

枋臣（明珠）有长子，多才，求学先生。枋臣以此颇欲援先生登朝。枋臣有幸仆曰安三，势倾京师，内外官僚多事之。……欲先生一假借之而不得。枋臣之子乘间言于先生曰："家君待先生厚，然而卒不得大有依助。某以父子之间亦不能为力者，何也？盖有人焉。愿先生少施颜色，则事可立谐。某亦知斯言非可以加之先生，然念先生老，宜降意焉。"先生投杯而起曰："吾以汝为佳儿也，不料其无耻至此。"绝不与通。于是枋臣之子百计请罪于先生，始终执礼。而安三闻之恨甚。（《文献征存录》卷二所载与此同，而较略。）

比观方、全二氏之记载，有微异者二处：（一）全氏所记容若之进言，视方记为婉转。（二）方记所示，似宸英一怒遂与容若永绝也者。惟据全表，则此后二人尚有往来。按，关于后一点，全表为信。宸英《苇间诗集》卷三有《哭亡友容若侍卫》四首，中有云"平生知己意，惟有泪悬河"。又于其死前一年，有《容若从驾还，值其三十初度，席上书赠》六首，则终容若之世，二人友谊如故也。宸英一生辗轲，读容若投赠之词，所以慰藉之者良厚，宜乎其有知己之感。虽然，宸英拒容若之劝，宜也。以此拂袖行，矫矣。为身后之名，不惜特彰挚友之失，且欲抹杀其以后之友谊焉（假设方苞所记为信）。吾有以知此自少即希为《文苑传》中人者之品格矣。

严绳孙言，容若"丙辰以后，傍览百氏"（《成容若哀辞》）。今观《通志堂经解》中五十余种之序录，皆丙辰及丁巳两年间所作。容若除草《经解》序外，又从事经学之著作。丁巳二月，辑成《合订删补大易集义粹言》八十卷。是书乃取宋陈友文《大易集义》及方闻一《大易粹言》合辑之。二书皆荟萃宋儒之《易》说。《集义》原书只有上下经，《粹言》兼具经传。惟《集义》所采摭，视《粹言》多十一家。容若因将二书合并，去其重复繁芜，又采十一家著作中论《系辞》诸传，为《集义》所未采者补之，"间以臆见、考其原委"（自序）。此书今刻《通志堂经解》中。《四库全书总目提要》（卷六）谓此书"相传谓其稿本出陆元辅。性德殁后，徐乾学刻入《九经解》中，始署性德之名，莫之详也"。予按此缀辑之事，原属易易，宜为容若之智力所优为。至若移录原文，搜寻资料，或假门客之助，原非异事。若谓其纯出捉刀，吾不信也。容若又有《陈氏〈礼记集说〉补正》三十八卷，刻《通志堂经解》中，前后无序跋，度亦作于此两年前后。

此书乃因（宋）陈澔《礼记集说》疏舛太甚，乃为条析而辨之。凡澔所遗者谓之补，澔所误者谓之正。皆先引经文，次列澔说，而援引考证以著其失。其无所补正者，则经文与游说并不载焉。颇采宋、元、明人之论，于郑注、孔疏亦时立异同。大抵考训诂、名物者十之三四，辨义理是非者十之六七。以澔注多主义理，故随文驳诘者亦多也。凡澔之说，皆一一溯其本自何人，颇为详核。……凡所指摘，中者十之七八（《四库全书总目提要》卷二十一）。

康熙十七年三月（容若二十四岁），严绳孙在吴中，与吴绮共订定容若词集刻之，名《饮水词》（《严绳孙〈饮水词〉序》）。十月，清帝巡视北边（《东华录》卷七），容若盖在扈从之列。是年三藩已渐次戡定。清帝惩于此次大乱，知非恩络一世才智之士，无以服汉人。先是正月二十二日诏曰：

自古一代之兴，必有博学鸿儒，振起文运，阐发经史，润色词章。以备著作顾问之选。朕万几时暇，游心文翰，思得博洽之士，用资典学。……凡有学行兼优、文词卓越之人，无论已未出仕者，著在京三品以上及科道官员、在外督抚布按，各举所知，朕将亲试录用。其余内外

各官，若果有真知灼见，在内开送吏部，在外开报于该督抚代为题荐。务令虚公延访，期得真才。（《鹤征录》卷首）

此即第一次博学鸿词之召举也。次年四月六日，考试既竣，诏取一等二十人、二等三十人。其中容若之友秦松龄、陈维崧、朱彝尊以一等见录，严绳孙以二等见录，皆授翰林院检讨（严、朱本布衣，陈本生员，秦本已革翰林院检讨），纂修明史，留居京师。然容若自官侍卫，日在禁中，罕友朋游宴之乐。观朱彝尊《祭文》云："迢我通籍，簪笔朵殿。君侍羽林，鲛函雉扇。或从豫游，或陪典宴。虽则同朝，无几相见。"又徐乾学《墓志铭》云："禁廷严密，其言论梗概有非外臣所得而知者。"从可想见矣。

康熙十年（辛酉）三月，清帝幸汤泉（在遵化州西北四十里福泉山下）行宫，明珠及容若皆扈从，并有应制诗。是年冬，滇师告捷，内乱全息。次年正月上元夜，清帝举行大庆祝，欢宴群臣。据严绳孙《升平嘉宴诗记》（《秋水文集》卷二）云：

十四日，赐宴乾清宫。日小迁，诸臣候宫门之外。……少焉，宫门洞启，雁行序进升阶，闻教坊乐作。天子乃登黼座，诸臣叩首就列。时圆月始上，万炬毕陈。陛立双盘龙柱，高殆数丈，周悬五彩角灯，相续至地，流苏珠缀，天风微引，使人眩视。自墀历陛，御道中属文石栏楯，皆缀灯于柱端，上列鳌山。御屏之后，见山川人物，隐若海市。顷之，大学士明珠起进酒为寿。乐作，上饮毕，遂酌以赐明珠。……（以下遍赐与会诸臣）……于是梨园奏阳春布令之曲，重农事也。终两阕，上命臣英谕诸臣无废言笑，于是执法罢纠，上下和畅。俄闻乐作于内，鳌山机转，帆樯人马，不运而驰。遂诏大臣更上纵观，因复命酒遍赐如前。夜分月午，群臣皆醉。

"内廷之宴，前此未有。"（同上）容若父子同预其盛，一时纷张眩异之情状，可想见焉。二月，清帝以云南底定，诣盛京陵寝告祭，癸巳启行（《东华录》卷七）。容若随驾，徐乾学有诗赠别（《澹园集》卷八）。五月辛亥回京（《东华录》卷八）。"秋奉使觇梭龙（疑即索伦）羌，道险远，君间行疾抵其界，劳苦万状，卒得其要领还报。"（韩菼《神道碑》）因作《出塞图》纪念其事，姜宸英为题诗其上（诗见《苇间诗集》卷三）。及梭龙诸关输诚，已在容若殁后旬日。清帝念其有劳于是役，遣官使拊其几筵，哭而告之。此是后事（徐乾学《墓志铭》）。是时，明珠为清帝最宠信之人，廷议大抵以明珠之意见为主。"时诏重修太祖、太宗《实录》，乃编纂《三朝圣训》《圣治典训》《平定三逆方略》《大清会典》，皆以明珠为总裁官。两遇《实录》造成，加太子太傅，晋太子太师。"（国史馆本传）位既极乎人臣，权遂倾于中外。惜明珠未尝凭此机遇，为福民利国之谋，惟植势敛贿，以遂私欲。据康熙二十七年正月御史郭琇劾疏，所举明珠"背公营私实迹"如下：

（一）凡阁中票拟，俱由明珠指麾，轻重任意。……皇上圣明，时有诘责，乃漫无省改。

（二）明珠凡奉谕旨，或称其贤，则向彼云由我力荐；或称其不善，则云上意不喜，吾当从容挽救，且任意增添，以示恩立威，因而结党群心，挟取货贿。至于每日启奏毕，出中左门，满汉部院诸臣及其心腹，拱立以待，皆密语移时，上意无不宣露。部院衙门稍有关系之事，必请命而行。

（三）靳辅与明珠、余国柱交相固结，每年靡费河银，大半分肥。

（四）科道官有内升出差者，明珠、余国柱悉皆居功要索。至于考选科道，即与之订约，凡有本章，必先行请问，由是言官多受其制。（《东华录》卷八）

他日倾踬之因，已预伏矣。然明珠所为，亦不过古今寻常肉食者之惯例，初非穷凶大憝，亦未尝为残贼人道之事，未可与严嵩、魏忠贤等同日语也。

后世读《饮水集》者，莫不讶容若"貂珥朱轮，生长华膴，而其词则哀怨骚屑，类憔悴失职者之所为"（杨芳灿《〈饮水词〉序》，见榆园丛刻本）。而容若自述亦曰：

余生未三十，忧愁居其半。心事如落花，春风吹已断。行当适远道，作计殊汗漫。寒食青草多，薄暮烟冥冥。山桃一夜雨，茵菇随飘零。愿餐红玉草，一醉不复醒。（《拟古》之十三）

又曰：

冬郎一生极憔悴，判与三闾共醒醉。美人香草可怜春，凤蜡红巾无

限泪。（填词）

其他类此之悲歌尚众，岂皆无病而呻吟哉？据其挚友严绳孙所记：

（己丑）岁四月（距容若卒前一月）余以将归，入辞容若。时座无余人，相与叙生平之聚散，究人事之终始，语有所及，怆然伤怀。久之别去，又返我于路，亦终无所复语。然观其意，若有所甚不释者。（《秋水文集》卷二《成容若哀辞》）

可见其心中确有难言之悲楚矣。今读书而想见其为人，盖其心境之怆恻，厥有三故：生性之多情善感，一也；爱情之摧挫，二也；理想与实现之冲突，三也。所谓理想与实现之冲突，又有二事。其（一）容若具浪漫性格，爱自由，爱闲逸，而其所官侍卫（换言之，即皇帝跟班）却为最不自由、最戕灭个性之奴隶职，苦可知矣。此观其《野鹤吟赠友》而可证：

鹤本生自野，终岁不见人。朝饮碧溪水，暮宿沧江滨。忽然被缯缴，矫首望青云。仆亦本狂士，富贵鸿毛轻。冲举道无由，幡然逐华缨。动止类循墙，戢身避高名。怜君是知己，习俗共不更。安得从君去，心同流水清。

其（二）容若一生高洁，慕善亲贤，而目睹其父所为，龌龊苟且，黑幕重重，而又无从规谏（观上述安三之事可见），更无从匡救，曷能无恫于中？严绳孙云：

容若年甚少，于世无所措意。既而论文之暇，亦间语及天下事，无所隐讳。顷岁以来，究物情之变态，辄卓然有所见于其中。或经时之别，一再接其绪论，未尝不使人爽然而自失也，盖其警敏如此。……吾阁师（明珠）……方朝夕纶扉，以身系天下之望。容若起科目，擢侍殿陛，益密迩天子左右，人以为贵近臣无如容若者。夫以警敏若此，而贵近若此，其夙夜寅畏，视凡人臣之情必有百倍，而不敢即安者，人不得而知也。（《成容若哀辞》）

绳孙为明珠门客，此文又作于明珠炙手可热之时，其言自多委婉，然其言外之意可得而知也。虽然，容若岂独忧危虑倾而已哉？抑且其内心有洁污是非之搏战焉耳。或谓容若别有难言之隐：

《红楼梦》中之宝玉，相传为即纳兰成德。黛玉未嫁，何以称潇湘妃子？第（百十六回）言宝玉梦入宫殿，见黛玉非人世服，惊呼林妹妹。传者谓此王者妃，非林妹妹云云。黛玉不知何许人，盖与纳兰为表兄妹，曾订婚约而选入宫，纳兰念之。曾因宫中唪经，纳兰伪为喇嘛僧，入宫相见，彼固不知纳兰之易装而入也。书中所言盖谓此。（万松山房丛书《饮水诗词集》署名"阿检"者跋语）

　　按，宝玉影射纳兰之说，根本无据，此传说之来历不明。而清代宫禁森严，此事本身之可能性极小。凡兹悬测，允宜刊落。顾好事者或将曰：《饮水词》中，言私情密会，如"情知此后来无计，强说欢期，强说欢期，一别如斯，落尽梨花月又西"等类无题之作甚多，岂能无事实之背景欤？曰：若然，则欧阳修直一荡子矣。顾吾独有不解者，《饮水词》有《浣溪沙》一阕，题作庚申除夜（时容若年二十六），当是纪实之作。其辞曰：

　　收取闲心冷处浓，舞裙犹忆柘枝红。谁家刻烛待春风。　　竹叶将空翻彩燕，九枝灯施颤金虫。风流端合倚天公。

　　此所忆者为谁？若指前妻耶？则两广总督家之闺秀，当非舞女。殆容若悼亡之后，别有所恋而未遂耶？观其同时人之品评，谓容若"负信陵之意气，而自隐于醇酒美人。有叔原之词章，而更妙于舞裙歌扇"。（吴绮《募修香界庵疏》，《林蕙堂集续刻》卷六）。窃恐其悼亡以后，所欢必有在妻室之外者也，惟不必牵入宫嫔之事耳。

　　二十三年壬午九月，清帝南巡，容若扈驾。辛卯启行，十月庚子，至济南，观趵突泉。壬寅至泰安，登泰山极顶。丙辰登金山，游龙禅寺，又登焦山，遂驻跸苏州，游无锡惠山。惠山，秦松龄、严绳孙、顾贞观钓游之乡也。是时，顾贞观方居里，容访之于其家，与贞观及姜宸英偕宿惠山忍草庵。（秦松龄《〈梁溪杂事诗〉自注》及《修竹吾庐随笔》皆谓陈其年小同宿庵中，按，其年已卒于康熙二十一年，此处必误。）庵右有贯华阁，容若尝月夜与贞观登阁第三层，屏从去梯，作竟夕谈。容若诗有《桑榆墅同梁汾夜望》，即咏此时事。又尝与品茗于惠山之松苓、蟹眼二泉。时容若年甫三十，丰采甚都。贞观长性德十八岁，须鬓已苍。两人往来空山烟霭中，携手相羊。人望之，疑为师若弟，而不知其为忘年交也。濒行，为书贯华阁额，并留小像而去。容若卒后，贞观奉其像于阁中。其后阁毁,像与题额皆亡。回述清帝南巡事。十一月车驾至江宁,自江宁回銮,经泗水东境,游泉林寺(相传为"子在川上"处)。又至曲阜谒孔子庙,遂还京师(本段除注明出处者外,余采《东华录》《修竹吾庐随笔》及杨寿楠《贯华阁丛录》转载刘继增《成容若小传》)。容若之扈驾出行,除上述各次外,又尝至南海子、西苑、沙河、西山、五台山、医巫闾山等处,其年时不详(徐乾学《墓志铭》及韩菼《神道碑》)。

容若自在环卫,益习骑射,发无不中。其扈跸时,雕弓书卷,错杂左右;夜则读书,书声与他人鼾声相和(徐乾学《墓志铭》)。出则"常佩刀随从。……每导行在上前。骑前却视,不失尺寸,遇事劳苦必以身先,不避艰险"(徐乾学《神道碑》)。或据鞍占诗,应诏立就,因得帝眷,白金文绮、中衣佩刀、名马香扇、上尊御馔之赐相属云(韩菼《神道碑》)。既还京,明年万寿节,清帝亲书唐贾至早朝七言律赐之。月余,令赋《乾清门应制诗》,译御制《松赋》,皆称旨。外廷金言其简在帝心,将有不次之迁擢,乃遽得疾,七日不汗,以五月三十日乙丑,即西历一六八五年七月一日卒,葬皂荚村(杜紫纶《云川阁诗集》,《〈登贯华阁诗〉自注》)。容若既得疾,清帝使中官侍卫及御医日数辈至第诊治。时清帝将出关避暑,命以疾增减报,日再三。疾亟,亲处方药赐之,未及进而卒。清帝为之震悼。中使赐奠,恤典有加焉。容若卒前未及一旬,尚有《夜合花同梁药亭、顾梁汾、吴天章、姜西溟作》之诗,盖其绝笔矣。容若事亲以孝称,友爱弱弟,或出,遣亲近慊仆护之,反必往视,以为常云(以上未注出处者,据徐乾学《墓志铭》)。所生男子二,长名福哥;女子二。当容若卒时诸儿俱幼(此据韩菼《神道碑》,徐《志》作女子一,不知孰是)。

容若既殁,徐乾学哀刻其遗著为《通志堂全集》,凡二十卷。卷一赋,卷二至卷五诗,卷六至卷九词,卷十至卷十三《〈经解〉序》,卷十四杂文,卷十五至卷十八《渌水亭杂识》,卷十九至卷二十附录墓志铭、神道碑、哀词、诔、祭文、挽诗、挽词等。此书世希传本,所知惟八千卷楼藏书中有之,今未得见(上目录乃据伦明万丛山房丛书本《〈饮水诗词集〉跋》)。又韩菼所作《神道碑》,言顾贞观、姜宸英曾为容若作《行状》。今顾贞观文无传本,姜宸英集中复不载此状,余亦未得见。他日若发现此状及全集,其可以增补此文者当不少也。

容若遗物之流传于后世者,以余所知有二:一为容若玉印。一面镌绣佛楼,一面镌鸳鸯馆。曾藏武进费念慈(屺怀)所(叶昌炽《〈藏书纪事诗〉注》)。一为《天香满院图》,乃容若三十岁像。朱邸峥嵘,红阑绿曲,老桂数株,柯叶作深黛色,花绽如黄雪,容若青袍络缇,伫立如有所思,貌清癯特甚,禹鸿胪之鼎绘(沈宗畸《便佳簃杂志》),曾藏缪荃荪(小山)所。今二物皆不知流落何所,记此以当访问,闻图有影印本,予亦未见。

容若赠贞观词,有"后身缘恐结他生里"之句,殁后竟被附会而成一段神话。据《炙砚琐谈》所传如下:

侍中(容若)殁后,梁汾旋亦归里。一夕梦侍中至曰:"文章知己,念不去怀。泡影石光,愿寻息壤。"其夜嗣君(谓贞观子)举一子,梁汾就视之,面目一如侍中,知为侍中身后无疑也。……月后,复梦侍中别去,醒起急询之,已卒矣。

至《锡金识小录》所传,则愈歧而愈繁,谓:

梁汾家居,一夕,梦容若至曰:"吾来践约矣。"厥明,报仲子举一孙。梁汾心异之,视其生命,决其必夭,遂名之曰益寿。资甚聪颖,十一岁而殇。时梁汾居惠山积书岩,夜梦容若曰:"吾践约为子孙,今去矣。家人不予棺而欲以席裹我,何待我薄也!"梁汾凌晨归,而益寿已死。问家人,无席裹事。询其母,曰有之,始死启姑,将具木治棺,姑以儿幼,取肆中棺殓之。母以市棺薄,心恚,哭不如席裹也。

荒唐之言,录之聊备掌故,亦以见容若与梁汾之友谊最足吸引后世文人之想象也。(上两段据《贯华丛录》引)

容若殁后一年,而查慎行(康熙间名诗人)来馆明珠家,课其子揆叙,时年十三。又二年(康熙二十七年二月)明珠为御史郭琇所劾,革大学士职,交与领侍卫大臣酌用,宾客星散。寻授内大臣,后屡从征,虽无陟擢,亦无大踬,四十七年卒,年七十有四(国史馆本传)。揆叙则由康熙二十三年甲戌翰林,历官翰林院掌院,位至副相(《敬业堂集》)。著有《益戒堂诗》前后集及《鸡肋集》(《熙朝雅颂》卷六),今罕传本。《熙朝雅颂》（卷六至卷七）载其六十九首，亦一时作者也。

康熙二十二年辛酉四月，查慎行再馆明珠家。

结束随龙骧，腰悬八札弓。行逐楛楛郎……下笔尤老苍。……贯穿及韩苏，结撰卑齐梁。居然希作者，耻与时颉颃。（《敬业堂集》卷十七：恺功将有塞外之游，邀余重宿郊园，赋此志别。）

盖俨然一容若之仿影也。

明府另有别业，名自怡园，在海淀傍。此园经始于容若卒后一年，其胜也。

绮陌东西云作障，画桥南北草含烟。凿开丘壑藏鱼鸟，勾勒风光入管弦。毬场车圲互相通，门径宽间五百弓。但觉楼台随处涌，不知风月与人同。（《敬业堂集》卷十七《过相国明公园亭》）

又是一番豪华气象矣。惟渌水亭则已荒芜不治。是年四月，查慎行《渌水亭与唐实君话旧》诗云：

镜里清光落槛前，水风凉逼鹭鹚肩。菰蒲放鸭空滩雨，杨柳骑牛隔浦烟。双眼乍开疑入画，一尊相属话归田。江湖词客今星散，冷落池亭近十年。（《敬业堂集》卷十七）

至于今，又二百四十四年矣。余读书于清华园且七载，去玉泉山甚近，春秋暇日，恒有登临，近始知渌水亭之址在是。然访其遗迹，已渺不可得。空对西山之落照，吊此多情短命之词人。

四、纳兰性德词作研究简况

道光十二年（公元 1832 年）

汪元治刊结铁网斋本《纳兰词》，五卷，三百二十六首。

光绪六年（公元 1880 年）

许增刊娱园本《纳兰词》，五卷，三百四十二首。

民国十八年（公元 1929 年）

1929 年 7 月《学衡》第 70 期，发表张荫麟撰写的《纳兰成德传》。

民国二十五年（公元 1936 年）

陈乃乾刊《清名家词》，收性德词名《通志堂词》，三百四十七首，开明书店出版。

民国二十六年（公元 1937 年）

李勖撰《饮水词笺》，是为性德词第一个注本，正中书局出版。

1979 年

上海古籍出版社影印出版《通志堂集》。

1984 年

冯统校《饮水词》出版，是为性德词第一个校本，广东人民出版社出版。此本又称"天风阁本"。

1995 年

张草纫撰《纳兰词笺注》出版，是为校注合一本，上海古籍出版社出版。其注文较李勖本有增益，沿用李注者均补出篇名。所凭借之入校本较少，不及天风阁本。

1996 年

张秉戍撰《纳兰词笺注》出版，北京出版社出版。2007 年 2 月，北京出版社再次出版。

2000 年

赵秀亭、冯统一撰《饮水词笺校》出版，校注合一本，辽宁教育出版社出版。收词三百四十七首。校文较天风阁本有订补。以通志堂本为底本，对底本之夺误参考他本有所订正。附录有姜宸英《纳兰君墓表》《纳兰性德行年录》及《纳兰性德手简》三十七件文献材料。

2005 年

《纳兰词注》，岳麓书社 2005 年 1 月出版。

《饮水词笺校》，中华书局 2005 年 7 月出版。

2008 年

汪政、陈如江编著《纳兰词》，浙江教育出版社 2008 年 3 月出版。

苏樱著《纳兰词典评》，陕西师范人学出版社 2008 年 5 月出版。

李晓明著《纳兰性德诗词美论》，黑龙江教育出版社 2008 年 7 月出版。

2010 年

马大勇编著《纳兰性德》，中华书局出版社 2010 年 3 月出版。

聂小晴等主编《一生最爱纳兰词大全集》，中国华侨出版社 2010

年 10 月出版。收录纳兰性德词三百四十九首，包括卷一至卷五及补遗卷一（二十一首）、补遗卷二（六首）。

赵明华著《纳兰词典评》，黑龙江科学技术出版社 2010 年 12 月出版。

2011 年

聂小晴等编著《纳兰容若词传》，中国华侨出版社 2011 年 10 月出版。

2012 年

聂小晴编著《纳兰词全编笺注典评》，中国华侨出版社 2012 年 5 月出版。收词五卷三百四十七首。附录有《纳兰性德行年录》及《纳兰性德传记资料》。

王友胜、黄向飞校注《纳兰诗》，岳麓书社 2012 年 9 月出版。

2013 年

[美] 陈润成、李欣荣编《张荫麟全集》（中卷），清华大学出版社 2013 年 6 月出版，第 1137—1164 页收录张荫麟撰写的《纳兰成德传》。

梦远主编《纳兰词全解》（超值彩图白金版），中国华侨出版社 2013 年 11 月出版。书中设置了注释、赏析、点评等栏目，从多角度将作品的主题思想、创作背景及作家境况全面地展示出来，帮助读者方便快捷地掌握其精华。数百幅精美图片，包括人物画像、山水景物等，与文字相辅相成，将阅读变成一种赏心悦目的享受，全面提升了欣赏价值和艺术价值。

2014 年

闵泽平译注《纳兰性德全集（01 词集）》，新世界出版社 2014 年 2 月出版。

2015 年

阮易简编著《一生一世一双人——纳兰容若的词与孤独》，江苏凤凰文艺出版社 2015 年 1 月出版。

芳园主编《纳兰词全鉴——耀世典藏版》，天津人民出版社 2015 年 3 月出版。

2017 年

何灏著《纳兰性德词传——情在不能醒》，长江文艺出版社 2017 年 3 月出版。

郭宏文、陈艳婷著《纳兰性德——他是人间惆怅客》，团结出版社2017年3月出版。

谢永芳注评《纳兰性德词——国学经典典藏版》，中州古籍出版社2017年5月出版。

任思源主编《纳兰词彩图全解》，红旗出版社2017年5月出版。

《纳兰词》，中国文史出版社2017年6月出版。

卜可著《当时只道是寻常——纳兰容若词传》，武汉出版社2017年6月出版。

张敏杰笺注《纳兰词全编新注》，国际文化出版公司2017年7月出版。

《纳兰词精编》，中国华侨出版社2017年7月出版。

（原载聂小晴编著《纳兰词全编笺注典评》，中国华侨出版社2012年5月出版，第471—492页。有增删。）

《纳兰成德传》后记

此文写成后，得读清华大学朱保雄君《纳兰成德评传》稿本。中据高士奇《〈蔬香词〉题注》，考知容若生于顺治十一年十二月十二日，可补本传一大遗憾。又于容庚教授处得读燕京大学罗慕华君《纳兰成德传》稿本，其考容若世系及奉使索伦事，别有所据，视本传加详，惜未注明出处。待彼文发表后，读者可按其所列参考书目复核之。余今未得罗君同意，无权利为此，亦无权利引录其文也（亦深望罗君见此文后，能将上述两段录寄，并注明出处，则读者与作者当无限感幸）。更有一意外之获，近从伦明先生处，得读余数年来谒求而未得之《通志堂集》，喜可知矣。据此书可补正本传之处甚多。会余将有远行，他事相催，未及将本传改作，兹将可采用之新资料之重要者分条写列于后（若遍检高士奇著作，或更可得关于容若之资料，余今亦未能为是，附记于此，以待来者。朱保雄君又云，容若之弟除揆叙外，尚有一人，亦风雅士。一时未能检得出处。盼其能检出录寄）。

（一）容若自乡举后与徐乾学往还甚密。徐序《通志堂集》云："自癸丑（时容若年二十）五月，始逢三、六、九日，（容若）黎明骑马过余邸舍讲论书史，日暮乃去，至为侍卫而止。"则徐氏于容若《墓志铭》中，谓其"于余绸缪笃挚，数年之中，殆以余之休戚为休戚"者当非夸也。徐序又言：

容若病且殆，邀余诀别，泣而言曰："性德承先生之教，思钻研古人文字……执经左右，十有四年。先生语之以读书之要，及经史百家源流，如行者之得路。然性喜作诗余，禁之难止。今方欲从事古文，不幸遘疾短命。"

则容若之自然嗜好及其所受乾学之影响可知也。

（二）翁叔元《容若哀辞》（《通志堂集》卷十九）云："壬子同举京兆。……

同举之士百二十有六人,相与契合者数人而已。"此数人中,除叔元及韩菼(《本集》卷十三有与韩商榷《明文选》书;韩除为容若撰神道碑铭外,有祭容若文)较接近者外,当尚有王鸿绪、徐倬、李国亮、蒋兴芑、高琏。(《本集》卷十九附有诸人与翁、韩合祭容若文云:"吾侪同年几人,盖十二三年来离合聚散,亦间会兴于寝门。")叔元与容若过从尤密,其自述云:

明年(癸丑)或进士,余落第。君时过从,执手相慰藉,欲延余共晨夕。余时应蔡氏之聘不果就。是岁冬谓余曰:"子久客不一归省坟墓,知子以贫故艰于行,吾为子治行。"于是余作客十五年,至是始得归拜先人丘垅,馆数椽居妻子,君之赐也。迨余丙辰幸登第留都门,往来逾密。君益肆力于诗歌、古文词,时出以相示,邀余和,余愧不能也。亡何,君入为侍卫,旦夕弼丞,出入起居,多在上侧,以是相见稀少,然时时读君诗及所与朋友往还笔墨。(《通志堂集》卷十九)

(三)本传据《苇间诗集》卷三,谓容若之识姜宸英当在康熙辛酉。今据《通志堂集》卷十九附录宸英祭文,知实在癸丑。祭文中,且述与容若结交之经历,亦为极重要之传记材料,采录于下:

兄一见我,怪我落落,转亦以此,赏我标格。人事多乖,分袂南还,旋复合并,于午未间。我蹶而穷,百忧萃止,是时归兄,馆我萧寺。人之狺狺(yín),笑侮多方,兄不谓然,待我弥庄。俯循弱植,恃兄而强。继余忧归,涕泣弥弥,所以腆赗,怜余不子。非直兄然,太傅则尔,趋庭之言,今犹在耳。何图白首,复遄斯行,削牍怀椠,著作之庭。梵筵栖止,其室不远,纵谈良夕,枕席书卷。余来京师,刺字漫灭,举头触讳,动足遭跌。见辄怡然,亡其颠蹶,数兄知我,其端非一。我常箕踞,对客欠伸,兄不余傲,知我任真。我时漫骂,无问高爵,兄不余狂,知余疾恶。激昂论事,眼瞪舌桥,兄为抵掌,助之叫号。有时对酒,雪涕悲歌,谓余失志,孤愤则那。彼何人斯,实应且憎,余色拒之,兄门固扃。充兄之志,期于古人,非貌其形,直肖其神。在贵不骄,处富能贫,宜其胸中,无所厌欣。忽然而夭,岂亦有云。病之畴昔,信促余往,商略文选,感怀凄怆。梁(佩兰)、吴(雯)与顾(贞观),三子实来,夜合之诗,分咏同裁。诗墨未干,花犹烂开,七日之间,玉折兰摧。

(四)容若与顾贞观之交谊,据顾之祭容若文(《通志堂集》卷十九),有可补记者如下:

屈指丙辰，以迄今兹。十年之中，聚而复散，散而复聚，无一日不相忆，无一事不相体，无一念不相注。……吾母太孺人之丧，三千里奔讣，而吾哥（容若）助之以麦舟。……每愍言之数进，在总角之交，尚且触恶忌于转喉，而吾哥必曲为容纳。泊逸口之见攻，虽毛里之戚，未免致疑于投杼，而吾哥必阴为调护。此其知我之独深，亦为我之最苦，岂兄弟之不为友生，至今日而竟非虚语。又若尔汝形忘，晨夕心数，语惟文史，不及世务。或子衾而我覆，成我触而子举。君赏余弹指之词，我服君饮水之句。歌与哭总不能自言，而旁观者更莫解其何故。又若风期激发，慷慨披露，重以久要，申其积素。吾哥既引我为一人，我亦望吾哥以千古。他日执令嗣之手而谓余曰："此长兄之犹子。"复执余之手而谓令嗣曰："此孺子之伯父也。"……吾哥示疾前（？）日，集南北之名流，咏中庭之双树。余诗最后，读之铿然，喜见眉宇，若惟恐不肖观之落人后者。

（五）容若与严绳孙及秦松龄之交游，据二人合作之祭文（《通志堂集》卷十九），有可补记者如下：

绳孙客燕，辱兄相招。松龄客楚，惠问良厚。谓严君言，子才可取，虽未识面，与子为友。无可相见，去年冬暮，今岁春残，绳孙奉假，龄则去官。（绳孙以是年四月请假出都，详于其容若哀词。则"去年冬暮"之别指松龄也。）……别来无几，思我实深。两奉兄书，见兄素心。

（六）梁佩兰祭容若文（《通志堂集》卷十九）亦有传记材料可采者如下：

我离京师，距今（康熙乙丑）四年，此来见公，欢倍于前。留我朱邸，以风以雅，更筑闲馆，渌水之下。仲夏五月，朱荷绕门，西山飞来，青翠满轩。我念室家，南北万里，不能即归，暂焉依止。公为相慰，至于再三，谓我明春，同出江南。公昨乞假，恩许休沐，静披图史，闲聆丝竹。顷复入侍，上临乾清，谕以奏赋，振笔立成。……四方名士，鳞集一时，埙篪迭唱，公为总持。良宵皓月，更赋夜合，或陈素纸，或倚木榻。陶觞抒咏，其乐洋洋。（集卷十三有《〈渌水亭宴集诗〉序》，以骈俪出之，无传记材料，今不录。）

（七）康熙辛酉，吴汉槎自塞外归，容若即延馆其家。《通志堂集》卷十四《祭吴汉槎文》中云：

皂帽归来，呜咽露巾。我喜得子，如骖之靳。花间草堂，月夕霜辰。未几思母，翩然南棹。……中得子讯，卧疴累月。数寄尺书，促子遄发。授馆甫尔，遂苦下泄。两月之间，遂成永诀。

汉槎弟兆宣能文，亦馆容若家。有祭容若文，见《通志堂集》卷十九。

（八）刘继增《成容若小传》（见本传引）记康熙甲子容若扈驾过无锡，与顾贞观、姜宸英、陈其年偕宿惠山仰草庵，又与贞观徜徉山中。尝偕登贯华阁，屏从去梯，作竟夕谈。前已考，知其年草率，所记可疑。今读《通志堂集》卷十三《与顾梁汾书》云："扈跸遄征，远离知己。若留北阙，仆逐南云。"则是时贞观实不在里。刘传所记，皆子虚也。考刘君及其前人所以致误者，盖彼等以容若有《桑榆墅同梁汾夜望》诗，又贞观《弹指词》注有"忆桑榆墅有三层小楼，容若与余昔年乘月去梯处"之语，因以为贞观所谓"桑榆"乃指其故里，而桑榆墅之小楼乃指贯华阁也。不知桑榆墅乃一专名，容若诗题可证。其所在虽不可考，今按容若致梁汾书，可决其非贯华阁也。容若扈驾南巡时与梁汾一段故事，二百余年来成为文学史上佳话，播于吟咏，施于画图，且构成贯华阁古迹上之重大意义，不谓今乃得知其幻。（惟容若登贯华阁留像额题事，则有后人见证可信。）深望世之与贯华阁有关系者，更正前误，揭于阁中，使后来登临凭吊者得知其实。虽足以减却彼等之诗意与历史兴趣不少，然真理终属可爱也。

容若在南巡期内创作颇多，有《金山赋》《灵岩赋》。诗有《泰山》《曲阜》《江行》《圣驾临江赋》《江行》《江南杂诗》《秣陵怀古》《金陵》《病中过锡山》等作。词有《虎头词》（忆江南）十一首。附记于此。

（九）梁任公尝跋容若《渌水亭杂识》（见中华本《饮冰室文集》卷七十七）盛称道之。余曩草本传，以未得见其书为憾。传成后，朱保雄君告余，《昭代丛书》中有之。因循未及觅阅，旋得《通志堂集》中有之，凡五集，自序云：

> 癸丑病起披读经史，偶有管见，书之别简。或良朋在止，传述异闻，客去辄录而藏焉。逾三四年遂成卷，曰《渌水亭杂识》。

盖十九至二十二三岁时所作也。是书以考古迹、论述古事古制占大部分，论文学次之，记异闻及感想又次之。兹据大书，参以集中他文，可考见容若之文学见解与普通思想。其论诗歌以性情为主，以"才""学"为用，以比兴与造意为最高技术，以模仿为初步，而以"自立"为终鹄，而力斥步韵之非。其论性情与才学之关系也，曰：

诗乃心声，性情之事也，发乎情止乎义，故谓之性。亦须有才乃能挥拓，有学乃不虚薄杜撰，才学之用于诗者如是而已。昌黎逞才，子瞻逞学，便与性情隔绝。

其论比兴也，曰：

雅颂多赋，国风多比兴。楚词从国风而出，纯是比兴，赋义绝少。唐人诗宗风骚多比兴，宋诗比兴已少。明人诗皆赋也，便觉腐板少味。

容若所谓比兴，略即今日所谓明喻与暗喻。其论造意也，曰：

古人咏史，叙事无意，史也，非诗矣。唐人实胜古人，如"江流石不转，遗恨失吞吴"，"武帝自知身不死，教修玉殿号长生"，"东风不假周郎便，铜雀春深锁二乔"，"此日六军同驻马，当时七夕笑牵牛"。诸有意而不落议论故佳，若落议论，史评也，非诗矣。

又曰：

唐人诗意不在题中，亦有不在诗中者，故高远有味，虽作咏物诗，亦必意有寄托，不作死句。……今人论诗惟恐一字走却题目，时文也，非诗也。

其论模仿与自立也，曰：

诗之学古，如孩提不能无乳姆也。必自立而后成诗，犹之能自立然后成人也。明之学老杜、学盛唐者，皆一生在乳姆胸前过日。

其《原诗》一篇（《本集》卷十四）阐此说尤详尽痛快。文繁不引，其斥步韵之敝也，曰：

今世之为诗害者，莫过于作步韵诗。唐人中晚稍有之，宋乃大盛。故元人作《韵府群玉》，今世非步韵无诗，岂非怪事？诗既不敌前人，而又自缚手臂以临敌，失计极矣。愚曾与友人言此，渠曰："今以止是作韵，那是作诗？"此言利害，不可不畏。若人不戒绝此病，必无好诗。

凡此固不尽容若之创说，而其中允当透辟，后之论诗者莫之能易也。

容若之文学史观，尤卓绝前人，彼确有见乎"时代文学"之理，故曰：

自五代兵革，中原文献凋落，诗道失传，而小词大盛。宋人专意于词，实为精绝。诗其尘羹涂改，故远不及唐人。

又曰：

曲起而词废，词起而诗废，唐体起而古诗废。作诗欲以言情耳，生乎今之世，近体足以言情矣。好古之士，本无其情，而强效其体，以作古乐府，殆觉无谓。

明乎词曲之为新体诗，明乎复古之无谓，此实最"近代的"见解。近代自焦循、王国维，以至胡适之文学史观，胥当以容若为祖也。其论词之演化，亦极精绝。其言曰：

花间之词，如古玉器，贵重而不适用。宋词适用而少贵重。李后主兼有其美，更饶烟水迷离之致。词虽苏、辛并称，而辛实胜于苏。苏诗伤学词伤才。

容若少笃好《花间词》（《本集》十三《致梁药亭书》），为此言，见解已有转变，至更趋于成熟矣。

容若于诗词之选集，亦有独见。朱彝尊《词综》出，容若《与梁药亭书》（同上）论之曰：

近得……《词综》一选，可称善本。闻锡鬯所收词集，凡百六十余种，网罗之博，鉴别之精，真不易及。然愚意以为吾人选书，不必务博，专取精诣杰出之彦，尽其所长，使其精神风致，涌现于楮墨之间。每选一家，虽多取至什至佰无厌，其余诸家，不妨竟以黄茅白苇，概从芟薙。仆意欲有选如北宋之周清真、苏子瞻、晏叔原、张子野、柳耆卿、秦少游、贺方回，南宋之姜尧章、辛幼安、史邦卿、高宾王、程巨夫、陆务观、吴君持、王圣与、张叔夏诸人。多取其词，汇为一集，余则取其词之至妙者附之，不必人人有见也。

容若于此书中已具道有志于词之选集，徐乾学谓容若"自唐五代以来诸名家词皆有选本"（见本传引），其言必不虚。今其书不可见，惟读上引其文，可窥见其选择之标准，与所选之人物焉。

容若又尝与顾贞观同选《今词初集》二卷，录同时人自吴伟业至徐灿女士凡百八十八家。书有鲁超序，作于康熙十六年。此书今存，余于伦明先生处得见之。

以上述容若之文学见解，并附记其选业竟。

本传中引容若以赵松雪自况之诗，中有云"旁通佛老言，穷探音律细"，盖非虚语。《杂识》中数谈音乐，且涉佛道之书。容若于佛、道二家有极开明之"近世的"态度，谓：

三教中皆有义理，皆有实用，皆有人物。能尽知之，犹恐所见未当古人心事，不能伏人。若不读其书，不知其道，惟恃一家之说，冲口乱骂，只自见其孤陋耳。昌黎文名高出千古，元晦道统自继孔孟，人犹笑之，何况余人？大抵一家人相聚，只说得一家话，自许英杰，不自知孤陋也。读书贵多、贵细，学问贵广。开口提笔，驷马不及，非易事也。

梁任公评之曰："可为俗儒辟异端者当头一棒。翩翩一浊世公子有此器识……使永其年，恐清儒中须让此君出一头地。"（《〈渌水亭杂识〉跋》）其言盖无溢美也。

容若亦与缁徒往来，共作哲理谈。《与某上人书》（《本集》十三）云：

昨见过，时天气甚佳。茗碗熏炉，清谈竟日。……承示万法归一。一归何处？令仆参取。时即下一转语曰："万法归一，一仍归万。"此仆实有所见，非口头禅也。……自有天地以来，有理即有数。数起于一，一与一对而为二，二积而成万。凡二便可见，一便不可见，故乾坤也、阴阳也、寒暑也、昼夜也、呼噏也，皆可见者也。一者何？太极也。……吾儒太极之理，即在物物之中，则知一之为一，即在万法之中。竺氏亦知所谓太极者。彼误认太极为一物。而其教又主于空诸所有，并举太极而空之，所以有一归何处之语：……求空而反滞于有，不如吾道之物物皆实，而声臭俱冥，仍不碍于空也。

此虽幼稚之言谈，然可见容若之好思，而智力的兴趣之广也。

容若对于当时西方耶稣会教士所传入之异闻奇艺，亦颇留意。《杂识》中屡及之，尝言"西人取井水以灌溉，有恒升车，其理即中国风箱也"。其巧悟有如此。

（十）容若词集先后至少有四种原刻本。其一为《侧帽词》，刻于康熙十七年戊午以前。其一为《饮水词》，顾贞观以是年刻于吴下，皆详本传。今《榆园丛刻》本似即据康熙戊午本而增辑者。观其所冠序文及排列次序而可见。（此本卷四以前，以词之长短为次。最短者在前，而《忆江南》小令乃在卷五。此诸词如考定为作于戊午后，似前四卷为戊午原本，而卷五以下则为后来增辑者。）其一为张纯修（容若诗词题注中之张见阳即其人）所袭刻之《饮水诗词集》本。张序记时在"康熙（三十年）辛未秋"。其一为徐乾学《通志堂集》本，严绳孙序记时在"康熙三十年秋九月"。故二本之先后不易定。严氏《〈通志堂集〉序》云"今健庵先生已缀辑其遗文而刻之"，似其时书尚未刻成。而张氏《〈饮水诗词集〉序》云"既刻成，谨此笔而为之序"，似《饮水诗词集》成于《通志堂集》之前。今《粤雅堂集丛书》本及万松山房本《饮水诗词集》，即以张纯修刻本为祖者也。除第一次刊本不可考外，其余三本中以张刻本所收词为最多，羡于榆园本两首。《通志堂集》本最少，仅三百首，《通志堂集》本与张纯修本次序既相同，其本文除一二字之变异外，亦大体相同；惟以之较榆园本，不独次序不同，其本文亦恒有一句以上之差异。《万松山房丛书》中之翻张刻本书题下有"锡山顾贞观阅定"一行，而张序亦云"此卷得之梁汾手授"，疑其不同者，由于贞观之得容若同意而点改者。即康熙戊午亦非不经贞观等点改者，观顾序谓"与吴君园次共为订定"而可证。今日欲观容若词在被点改前之本来面目，盖无从矣。予确信榆园本之来源为较早，他日若编校纳兰词，凡可依此本者皆依之，庶几所失本来面目者较少焉。

（张荫麟原载《学衡》第 70 期，1929 年 7 月引自 [美] 陈润成，李欣荣编：《张荫麟全集（中卷）》，清华大学出版社 2013 年 6 月版，第 1137—1164 页）

附张荫麟简介：

张荫麟（1905—1942），字素痴，广东东莞人。著名学者、历史学家。1905 年生于广东省东莞石龙的官宦之家，天赋超凡，幼承庭训，广涉经史及诸子之书。1923 年考入清华学堂中等科三年级。1923 年 9 月在《学衡》刊物上发表《老子生后孔子百余年之说质疑》一文，受梁启超赞赏。1929 年 7 月在《学衡》刊物上发表《纳兰成德传》一文。1929 年，清华大学毕业后被选派公费赴美国斯坦福大学攻读西方哲学史和社会学，获得博士学位。1934 年回国，任清华大学历史系、哲学系讲师，并兼北京大学历史、哲学系课程，成为当时国内新史学的中坚人物和学术新秀。抗战期间，执教于西南联合大学，1940 年赴浙江大学任教。1942 年 10 月 24 日因肾炎症病情恶化在贵州省遵义病逝，年仅 37 岁。（李帆主编；杨毅丰，康蕙茹编：民国思想文丛《学衡派》，长春出版社 2013 年版，第 344 页。）

张荫麟是民国时期的天才史学家，具有极高天赋、深刻思想、扎实功底，曾经受到梁启超、陈寅恪、钱穆等史学大家器重，给予相当高的期许，在 20 世纪 30—40 年代中国学术界，张荫麟与钱锺书齐名。张荫麟论文《老子生后孔子百余年之说质疑》引起学界重视后，先后在《学衡》《清华学报》《东方杂志》《燕京学报》《文史杂志》等刊物发表 40 多篇有关中国史论文，被誉为清华"文学院四大才子"之一（另外三人为钱锺书、吴晗和夏鼐）。张荫麟兼通文史哲，学术兴趣广泛，一生著述多达 170 余篇、100 余万字，尤以史学成就最为著名，有专著《中国史纲》（上古篇）。1935 年因傅斯年推荐，应民国教育部之聘，受邀执笔编撰高中历史教材《中国史纲》。1937 年卢沟桥事变后，相继在西南联合大学、浙江大学任教。1940 年，张荫麟专著《中国史纲》（上古篇）由重庆青年书店出版。《中国史纲》最后一章即第十一章，为《改制与"革命"》，主要讲述了外戚王氏集团的专权、哀帝朝的政治、王莽再度崛起直至称帝、王莽的改革、新朝的倾覆，最后一节则是东汉的建立及其开国规模。1940 年，张荫麟随改任的浙江大学迁往黔北遵义；1941 年，发起刊行《时代与思想》月刊，并创立"时代与思想社"。遗憾的是，张荫麟于 1942 年 10 月 24 日因慢性肾炎在遵义不幸病逝，《中国史纲》第一部也就成了绝唱。（中共东莞市委宣传部主编：《影响中国的东莞人》，广东经济出版社 2014 年版，第 94 页。）

后　记

　　《纳兰性德家世》一书是开原市政协筹划组织编写出版的"开原历史文化丛书"之一，被列入中共铁岭市委督查室文件规定的 2015 年督查完成项目，也是中共铁岭市委、铁岭市人民政府立项的铁岭历史文化研究课题，是一部论述纳兰性德祖籍和家世的学术著作，是开原市历史文化研究乃至铁岭市历史文化研究的一项重大学术课题。

　　开原是满族的发祥地之一。明代女真族叶赫部（俗称北关）、哈达部（俗称南关）是当时分别居住在开原北部、东部的女真族部落，也是后来形成的满族的重要组成部分之一。明珠、纳兰性德、顾太清、索额图、佟养性，都是这些部落的优秀历史文化代表人物。

　　《纳兰性德家世》一书的编写，从 2014 年 11 月至 2017 年 11 月，历时三年，三易其稿。由铁岭市古籍保护中心副研究馆员高峥、铁岭市历史学会副会长张冠研究员利用历史文献档案资源，开展挖掘铁岭历史文化名人资源的有关研究工作。他们对于明末清初开原附近的女真族叶赫部、哈达部的历史进行了研讨，对于铁岭历史文化名人明珠、纳兰性德、顾太清（均为开原北的叶赫部落人）、索额图（开原东的哈达部落人）的祖籍进行了初步认定；对于铁岭历史文化名人明珠、纳兰性德、顾太清、索额图的生平简介进行了收集整理。

　　他们查阅了铁岭历史名人的有关历史档案资料。一是在辽宁省档案局（馆）明清史研究专家、满文专家何荣伟先生的协助下，查阅了辽宁省档案局（馆）馆藏档案《内阁藏本满文老档》《满洲实录》《清代职官年表》《明代辽东档案汇编》等。二是先后赴吉林省辽源、四平两市及伊通、梨树两县和四平市铁东区叶赫镇征集前清时期纳兰性德祖居地叶赫部资料，征集到《梨树县志》、《档案吉林（四平市卷）》、《梨树文史》、叶赫历史文化丛书《叶赫史话》等约438万字，取得巨大收获。三是查阅了辽宁省图书馆、铁岭市图书馆及浙江省图书馆、杭州市图书馆、中国计量大学图书馆大量的历史图书资料，浙江师范大学文学硕士陈丽莉、张承天参与了有关历史文献资料的收集整理工作，形成了编写提纲；然后，按照编写提纲进行编辑整理，由高峥、张冠对于征集到的档案史料进行整理消化，完成编著《纳兰性德家世》初稿。

《纳兰性德家世》初稿形成后，由辽宁省著名历史学家关嘉禄、铁岭市历史学会会长于景颀等人进行了审定。高峥、张冠继续对《纳兰性德家世》一书进行修改补充，重新拟定编写大纲，并由浙江师范大学文学硕士陈丽莉、张承天查阅整理历史文献图书资料，补写了第五章、第六章的内容，使《纳兰性德家世》一书在结构上更加合理，在内容上更加丰富；高峥、张冠负责对全书进行统稿、润色。经过反复修改补充，在2016年12月8日完成第二稿；在徐宝玉先生的督促支持下，在2017年11月完成第三稿。

在此，特别要感谢的是开原市政协主席徐宝玉先生。没有徐宝玉先生的独具慧眼、鼎力支持，《纳兰性德家世》一书很难顺利出版，与广大读者见面。尤其要感谢的是徐宝玉先生对于开原历史文化研究的求真务实态度，字斟句酌地审阅全部书稿，为《纳兰性德家世》一书的出版倾注了满腔热血，他对开原市地方历史文化研究的贡献难以言表。

《纳兰性德家世》一书的编写历时三年，从2014年11月起至今，经过三易其稿而成。以《纳兰性德家世》一书来纪念祖籍铁岭的清代著名满族文学家、词人纳兰性德，无疑是铁岭历史文化研究领域的一份重要献礼，也是开原市政协致力于开原历史文化研究的一项重大学术研究成果。

书中引用的史料原始出处已在注释中一一注明，在此一并表示谢意，不再赘述。

感谢辽宁省开原市政协、铁岭市档案局（馆）、辽宁省档案局（馆）、铁岭市图书馆、吉林省梨树县档案局（馆）、伊通县档案局（馆）、中国民族博物馆·伊通满族分馆、四平市铁东区叶赫镇政府、浙江省图书馆、杭州市图书馆、中国计量大学图书馆等单位；感谢开原市政协主席徐宝玉先生，感谢辽宁省著名清史专家关嘉禄、何荣伟先生，感谢王洪庆、于景颜、王铁军、黄丽香、王殿才、陈丽莉、张承天、惠勇、周慧轩、吴爱萍、袁忠鑫、李树先、危铁、李亚峰、魏晓光、秦宵宇、段振芳等师友的鼎力支持及帮助。

由于历史久远、图书档案史料征集难度大，加之编写者学识浅、学术研究能力有限，错误和疏漏在所难免。敬请各位读者及有关专家学者提出宝贵的修改意见，我们不胜感激，并争取在以后再版时继续给予修订改正。

作者

2019 年 10 月 28 日